Maintien et Actualisation
des Compétences (M.A.C.)

Agent de Prévention et de Sécurité

Conforme à l'article 4
de l'arrêté du 27 février 2017

SOMMAIRE

PARTIE 1 ▶ GESTES ÉLÉMENTAIRES DE PREMIERS SECOURS p.5

SECOURISME : Intervenir face à une situation d'accident du travail

> 1 - Situer le rôle du S.S.T. dans l'organisation des secours dans l'entreprise p.6
> 2 - Protéger p.15
> 3 - Examiner la victime p.25
> 4 - Faire alerter ou alerter p.33
> 5 - La victime saigne abondamment p.36
> 6 - La victime s'étouffe p.44
> 7 - La victime se plaint d'un malaise p.50
> 8 - La victime se plaint de brûlures p.56
> 9 - La victime se plaint d'une douleur empêchant certains mouvements p.61
> 10 - La victime se plaint d'une plaie qui ne saigne pas abondamment p.65
> 11 - La victime ne répond pas mais elle respire p.73
> 12 - La victime ne répond pas et ne respire pas *(adulte, enfant, nourrisson)* p.79

PRÉVENTION : Contribuer à la prévention des risques professionnels dans l'entreprise

> 13 - Situer le rôle du S.S.T. dans l'organisation des secours dans l'entreprise p.99
> 14 - Caractériser des risques professionnels dans une situation de travail p.119
> 15 - Participer à la maîtrise des risques professionnels par des actions de prévention p.135

PARTIE 2 ▶ CADRE JURIDIQUE D'INTERVENTION DE L'AGENT PRIVÉ DE SÉCURITÉ p.151

2.1 - Les évolutions récentes du livre VI du Code de la Sécurité Intérieure *(C.S.I.)* p.152
- Les principaux textes de la sécurité privée p.152
- Les conditions d'exercice de la profession d'agent de sécurité p.152
- Les téléservices du C.N.A.P.S. p.156
- Le C.N.A.P.S. p.156

2.2 - Les règles de déontologie professionnelle p.158
- Définition p.158
- Code de déontologie des personnes physiques ou morales exerçant des activités privées de sécurité p.159
- Le marchandage et le prêt de main d'œuvre p.166

2.3 - Le principe d'exercice exclusif p.167

2.4 - Les conditions de détention et d'usage des armes p.168
- Classification des armes p.168
- Dispositions générales p.168
- Dispositions relatives à l'armement des agents de surveillance et de gardiennage p.170
- Dispositions relatives à la formation au maniement des armes p.171
- Les sanctions au port et au transport des armes et munitions p.171

2.5 - Les obligations relatives au port de la tenue et de l'insigne p.172

2.6 - Les dispositions visant à éviter la confusion avec un service public p.173

2.7 - Les dispositions du code pénal utiles à l'activité de sécurité privée p.174
- La légitime défense p.174
- L'état de nécessité p.175
- Atteintes à la personne p.175

2.8 - Les conditions légales de rétention d'une personne avant mise à disposition des forces de l'ordre *(Art. 53 et 73 du Code de procédure pénale)* p.176
- Qualité pour appréhender p.177
- Le crime ou délit flagrant p.178
- La tentative p.180
- Les obligations de l'auteur de l'appréhension p.180

2.9 - Les principes de respect des libertés publiques p.183
- Le respect de la vie privée p.183
- Le droit de propriété p.185
- La liberté d'aller et venir p.185

PARTIE 3 ▶ GÉRER LES CONFLITS **p.187**

3.1 - Les origines des conflits p.188
- Définition p.188
- Les différents types de conflits p.188
- La stimulation et les motivations de conflits p.191
- Les étapes d'un conflit p.191

3.2 - La prévention des conflits p.193

3.3 - Traiter une agression verbale p.194

3.4 - Gérer ses émotions p.195

3.5 - Adopter des techniques verbales p.196

3.6 - Adopter une posture, un regard et une gestuelle adaptés p.198

PARTIE 4 ▶ MAÎTRISE DES MESURES D'INSPECTION-FILTRAGE : Palpation de sécurité et inspection des bagages **p.203**

4.1 - Le cadre législatif des palpations de sécurité et de l'inspection des bagages p.204
- Activités de surveillance et de gardiennage p.204

4.2 - Les modalités d'agrément p.204
- Agrément des employés des entreprises de surveillance et de gardiennage p.204
- Agrément des membres des services d'ordre affectés à la sécurité d'une manifestation sportive, récréative ou culturelle p.205
- Ce qu'il faut comprendre des textes p.206

4.3 - Les éléments générateurs de situations conflictuelles lors de ces missions p.208

4.4 - L'inspection visuelle et la fouille p.209
- L'inspection visuelle et la fouille des bagages, sacs, casiers p.209
- L'inspection visuelle et la fouille des véhicules p.210

4.5 - La palpation de sécurité p.211
- Présentation générale de la palpation p.211
- La palpation réalisée dans le cadre de l'évènementiel p.211
- La technique des palpations p.212

PARTIE 5 ▶ **PRÉVENTION DES RISQUES TERRORISTES** ... **p.217**

5.1 - Prévention des risques terroristes p.218
> 5.1.1 - Définir les risques terroristes p.218
> 5.1.2 - Connaître les différentes menaces terroristes p.223
> 5.1.3 - Connaître les niveaux de risque associés au terrorisme p.230
> 5.1.4 - Connaître les différents matériels des terroristes p.237
> 5.1.5 - Savoir développer ses réflexes en matière de prévention et de sécurité p.241
> 5.1.6 - Détecter et prévenir : les bons réflexes face aux menaces terroristes p.246
> 5.1.7 - Savoir entretenir sa culture de la sécurité p.249

5.2 - Réagir face à une attaque terroriste p.252
> 5.2.1 - Se protéger soi-même p.252
> 5.2.2 - Protéger les autres p.258
> 5.2.3 - Alerter les forces de l'ordre p.259
> 5.2.4 - Faciliter l'intervention des forces de l'ordre p.260

5.3 - Secourir p.265
> 5.3.1 - Identifier le risque de blessure en rapport avec le danger p.265
> 5.3.2 - Notions de secourisme "tactique" p.274
> 5.3.3 - Alerter les secours p.286

POUR INFORMATION ▶ **Agent de sécurité : quelles précautions prendre contre le COVID-19 ?** p.295

1ÈRE PARTIE

GESTES ÉLÉMENTAIRES DE PREMIERS SECOURS

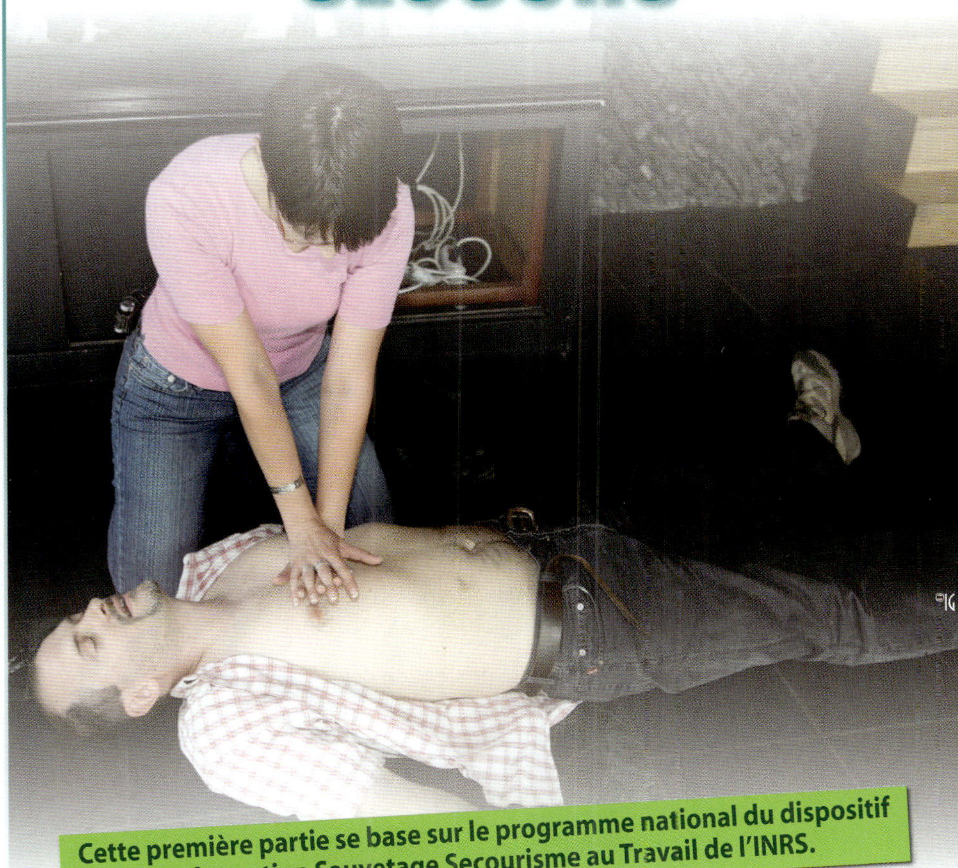

Cette première partie se base sur le programme national du dispositif de formation Sauvetage Secourisme au Travail de l'INRS.

1 - Situer le RÔLE du S.S.T. dans l'ORGANISATION des SECOURS dans l'ENTREPRISE

Le SAUVETEUR SECOURISTE du TRAVAIL

Un S.S.T. est un membre du personnel d'une entreprise ou d'un établissement formé aux gestes de premiers secours et à la prévention des risques professionnels. Il exerce son activité de S.S.T. en complément de son activité professionnelle.

L'activité de S.S.T. réunit deux domaines de compétences :

Compétences en secourisme

En tant que S.S.T., j'interviens sur mon lieu de travail auprès de toute personne victime d'un accident et/ou d'un malaise pour réaliser les premiers gestes de secours, dans l'attente de l'arrivée des secours spécialisés.

Compétences en prévention

Je mets en application mes compétences en matière de prévention pour contribuer à la prévention des risques professionnels dans le respect de l'organisation et des procédures spécifiques de l'entreprise.

Costello77/ Shutterstock.com©

Le S.S.T. est détenteur d'un certificat délivré par le réseau Assurance Maladie Risques professionnels/INRS valable 24 mois au niveau national. Tous les 2 ans, une mise à niveau *(MAC Maintien et Actualisation des Compétences)* est nécessaire.

La formation S.S.T. est spécifique au monde du travail et a pour double objectif :

- d'être capable **d'intervenir efficacement face à une situation d'accident du travail** en portant secours à la*(aux)* victime*(s)*.
- d'être également capable de **contribuer à la prévention des risques professionnels** dans le respect de l'organisation et des procédures spécifiques de l'entreprise.

Art3d / Shutterstock.com©

Art3d / Shutterstock.com©

IDENTIFIER le CADRE JURIDIQUE du rôle du S.S.T.

LE CADRE JURIDIQUE DU RÔLE DU S.S.T.

L'activité du S.S.T. s'effectue dans un cadre juridique réglementé et répond à des obligations définies par le Code du travail, le Code civil, le Code de la sécurité sociale, le Code pénal et le Code de la santé publique.

Article R4224-15 du Code du travail

Le Code du travail définit l'obligation pour l'employeur de disposer de secouristes sur le lieu de travail :

- ➤ un membre du personnel reçoit la formation de secouriste nécessaire pour donner les premiers secours en cas d'urgence.

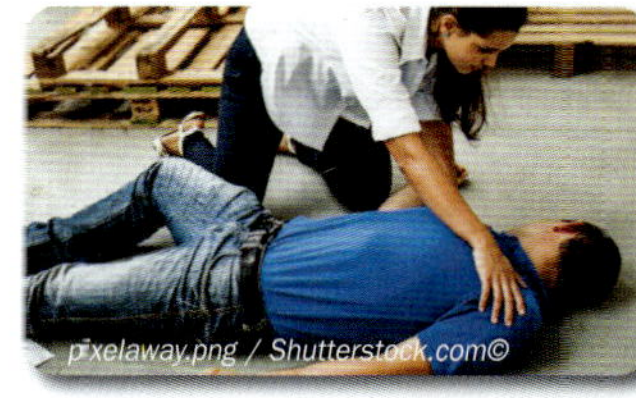

Article L4121-1 du Code du travail

Le Code du travail précise d'autres dispositions pour assurer la sécurité et la santé des travailleurs :

- ➤ l'employeur prend les mesures nécessaires pour assurer la sécurité et protéger la santé physique et mentale des travailleurs.

Article R4224-14 du Code du travail

Les lieux de travail sont équipés d'un matériel de premiers secours adapté à la nature des risques et facilement accessible.

Article R4224-16 du Code du travail

En l'absence d'infirmiers ou lorsque leur nombre ne permet pas d'assurer une présence permanente, l'employeur prend, après avis du médecin du travail, les mesures nécessaires pour assurer les premiers secours aux accidentés et aux malades. Ces mesures qui sont prises en liaison notamment avec les services de secours d'urgence extérieurs à l'entreprise sont adaptées à la nature des risques.

Ces mesures sont consignées dans un document tenu à la disposition de l'inspecteurdu travail.

Article R4224-23 du Code du travail

Le matériel de premiers secours fait l'objet d'une signalisation par panneaux.

Article 1242-16 du Code civil

> Les responsabilités du S.S.T.

- En tant que salarié de l'entreprise, le S.S.T. exerce sa mission de sauveteur comme ses autres missions, dans le cadre de son contrat de travail. Il possède un lien de subordination par rapport à son employeur et **intervient sous la direction et sous la responsabilité** de celui-ci. Le chef d'entreprise est responsable civilement des agissements de ses salariés au sein de l'entreprise.

Article 1240 du Code civil (Principe de réparation de dommage)

Tout fait quelconque de l'homme, qui cause à autrui un dommage, oblige celui par la faute duquel il est arrivé à le réparer.

Article 223-6 du Code pénal

Obligation d'assistance à personne en péril, sans risque pour soi ou pour les tiers

Sera puni de cinq ans d'emprisonnement et de 75 000 euros d'amende quiconque s'abstient volontairement de porter à une personne en péril l'assistance que, sans risque pour lui ou pour les tiers, il pouvait lui prêter soit par son action personnelle, soit en provoquant un secours.

Lorsque le S.S.T. porte secours en dehors de l'entreprise

Hors entreprise, le S.S.T. intervient non plus en tant que salarié sous contrat de travail mais en tant que citoyen.

> Obligation de porter assistance

Comme tout citoyen, il se doit d'intervenir pour porter secours à une victime d'accident, sans se mettre en danger ni mettre en danger d'autres personnes.

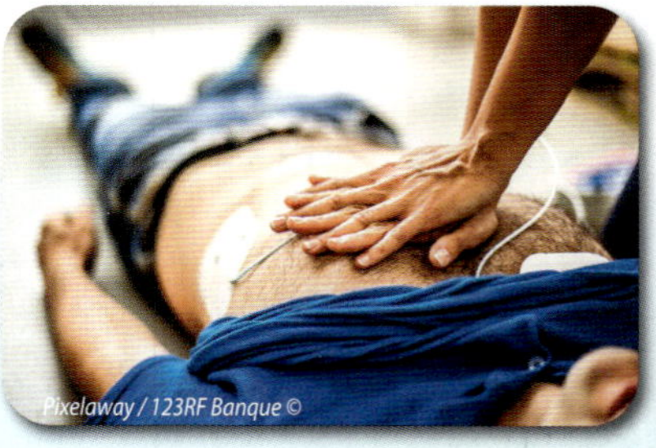
Pixelaway / 123RF Banque ©

> Le registre d'accidents du travail bénins

Une entreprise peut être autorisée à tenir un registre de déclaration des accidents du travail bénins, qui vient remplacer, dans certaines conditions, la déclaration des accidents du travail n'entraînant ni arrêt de travail, ni soins médicaux.

D'autres documents comme le Document Unique d'Évaluation des Risques *(D.U.E.R.)*, le registre de sécurité, les affichages obligatoires etc. font partie des obligations de l'entreprise.

> Transport d'un blessé

En cas d'accident, le S.S.T. alerte ou fait alerter les services de secours. Ne disposant pas de moyens adaptés au transport d'un blessé ni de formation spécifique en la matière, il ne déplace pas le blessé avec un véhicule personnel ou de fonction.
Il n'est pas habilité à le faire même pour un blessé léger.
L'appel systématique au SAMU centre 15 est recommandé.

Le décret n°2007-705 du 4 mai 2007 relatif à l'utilisation des défibrillateurs automatisés externes par des personnes non médecins et modifiant le code de la santé publique énonce que toute **personne, même non médecin, est habilitée à utiliser un défibrillateur automatisé externe** ***(D.A.E. - Défibrillateurs entièrement automatiques et semi-automatiques).***

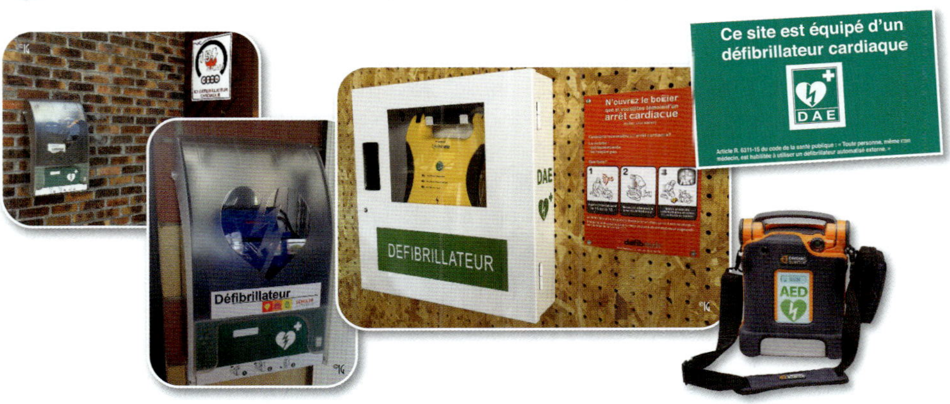

> Localisation

Le décret n°2018-1186 du 19 décembre 2018, modifiant le code de la construction et de l'habitation, rend obligatoire l'installation de D.A.E. dans les établissements recevant du public *(E.R.P.)* au plus tard :

- le 1er janvier 2020 pour les E.R.P. de catégories 1 à 3
- le 1er janvier 2021 pour les E.R.P. de catégorie 4
- le 1er janvier 2022 pour les E.R.P. de catégorie 5

Le D.A.E. devra être installé dans un emplacement visible du public et en permanence facile d'accès. Leur signalisation doit respecter les dispositions graphiques de l'arrêté du 16 août 2010.
Actuellement, les D.A.E. mis à disposition du public sont très répandus et se trouvent notamment dans les lieux publics, certains lieux de travail ou immeubles d'habitation.
Les appareils sont souvent placés dans des armoires murales repérées par un logo facilement indentifiable.

INFO

En application de l'article L5233-1 du Code de la santé publique, le décret n°2018-1259 du 27 décembre 2018 relatif à la base de données nationale des défibrillateurs automatisés externes impose aux exploitants des D.A.E. de transmettre les informations relatives aux lieux d'implantation et à l'accessibilité de leurs appareils au Ministère des solidarités et de la santé, gestionnaire de la base de données.

> Maintenance des défibrillateurs

Le D.A.E. doit toujours être en bon état de fonctionnement, vérifié périodiquement et immédiatement disponible. Il doit être installé dans un endroit accessible avec l'ensemble de ses accessoires.
Un témoin d'autotest *(voyant lumineux)* indique si l'appareil est fonctionnel. Il est donc nécessaire de le contrôler régulièrement pour identifier une éventuelle anomalie.
Les électrodes et la batterie disposent chacune d'une date de péremption. Il est impératif de prévoir leur remplacement avant la date de péremption. Ces accessoires pourraient ne pas fonctionner au-delà de ces dates.
D'une manière générale, se reporter aux instructions du fabricant.
Selon le règlement européen 2017/745 applicable à partir du 26 mai 2020, les D.A.E. sont catégorisés comme dispositifs médicaux de classe III et seront donc soumis à une obligation de maintenance selon le Code de la santé publique *(art. R5212-25 à 28).*

Article R123-60 du Code de la construction et de l'habitation

Le propriétaire du défibrillateur veille à la mise en œuvre de la maintenance du défibrillateur et de ses accessoires et des contrôles de qualité prévus pour les dispositifs médicaux qu'il exploite. La maintenance est réalisée soit par le fabricant ou sous sa responsabilité, soit par un fournisseur de tierce maintenance, soit, si le propriétaire n'est pas l'exploitant lui-même conformément aux dispositions de l'article R5212-25 du Code de la santé publique.

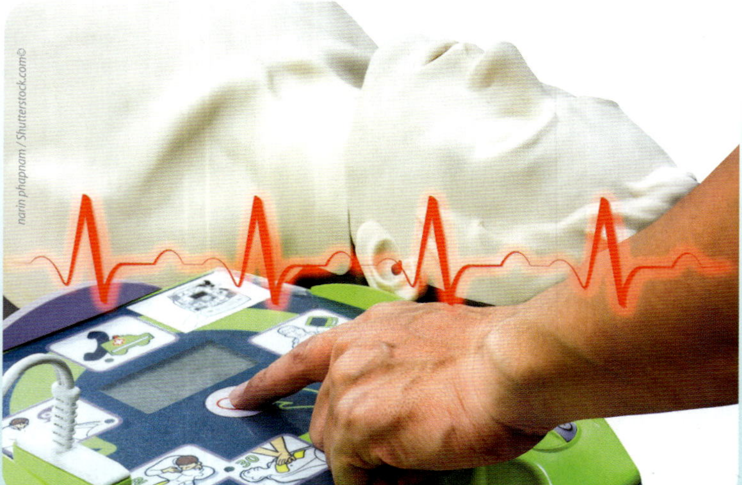

DÉLIMITER le CHAMP D'INTERVENTION du S.S.T. en matière de SECOURS

AVANT tout ACCIDENT

Le S.S.T. doit connaître :

- les accidents de travail dans l'établissement ou la profession ;
- les risques spécifiques et les conduites à tenir particulières à son entreprise ;
- les numéros d'appel d'urgence et les consignes particulières comme le numéro d'appel et le nom de la hiérarchie à prévenir en cas d'accident, mais aussi le P C. de sécurité ou le service de santé au travail, l'infirmerie... ;
- la disponibilité et l'état du matériel de premiers secours *(trousse de secours, défibrillateur...)* ;
- les différents acteurs de prévention ou de secours de son entreprise *(infirmerie, C.S.E....)* ;
- la localisation et le contenu des documents comme : registre d'hygiène et de sécurité, plan d'organisation de la prévention dans l'entreprise, document unique, registre d'accidents bénins...

PENDANT l'ACCIDENT

Le S.S.T. est capable d'intervenir immédiatement quand un accident et/ou un malaise se produit. Il intervient dans le cadre strict des gestes de secours appris en formation.

Il mobilise ses connaissances du cadre juridique lors de son intervention. Il protège pour éviter le sur-accident, examine, fait alerter ou alerte, secourt et surveille la victime avec les gestes appris en formation initiale ou revus en M.A.C. S.S.T. pour éviter l'aggravation de l'état de la victime.

Le S.S.T. / témoin de l'accident est le premier maillon d'une chaîne de secours qui se met en place.

APRÈS l'ACCIDENT

Par son comportement, le S.S.T. est un acteur important de la prévention des risques de sur-accident et des atteintes à la santé des salariés. Il informe l'encadrement et les instances chargées de la prévention et de la sécurité dans le respect de l'organisation de l'entreprise et des procédures spécifiques fixées.

L'INTERVENTION EST LIMITÉE DANS :

LE TEMPS

immédiatement après l'accident jusqu'au relais par les secours spécialisés *(internes ou externes).*

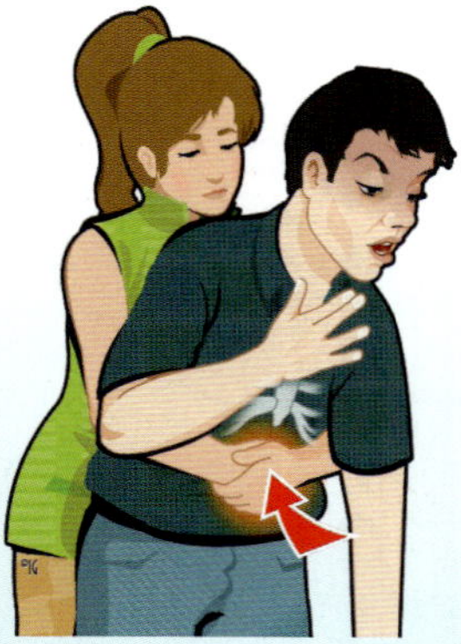

LES MOYENS

- gestes appris en formation *(guide des données techniques conforme aux recommandations nationales aux recommandations nationales, européennes et international émanant du Ministère de l'Intérieur européennes et internationales)*;
- protocoles définis par l'entreprise et le médecin du travail ;
- matériel *(trousses de secours, défibrillateur...).*

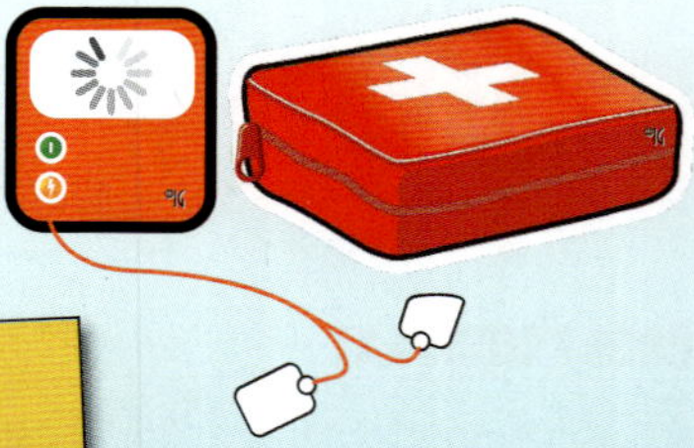

L'ESPACE

principalement dans l'entreprise sous la responsabilité de l'employeur et en dehors de l'entreprise sous sa propre responsabilité, comme tout citoyen.

Le S.S.T. doit être capable d'intervenir efficacement face à une situation d'accident du travail en portant secours à la*(aux)* victime*(s)*.

Où ? ▶ au sein de l'entreprise *(comme S.S.T.)* et en dehors de l'entreprise *(comme citoyen)*.

Quand ? ▶ immédiatement après l'accident/malaise.

Comment ? ▶ dans le cadre strict des gestes de secours appris en formation *(formation initiale ou mac)*, en conformité avec le guide des données techniques S.S.T. et du protocole spécifique établi par l'employeur et/ou les services de santé au travail.

Art3d / Shutterstock.com©

Pourquoi ? ▶ pour éviter un sur-accident et la dégradation de l'état de santé de la victime.

1 PROTÉGER DE FAÇON ADAPTÉE

- **Mettre en œuvre les mesures de protection décrites dans le processus d'alerte aux populations.**

- **Identifier les dangers persistants et repérer les personnes qui pourraient y être exposées.**

- **Supprimer ou isoler le danger persistant ou soustraire la victime au danger persistant sans s'exposer soi-même.**

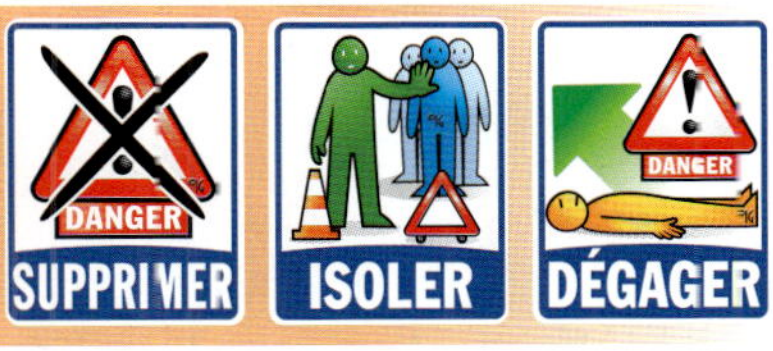

2 EXAMINER LA VICTIME

- **Rechercher, suivant un ordre déterminé, la présence d'un *(ou plusieurs)* des signes indiquant que la vie de la victime est immédiatement menacée.**

- **Reconnaître les autres signes affectant la victime.**

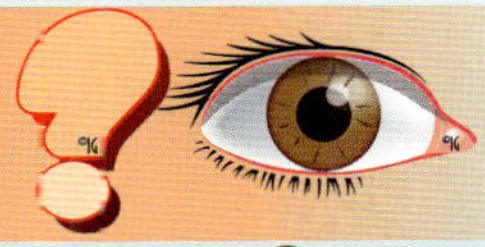

- **Prioriser les actions à réaliser en fonction des signes décelés et du résultat à atteindre.**

3 GARANTIR UNE ALERTE FAVORISANT L'ARRIVÉE DE SECOURS ADAPTÉS AU PLUS PRÈS DE LA VICTIME

- Définir les différents éléments du message d'alerte ;
- identifier qui alerter en fonction de l'organisation des secours dans l'entreprise ;
- Faire alerter par la personne la plus apte ou alerter soi-même.

4 SECOURIR DE MANIÈRE APPROPRIÉE

- Choisir à l'issue de l'examen l'action ou les actions à effectuer.

Par exemple :

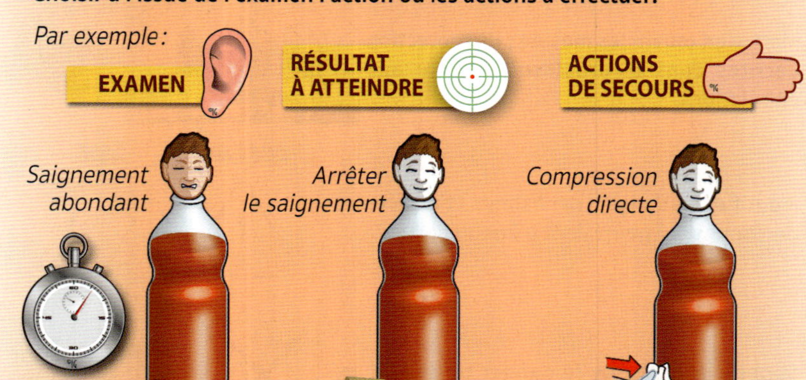

- Réaliser l'action ou les actions choisie*(s)* en respectant la conduite à tenir indiquée dans le guide des données techniques de l'I.N.R.S. et les protocoles établis par le service de santé au travail.

Par exemple :

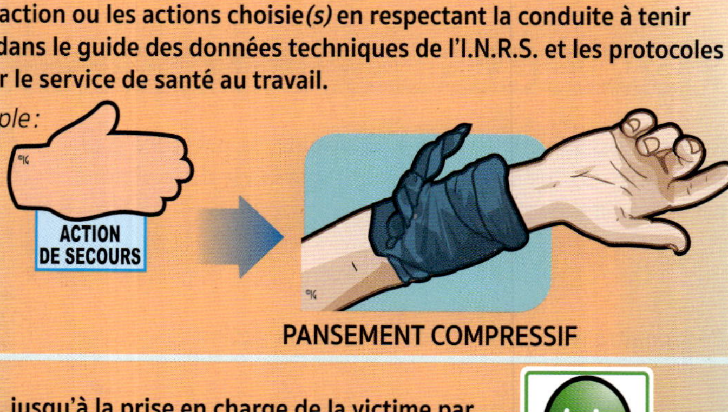

PANSEMENT COMPRESSIF

- Surveiller, jusqu'à la prise en charge de la victime par les secours spécialisés, l'amélioration ou l'aggravation de son état et adapter sa conduite si besoin.

2 - PROTÉGER

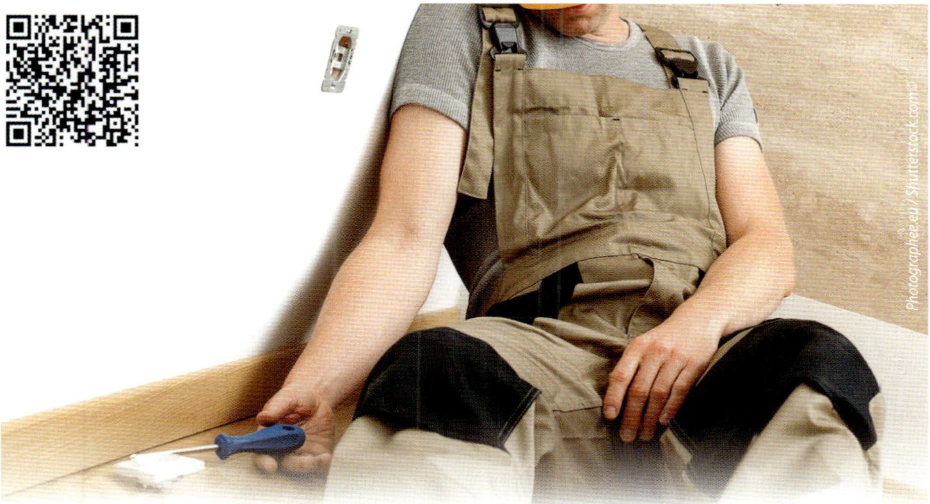

Le S.S.T. a les compétences pour protéger de façon adaptée face à une situation d'accident du travail.

La victime, le sauveteur et les témoins peuvent être exposés à un danger persistant quand un accident vient d'arriver. Le S.S.T. s'approche prudemment de la zone d'intervention et s'interroge.

PHASE D'ANALYSE

Identifier les dangers persistants et repérer les personnes qui pourraient être exposées.

PHASE D'ACTION

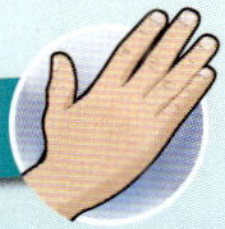

Supprimer ou isoler le danger persistant ou soustraire la victime au danger persistant sans s'exposer soi-même.

Exemples de dangers persistants :

DANGER D'ORIGINE MÉCANIQUE :
écrasement, chocs, coupures…

DANGER D'ORIGINE ÉLECTRIQUE :
électrisation

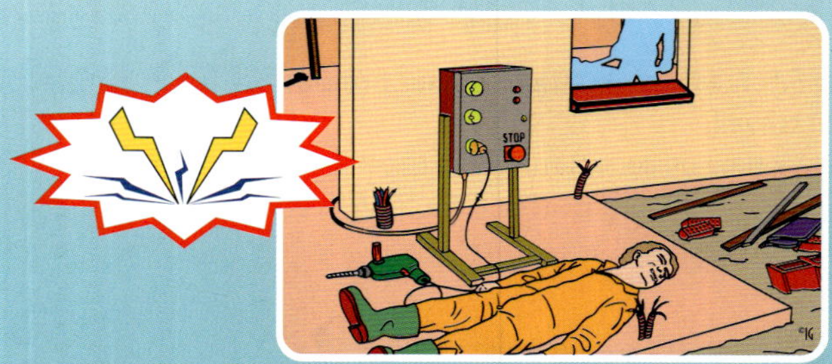

DANGER D'ORIGINE THERMIQUE :
incendie, explosion, brûlure…

DANGER DÛ À UNE ATMOSPHÈRE TOXIQUE OU IRRESPIRABLE :
asphyxie, intoxication…

PROTÉGER :

LES ACTIONS DE PROTECTION

Les personnes exposées au danger :

La victime

Moi-même

Les autres personnes présentes

Peut-on supprimer le danger ?
- sans risque pour le S.S.T. ou pour les tiers,
- sans aggraver l'état de la victime.

OUI

Supprimer ou faire supprimer immédiatement le danger de façon permanente.

NON

Peut-on isoler le*(s)* danger*(s)* ?
- sans risque pour le S.S.T. ou pour les tiers.

OUI

Délimiter ou faire délimiter clairement et largement la zone de danger, de façon visible, afin d'éviter toute intrusion dans la zone en isolant le danger.

NON

Peut-on soustraire la victime au*(x)* danger*(s)* ?
- sans risque pour le S.S.T. ou pour les tiers.

OUI

Réaliser ou faire réaliser un dégagement d'urgence de la victime hors de la zone de danger.

NON

Fotomek / fotolia©

Continuer à isoler la zone de danger et alerter ou faire alerter les secours spécialisés qui pourront agir sur le danger.

EXEMPLE

Supprimer ou faire supprimer immédiatement le danger de façon permanente peut se faire par exemple : en utilisant les dispositifs d'urgence.

DÉGAGEMENT D'URGENCE

Le dégagement d'urgence est une manœuvre exceptionnelle qui doit être utilisée exclusivement pour protéger la victime d'un danger réel, immédiat, non contrôlable et qui menace sa vie.

S'assurer que la victime est visible, facile à atteindre et sans entrave.

Anticiper votre action en privilégiant le cheminement le plus rapide et le plus sûr à l'aller comme au retour.

Dégager la victime en saisissant solidement, par exemple ses chevilles ou ses poignets et en la tirant sur le sol le plus rapidement possible jusqu'à ce qu'elle soit hors de la zone dangereuse. Éventuellement se faire aider.

Réaliser ensuite un balisage pour que personne ne puisse pénétrer dans la zone dangereuse.

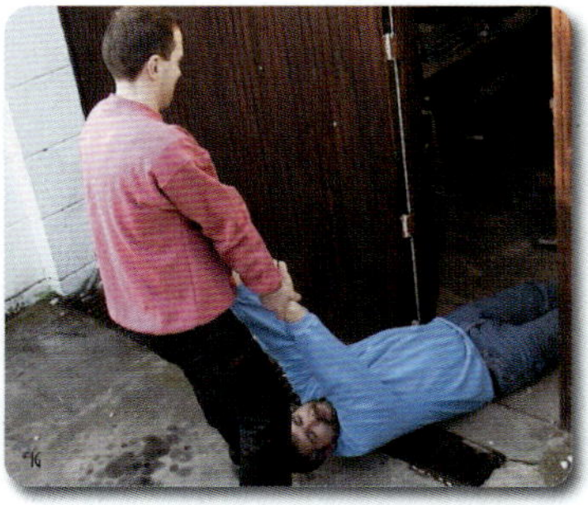

Exemples de dégagements d'urgence :

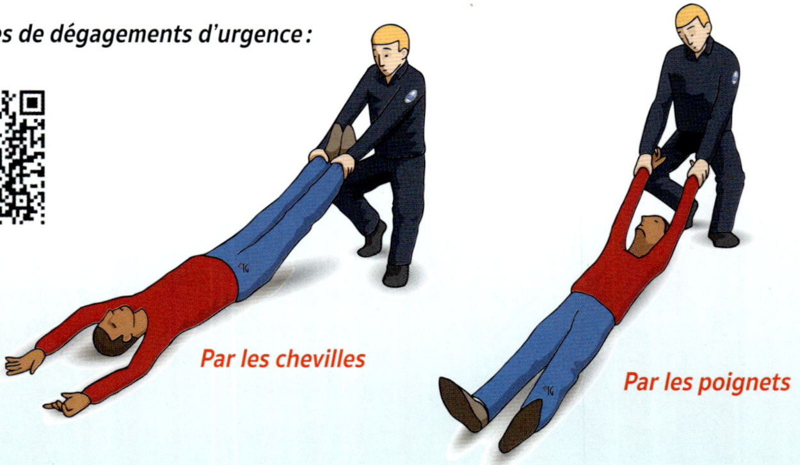

Certaines protections ne peuvent être réalisées qu'avec du matériel spécifique nécessitant une formation particulière, par exemple l'utilisation d'un appareil respiratoire isolant en présence de fumée ou une perche à corps en cas d'électrisation...

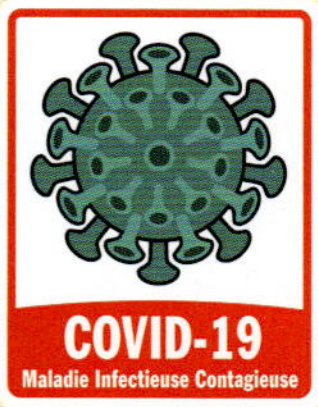

PANDÉMIE COVID-19 PROTECTION

Dans le contexte actuel de pandémie et de manière provisoire, les mesures de prévention consistent à limiter, si possible, les contacts entre la victime et le secouriste et à renforcer les mesures d'hygiène *(lavage des mains, gel hydro-alcoolique)* et les gestes barrières.

Face à une victime, le S.S.T. :

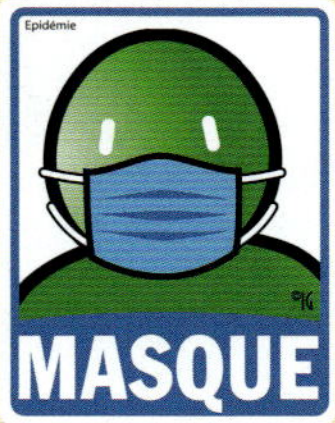

▶ Porte un masque chirurgical

Porte ◀ des gants de soins

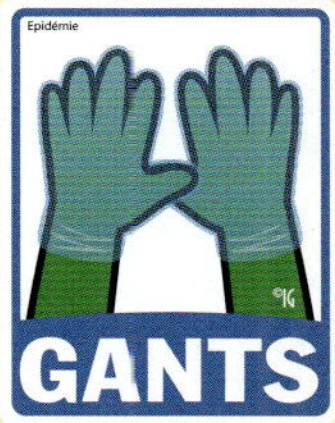

Garde ◀ ses distances par rapport à la victime lorsque cela est possible.

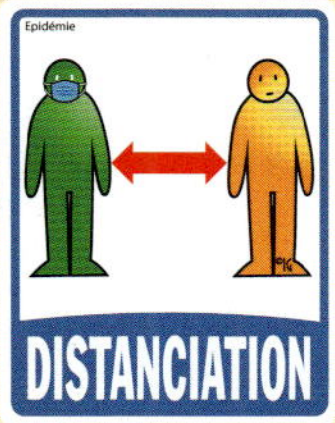

Renforce ◀ les mesures d'hygiène et les gestes barrières

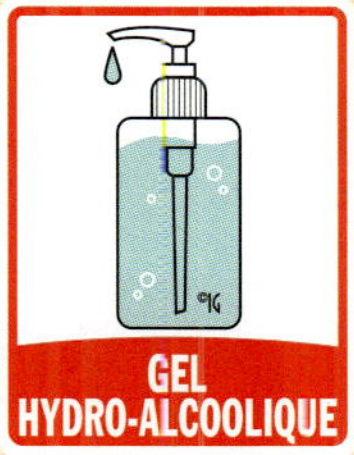

Après avoir été en contact avec une victime qui présente ou qui est suspecte d'infection à Covid-19, le Sauveteur Secouriste du Travail ***respecte les consignes émises par l'employeur et/ou le service de santé au travail.***

INFO

Se LAVER les MAINS

1

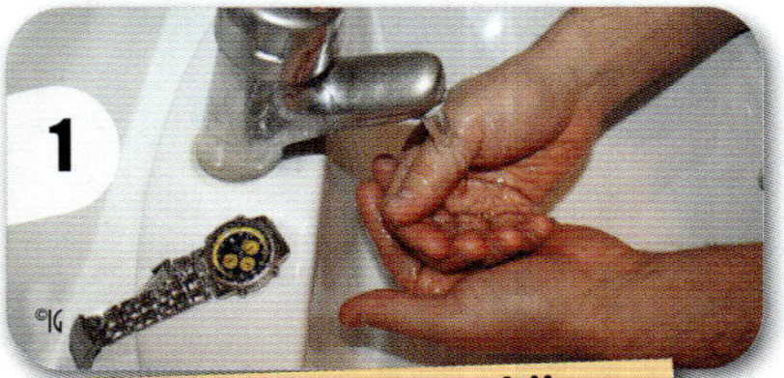

Enlever montre et bijoux et se mouiller les mains ;

2

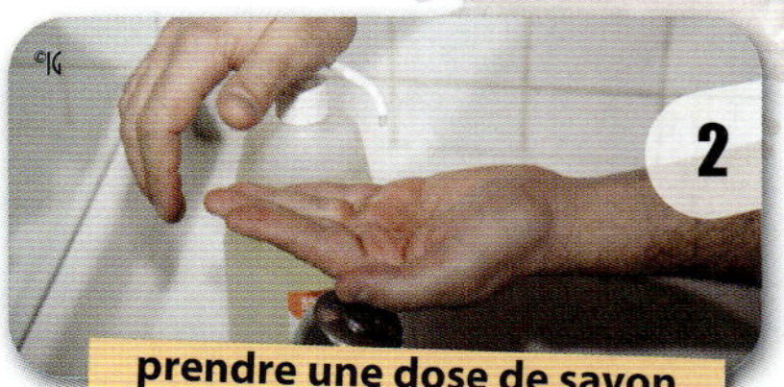

prendre une dose de savon liquide et frotter paume contre paume ;

3

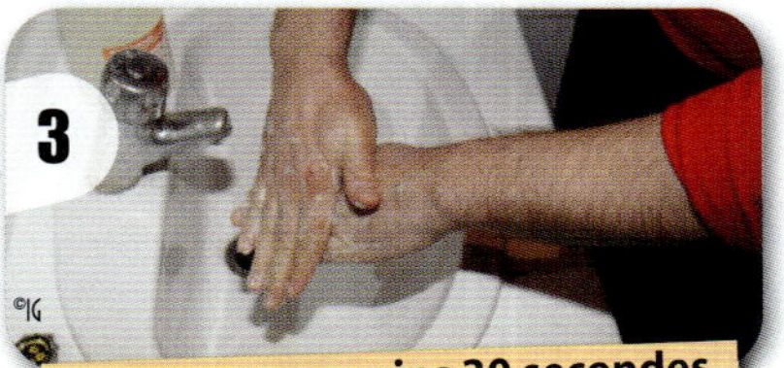

savonner au moins 30 secondes en insistant sur le dos des mains et les poignets ;

4

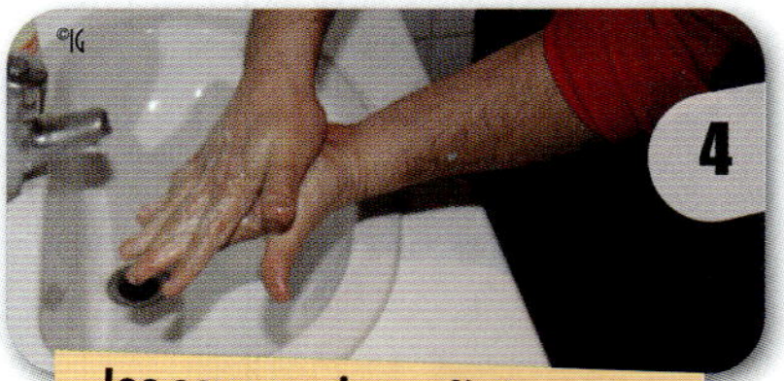

les espaces interdigitaux et les bords externes des mains ;

5

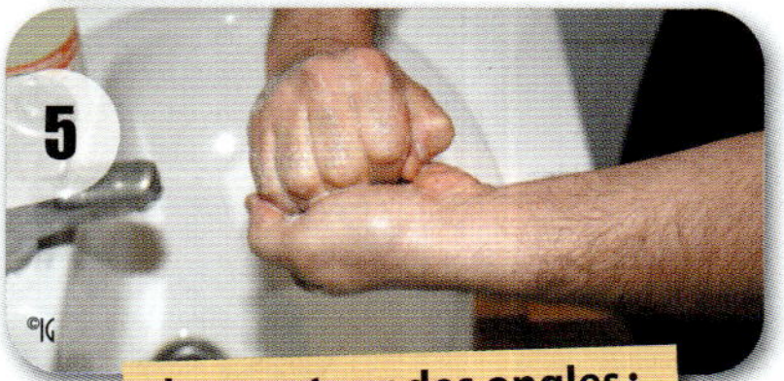

le pourtour des ongles ;

6

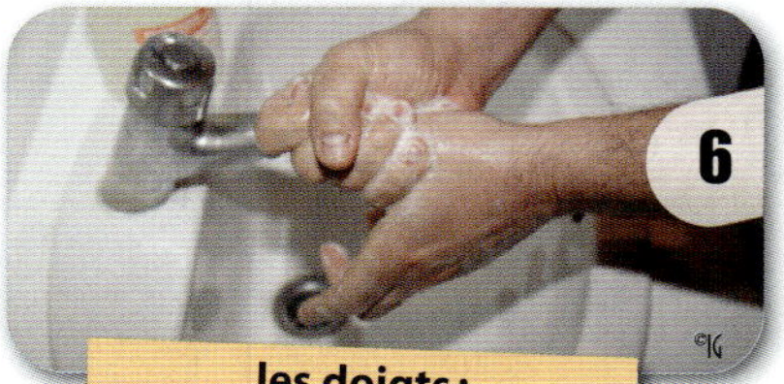

les doigts ;

7

la pulpe des doigts ;

8

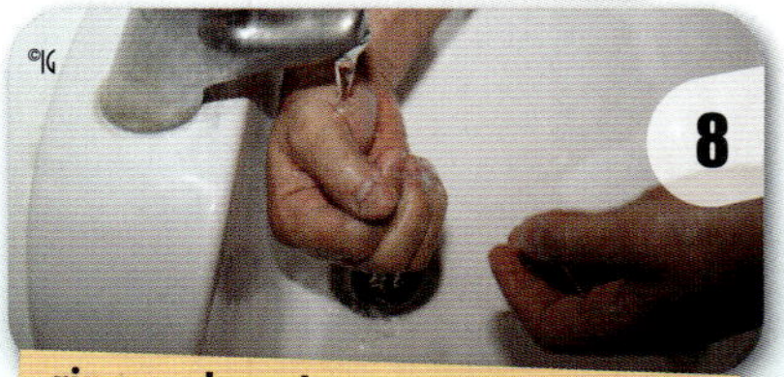

rincer abondamment sous l'eau ; ne pas toucher le robinet ;

9

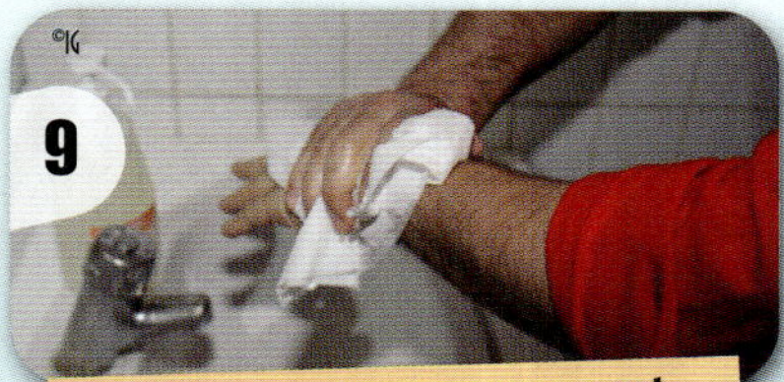

sécher par tamponnement du bout des doigts vers les poignets avec des essuie-mains ;

10

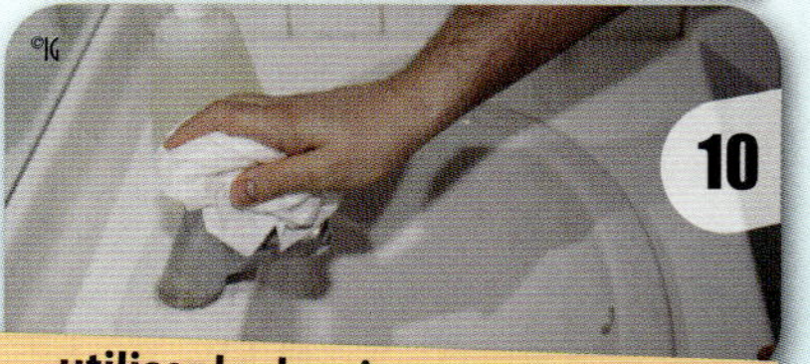

utiliser le dernier essuie-mains pour fermer le robinet. Jeter l'essuie-mains dans la poubelle sans la mettre en contact avec les mains.

INFO

Utiliser une SOLUTION HYDRO-ALCOOLIQUE

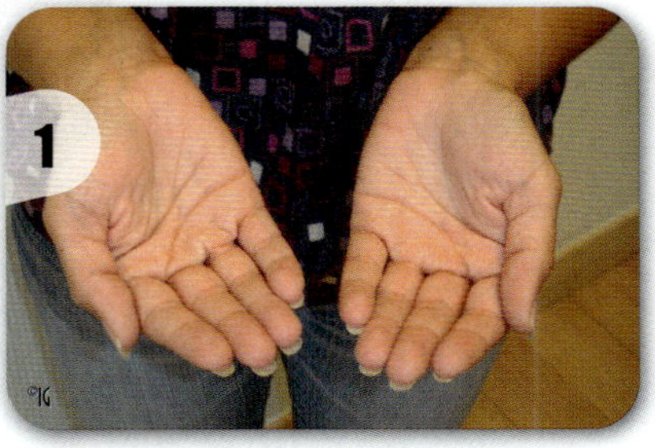

Enlever montre, bagues, autres bijoux et s'assurer que les mains sont sèches ou se sécher les mains si elles sont humides ;

déposer dans le creux de la paume d'une main une quantité suffisante et frictionner au moins 30 secondes et jusqu'à évaporation complète ;

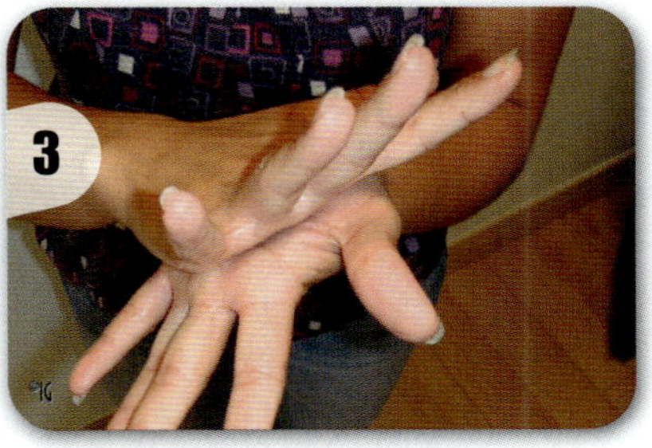

frictionner sans arrêter toutes les surfaces des mains en insistant sur la pulpe des doigts, les paumes ;

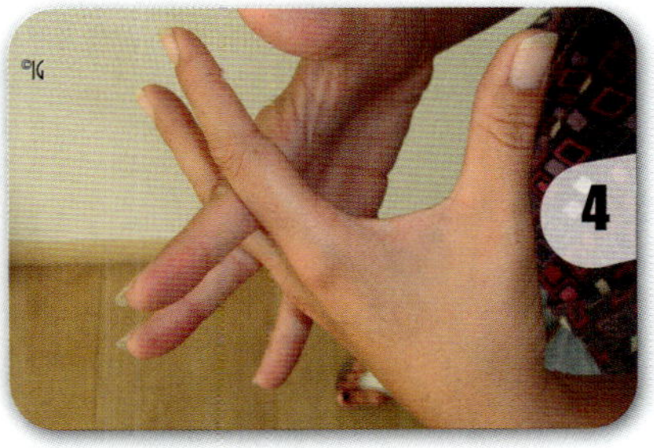

ne pas oublier les espaces interdigitaux ;

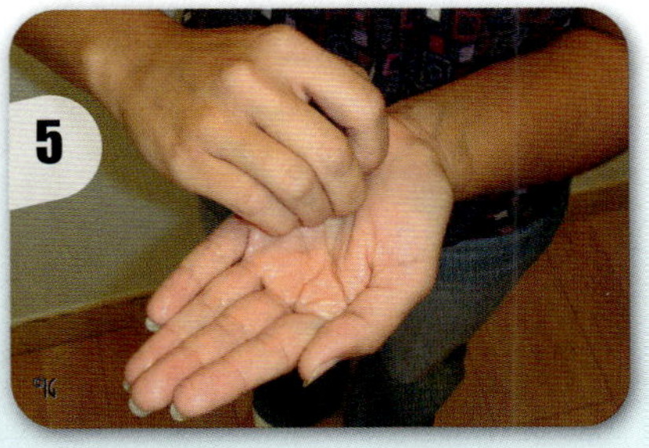

frotter les ongles et le bout des doigts ;

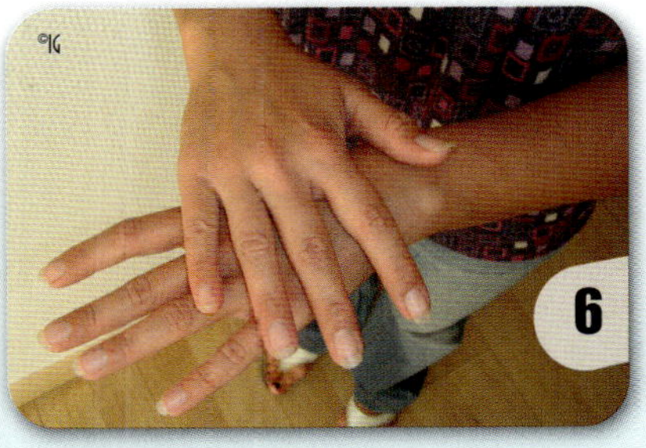

le dos de la main, les poignets... jusqu'à évaporation complète. Ne pas rincer et ne pas essuyer.

Le gel hydro-alcoolique est inflammable, il ne faut pas réaliser cette technique à proximité d'une source de chaleur *(flamme d'un briquet, cigarette...).*

INFO

ENLEVER les GANTS SOUILLÉS

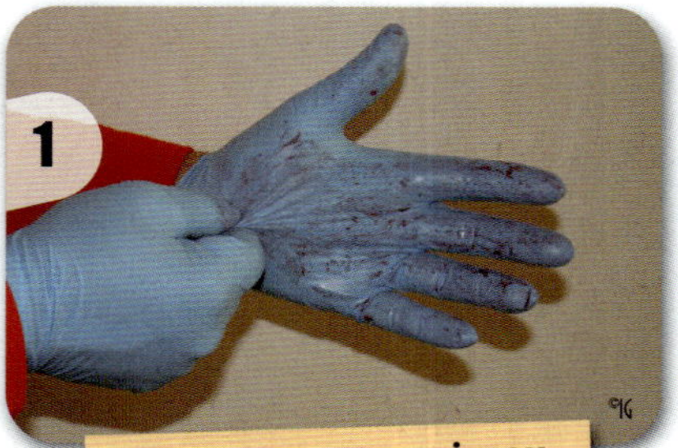

Saisir un gant au niveau du poignet en évitant de toucher la peau ;

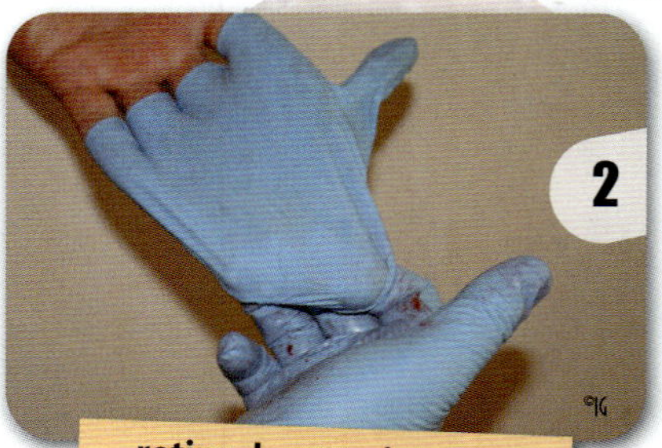

retirer le premier gant en le retournant ;

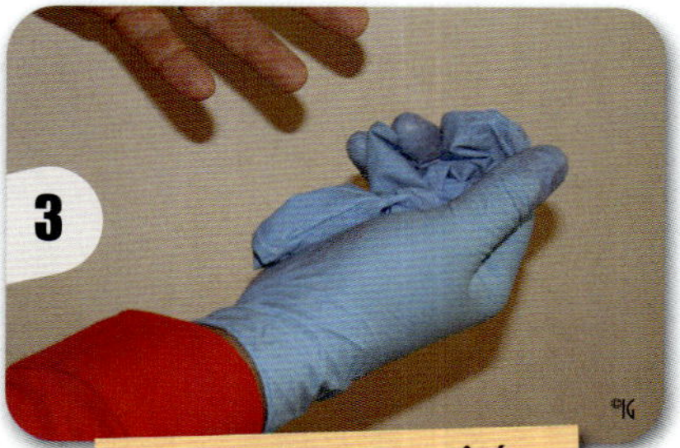

rouler le gant retiré dans la paume de l'autre main ;

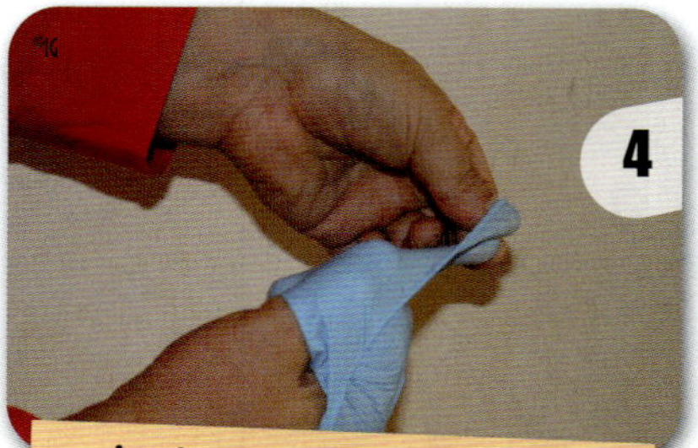

insérer un ou deux doigts en crochet à l'intérieur de l'autre gant sans toucher la face externe du gant et le pincer entre le pouce et l'index sur sa face interne ;

retirer le second gant en le retournant ;

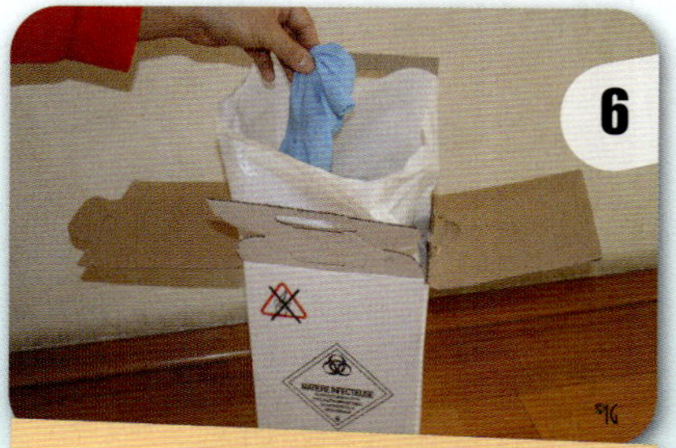

les jeter ensuite dans un conteneur de déchets d'activités de soins prévu à cet effet ou à défaut dans un sac plastique étanche fermé hermétiquement par un lien.

se laver les mains ou les frictionner avec une solution hydro-alcoolique après avoir enlevé ses gants ;

INFO

METTRE en place un MASQUE CHIRURGICAL

Se laver les mains avec de l'eau et du savon ou une solution hydro-alcoolique, avant de mettre ou enleverun masque.

Prendre le masque par les élastiques ou les lanières et le placer dans le bons sens.
Pour les masques chirurgicaux à usage unique, la barrette de nez est vers le haut et la face colorée *(bleu)* à l'extérieur.
Mettre les élastiques derrière les oreilles ou la lanière derrière la partie haute de la tête et la lanière inférieure sous les oreilles.

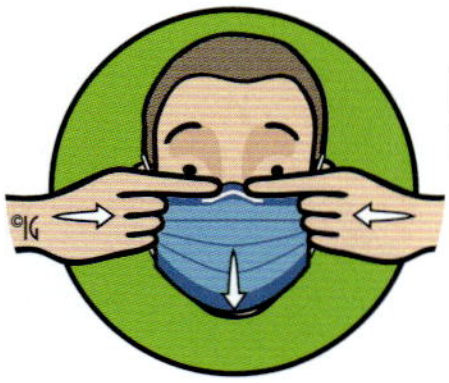

Pincer la barrette nasale sur l'arrête du nez et déplier complètement le masque de façon à recouvrir le nez, la bouche et le menton.

Ne plus toucher le masque une fois en place. Changer de masque toutes les 4 heures ou s'il est endommagé, humidifié ou déformé.

ENLEVER le MASQUE

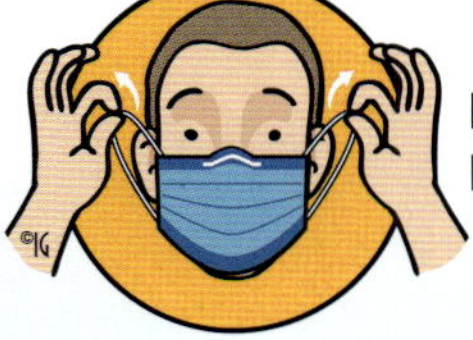

Retirer le masque en touchant uniquement les élastiques ou les lanières.

Ne jamais toucher la partie extérieure du masque car elle peut être contaminée.

Jeter le masque dans un sachet plastique et une poubelle fermée.

Se laver les mains avec de l'eau et du savon ou une solution hydro-alcoolique.
Un masque en tissu doit être lavé selon le protocole recommandé par le fabricant *(60°C)* après chaque utilisation.

ALERTE ET PROTECTION DES POPULATIONS

Le S.S.T. a les compétences pour mettre en œuvre les mesures de protection décrites dans le processus d'alerte aux populations.

L'alerte est diffusée par **un réseau de 5300 sirènes** ainsi que par les messages d'alerte et de prévention du Ministère de l'Intérieur qui seront diffusés de façon prioritaire sur **Twitter**, **Facebook** et **Google** mais sur aussi certains canaux de communication de la **RATP**, **Vinci Autoroutes**, **radio-France** et **France Télévisions.**

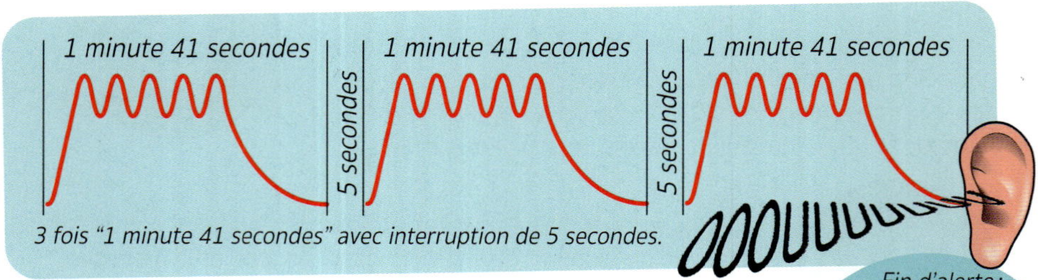

AU DÉCLENCHEMENT DU SIGNAL :

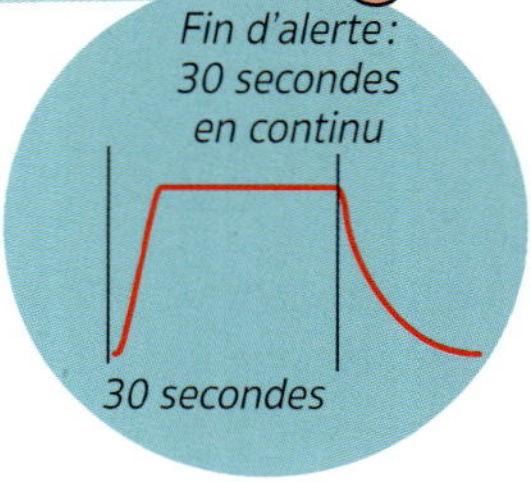

- **Rejoindre sans délai un bâtiment pour se mettre à l'abri.**
- **S'informer** sur France Bleu, France Info, radios locales, France Télévisions, les sites et comptes des réseaux sociaux du gouvernement, du Ministère de l'Intérieur et des préfectures.
- **Respecter les consignes des autorités** et en fonction du type de risque, il peut être demandé de se confiner ou d'évacuer.
  Pour se confiner, il convient :
  - *de fermer les portes et fenêtres ;*
  - *de calfeutrer les portes, les fenêtres et les bouches d'aération ;*
  - *d'arrêter les systèmes de ventilation, chauffage ou de climatisation.*
- **Ne téléphoner** qu'en cas d'urgence vitale.
- Ne pas aller chercher les enfants à l'école,
- Ne pas fumer, éviter toute flamme.

S'assurer que les personnes à proximité ont reçu et exécuté les consignes.
En entreprise, respecter les consignes particulières définies en interne.

Cas particulier :
En cas de risques particuliers *(chimiques, radioactifs...)*, des systèmes d'alerte adaptés sont mis en place. Un signal d'évacuation de type corne de brume *(son de 2 secondes et silence de 3 secondes)* est spécifique aux aménagements hydrauliques.

3 - EXAMINER la VICTIME

Le S.S.T. a les compétences pour :

- rechercher, suivant un ordre déterminé, la présence de signes indiquant que la vie de la victime est immédiatement menacée.
- Reconnaître les autres signes affectant la victime.
- Prioriser les actions à réaliser en fonction des signes décelés et du résultat à atteindre.

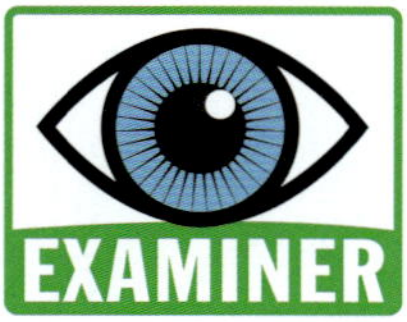

L'examen de la victime va permettre de collecter des informations sur son état afin de déterminer le résultat à atteindre et les actions à mettre en œuvre pour maintenir la victime en vie ou éviter une aggravation.

SAIGNE-t-elle abondamment ?

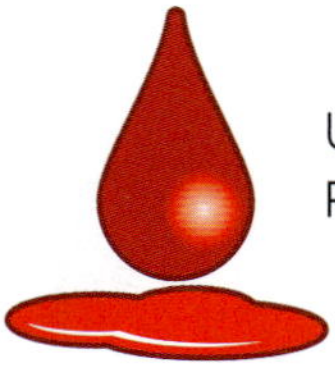

Une grande quantité de sang perdue peut entraîner la mort.
Rechercher les saignements abondants.

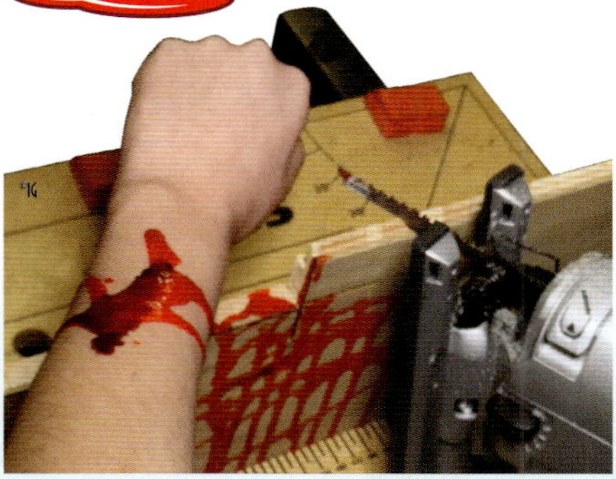

Laisser la victime dans la position où elle se trouve, lui parler et observer son environnement, les traces sur les vêtements ou sur le sol.
L'hémorragie doit aussi être recherchée car elle peut être temporairement masquée par la position de la victime ou un vêtement.

Si possible, se protéger les mains avec des gants pour **palper prudemment** le cou, les membres supérieurs et inférieurs à la recherche de sang.

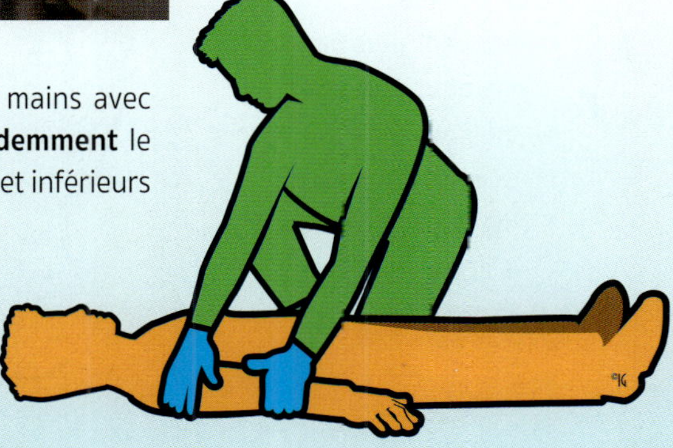

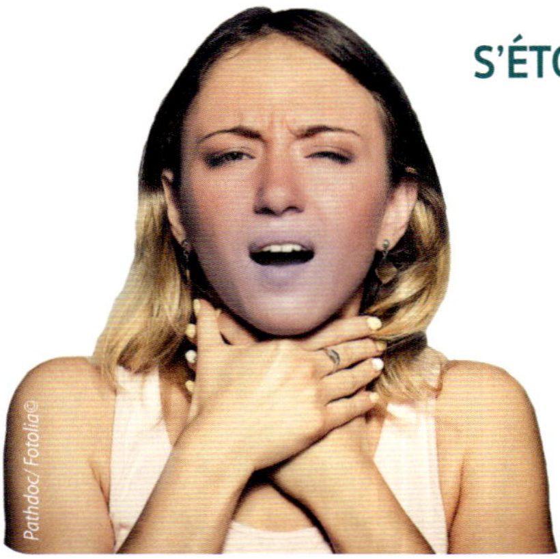

S'ÉTOUFFE-t-elle ?

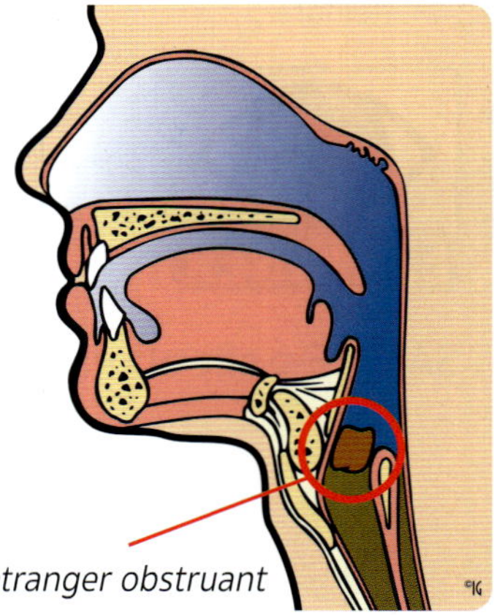

Si l'obstruction est grave, la respiration n'est plus efficace, voire impossible. Sa vie est immédiatement menacée.

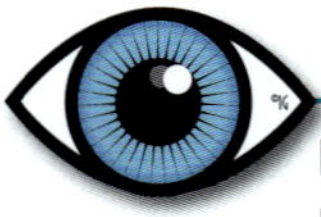

OBSERVER

Brutalement, par réflexe, la victime porte les mains à la gorge.

POSER UNE QUESTION

Ex. : "Que se passe-t-il ?"

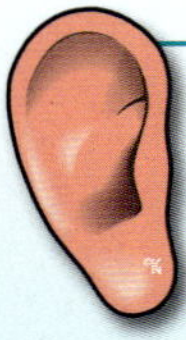

ÉCOUTER

La victime :
- ne peut plus parler ;
- ne peut plus crier ;
- ne peut plus tousser ;
- n'émet aucun son ;
- ne peut plus respirer ;
- s'agite.

RÉPOND-elle ?

Questionner la victime pour obtenir des informations sur son état.

Comment ?

Poser des question simples :

EN CAS D'ABSENCE DE RÉPONSE :

Secouer doucement les épaules.

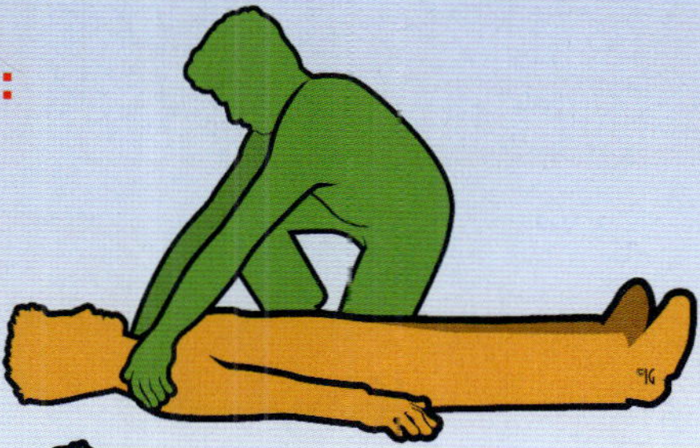

Lui prendre la main et lui demander d'exécuter un ordre simple.

NOURRISSON

- Faire du bruit en tapant dans les mains ;

- stimuler le nourrisson au niveau de ses mains...

Pourquoi :

LA VICTIME RÉPOND OU RÉAGIT

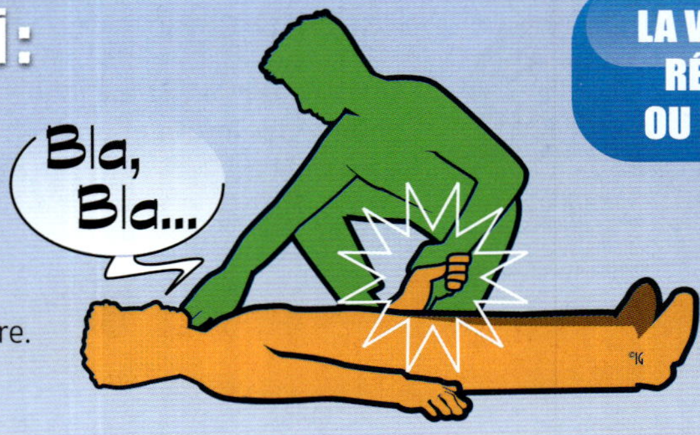

Elle peut se plaindre.

MALAISES

BRÛLURES

DOULEUR EMPÊCHANT CERTAINS MOUVEMENTS

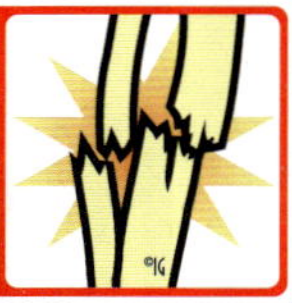

PLAIE QUI NE SAIGNE PAS ABONDAMMENT

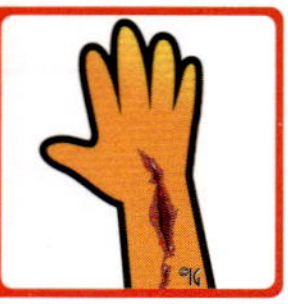

OU

LA VICTIME NE RÉPOND PAS OU NE RÉAGIT PAS

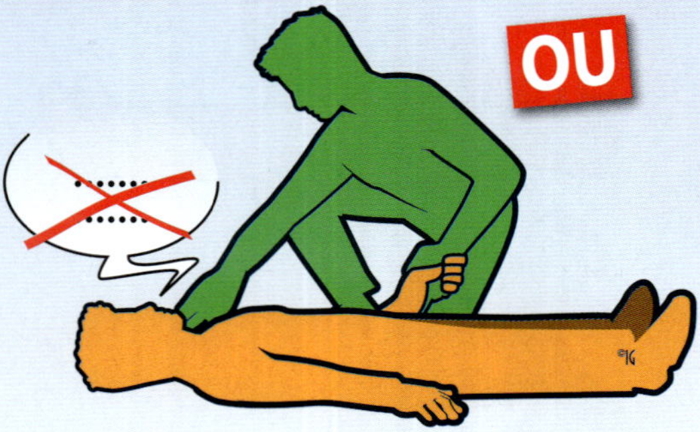

Libérer les voies aériennes pour faciliter le passage de l'air.

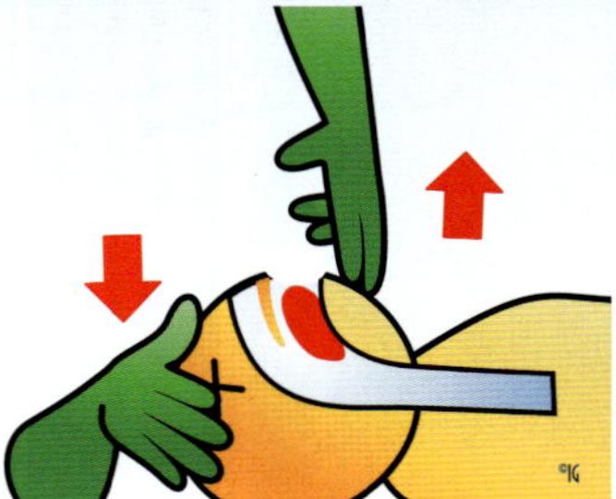

Si la VICTIME est sur le DOS, libérer ses voies aériennes pour décoller la langue et faciliter le passage de l'air.

Chez l'adulte ou l'enfant (de 1 à 8 ans) : *basculer doucement la tête de la victime en l'inclinant vers l'arrière et simultanément élever le menton.*

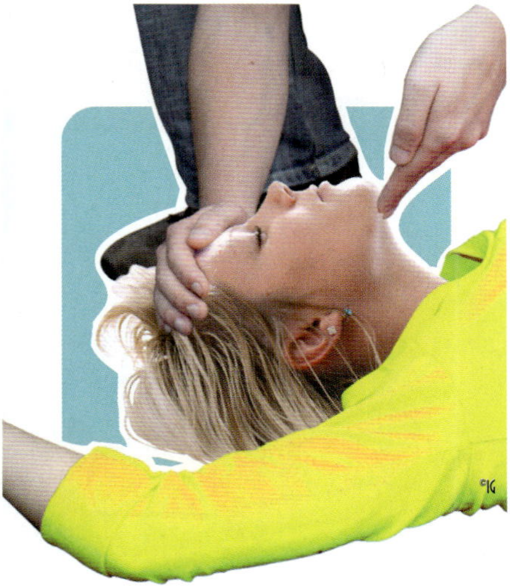

L.V.A. : *La bascule de la tête en arrière chez l'adulte et l'enfant, la mise en position neutre, chez le nourrisson et l'élévation du menton entraînent la remontée de la langue qui, en se décollant du fond de la gorge, permet le passage de l'air.*

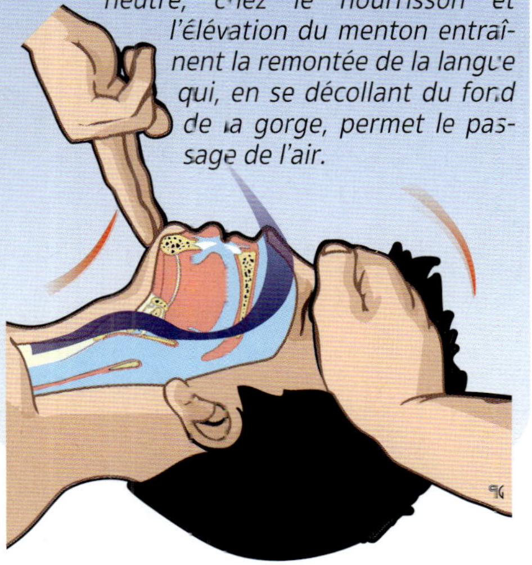

Placer la paume d'une main à plat sur le front de la victime et mettre 1 ou 3 doigts de l'autre main, juste sous la pointe du menton en prenant appui sur l'os.

Chez le nourrisson : *amener doucement la tête en position neutre et simultanément élever le menton.*
Du fait de l'anatomie du nourrisson, seule cette position neutre permet le passage de l'air.

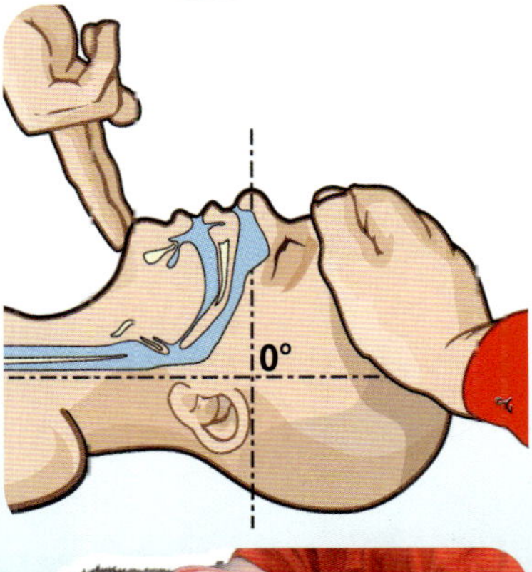

RESPIRE-t-elle ?

Repérer des signes visibles de respiration pendant 10 secondes. L'inefficacité ou l'arrêt de la respiration entraîne la mort par manque d'oxygène.
Conserver le menton de la victime élevé *(ou en position neutre pour un nourrisson)* et se pencher sur la victime, l'oreille et la joue au-dessus de sa bouche et de son nez.

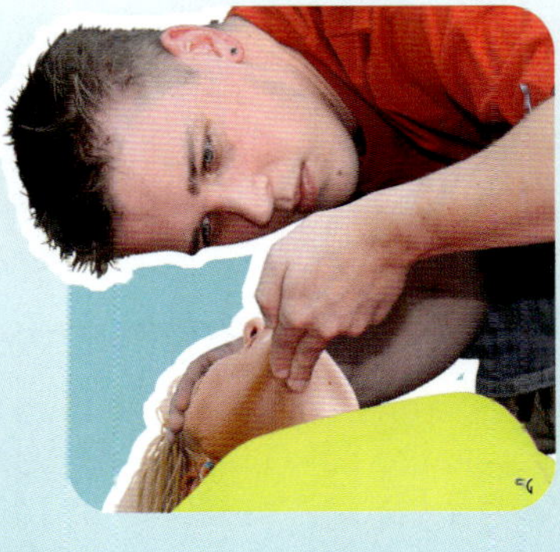

Comment :

RECHERCHER LA RESPIRATION :

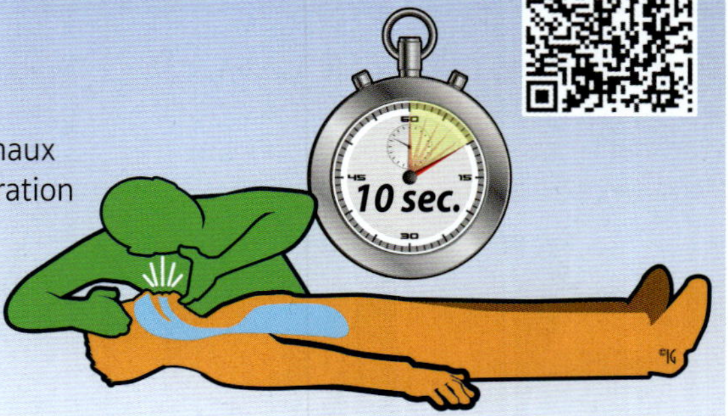

- Avec **l'oreille** : écouter les bruits normaux ou anormaux provoqués par la respiration *(sifflements, ronflement...).*
- Avec **la joue** : percevoir un éventuel flux d'air expiré par le nez et la bouche de la victime.
- Avec **les yeux** : regarder le soulèvement du ventre et/ou de la poitrine.

Pourquoi :

Le ventre et/ou la poitrine se soulève*(nt)*, le souffle de la victime est perçu :

ELLE RESPIRE

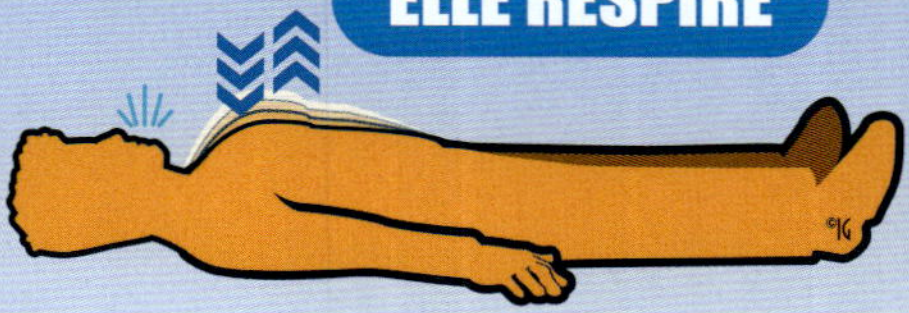

OU

Aucun souffle n'est perçu, aucun bruit n'est entendu, ni le ventre, ni la poitrine ne se soulèvent :

ELLE NE RESPIRE PAS

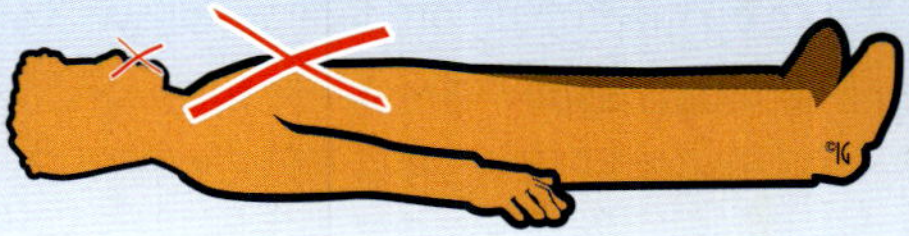

LA VICTIME EST EN ARRÊT CARDIAQUE

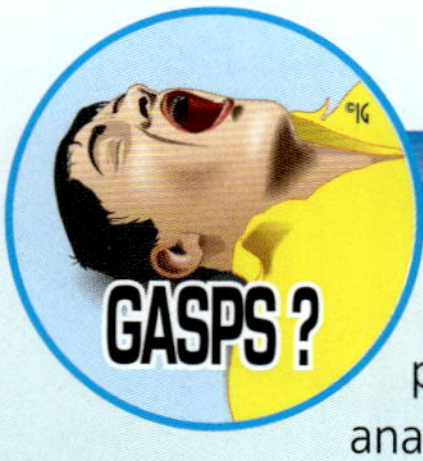

LES GASPS

Dans les premières minutes qui suivent un arrêt cardiaque, la victime peut présenter des mouvements respiratoires inefficaces, lents, bruyants et anarchiques, appelés "gasps".

Ils ne doivent pas retarder la mise en œuvre de la réanimation cardio-pulmonaire *(R.C.P.).*

Face à une victime qui ne répond pas, si le S.S.T. a le moindre doute sur l'absence d'une respiration ou la présence de gasps, il considère la victime en arrêt cardiaque.

La VICTIME est sur le VENTRE

La victime ne répond pas et elle est positionnée sur le ventre. Afin de libérer ses voies aériennes et apprécier sa respiration, il faut la retourner sur le dos.
Le retournement se fait du côté opposé au regard de la victime.

1 - Placer **le bras de la victime du côté du retournement** au-dessus de sa tête et l'autre le long de son corps.

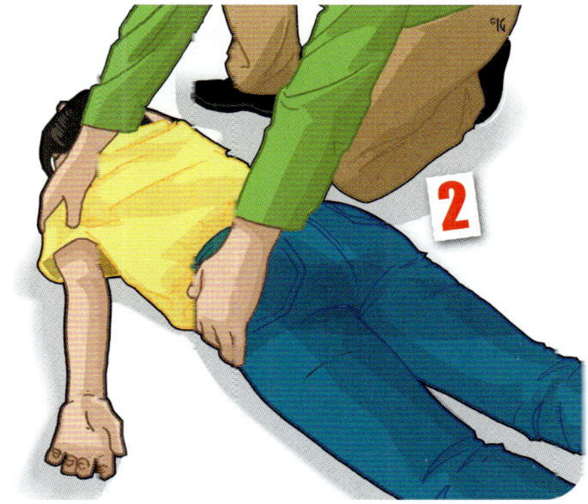

2 - Se placer en position stable *(à genoux ou en trépied)* à une distance suffisante pour ne pas gêner le retournement. Saisir la victime par l'épaule et par la hanche du côté opposé au retournement.

3 - La faire **rouler doucement** au sol jusqu'à ce qu'elle se retrouve sur le côté.

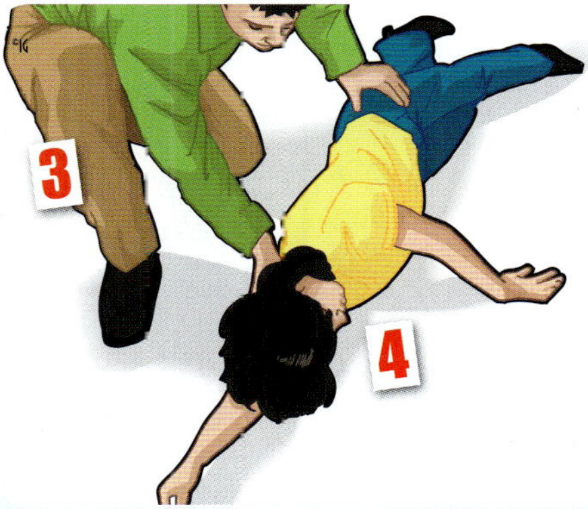

4 - Quand elle est sur le côté, **maintenir sa nuque** avec la main qui était à l'épaule, l'avant-bras maintenant son dos.

Terminer le retournement en tirant sur la hanche. La main qui maintient la nuque accompagne le mouvement.

5 - Cette dernière est ensuite retirée avec précaution.

Une fois la victime sur le dos, compléter l'examen *(libérer les voies aériennes et vérifier la respiration).*

La tête de la victime doit être maintenue le plus rectiligne possible tout au long du retournement.

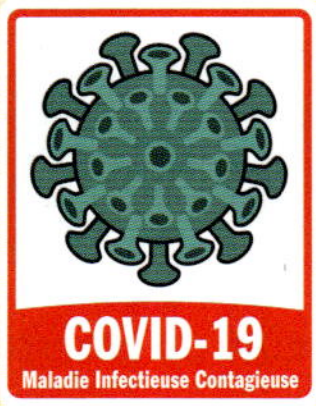

PANDÉMIE COVID-19
EXAMINER LA VICTIME

Dans le contexte actuel de pandémie et de manière provisoire, les mesures de prévention consistent à limiter, si possible, les contacts entre la victime et le secouriste et à renforcer les mesures d'hygiène *(lavage des mains, gel hydro-alcoolique)* et les gestes barrières.

Face à une victime, le S.S.T. :

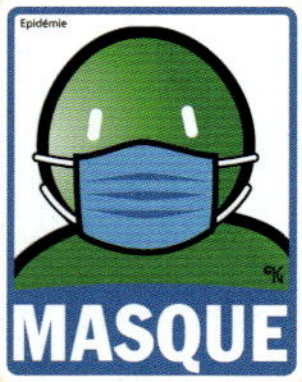

► Porte un masque chirurgical

Porte ◄ des gants de soins

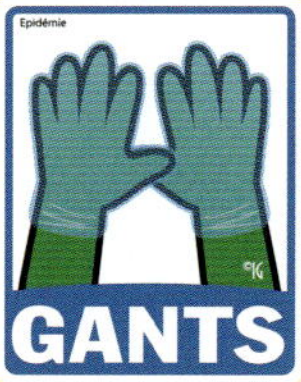

Garde ◄ ses distances par rapport à la victime lorsque cela est possible.

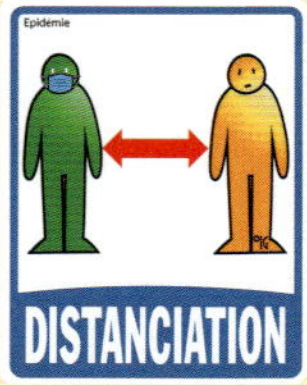

Renforce ◄ les mesures d'hygiène et les gestes barrières

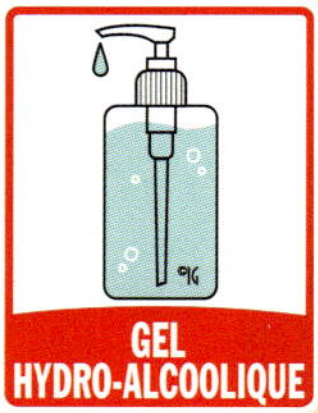

Tous ces gestes sont contre-indiqués car ils peuvent exposer le sauveteur à une contamination :

- Ne pas procéder à la bascule de la tête de la victime en arrière pour libérer les voies aériennes ;
- ne pas tenter de lui ouvrir la bouche ;

- ne pas se pencher au-dessus de la face de la victime, ne pas mettre son oreille et sa joue au-dessus de la bouche et du nez de la victime pour évaluer la respiration.

- Appréciation la respiration en regardant si son ventre et sa poitrine se soulèvent, sans s'approcher de la bouche de la victime.

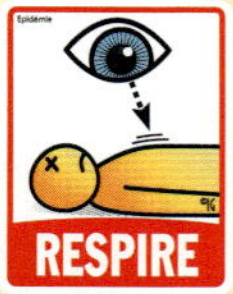

4 - FAIRE ALERTER ou ALERTER

Le S.S.T. a les compétences pour garantir une alerte favorisant l'arrivée de secours adaptés au plus près de la victime.

Il est capable de :

- définir les différents éléments du message d'alerte ;
- identifier qui alerter en fonction de l'organisation des secours dans l'entreprise ;
- faire alerter par la personne la plus apte ou alerter soi-même.

> QUI ALERTER ?

LES SECOURS INTERNES AUX ENTREPRISES/ ÉTABLISSEMENTS :

Respecter l'organisation des secours prévus dans votre établissement *(personnes, moyens).*

Les consignes particulières comme aviser la hiérarchie, passer par le P.C. de sécurité, le service de santé au travail... sont généralement prévues.

Par exemple :

Service Santé au Travail — Service Sécurité — Hiérarchie

LES SECOURS PUBLICS :

SAMU

(Service d'Aide Médicale Urgente)

◄ **15**

En charge de la réponse médicale, des problèmes urgents de santé et du conseil médical.

(ex. : signes d'A.V.C., douleur dans la poitrine...)

SAPEURS-POMPIERS

◄ **18**

En charge notamment des secours d'urgence aux personnes, des secours sur accidents, incendies...

► Numéro de téléphone réservé aux appels d'urgence et valide dans l'ensemble de l'Union Européenne.

URGENCE 114

► Numéro d'appel accessible par SMS, fax, visio et tchat, réservé aux sourds et malentendants *(réception et orientation des personnes malentendantes vers les autres numéros d'urgence).*

> Le MESSAGE d'ALERTE :

Choisir la personne la plus apte pour déclencher l'alerte à l'aide d'un téléphone portable[1] ou à défaut un téléphone fixe.
L'appelant doit indiquer :

1. son identité et le numéro d'appel ;
2. le lieu précis de l'accident *(adresse, atelier, étage...)* ;
3. la nature de l'accident *(chute de hauteur, chariot renversé, malaise...)* ;
4. le nombre des victimes ;
5. l'état de la *(des)* victime*(s)* ;
6. les actions déjà engagées.

- **RÉPONDRE AUX QUESTIONS posées par les services de secours ;**
- **NE JAMAIS RACCROCHER LE PREMIER.**

[1] *Le téléphone portable ou sans fil permet à l'appelant de rester ou de se rendre auprès de la victime, de décrire exactement la situation et de pouvoir être conseillé et guidé par téléphone dans la réalisation des gestes de secours.*

> Faire ALERTER et GUIDER les secours :

Après l'alerte, la personne qui a alerté rend compte au S.S.T. :
Indiquer au S.S.T. que l'alerte est transmise et lui répéter les consignes données par les secours.

Si possible, envoyer une personne pour accueillir les secours et organiser leur accès sur le lieu de l'accident, au plus près de la victime ***(plan de l'entreprise, voies d'accès pompier...).***

Le S.S.T. applique les consignes données.

> En cas d'URGENCE, ALERTER :

ÉQUIPE N° ....

DE .... heures à .... heures

N° D'APPEL D'URGENCE ....

ÉQUIPE N° ....

DE .... heures à .... heures

N° D'APPEL D'URGENCE ....

N° DE TÉLÉPHONE INTERNES À L'ÉTABLISSEMENT :

Infirmerie ....

Service de sécurité ....

Service santé au travail ....

Autre *(hiérarchie)* ....

CONSIGNES PARTICULIÈRES : ....

À compléter en fonction des consignes d'alerte dans votre établissement.

5 - La victime SAIGNE ABONDAMMENT

Le S.S.T. a les compétences pour :

- ***choisir et réaliser les actions pour arrêter le saignement ;***
- ***demander à la victime de comprimer immédiatement l'endroit qui saigne ou à défaut le faire à sa place ;***
- ***surveiller l'état de la victime et adapter sa conduite si besoin jusqu'à la prise en charge par les secours spécialisés.***

> RÉAGIR

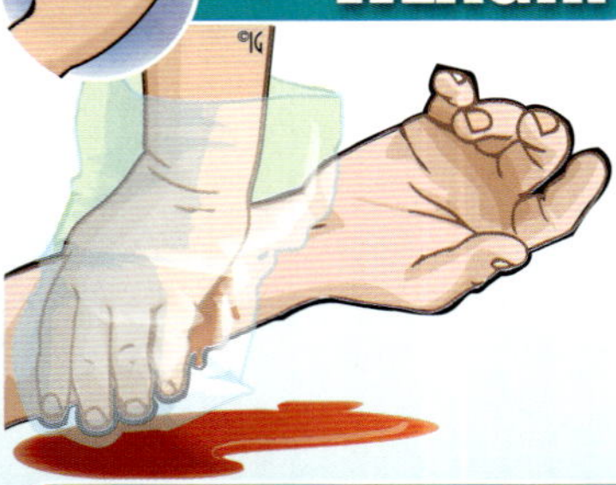

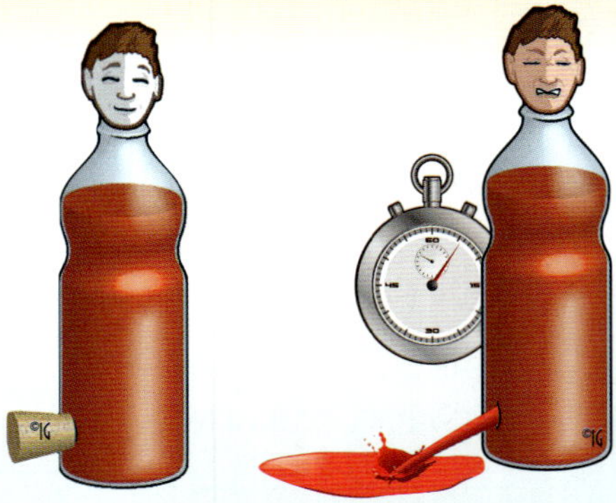

COMPRIMER

immédiatement l'endroit qui saigne pour arrêter l'hémorragie *(la victime elle-même ou à défaut le S.S.T.).*

ALLONGER LA VICTIME

pour éviter l'aggravation.

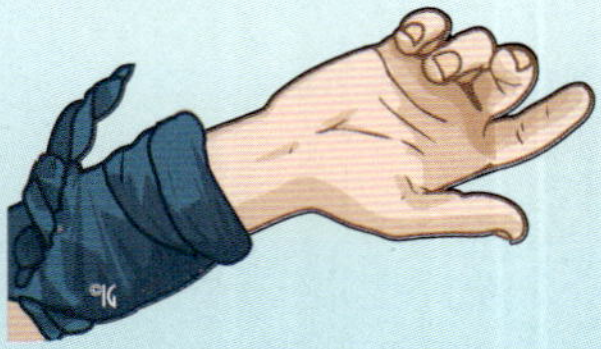

FAIRE UN PANSEMENT COMPRESSIF

Si besoin pour alerter les secours, surveiller ou s'occuper d'autres victimes.

Après avoir protégé, le S.S.T. examine la victime et repère l'origine du saignement.

COMPRIMER l'endroit qui SAIGNE

> Par COMPRESSION DIRECTE

1 **Demander à la victime de comprimer immédiatement l'endroit qui saigne. À défaut le faire à sa place et appuyer fortement** avec les doigts ou la paume de la main.
Si cela n'augmente pas le délai d'intervention, prendre les précautions nécessaires pour éviter le contact sanguin :

- si le S.S.T. porte des gants de travail, **non souillés par des produits caustiques ou corrosifs**, il les garde pour intervenir,
- si le S.S.T. ne porte pas de gants mais qu'il peut se protéger *(avec un sac plastique par exemple)* avant d'intervenir, il le fait ;
- si le S.S.T. ne peut pas se protéger, il doit agir immédiatement, puis se faire remplacer dès que possible par une personne protégée.
- **Maintenir cette compression jusqu'à l'arrivée des secours.**

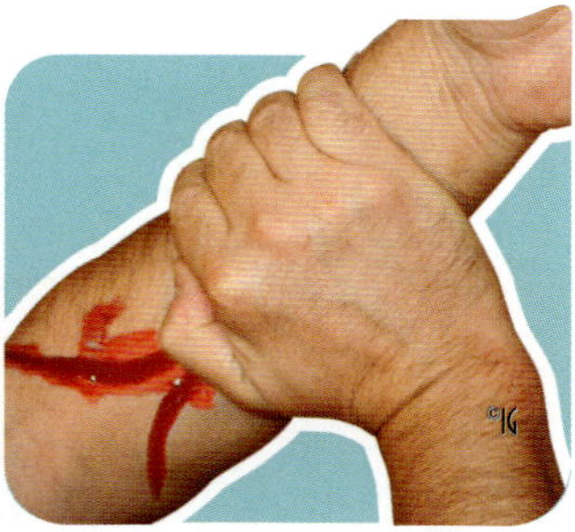

Compression par la victime

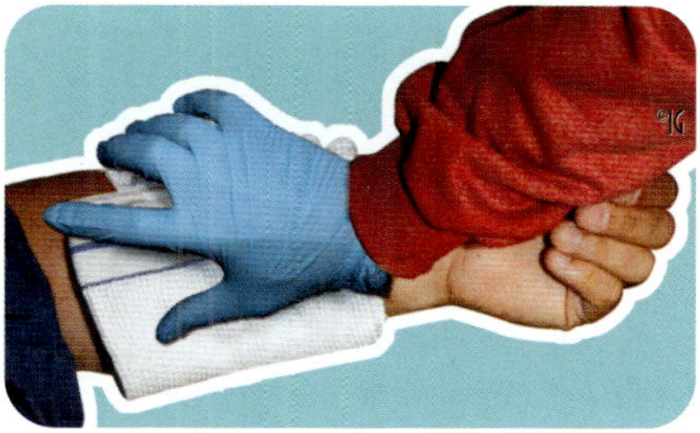

Compression par le S.S.T.

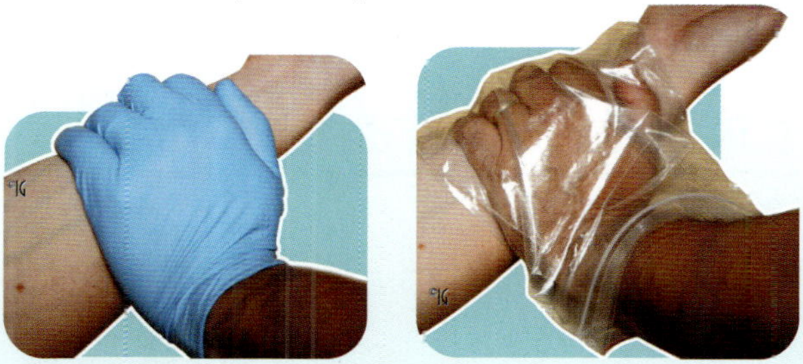

Exemples de protection de la main du S.S.T.

2 **Allonger** la victime sans relâcher la compression pour retarder ou empêcher l'installation d'une détresse circulatoire liée à la perte importante de sang.

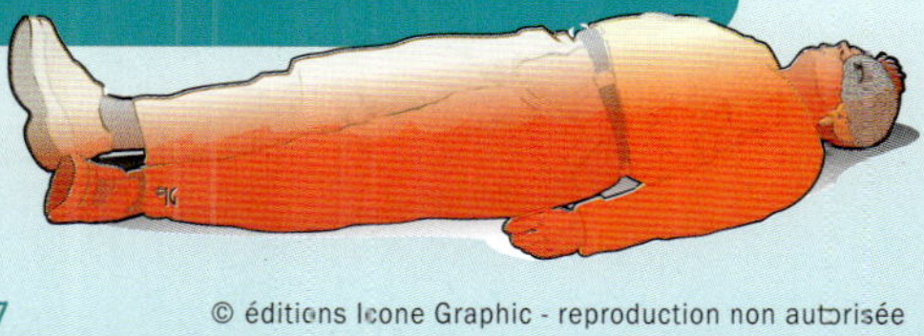

FAIRE ALERTER ou à défaut ALERTER

Par un témoin, ce qui permet au sauveteur de rester auprès de la victime.

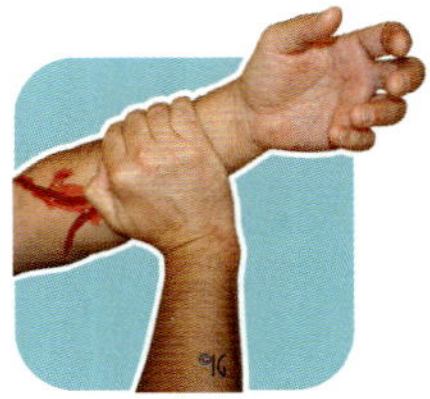

Par le sauveteur si la victime comprime elle-même la plaie,

ou après avoir relayé la compression directe par un pansement compressif. **La position haut-parleur du téléphone** peut parfois permettre de maintenir la compression directe pendant l'alerte par le sauveteur.

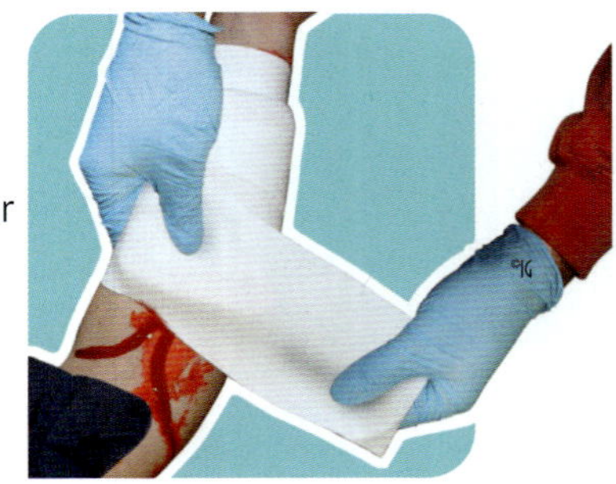

En cas d'inefficacité, reprendre la compression directe par dessus le pansement compressif.

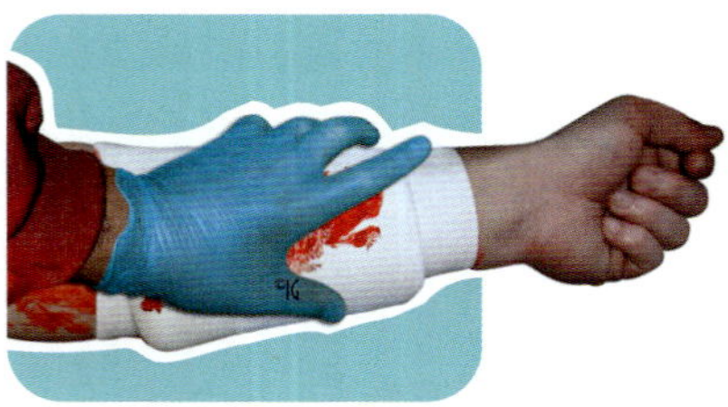

Si la compression directe avec ou sans pansement compressif est **impossible ou inefficace** *(nombreuses victimes, catastrophes, nombreuses lésions, plaie inaccessible, corps étranger, situations de violences collectives ou de guerre...)*, **mettre en place un garrot.**

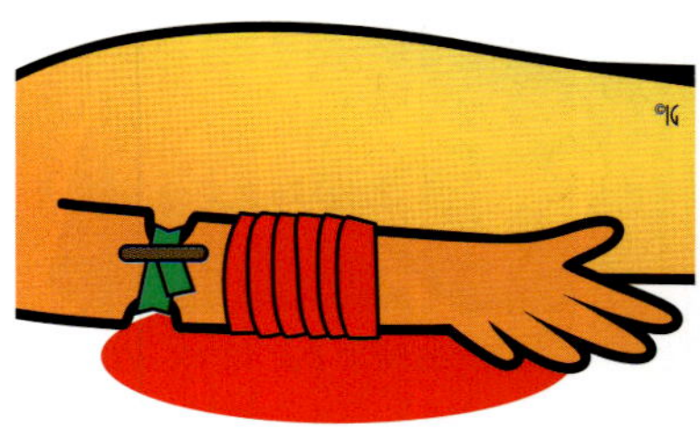

SURVEILLER l'état de la VICTIME

Rassurer et couvrir.

- Parler régulièrement à la victime et la rassurer ;

- protéger contre le froid, les intempéries et réchauffer en la couvrant.

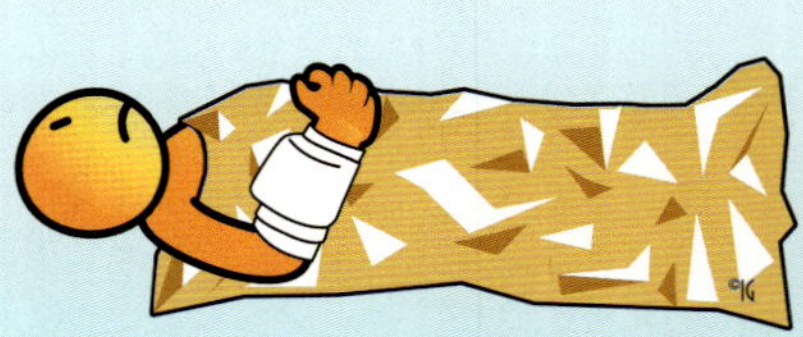

Surveiller l'apparition des signes d'aggravation.

La victime présente :

- une sensation de froid ;
- des sueurs abondantes ;
- une pâleur intense ;
- une perte de connaissance.

Réaliser les gestes de secours qui s'imposent en cas de perte de connaissance ou d'arrêt cardiaque.

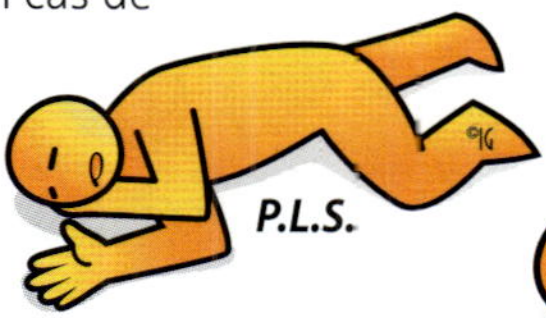

P.L.S.

R.C.P.

Contacter à nouveau les services de secours pour expliquer l'évolution.

MALADIES TRANSMISES PAR LE SANG

-> Si le S.S.T. risque d'entrer en contact avec le sang de la victime, il doit si possible :

- se protéger par le port de gants propres ou de travail, non souillés ;
- à défaut glisser sa main dans un sac imperméable ou interposer un morceau de plastique ;
- retirer les vêtements souillés de sang le plus tôt possible après la fin de l'action de secours ;
- toujours se laver les mains et les désinfecter *(solution hydro-alcoolique, solution chlorée type Dakin©)* avant de les porter à la bouche, au nez, aux yeux ou de manger.

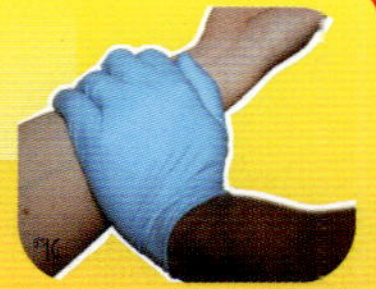

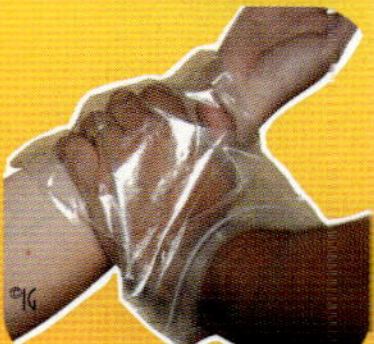

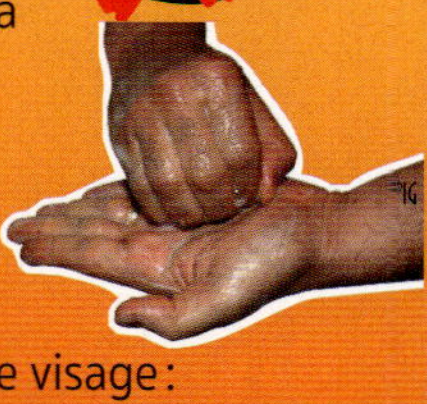

-> En cas de contact du S.S.T. avec le sang de la victime :

- plaie, même minime, ayant été souillée ou projection de sang sur le visage :
  - se conformer au protocole établi par le médecin du travail ou à défaut consulter immédiatement un service d'urgence.

Le PANSEMENT COMPRESSIF

Si le S.S.T. doit se libérer ***(autre geste vital sur la victime ou plusieurs victimes, alerte...)*** **et que la victime ne peut pas appuyer elle-même sur la plaie qui saigne,** il remplace la compression directe par une épaisseur de tissu propre recouvrant complètement la plaie *(mouchoirs, torchons, vêtements...)* fixée par une bande élastique ou un lien large assez long pour le recouvrir. La pression doit être suffisante et permanente.

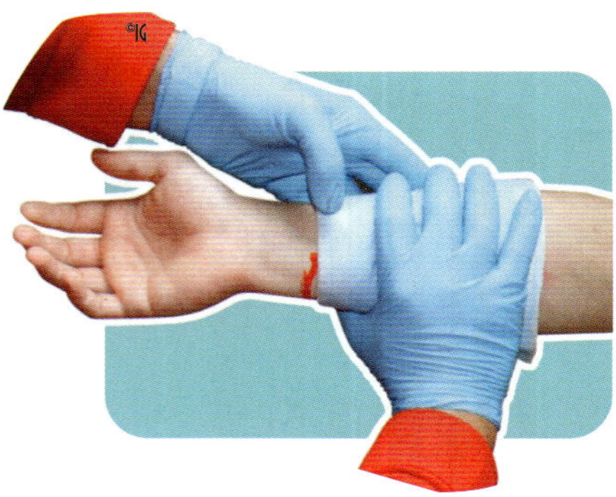

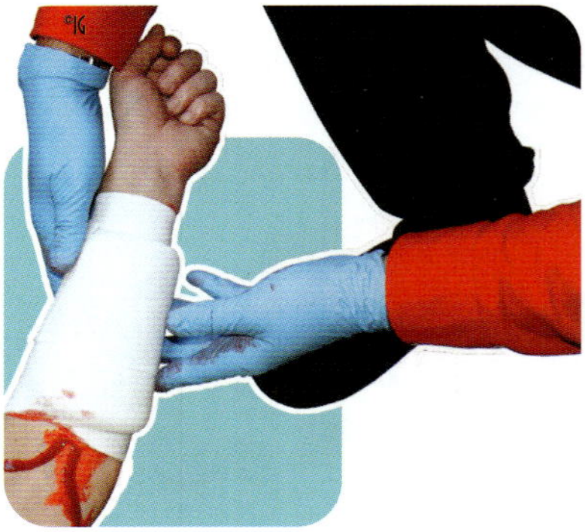

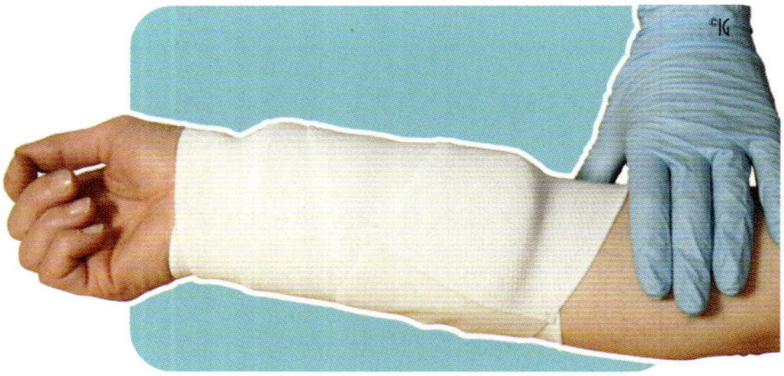

Exemple de pansement compressif réalisé avec bande élastique

Exemple de pansement compressif réalisé avec avec lien large

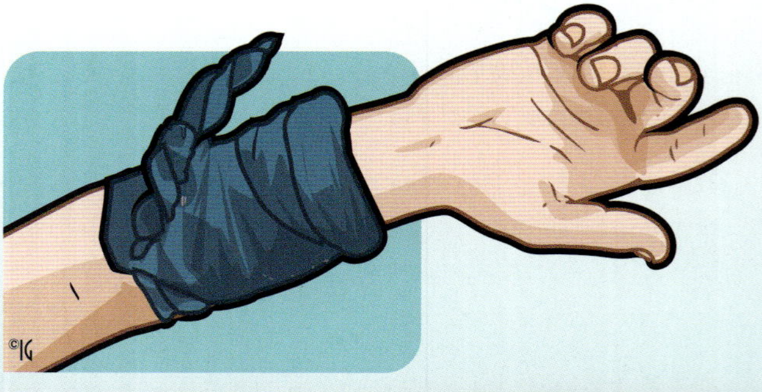

Le remplacement de cette compression est impossible lorsque l'endroit qui saigne est situé au niveau du cou, du thorax ou de l'abdomen. Dans ce cas, maintenir la compression directe.

Le GARROT

Mettre en place un garrot **à quelques centimètres au-dessus de la plaie, jamais sur une articulation**, pour arrêter le saignement.

Il ne peut être posé qu'aux **membres supérieurs** *(au bras, avant-bras)* ou **inférieurs** *(à la cuisse et jambe).*
En exerçant une compression circulaire autour du membre concerné, le garrot entraîne une contre-pression qui interrompt totalement la circulation du sang en aval de l'endroit où il est posé.

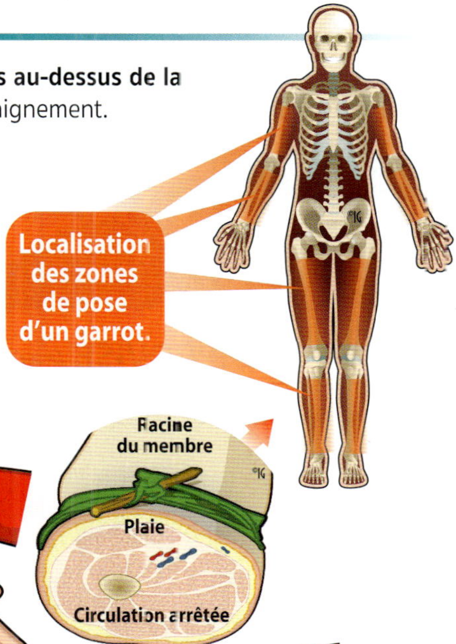

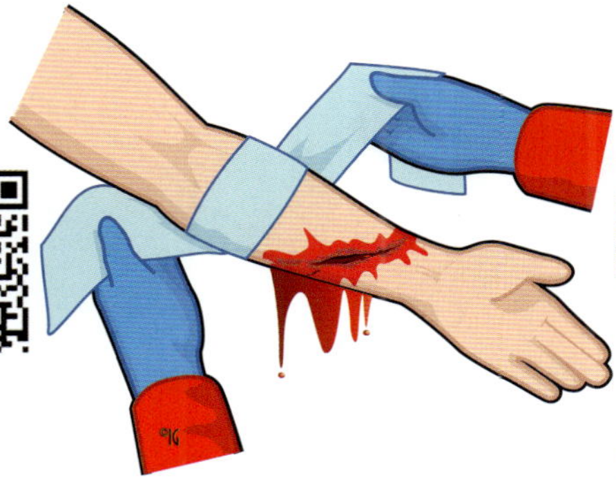

1 Faire **2 tours** autour du membre avec un lien de 3 à 5 cm de large et d'au moins 1,50 m de long *(cravate, écharpe, foulard, chemise, sangle, morceau de drap...)* et faire un nœud.

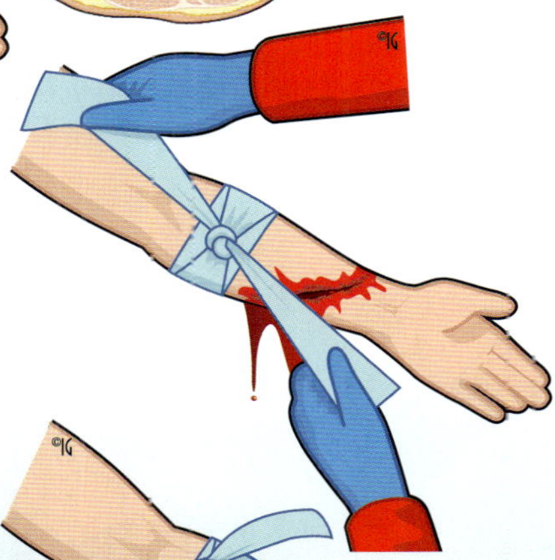

2 Placer une **barre** *(pièce de 10 à 20 cm en bois solide, P.V.C. dur ou métal rigide)* au-dessus et faire 2 nœuds pour la maintenir.

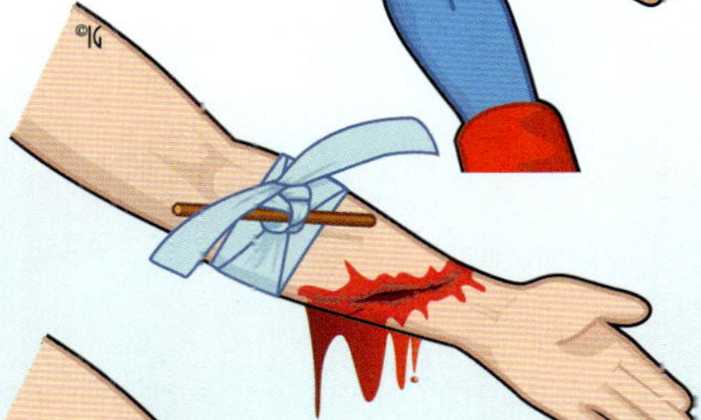

3 Tourner la barre pour serrer le garrot **jusqu'à l'arrêt du saignement et maintenir le serrage,** même si la douleur provoquée est intense.

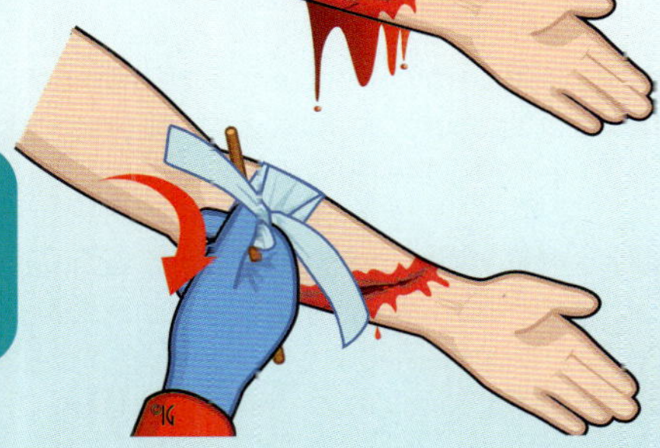

4 Maintenir le serrage.

Exemples de maintien du serrage de la barre :

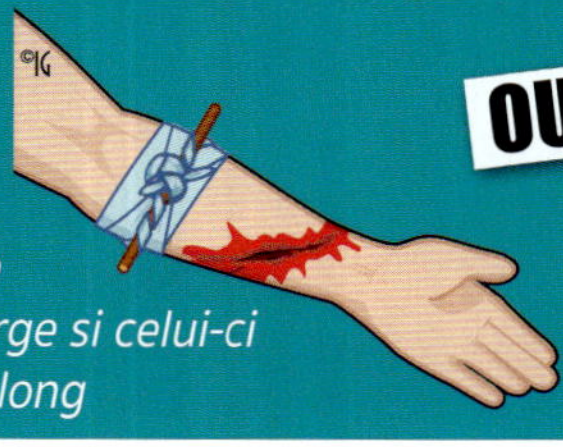

La barre peut être fixée par le lien large si celui-ci est suffisamment long

OU

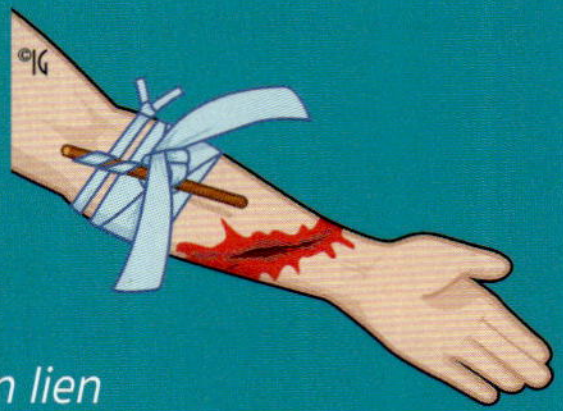

par un lien supplémentaire (lacet...) ou par quelque moyen que ce soit.

Le GARROT IMPROVISÉ *(sans barre)*

En l'absence de barre, le garrot peut se faire uniquement avec un lien large.

Réaliser une boucle en glissant le lien à quelques centimètres au-dessus de l'hémorragie. Glisser une partie du lien dans la boucle afin que le garrot entoure le membre.

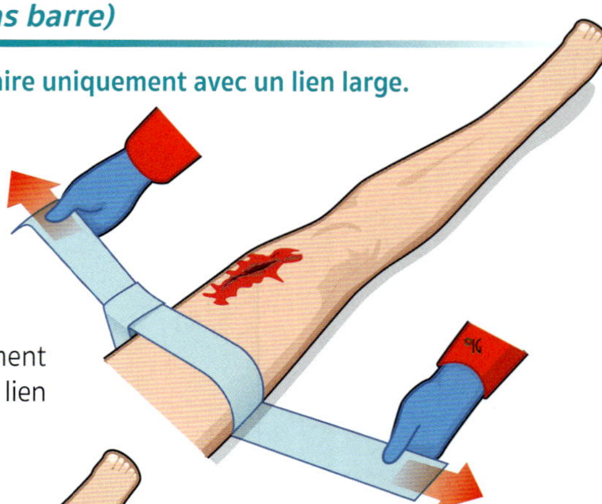

Serrer le nœud du garrot le plus fortement possible en tirant sur chaque extrémité du lien et réaliser un double nœud de maintien.

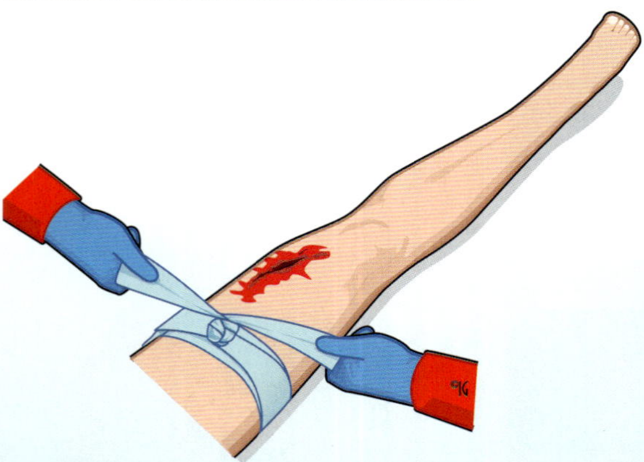

Une fois mis en place, le garrot doit toujours rester visible *(ne pas le recouvrir)* et ne jamais être retiré sans avis médical.

Les lieux de travail doivent être équipés d'un matériel de premiers secours adapté à la nature des risques *(Article R4224-14 du Code du travail).*

Dans certaines circonstances où la victime peut être soumise à un risque accru de saignement abondant, il est recommandé d'être en possession de manière préventive d'un garrot spécialement conçu, par exemple dans une trousse de secours.

Exemple de garrots de conception industrielle.

La VICTIME présente un SAIGNEMENT du NEZ

Après avoir protégé et examiné :
- L'asseoir, **tête penchée en avant** *(ne jamais l'allonger)* ;
- lui demander de se moucher vigoureusement ;
- lui demander **de comprimer ses narines**, avec deux doigts, durant 10 minutes, sans relâcher.

- **DEMANDER UN AVIS MÉDICAL SI :**
  - le saignement **ne s'arrête pas ou se reproduit** ;
  - le saignement survient **après une chute ou un coup** ;
  - la victime **prend des médicaments**, en particulier ceux qui **augmentent les saignements**.

La VICTIME VOMIT ou CRACHE du SANG

1 **Faire alerter ou alerter immédiatement les secours médicalisés** *(un saignement de ce type est toujours un symptôme grave, nécessitant un traitement d'urgence).*

2 **Installer la victime dans la position :**
- où elle se sent le mieux ;

3 **Surveiller et réconforter.**

AUTRES HÉMORRAGIES :

En présence d'une victime qui perd du sang par un orifice naturel *(autre que le nez et la bouche)* et de façon inhabituelle :
- l'allonger ;
- demander un avis médical, appliquer les consignes.

6 - La victime s'ÉTOUFFE

AGIR IMMÉDIATEMENT SA VIE EST MENACÉE !

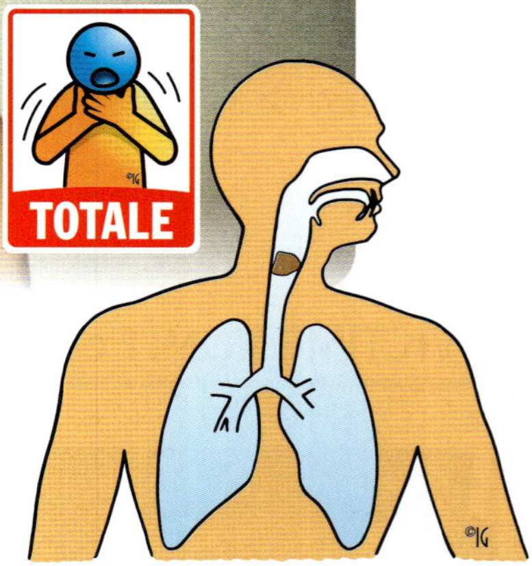

Le S.S.T. a les compétences pour :

- ***choisir et réaliser les actions pour désobstruer les voies aériennes et lui permettre de respirer ;***
- ***surveiller l'état de la victime et adapter sa conduite si besoin jusqu'à la prise en charge par les secours spécialisés.***

L'obstruction des voies aériennes par un corps étranger est la gêne ou l'empêchement brutal des mouvements de l'air entre l'extérieur et les poumons.

Elle est qualifiée :

- d'**obstruction grave**, lorsque la respiration n'est plus efficace, voire impossible ;
- d'**obstruction partielle**, lorsque la respiration reste efficace.

> L'OBSTRUCTION GRAVE des voies aériennes

> RÉAGIR

- Débloquer le corps obstruant pour restaurer le libre passage de l'air dans les voies aériennes et permettre à la victime de respirer.

Les techniques varient en fonction du gabarit de la victime : adulte, grand enfant, enfant qui peut tenir sur la cuisse du sauveteur, nourrisson, femme enceinte ou personne obèse.

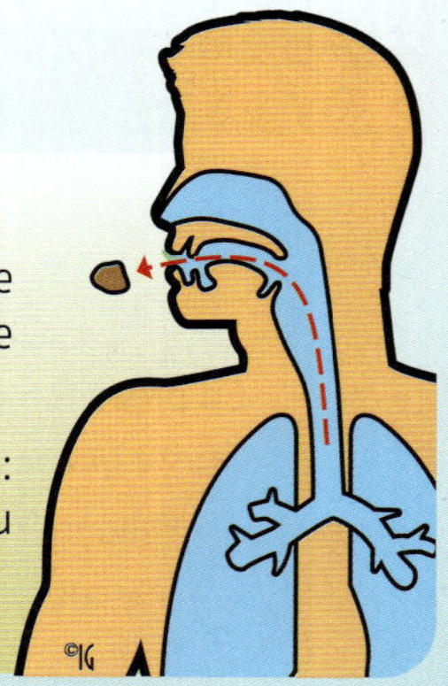

Les TAPES dans le DOS *(adulte/grand enfant)*

Après avoir protégé, le S.S.T. examine la victime et constate une obstruction grave des voies aériennes.

1 Laisser la victime dans la position où elle se trouve *(celle-ci est le plus souvent assise ou debout)*, se placer sur le côté et légèrement en arrière.

2 Soutenir **son thorax avec une main** et la pencher suffisamment en avant pour que le corps étranger dégagé sorte de la bouche plutôt que de descendre plus profondément dans les voies aériennes.

3 Lui donner de **1 à 5 tapes vigoureuses** dans le dos, **entre les deux omoplates**, avec le **talon** de l'autre main **ouverte** pour provoquer une toux réflexe et débloquer le corps obstruant.

Chez un ENFANT qui peut tenir sur la CUISSE du S.S.T. :

- S'asseoir ;
- basculer l'enfant sur sa cuisse, tête face vers le bas *(cette position améliore la technique des tapes dans le dos)* ;
- donner de 1 à 5 tapes vigoureuses dans le dos, entre les deux omoplates avec le talon de la main ouverte.

En cas d'impossibilité, réaliser la même technique que pour l'adulte et le grand enfant.

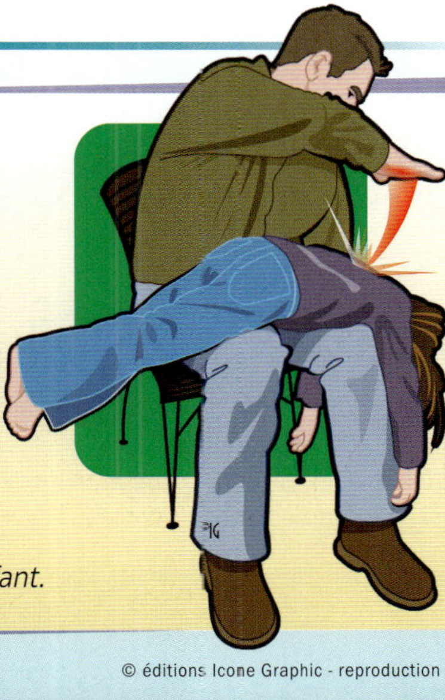

Les COMPRESSIONS ABDOMINALES
(adulte/grand enfant ou enfant tenant sur la cuisse)

EN CAS D'INEFFICACITÉ DES 5 TAPES DANS LE DOS

1 Se placer derrière la victime. Fléchir les genoux pour être à sa hauteur si la victime est assise. Passer les bras sous les siens de part et d'autre **de la partie supérieure de son abdomen.**

2 S'assurer que la victime est bien penchée en avant.

3 Placer le poing et l'autre main pour **tirer franchement** en exerçant une pression **vers l'arrière et vers le haut** pour comprimer l'air contenu dans les poumons et obtenir un effet de "surpression et de piston".
Effectuer de **1 à 5 compressions**, en relâchant entre.

> POSITIONNEMENT DES MAINS *(méthode de Heimlich)* :

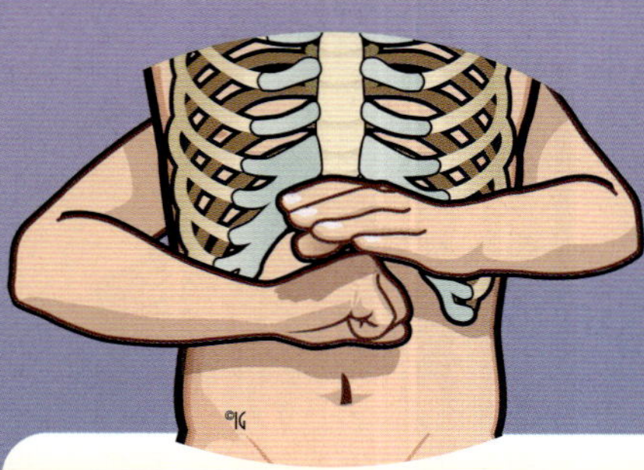

Mettre le poing fermé *(dos de la main vers le ciel)* juste au-dessus du nombril.

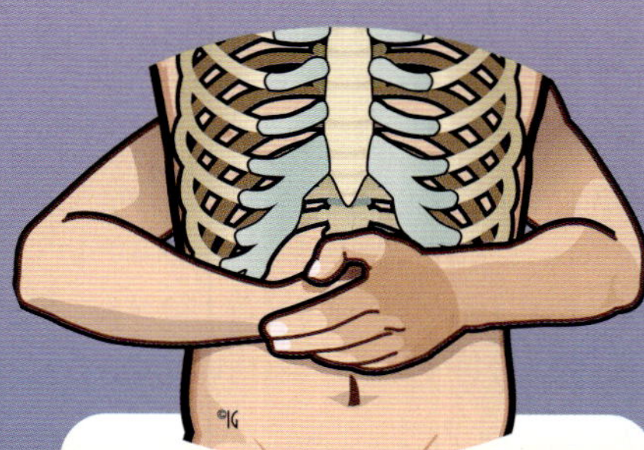

Placer l'autre main sur la première, **les avant-bras n'appuyant pas** sur les côtes.

Les COMPRESSIONS THORACIQUES
(personne obèse, femme enceinte)

Cette technique est utilisée chez l'adulte obèse ou la femme enceinte, lorsqu'il est impossible d'encercler l'abdomen et après une série de 5 tapes dans le dos inefficaces.

- Placer les avant-bras sous ses bras en encerclant sa poitrine.
- Mettre **un poing fermé au milieu du sternum,** sans appuyer sur sa pointe inférieure.
- Placer l'autre main sur la première **sans appuyer les avant-bras sur les côtes.**
- Tirer franchement en exerçant **une pression vers l'arrière.**
- Effectuer de **1 à 5 compressions**, en relâchant entre chacune.

ALTERNANCE

Alterner les tapes dans le dos et les compressions abdominales ou thoraciques.

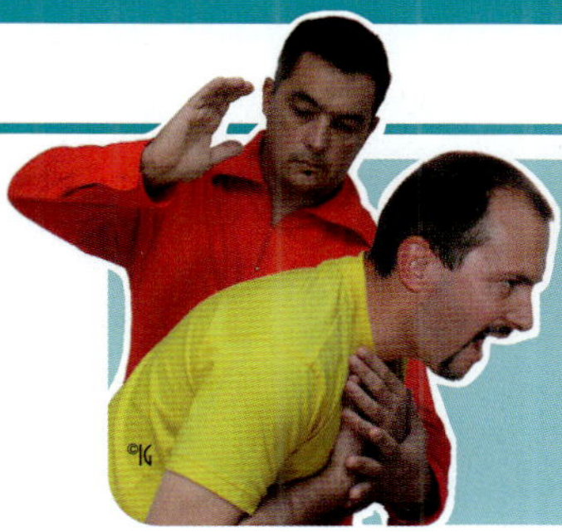

Les manœuvres sont **interrompues** dès :

- le **rejet** du corps étranger, l'apparition **d'une toux**, de cris ou de pleurs, la reprise de la **respiration**.
- Installer la victime dans la position où elle se sent le mieux, desserrer les vêtements, demander un avis médical et surveiller.

SI LA VICTIME PERD CONNAISSANCE :
- **l'accompagner au sol ;**
- **faire alerter ou alerter les secours ;**
- **réaliser une R.C.P.** ***(Réanimation Cardio-Pulmonaire voir la partie "La victime ne répond pas et ne respire pas")*****;**
- **vérifier la présence du corps étranger dans la bouche, à la fin de chaque cycle de compressions thoraciques. Le retirer prudemment avec les doigts s'il est accessible.**

NB : Chez une victime alitée, consciente et qui présente une obstruction grave des voies aériennes, réaliser des compressions thoraciques comme pour le massage cardiaque.

NOURRISSON qui peut tenir sur l'AVANT-BRAS du S.S.T.

> TAPES dans le DOS :

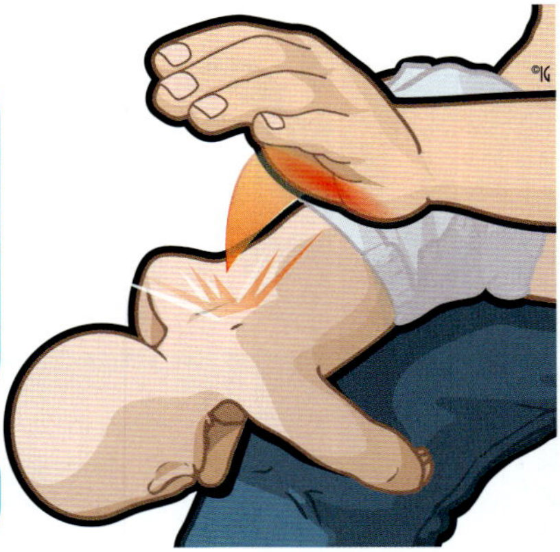

1 Coucher le nourrisson, **tête penchée en avant à califourchon sur votre avant-bras.** Maintenir sa tête avec les doigts, de part et d'autre de la bouche : le pouce d'un côté et un ou deux doigts de la même main de l'autre côté placés au niveau de l'angle de la mâchoire inférieure sans appuyer sur la gorge.

2 Donner **de 1 à 5 tapes entre les deux omoplates, avec le talon de la main ouverte.**

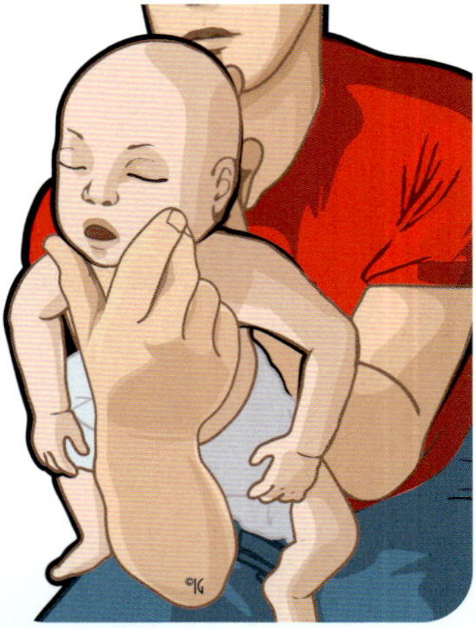

> en cas d'INEFFICACITÉ :

3 Placer **votre avant-bras contre son dos** et votre main sur sa tête, la victime est alors entre vos deux avant-bras et vos deux mains. **Retourner la victime** sur le dos tout en la maintenant fermement.

4 Placer votre avant-bras, sur lequel repose la victime, sur **votre cuisse**. La tête du nourrisson doit être plus basse que le reste du corps.

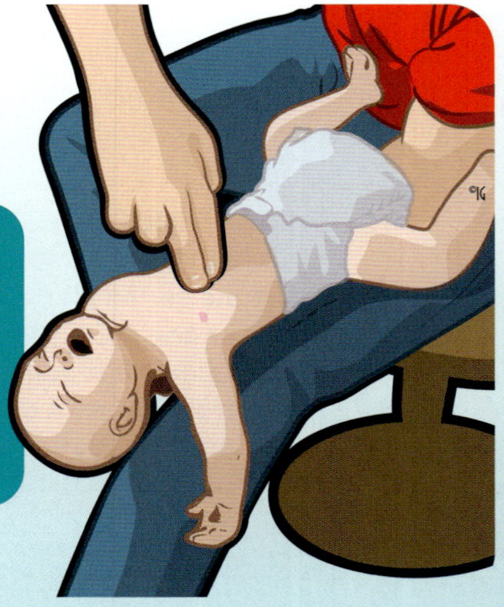

> COMPRESSIONS THORACIQUES :

5 Placer la pulpe de deux doigts d'une main dans l'axe du sternum, **un doigt** au-dessus d'un repère constitué par le bas du sternum à la jonction des dernières côtes.

Effectuer **1 à 5 compressions profondes et successives** en relâchant entre chacune.

> L'OBSTRUCTION PARTIELLE des voies aériennes

IDENTIFIER ET AGIR :

L'obstruction des voies aériennes peut être partielle et la respiration reste efficace. Le sujet est souvent capable d'expulser lui-même le corps étranger.

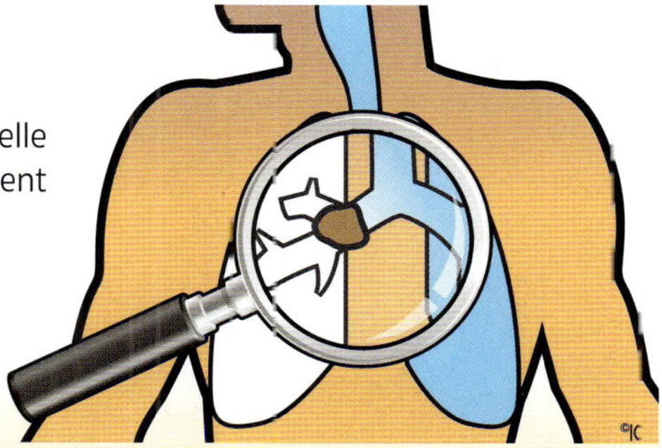

LA VICTIME :

- **a des difficultés pour respirer ;**
- **peut parler ou crier ;**
- **tousse vigoureusement ;**
- **respire parfois avec un bruit surajouté *(sifflement respiratoire).***

- **Ne jamais pratiquer de technique de désobstruction car cela risquerait de provoquer une destruction grave ;**
- installer la victime dans la position où elle se sent le mieux, le plus souvent en position assise ;
- l'encourager à tousser pour rejeter le corps étranger ;
- faire alerter ou alerter les secours médicaux et appliquer leurs consignes, des complications respiratoires graves peuvent avoir lieu surtout après une obstruction partielle ;
- la surveiller attentivement et la rassurer.

En cas d'aggravation, pratiquer les gestes qui s'imposent et rappeler les secours.

7 - La victime se plaint d'un MALAISE

LES MALAISES GRAVES NÉCESSITENT UN AVIS MÉDICAL IMMÉDIAT.

Le S.S.T. a les compétences pour :

- ***choisir et réaliser les actions pour éviter une aggravation et prendre un avis médical ;***
- ***surveiller l'état de la victime et adapter sa conduite si besoin jusqu'à la prise en charge par les secours spécialisés.***

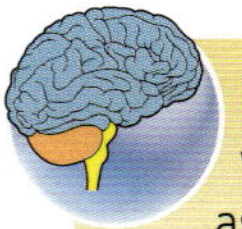

Un malaise survient chez une personne **consciente** qui présente des signes visibles de sensations pénibles. Ces signes d'apparition soudaine, isolés ou associés, même de très courte durée peuvent orienter le médecin. Certains signes apparemment sans gravité peuvent être révélateurs d'une situation pouvant à tout moment **entraîner une détresse vitale**. Ceci nécessite un appel au SAMU - centre 15 **pour une prise en charge immédiate** *(conseil ou consultation médicale ou évacuation vers une structure de santé).*

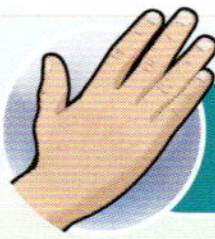

> RÉAGIR

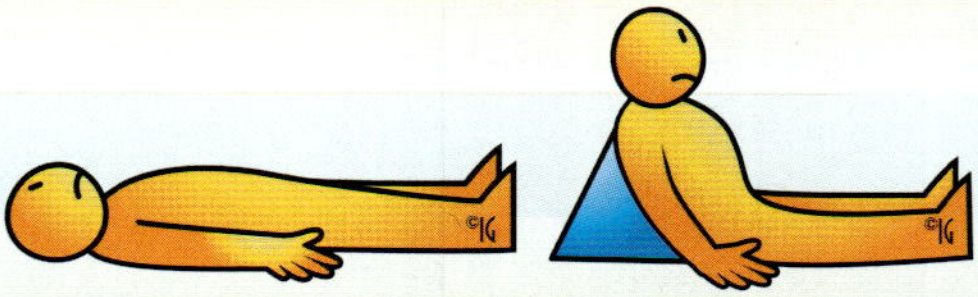

- Mettre au repos en l'allongeant *(sauf gêne respiratoire)*;
- observer, écouter et questionner pour recueillir les informations nécessaires ;
- prendre un avis médical et appliquer les consignes.

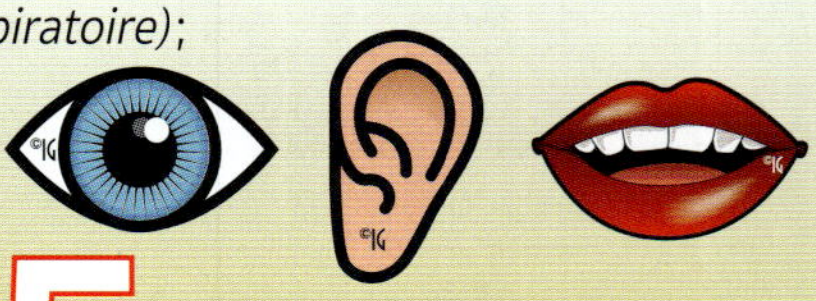

15

CONDUITE à TENIR

Après avoir protégé et examiné :

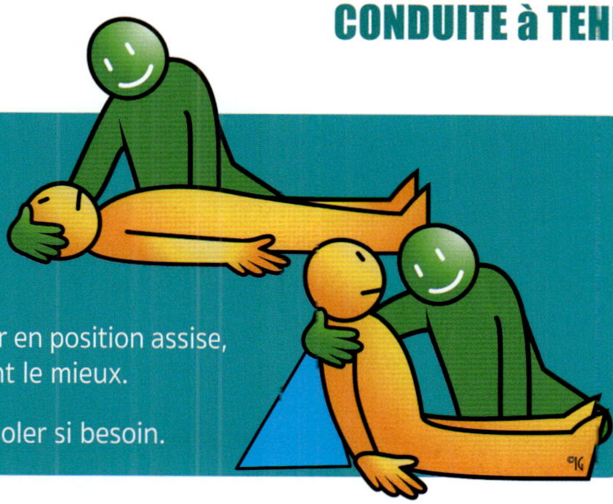

1 METTRE AU REPOS :

Mettre **immédiatement la victime au repos** en position allongée le plus souvent *(lit, canapé, sol)*.

En cas de gêne respiratoire, l'installer en position assise, sinon, dans la position où elle se sent le mieux.

Si la victime est agitée, la calmer, l'isoler si besoin.

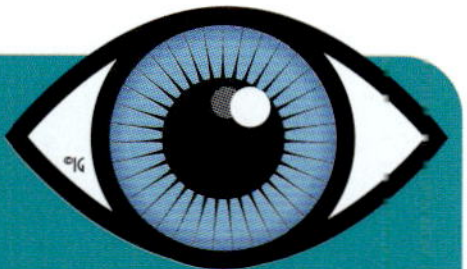

2 OBSERVER LES SIGNES :

Les signes peuvent être d'apparition soudaine, isolés ou associés et même de très courte durée.

Deux malaises imposent une prise en charge médicale urgente :

- **l'Accident Vasculaire Cérébral** ***(A.V.C.)*****:**
  - faiblesse ou paralysie d'un bras ;
  - déformation de la face ;
  - troubles de la vision ;
  - difficulté de langage *(incohérence de la parole)* ou de compréhension ;
  - mal de tête sévère et inhabituel ;
  - perte de l'équilibre, instabilité de la marche ou chutes inexpliquées.

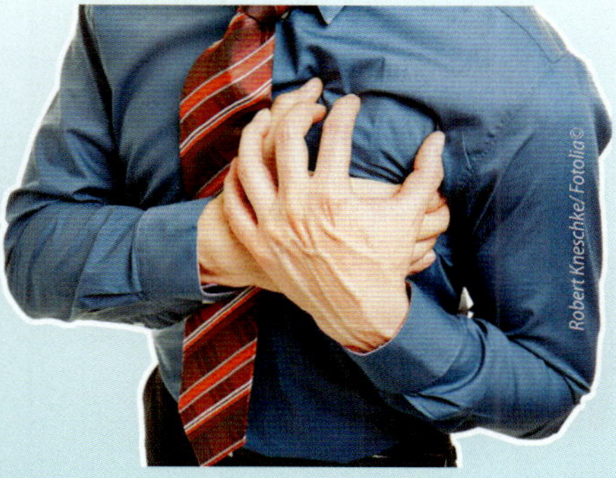

- **l'accident cardiaque** ***(infarctus)*****:**
  - douleur thoracique.

Autres MALAISES GRAVES

Wavebreak media mocri/ Fotolia©

La victime peut aussi se plaindre :

- d'une douleur abdominale intense ;
- d'une difficulté à respirer ou à parler ;
- de sueurs abondantes, sans avoir fourni d'effort ou sans que la chaleur environnante soit importante ;
- une sensation de froid ou une pâleur intense *(chez la victime à peau halée ou colorée, la pâleur peut être appréciée à la face interne des lèvres).*

3 ÉCOUTER, QUESTIONNER LA VICTIME ET SON ENTOURAGE :

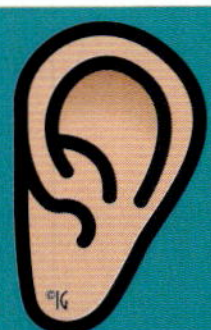

- quel âge a-t-elle ?
- est-ce la première fois ? *(malaise identique par le passé)*
- quel est le type de douleur ? *(sensation de serrement, piqûre, brûlure,...)*
- où a-t-elle mal ?
- depuis combien de temps a-t-elle ce malaise ?
- a-t-elle été récemment malade et/ou hospitalisée ? *(état de santé actuel)*
- suit-elle un traitement médicamenteux ?

4 PRENDRE UN AVIS MÉDICAL :

Appeler le SAMU/centre 15 pour obtenir immédiatement un avis médical.
Cet appel ne doit pas être différé, même à la demande de la victime.
Transmettre les informations obtenues.

5

Appliquer leurs consignes.

Surveiller, rassurer, protéger la victime contre le froid et/ou les intempéries.

En cas d'aggravation :

- pratiquer les gestes qui s'imposent et rappeler les secours.

Grâce aux téléphones portables, le médecin pourra parler directement à la victime sans la faire se déplacer.

> CAS PARTICULIERS

> PRISE habituelle de MÉDICAMENT ou de SUCRE

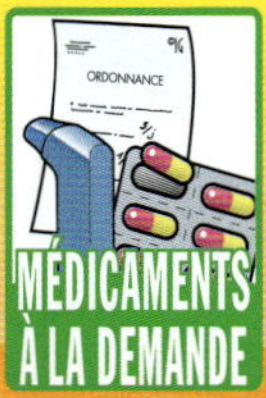

Dans certaines maladies, un traitement particulier doit être pris en cas de malaise. Dans ce cas, le traitement et les doses à prendre sont connus par la victime et ont fait l'objet d'une prescription préalable par son médecin.

À la demande de la victime ou sur consigne du médecin et en respectant les doses prescrites, donner :
- **son traitement habituel pour ce malaise,**
- **du sucre en morceaux.**

> MALAISES provoqués par la CHALEUR

Un malaise peut survenir chez les personnes exposées à la chaleur ou à une ambiance chaude *(été, canicule, exposition au soleil ou à la chaleur, travail à proximité d'un four...).*

CONTACTER UN MÉDECIN QUI POURRA DONNER LES CONSIGNES SUIVANTES :

- installer la victime dans un endroit frais et bien aéré ;
- la déshabiller ou desserrer ses vêtements ;
- la rafraîchir avec de l'eau froide ;
- lui faire boire de l'eau fraîche par petites quantités ;
- la surveiller et la réconforter.

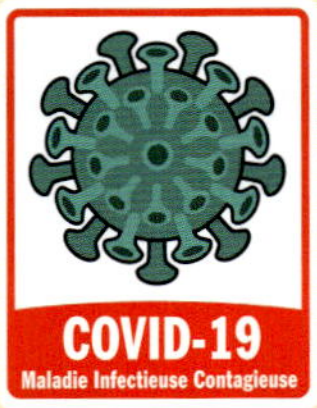

PANDÉMIE COVID-19

Si un cas de Covid-19 survient dans l'entreprise.

En cas de symptômes évocateurs survenant **sur le lieu de travail**, l'organisation de la prise en charge doit être mise en œuvre selon les consignes établies au préalable en concertation avec le médecin du travail.

LA PROCÉDURE DOIT ÊTRE CONNUE DE TOUS

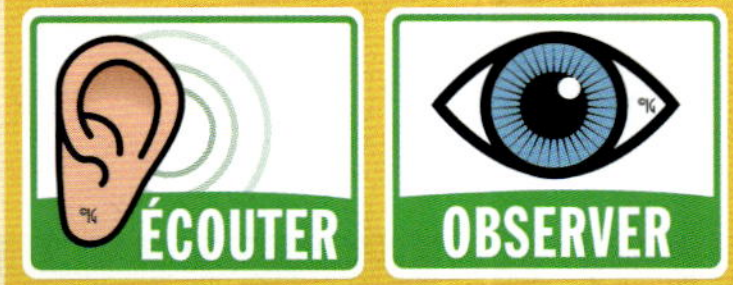

En présence d'une personne symptomatique avec notamment des signes comme :

La prise en charge repose sur :

l'isolement : isoler le salarié *(dans les locaux du service de santé au travail s'il est sur place ou sinon dans une piècedéfinie au préalable).* Lui faire porter un masque. Si ce dernier gêne la ventilation de la victime, il doit être retiré ;

la protection : éviter les contacts avec les collègues (*garder une distance de plus d'un mètre*), appliquer les gestes barrières, ne pas se toucher le nez, les yeux, la bouche et le visage, se laver régulièrement les mains.

la recherche de signes de gravité.

DEMANDER UN AVIS MÉDICAL

2 SITUATIONS

Présence de signes de gravité *(essouflement...)*

Absence de signes de gravité

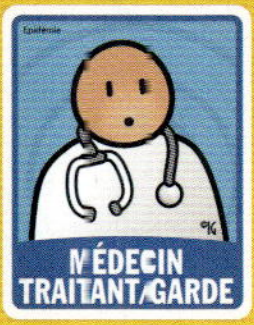

- Contacter le médecin du travail ou demander à la personne de contacter son médecin traitant pour avis médical ;
- prévenir le supérieur hiérarchique ;
- organiser son retour à domicile avec un masque en évitant les transports en commun.

Dans ce contexte particulier et afin d'éviter toute contamination avec d'autres personnes extérieures, si le salarié est en mesure de regagner son domicile, l'employeur pourra, en concertation avec lui, l'autoriser à rentrer avec son véhicule personnel, s'il en a un. À défaut, il pourrait être envisagé de solliciter l'un de ses proches, qui pourrait venir le chercher avec son propre véhicule ou l'accompagner lors du trajet de retour à domicile, le cas échéant faire appel à un taxi.

Après la prise en charge de la personne, prendre contact avec le service de santé au travail et suivre ses consignes, y compris pour le nettoyage du poste de travail et le suivi des salariés.

Si le cas de COVID-19 est confirmé, l'identification et la prise en charge des contacts devraient être organisées par les acteurs du contact-tracing *(médecin prenanten charge le cas et plateformes de l'Assurance Maladie)*. Le médecin du travail peut faciliter l'identification des contacts et leur qualification.

Blake Alan/shutterstock©

8 - La victime se plaint de BRÛLURES

Le S.S.T. a les compétences pour :

- ***choisir et réaliser les actions pour éviter une aggravation de la brûlure ;***
- ***surveiller l'état de la victime et adapter sa conduite si besoin jusqu'à la prise en charge par les secours spécialisés.***

> RÉAGIR

Refroidir immédiatement en arrosant la partie brûlée.

› En présence d'une brûlure thermique :

Pour empêcher la chaleur de pénétrer plus profondément dans les tissus et pour calmer la douleur.

L'arrosage immédiat diminue l'extension de la brûlure, limite ses conséquences et soulage la douleur.

› En présence d'une brûlure chimique :

Rincer en arrosant la partie imprégnée de produit chimique tout en déshabillant si besoin la victime.

Pour empêcher le produit chimique de pénétrer plus profondément dans les tissus.

Les premières secondes sous l'eau vont permettre d'éliminer le produit en grande partie.

> Brûlures THERMIQUES :

Arroser pour éteindre si nécessaire et refroidir.

1 Supprimer ou soustraire la victime de la cause.

La cause d'une brûlure représente un danger immédiat pour la victime et pour le S.S.T.

Si ses vêtements sont enflammés, **empêcher la victime de courir et étouffer les flammes** avec **un vêtement** ou une couverture, puis la rouler ou la faire se rouler par terre.

Après avoir protégé et examiné,

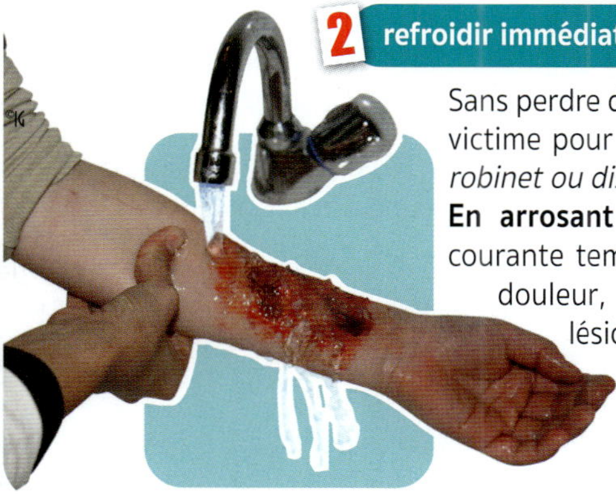

2 refroidir immédiatement.

Sans perdre de temps, profiter si possible de la mobilité de la victime pour la mener à un point d'eau courante *(douche, robinet ou dispositif prévu à cet effet).*
En arrosant la surface brûlée par ruissellement d'eau courante tempérée pour absorber lescalories et calmer la douleur, à faible pression pour ne pas provoquer de lésions supplémentaires et éviter la douleur.

Remarque : débuter l'arrosage après 30 minutes n'a pas d'intérêt.

3 Retirer les vêtements de la victime, sans ôter ceux qui adhèrent à la peau.

4 Faire alerter ou alerter les secours.

Dès le début de l'arrosage. La durée de l'arrosage est maintenue jusqu'à l'obtention d'un avis médical.

5 Mettre la victime au repos.

Allonger le brûlé sur la région non atteinte.

En cas de gêne respiratoire, l'installer en position **assise.**

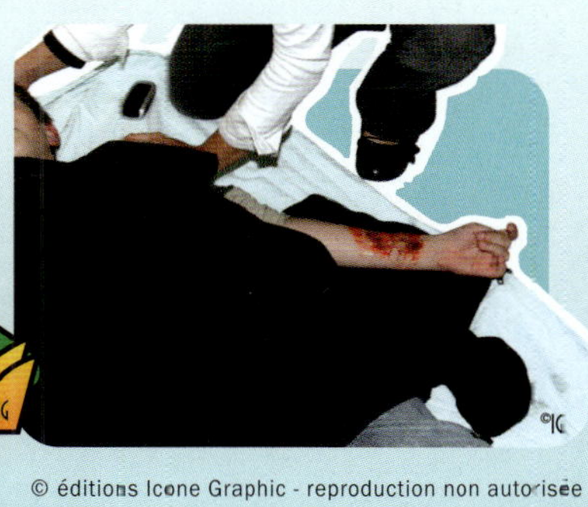

6 Surveiller l'état de la victime.

- Lui parler régulièrement et la rassurer.
- La protéger contre le froid, et/ou les intempéries **en laissant la brûlure visible** pour ne pas contribuer à l'infecter.
- En cas d'aggravation, réaliser les gestes adaptés et rappeler les secours.

> Brûlures CHIMIQUES :

Arroser pour rincer.

Projection sur la peau et les vêtements

Après avoir protégé et examiné.

1 Rincer sans perdre de temps.

Se protéger les mains si possible avec des gants, et sans perdre de temps.

Profiter si possible de la mobilité de la victime pour la mener à un point d'eau courante *(douche, robinet ou dispositif prévu à cet effet).*

Rincer immédiatement en arrosant à l'eau courante **tempérée** et à **faible pression** la partie imprégnée de produit chimique.

2 Déshabiller la victime.

Retirer immédiatement les vêtements imbibés de la victime, tout en se protégeant.

Ne pas oublier de retirer ses **chaussures** car elles peuvent se remplir d'eau de rinçage.

3 Faire alerter les secours.

Ou alerter soi-même en précisant le nom du produit chimique en cause.

L'arrosage est dans tous les cas poursuivi jusqu'à l'avis médical.
Se laver les mains après avoir réalisé les gestes de secours.

4 Surveiller l'état de la victime.

- Lui parler régulièrement et la rassurer.
- La protéger contre le froid, et/ou les intempéries.
- En cas d'aggravation, réaliser les gestes qui s'imposent et rappeler les secours.

REMARQUE :
Compte-tenu de la toxicité potentielle des produits chimiques, de manière générale, toute personne ayant reçu un produit chimique sur ses vêtements de travail, même en l'absence de brûlures, doit se changer rapidement afin de réduire le temps de contact avec la peau.

Projection de produit chimique dans l'œil :

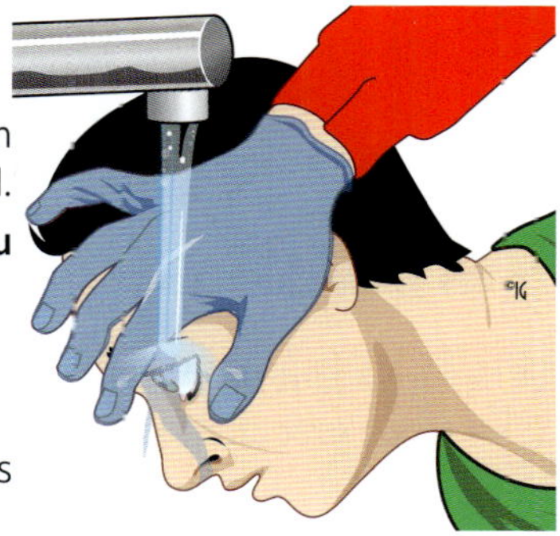

- **Rincer** abondamment et le plus tôt possible l'œil à l'eau, en prenant soin que l'eau de lavage ne coule pas sur l'autre œil.
- **Faire alerter ou alerter** les secours **en précisant le nom du produit chimique en cause.**
- **Surveiller** l'état de la victime.
  - Lui parler régulièrement et la rassurer.
  - Protéger la victime contre le froid, la chaleur et/ou les intempéries.
  - En cas d'aggravation, réaliser les gestes adaptés et rappeler les secours.

Remarque : Avant d'intervenir, le S.S.T. doit se protéger les mains, si possible avec des gants et se laver les mains après avoir réalisé les gestes de secours sur une victime brûlée par un produit chimique.

> Brûlures ÉLECTRIQUES :

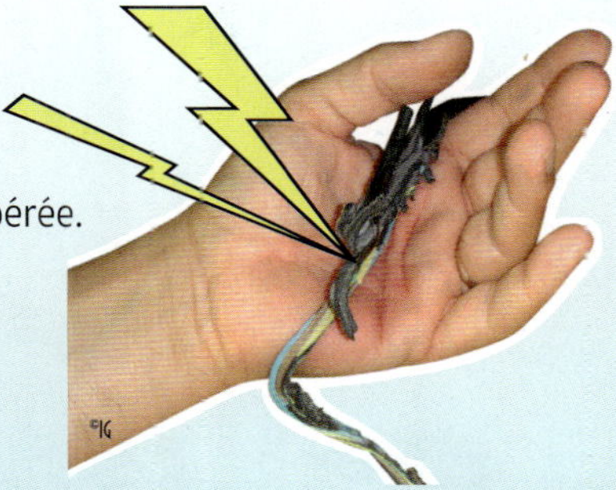

Après avoir protégé et examiné.

1 - **Arroser** la zone brûlée visible à l'eau courante tempérée.

2 - **Faire alerter ou alerter** les secours.

3 - **Suivre les consignes** données par le médecin.

4 - **Surveiller** l'état de la victime.
- Lui parler régulièrement et la rassurer.
- La protéger contre le froid, et/ou les intempéries.
- En cas d'aggravation, réaliser les gestes adaptés et rappeler les secours.

> Brûlures internes par INGESTION ou INHALATION :

après les phases de **protection** et d'**examen**.

1 - **Je place la victime** en position **assise** pour faciliter sa respiration.

2 - **Je demande** un avis médical et je suis les conseils donnés, ou je mets en œuvre le protocole établi par le médecin du travail.

3 - Le cas échéant, **je garde l'emballage du produit chimique en causeet le produit restant**.

4 - **Je surveille** l'état de la victime.
   - Je lui parle régulièrement et je la rassure.
   - Je la protège contre le froid, la chaleur et/ou les intempéries.
   - En cas d'aggravation, je réalise les gestes adaptés et je rappelle les secours.

En cas d'ingestion ne pas faire vomir et/ou ne pas donner à boire.

- **Face à tout type de brûlure, ne jamais percer les cloques,**
- **aucun produit ne doit être appliqué sur une brûlure sans avis médical.**

> Matériel spécifique

Il existe du matériel spécifique tel que les compresses de gel d'eau *(A)* ou les douches de secours portables *(B)*. Consultez les mises en œuvre des fabricants pour leurs utilisations.
L'utilisation de ces matériels est laissée à l'appréciation du médecin du travail.

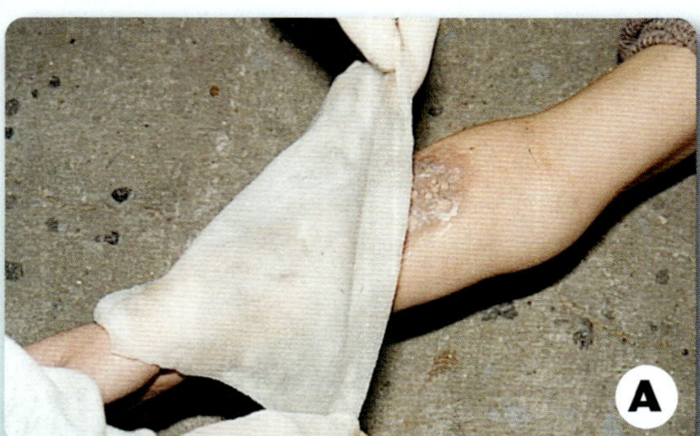

9 - La victime se plaint d'une DOULEUR empêchant CERTAINS MOUVEMENTS

Le S.S.T. a les compétences pour :

- ***choisir et réaliser les actions pour éviter l'aggravation du traumatisme supposé ;***
- ***surveiller l'état de la victime et adapter sa conduite si besoin jusqu'à la prise en charge par les secours spécialisés.***

À la suite d'un choc violent, d'une torsion excessive ou d'une chute, les os et les articulations peuvent être lésés.
Les membres, la tête, le cou peuvent être touchés.

> RÉAGIR

Le S.S.T. doit éviter l'aggravation du traumatisme supposé.

> La victime présente une DOULEUR du COU :

à la suite d'un traumatisme *(suspicion de traumatisme du rachis cervical).*

Après avoir protégé et examiné, **la victime peut se plaindre** :

- **d'une douleur vive** ;
- **d'une difficulté ou d'une impossibilité de bouger.**

CONDUITE à TENIR

1 - Conseiller fermement de ne faire aucun mouvement, en particulier de la tête ;

2 - Faire alerter ou alerter les secours.

3 - MAINTIEN DE LA TÊTE : si possible, stabiliser le rachis cervical dans la position où il se trouve, à deux mains :

- se positionner **en position stable** à genoux ou en trépied, dans l'axe de la victime au niveau de sa tête ;
- placer les deux mains de chaque côté de sa tête pour la maintenir **dans la position où elle se trouve**, afin de la stabiliser et limiter les mouvements intempestifs du cou.

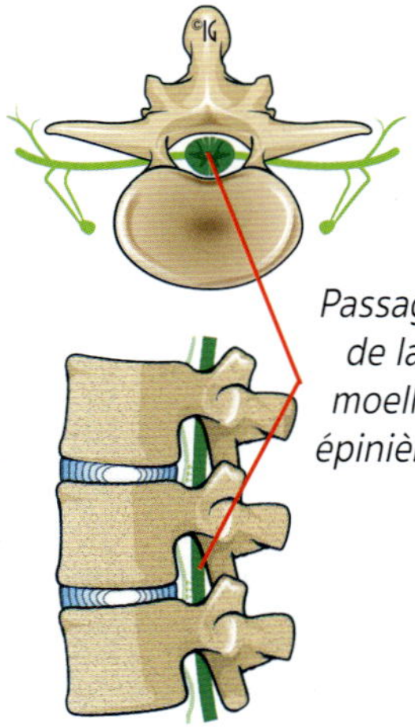

Passage de la moelle épinière.

Pour diminuer la fatigue, possibilité de prendre appui avec les coudes sur le sol ou sur les genoux.

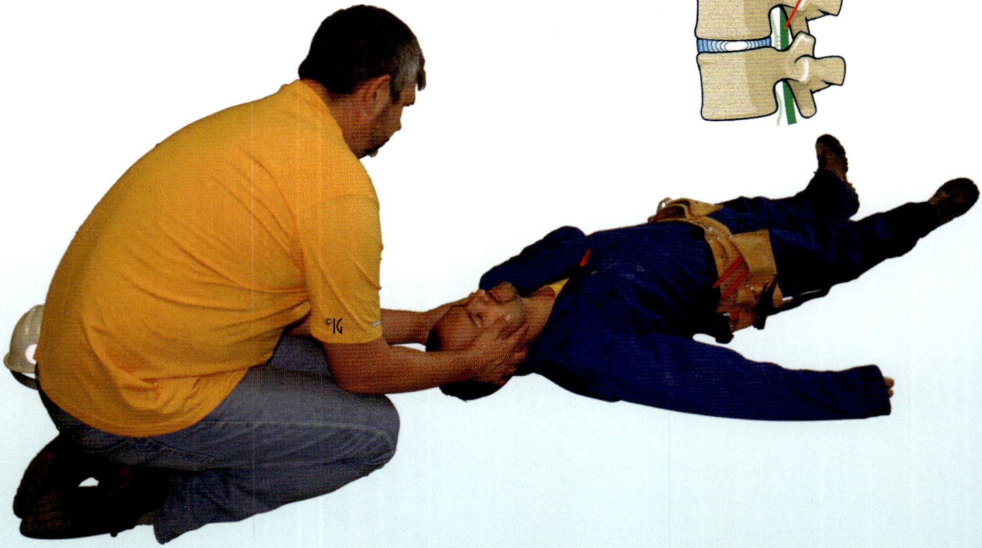

4 - Surveiller l'état de la victime :

- Lui parler régulièrement et la réconforter.
- La protéger contre le froid et/ou les intempéries.
- **En cas d'aggravation, réaliser les gestes adaptés et rappeler les secours.**

> La victime a reçu un COUP sur la TÊTE :

Une **atteinte des organes sous-jacents** est toujours possible et peut se révéler **secondairement** par d'autres signes.

Après avoir protégé et examiné, **la victime présente immédiatement ou plusieurs minutes après :**

- une agitation ou une prostration ;
- des vomissements ;
- une absence de souvenir de l'accident ou des propos incohérents ;
- des maux de tête persistants ;
- une diminution de la force musculaire ou un engourdissement.

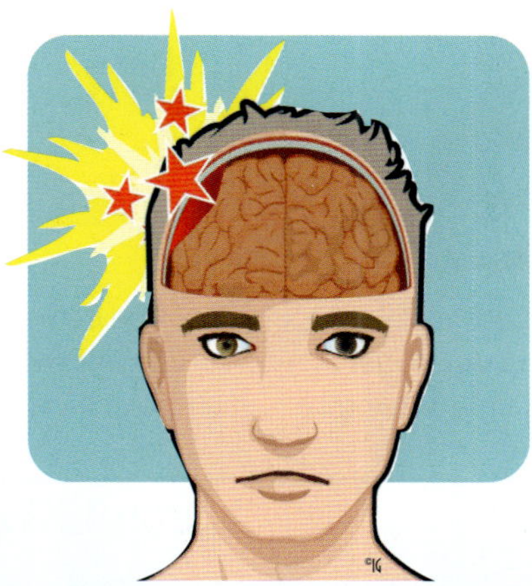

CONDUITE à TENIR

1 - Allonger la victime ;

2 - **Faire alerter ou alerter** les secours.

3 - **Surveiller l'état de la victime :**

- Lui parler régulièrement et la réconforter.
- La protéger contre le froid et/ou les intempéries.
- **En cas d'aggravation, réaliser les gestes adaptés et rappeler les secours.**

> La victime se plaint d'un TRAUMATISME d'un MEMBRE

Monika Wisniewska/ 123RF©

Katarzyna BiaĄasiewicz/ 123RF©

Après avoir protégé et examiné, **la victime peut se plaindre de :**

- **Une douleur vive.**

- **La difficulté voire l'impossibilité de bouger** le bras ou la jambe atteint.

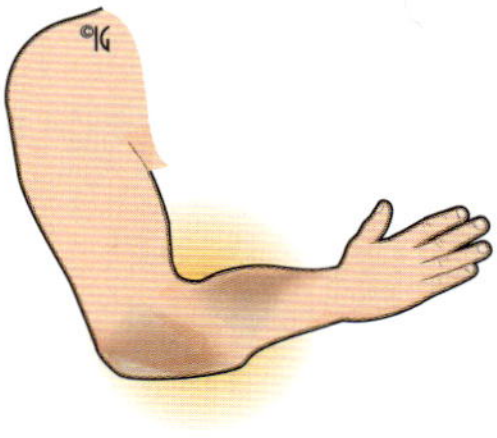

- **Une déformation ou un gonflement** visible au niveau de la zone atteinte.

CONDUITE à TENIR

1 - Je conseille fermement à la victime de **ne pas mobiliser le membre atteint**;

2 - **Je fais alerter ou j'alerte** les secours;

3 - **Je respecte** les recommandations données par les secours;

4 - **Je surveille l'état de la victime :**

- Je lui parle régulièrement et je la réconforte.
- Je la protège contre le froid et/ou les intempéries.
- **En cas d'aggravation, je réalise les gestes adaptés et je rappelle les secours.**

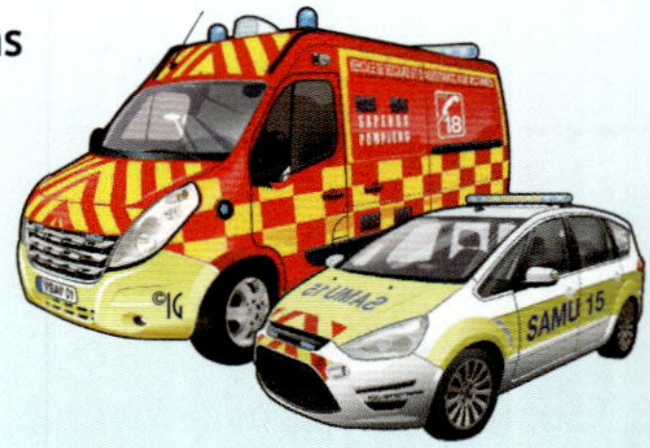

Si la victime présente une fracture de membre déplacée, ne pas tenter de la réaligner.

10 - La victime se plaint d'une PLAIE qui ne saigne pas abondamment

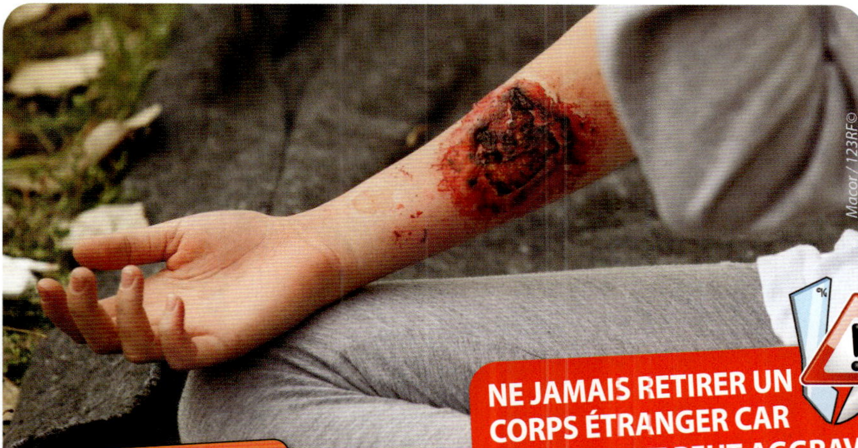

NE JAMAIS RETIRER UN CORPS ÉTRANGER CAR SON RETRAIT PEUT AGGRAVER LA LÉSION OU LE SAIGNEMENT.

Le S.S.T. a les compétences pour :

- ***choisir et réaliser les actions pour éviter l'aggravation de la plaie ;***
- ***surveiller l'état de la victime et adapter sa conduite si besoin jusqu'à la prise en charge par les secours spécialisés.***

La plaie est une lésion de la peau, revêtement protecteur du corps, avec atteinte possible des tissus situés dessous. La gravité dépend de la **localisation**, du **mécanisme d'apparition de la plaie**, de **l'aspect**, de ses **conséquences** et des **antécédents médicaux** de la victime.

> RÉAGIR

Le S.S.T. doit identifier la gravité de la plaie afin d'adopter une conduite à tenir adaptée.

Après avoir protégé et examiné,

J'IDENTIFIE LA GRAVITÉ DE LA PLAIE

Le S.S.T. doit pouvoir distinguer une plaie grave d'une plaie simple.
Une plaie grave dépend de plusieurs critères :

LE MÉCANISME D'APPARITION DE LA PLAIE

- par projectile,
- par injection dans la peau d'un liquide sous pression,
- par piqûre accidentelle avec un matériel de soin,
- par outil,
- par morsure,
- par objet tranchant.

SON ASPECT

- avec présence d'un corps étranger,
- écrasée,
- membre sectionné.

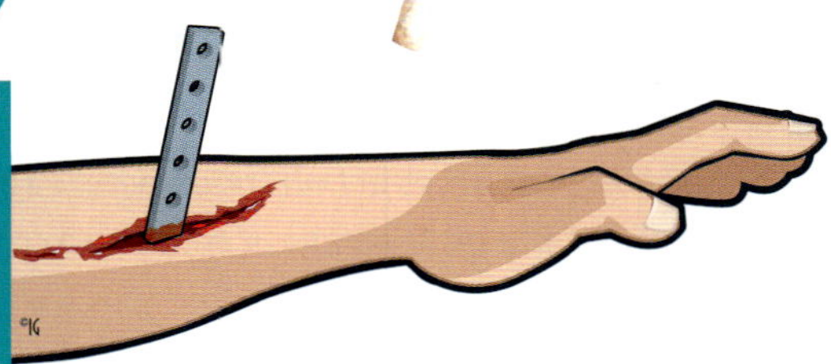

SA LOCALISATION

- au cou, à l'œil ou à la face,
- à proximité d'un orifice naturel,
- au thorax,
- à l'abdomen.

SES CONSÉQUENCES

Si la personne n'arrive plus à bouger l'extrémité de son membre présentant une plaie ou si elle a des sensations anormales *(fourmillement, sensation de froid...)* la plaie est considérée comme grave.

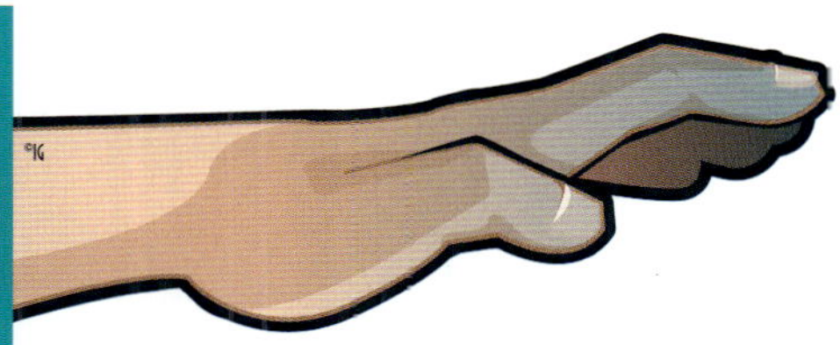

LES ANTÉCÉDENTS MÉDICAUX DE LA VICTIME

Certaines maladies peuvent être un facteur aggravant pour la plaie.

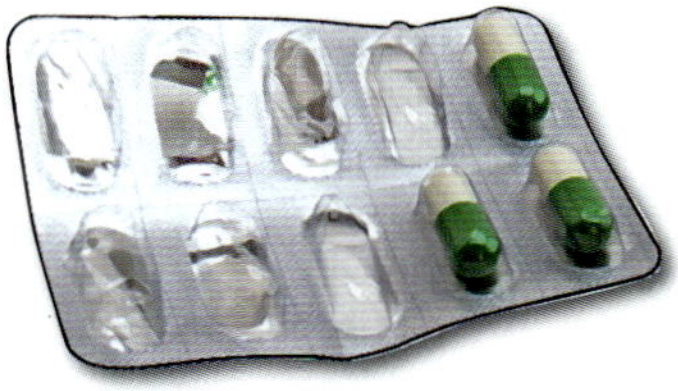

QUE FAIRE FACE À UNE PLAIE GRAVE

Installer confortablement la victime en position d'attente.

DANS TOUS LES CAS :

Faire alerter ou alerter les secours.

Surveiller l'état de la victime :
- si elle répond, lui parler régulièrement et la rassurer ;
- protéger la victime contre le froid et/ou les intempéries ;
- en cas d'aggravation, pratiquer les gestes qui s'imposent et rappeler les secours.

> Les POSITIONS D'ATTENTE :

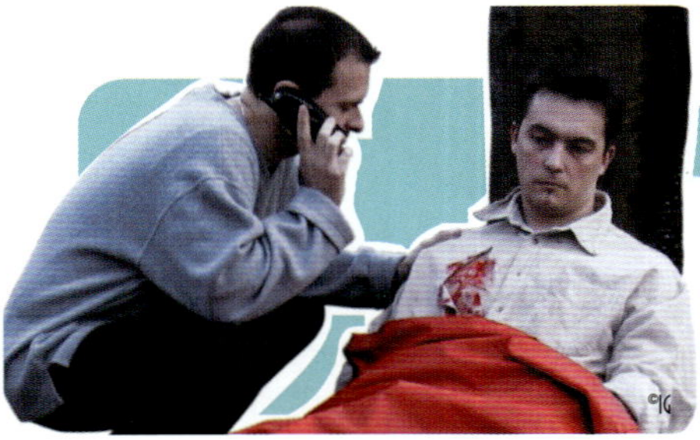

THORAX

Position assise pour rendre la respiration plus facile.
Laisser la plaie à l'air libre.

ABDOMEN

Allongée à plat dos, jambes fléchies pour diminuer la douleur par le relâchement des muscles de l'abdomen.

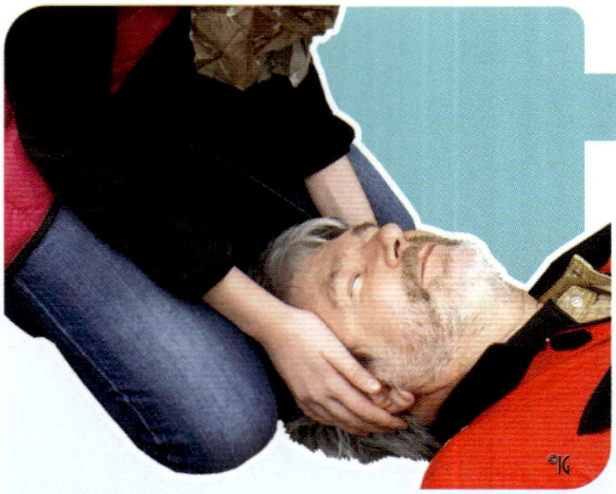

ŒIL

Allonger la victime en lui recommandant de **ne pas bouger la tête** et de **fermer les deux yeux**, pour permettre de limiter les risques d'aggravation de la lésion de l'œil. Si possible, maintenir sa tête à deux mains.

AUTRES TYPES DE PLAIE

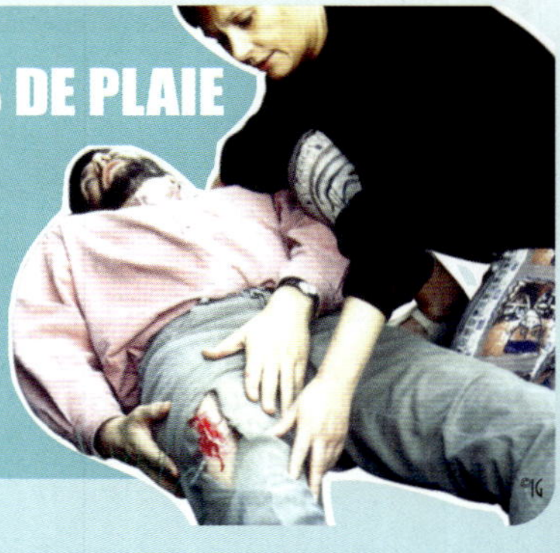

Allonger confortablement *(lit, canapé, sol)* la victime pour diminuer les complications et prévenir une détresse circulatoire.

> SECTION de MEMBRE

Protéger le moignon et conditionner le SEGMENT de MEMBRE SECTIONNÉ

Un accident grave peut séparer un membre ou une partie du corps par sectionnement ou arrachement.

- **allonger la victime** et sans retarder l'alerte aux secours, protéger le moignon puis conditionner le segment de membre.
- **récupérer** le segment de membre quel que soit son état ;
- **l'envelopper** dans une **compresse stérile** ou un linge propre pour qu'il n'y ait aucun contact avec la glace ou l'eau ;
- placer le tout dans un **sac plastique** propre et le **fermer de façon étanche** ;
- placer le sac contenant le segment dans **un second sac plastique** contenant de l'eau fraîche ou mieux, de l'eau et des glaçons. Le froid *(quelques degrés au-dessus de zéro)* permet de préserver un segment de membre amputé dans l'attente de son éventuelle réimplantation ;
- **confier** ce dernier **aux secours** transportant la victime.

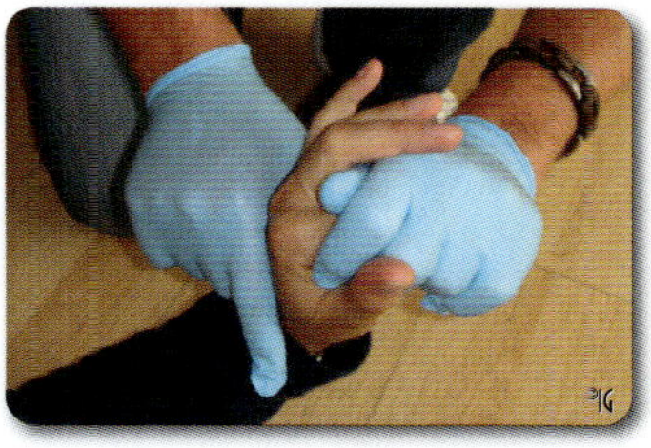

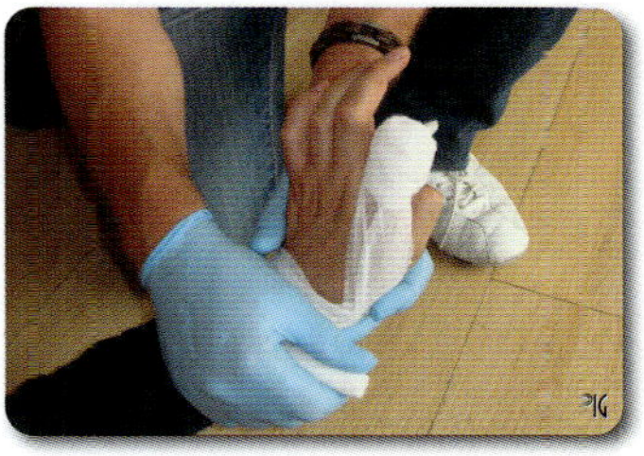

Utiliser, s'il existe dans l'entreprise, le matériel spécialement conçu pour le conditionnement des membres sectionnés (l'utilisation de ce matériel est laissée à l'appréciation du médecin du travail).

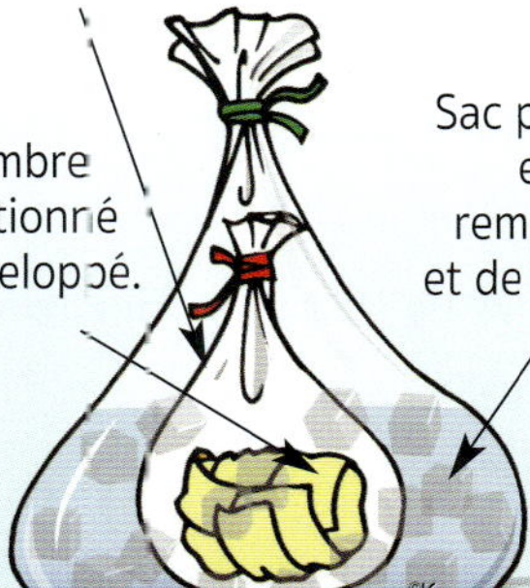

En aucun cas, le membre amputé ne doit entrer directement en contact avec la glace ou l'eau car il ne serait plus réimplantable. Il appartient au médecin hospitalier d'évaluer l'état du membre sectionné pour sa réimplantation.

> PLAIE SIMPLE

TOUTE PLAIE RISQUE DE S'INFECTER !

Marcos Mesa Sam Wordley/Shutterstock.com©

Le S.S.T. a les compétences pour :

- ***nettoyer et désinfecter une plaie simple ;***
- ***faire surveiller l'évolution de la plaie.***

> SIGNES

Une plaie est dite simple lorsqu'il s'agit d'une petite coupure superficielle ou d'une éraflure saignant peu et non située à proximité d'un orifice naturel ou de l'œil.

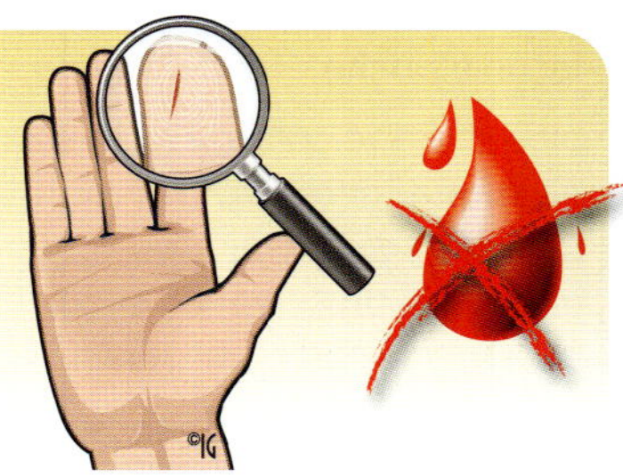

> RÉAGIR

- **Nettoyer pour éviter l'infection ;**
- **protéger la plaie ;**
- **respecter les règles d'hygiène ;**
- **surveiller.**

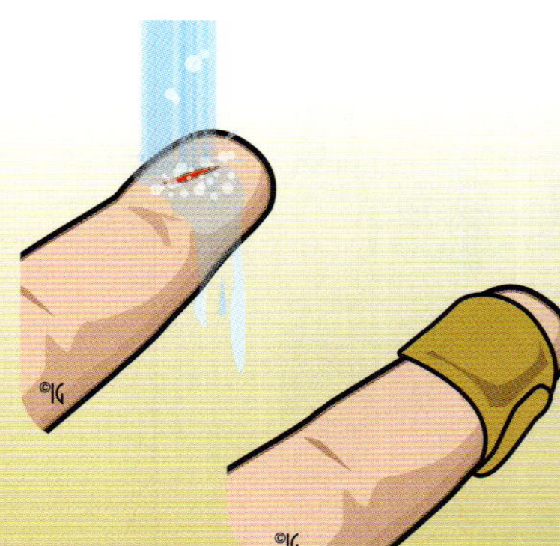

Le lavage élimine les germes qui pourraient provoquer une infection.

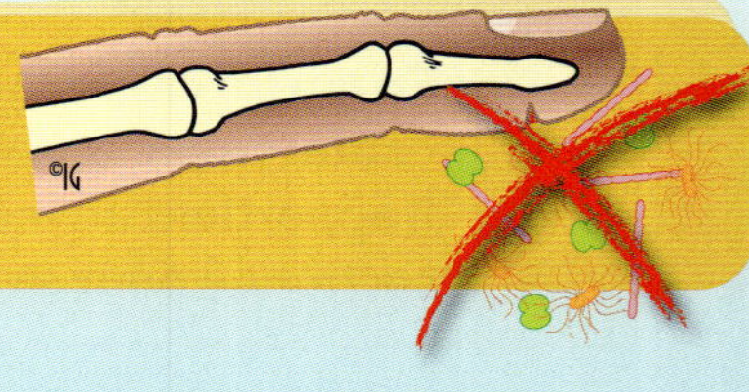

> NETTOYER et PROTÉGER

CONDUITE à TENIR

1 - Se **laver les mains** à l'eau et au savon et mettre des gants à usage unique.

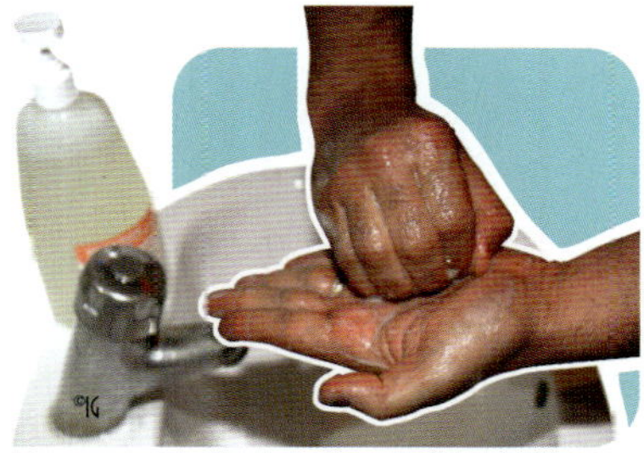

2 - **Laver soigneusement** la plaie à l'eau courante avec du savon, en s'aidant si besoin d'une compresse ;
- rincer à l'eau claire ;
- sécher la peau à l'aide d'une compresse ;
- **Désinfecter à l'aide d'un antiseptique préconisé par le médecin du travail.**

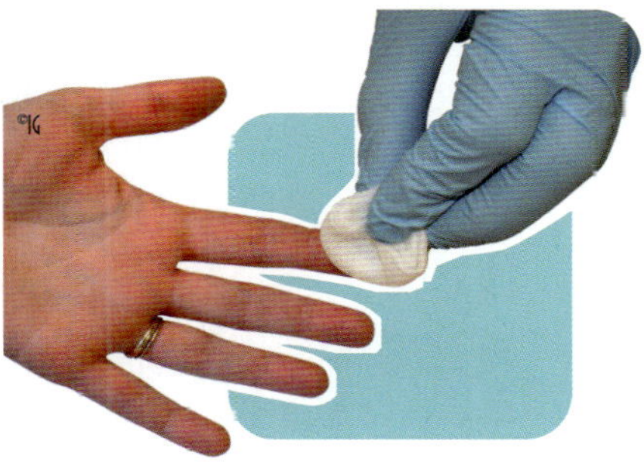

3 - **Appliquer un pansement adhésif** quand la plaie est propre et sèche.

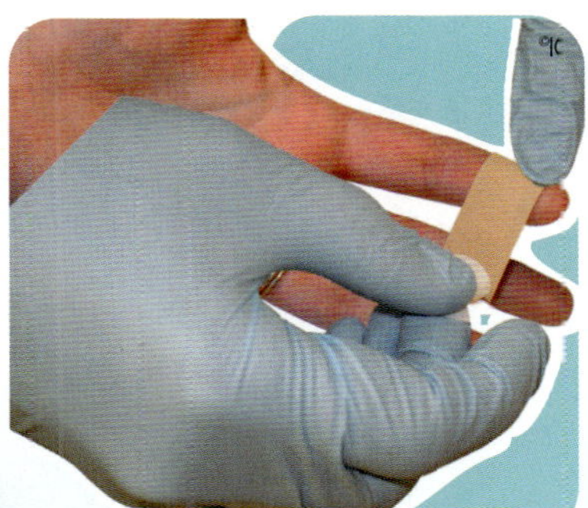

4 - **Conseiller de consulter le service de santé au travail ou un autre professionnel de santé :**
- pour vérifier la validité de la vaccination antitétanique ;
- en cas d'apparition dans les jours qui suivent de fièvre, d'une zone chaude, rouge, gonflée ou douloureuse.

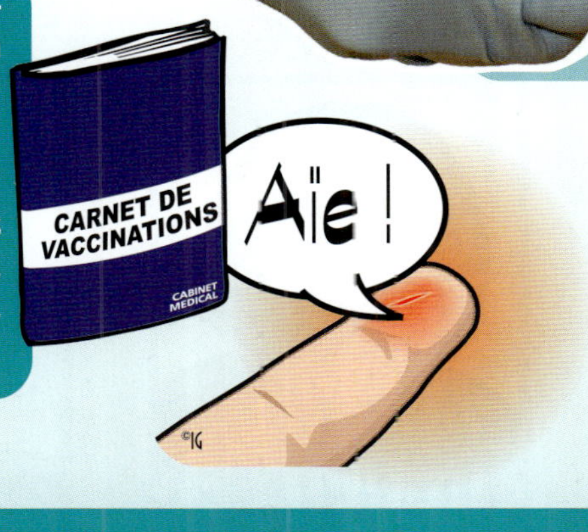

5 - Se laver de nouveau les mains avec de l'eau et du savon après avoir réalisé les soins.

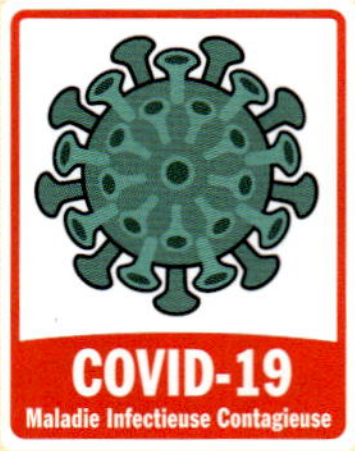

PANDÉMIE COVID-19

Si la victime se plaint de brûlures ou d'une douleur empêchant certains mouvements ou d'une plaie qui ne saigne pas abondamment.

Mettre en application des mesures de protection générale et de distanciation pour limiter la transmission de la maladie.

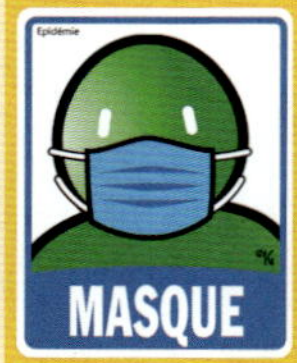

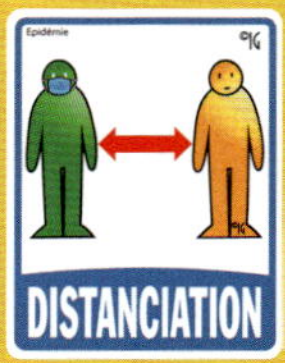

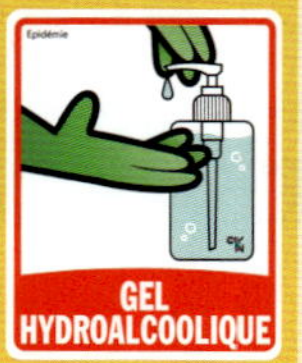

> Chercher la coopération de la victime et l'inciter à pratiquer les gestes de secours sur elle-même ;

> si elle ne le peut pas, réaliser les gestes de secours ;

> surveiller la victime à distance dans l'attente d'un relais ou d'un conseil médical.

11 - La victime NE RÉPOND PAS mais elle RESPIRE

SA VIE EST MENACÉE !

Si elle reste sur le dos, elle est exposée à des difficultés respiratoires importantes.

Le S.S.T. a les compétences pour :

- *choisir et réaliser les actions pour lui permettre de continuer à respirer ;*
- *surveiller l'état de la victime et adapter sa conduite si besoin jusqu'à la prise en charge par les secours spécialisés.*

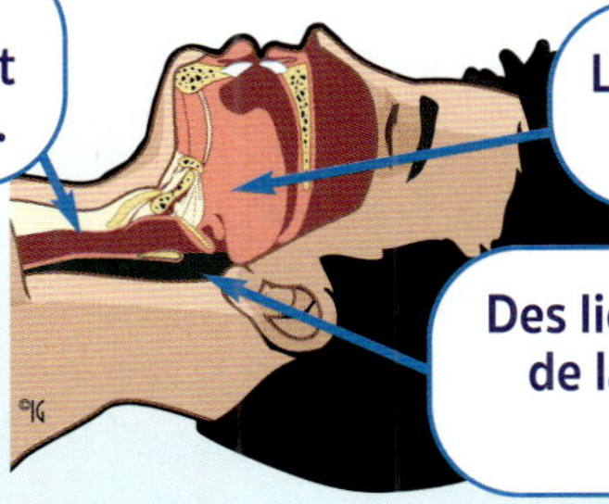

Schéma du positionnement de la langue chez une victime qui ne répond pas et qui est laissée sur le dos.

> RÉAGIR

Mettre en Position Latérale de Sécurité afin de permettre l'écoulement des liquides vers l'extérieur et le libre passage de l'air.

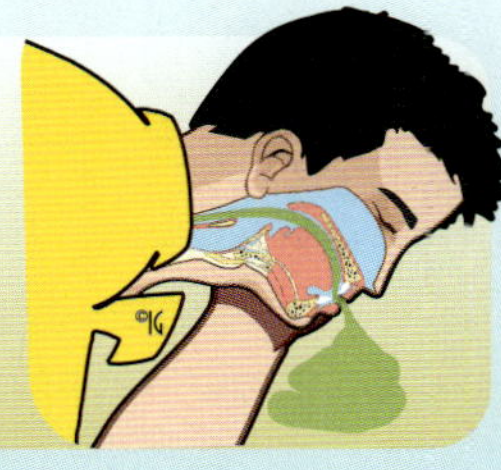

CONDUITE à TENIR

Après avoir protégé,
le S.S.T. examine la victime et détermine qu'elle :

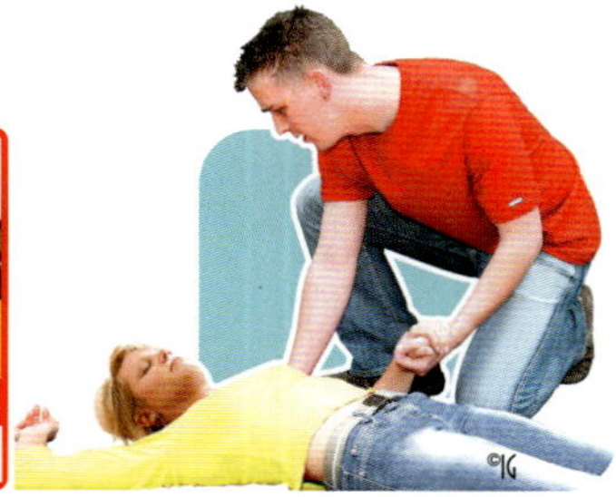

NE RÉPOND PAS, NE RÉAGIT PAS

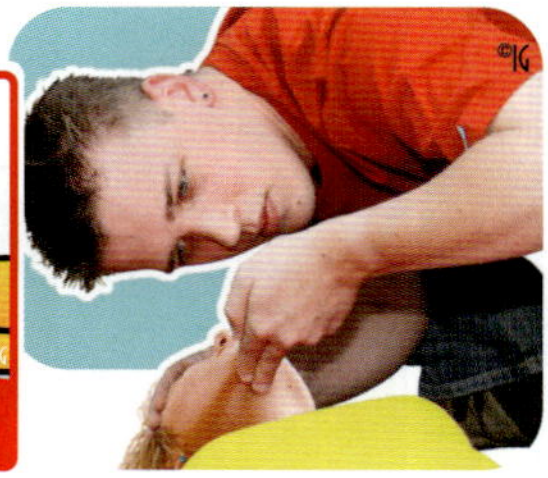

RESPIRE

1 - placer la victime sur le côté, en Position Latérale de Sécurité.

Quelle que soit l'origine de l'accident, y compris chute de hauteur ou victime éjectée dans un accident de la circulation. Le danger de détresse respiratoire prime sur l'éventualité de l'aggravation d'une lésion traumatique lors de la mise en P.L.S.

2 - faire alerter immédiatement les secours, si un témoin est présent.

SI LE S.S.T. EST SEUL :
alerter les secours après la mise en P.L.S.

AVEC L'AIDE D'UN TÉMOIN :
s'assurer que l'alerte a bien été transmise aux secours.

3 - surveiller la victime.

- Protéger contre le froid et/ou les intempéries ;
- contrôler en permanence sa respiration :
  - regarder le ventre et la poitrine se soulever ;
  - écouter d'éventuels sons provoqués par sa respiration ;
  - sentir, avec le plat de la main, le soulèvement du thorax.

- Si la victime reprend connaissance, lui parler régulièrement et la rassurer.
- **En cas d'aggravation, pratiquer les gestes qui s'imposent et rappeler les secours.**

> P.L.S. - préparation

1 Retirer les lunettes si la victime en porte pour ne pas la blesser.

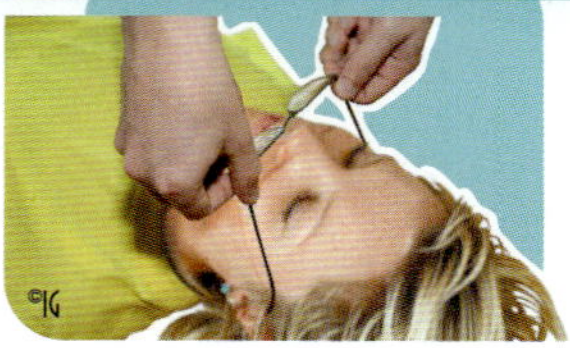

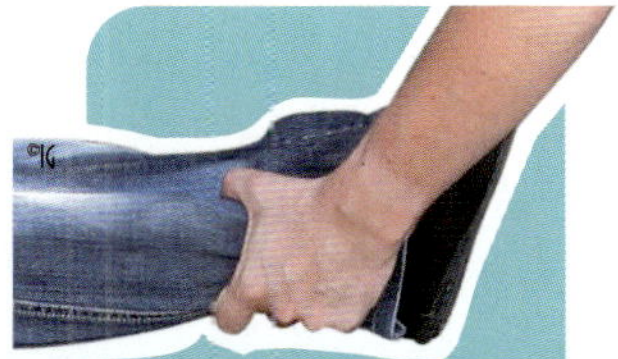

2 Si nécessaire, **rapprocher** délicatement les membres inférieurs de l'axe du corps pour faciliter la mise sur le côté.

3 Placer son bras le plus proche du S.S.T. à angle droit de son corps, plier son coude tout en gardant **la paume de sa main tournée vers le haut.**

4 **Se placer à genoux ou en trépied**, au niveau de sa taille, saisir l'avant-bras opposé et amener **le dos de sa main sur son oreille.** Maintenir le dos de la main de la victime **pressée contre son oreille**, paume de la victime contre paume du S.S.T.

5 **Attraper sa jambe** opposée, avec l'autre main, **juste derrière le genou** et la relever tout en gardant son pied au sol.
S'éloigner assez loin du thorax de la victime afin de pouvoir la retourner sans avoir à reculer, si nécessaire.

> P.L.S. - retournement

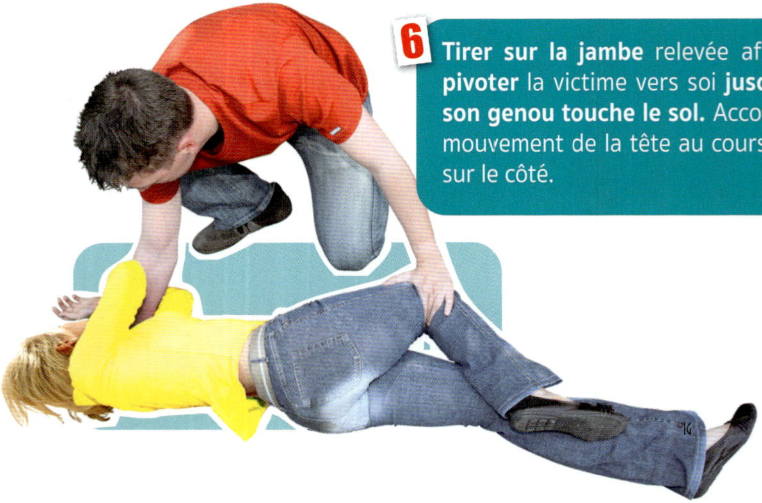

6 **Tirer sur la jambe** relevée afin de **faire pivoter** la victime vers soi **jusqu'à ce que son genou touche le sol.** Accompagner le mouvement de la tête au cours de la mise sur le côté.

7 Dégager doucement la main située sous la tête de la victime, **tout en préservant la bascule de la tête en arrière**, en maintenant son coude à l'aide de la main précédemment située au genou.

> P.L.S. - stabilisation / surveillance

8 **Ajuster la jambe** située au-dessus de telle sorte que la hanche et le genou soient **à angle droit. Ouvrir la bouche** sans mobiliser la tête pour faciliter l'écoulement des liquides vers l'extérieur.

9 **SURVEILLER SA RESPIRATION JUSQU'À L'ARRIVÉE DES SECOURS :**

- regarder si son ventre et sa poitrine se soulèvent ;
- écouter d'éventuels sons provoqués par sa respiration ;
- sentir le soulèvement de son thorax avec le plat de la main ;
- protéger du froid et/ou des intempéries.

> CAS PARTICULIERS

LE NOURRISSON :

Le nourrisson est placé sur le côté, **dans les bras du S.S.T.** le dos du nourrisson contre le sauveteur.

L'ENFANT :

La conduite à tenir pour le S.S.T. devant **un enfant** qui ne répond pas et ne réagit pas à la stimulation et qui respire est **identique à celle qui concerne l'adulte**.

CONVULSIONS :

Pendant la durée des convulsions, ne pas toucher la victime. Écarter tout objet dangereux qui risque de la blesser.

À la fin des convulsions, procéder à l'examen de la victime, si nécessaire, la mettre en P.L.S.

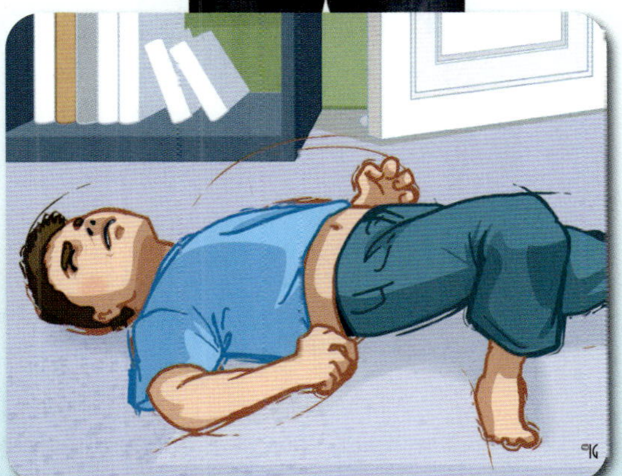

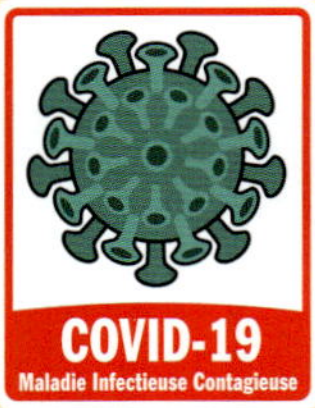

PANDÉMIE COVID-19

La victime ne répond pas mais elle respire.

Durant la période d'épidémie Covid-19, devant une victime qui ne répond pas et ne réagit pas mais respire :

- allonger la victime sur le dos ;
- apprécier la respiration de la victime en regardant si son ventre et sa poitrine se soulèvent, sans s'approcher de la bouche de la victime.

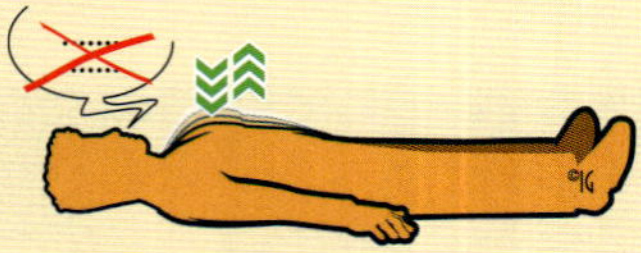

Si la victime ne répond pas, ne réagit pas et **présente une respiration normale** :

- faire alerter ou alerter les secours, respecter leurs consignes ;
- laisser la victime allongée sur le dos, **ne pas la mettre en P.L.S.** ;

- surveiller en permanence la respiration de la victime en regardant son ventre et sa poitrine.

Tous ces gestes sont contre-indiqués car ils peuvent exposer le sauveteur à une contamination :

- Ne pas procéder à la bascule de la tête de la victime en arrière pour libérer les voies aériennes ;

- ne pas tenter de lui ouvrir la bouche ;

- ne pas se pencher au-dessus de la face de la victime, ne pas mettre son oreille et sa joue au-dessus de la bouche et du nez de la victime pour évaluer la respiration ;

- Ne pas mettre la victime en P.L.S.

La technique de la P.L.S. est temporairement suspendue durant la période de pandémie Covid-19.

12 - La victime NE RÉPOND PAS et NE RESPIRE PAS (adulte, enfant, nourrisson)

SA RESPIRATION EST ARRÊTÉE ! SA VIE EST MENACÉE !

La vie d'une victime en arrêt cardiaque est menacée à très brève échéance. Des lésions du cerveau surviendront dès la première minute qui suit si aucun geste de premiers secours n'est réalisé.

Le S.S.T. a les compétences pour :

- *choisir et réaliser les actions pour assurer une respiration et une circulation artificielles ;*
- *surveiller l'état de la victime et adapter sa conduite si besoin jusqu'à la prise en charge par les secours spécialisés.*

> RÉAGIR

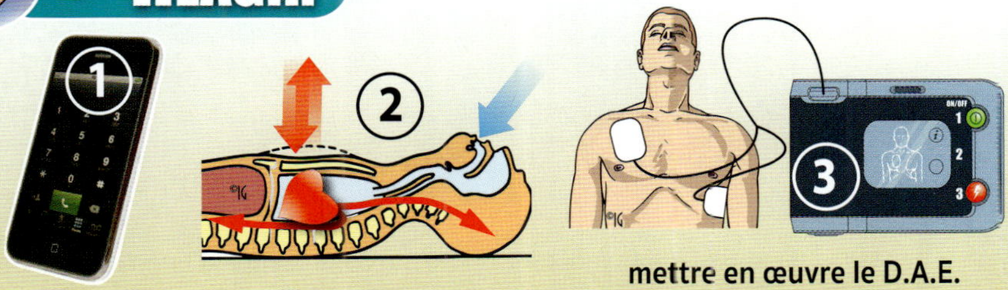

Alerter les secours le plus tôt possible ;

réaliser une Réanimation Cardio-Pulmonaire précoce ;

mettre en œuvre le D.A.E. le plus tôt possible et poursuivre la réanimation jusqu'à l'arrivée des secours.

> RÉANIMATION CARDIO-PULMONAIRE *(R.C.P.)*

Après avoir protégé, **le S.S.T. examine la victime et détermine qu'elle :**

NE RÉPOND PAS, NE RÉAGIT PAS

NE RESPIRE PAS OU PRÉSENTE DES GASPS

PRÉSENCE DE GASPS

Dans les premières minutes qui suivent un arrêt cardiaque, la victime peut présenter des mouvements respiratoires inefficaces, lents, bruyants et anarchiques, appelés "gasps".

Ils ne doivent pas retarder la mise en œuvre de la réanimation cardio-pulmonaire *(R.C.P.)*.

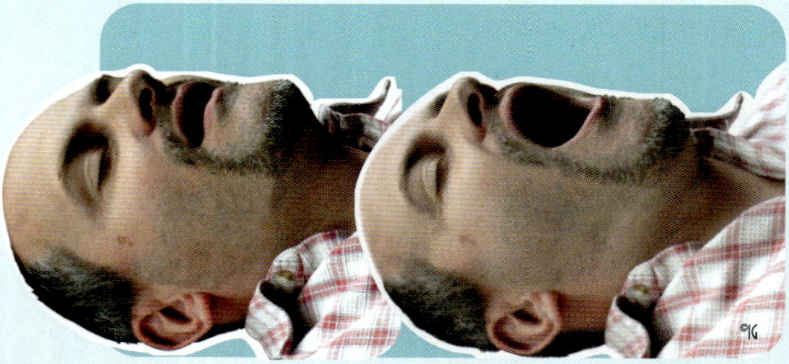

Si le S.S.T. a le moindre doute sur la présence d'une respiration ou de gasps, il considère la victime en arrêt cardiaque.

(FAIRE) ALERTER LES SECOURS immédiatement après avoir reconnu l'arrêt de la respiration.

UN TÉMOIN EST PRÉSENT

Lui demander d'alerter les secours et d'apporter ensuite un défibrillateur.

Débuter immédiatement la R.C.P.
Le service de secours appelé pourra aider le sauveteur à la réalisation de la R.C.P., en donnant des instructions téléphoniques *(cycles de 30 compressions thoraciques et 2 insufflations).*

Mettre en œuvre un D.A.E. le plus tôt possible et suivre ses indications.

Poursuivre la réanimation entreprise jusqu'au relais par les services de secours.

AUCUN TÉMOIN N'EST PRÉSENT

Alerter les secours, de préférence avec son téléphone portable. Le mettre sur le **mode haut-parleur** et débuter immédiatement la R.C.P. en attendant que les services de secours répondent.

Débuter immédiatement la R.C.P.
Le service de secours appelé pourra aider le sauveteur à la réalisation de la R.C.P., en donnant des instructions téléphoniques.

Si un D.A.E. est proche et facilement accessible, le mettre en œuvre immédiatement et suivre ses indications en interrompant les compressions thoraciques le moins possible.

Poursuivre la R.C.P. entreprise jusqu'au relais par les services de secours.

Le D.A.E. doit rester allumé avec les électrodes en place même en cas d'amélioration de l'état de la victime.

SI UN SECOND S.S.T. EST PRÉSENT

Si deux S.S.T. sont présents, **l'un réalise les compressions** thoraciques **et l'autre les insufflations** en se plaçant de part et d'autre de la victime.

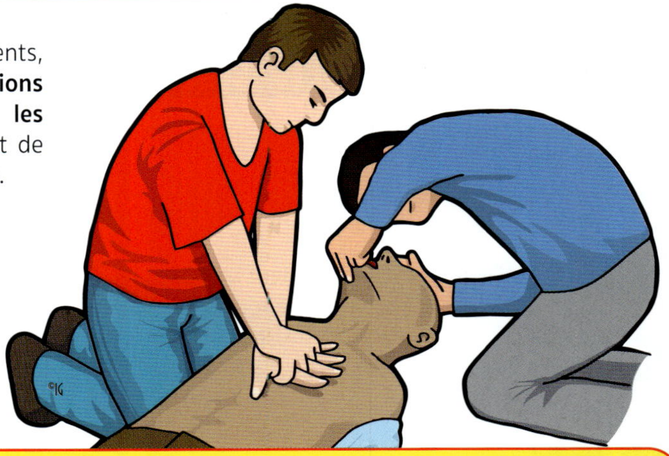

Pour maintenir l'efficacité des compressions thoraciques, **relayer le sauveteur** qui réalise les compressions **toutes les 2 minutes** en interrompant le moins possible les compressions thoraciques *(en cas d'utilisation d'un D.A.E., le relais sera réalisé pendant l'analyse).*

> Mettre en œuvre le DÉFIBRILLATEUR AUTOMATISÉ EXTERNE *(D.A.E.)*

LE PLUS TÔT POSSIBLE

UN TÉMOIN APPORTE UN D.A.E.

Dès que le D.A.E. est présent, un S.S.T. continue la R.C.P. pendant que l'autre **le met en œuvre.**
La R.C.P. doit être poursuivie pendant l'installation du D.A.E.
Les compressions thoraciques doivent être interrompues seulement lorsque le D.A.E. indique de ne plus toucher à la victime.

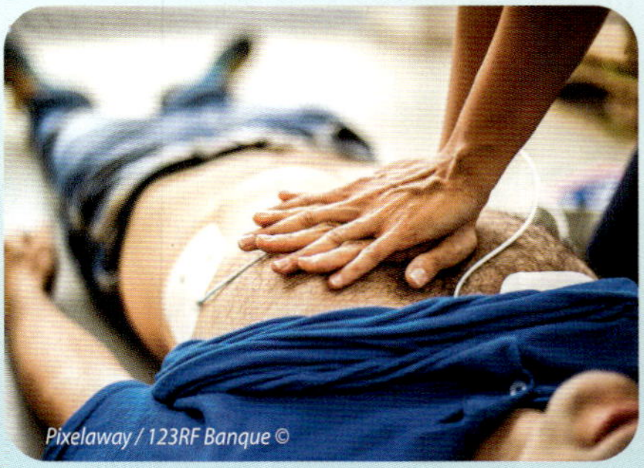
Pixelaway / 123RF Banque ©

Quel que soit son âge :

- installer la victime en position horizontale, sur le dos, préférentiellement sur un plan dur pour permettre des compressions efficaces du cœur entre le sternum et la colonne vertébrale ;
- se placer auprès d'elle, le plus souvent à genoux *(adulte, enfant)* pour permettre un appui vertical ;
- dénuder, dans la mesure du possible, sa poitrine.

PRATIQUER LA R.C.P.

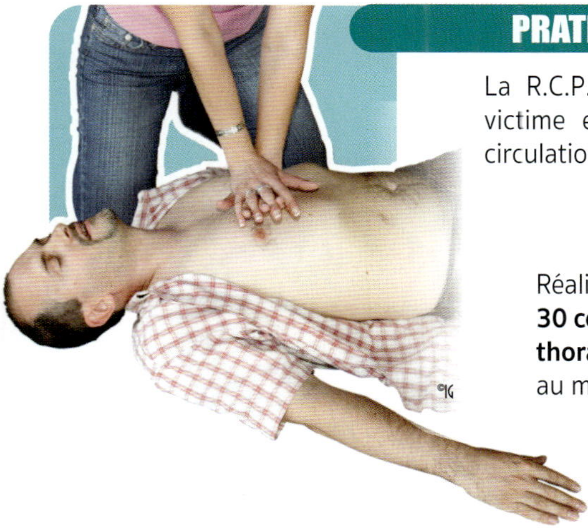

La R.C.P. permet d'oxygéner les organes d'une victime en arrêt cardiaque en rétablissant une circulation et une respiration artificielles.

Réaliser **30 compressions thoraciques** au milieu du thorax.

VENTILATION ARTIFICIELLE

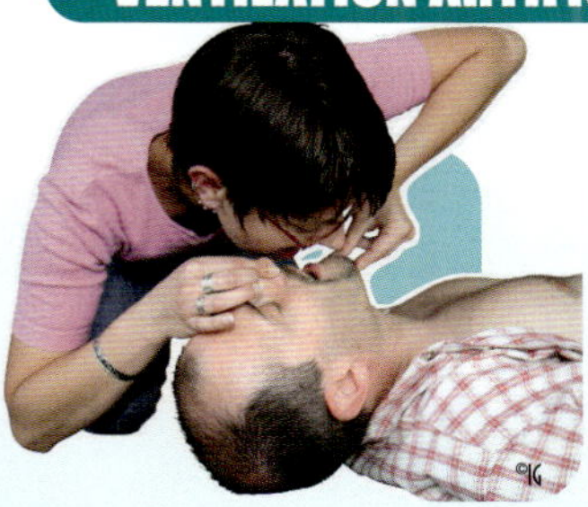

OU

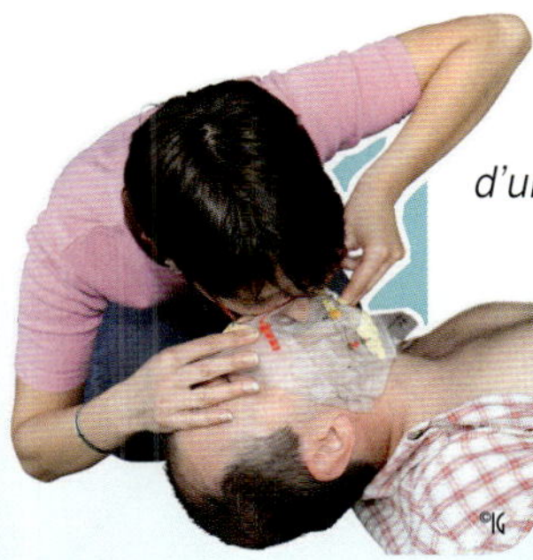

Utilisation d'une protection individuelle.

Intercaler 2 insufflations afin d'apporter de l'air aux poumons de la victime en moins de 5 secondes pour ne pas retarder la reprise des compressions thoraciques.

Si les insufflations ne peuvent pas être effectuées *(répulsion, vomissements, traumatisme facial...)* ou si le S.S.T. ne se sent pas capable, **il réalise uniquement des compressions thoraciques** en continu à une fréquence comprise entre 100 à 120 compressions par minute.

> COMPRESSIONS THORACIQUES - *(adulte et enfant de plus de 8 ans)*

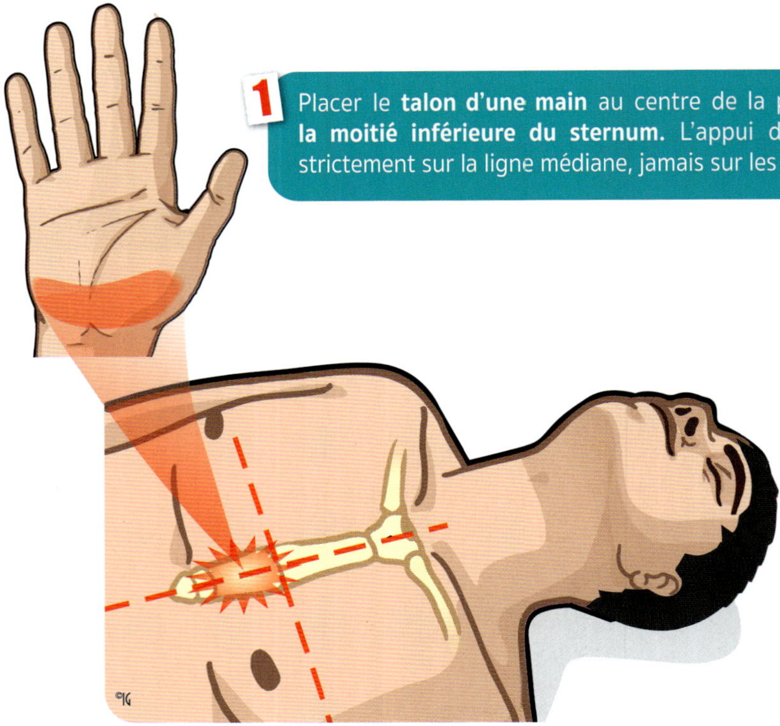

1 Placer le **talon d'une main** au centre de la poitrine, **sur la moitié inférieure du sternum.** L'appui doit se faire strictement sur la ligne médiane, jamais sur les côtes.

2 Placer l'autre main **au-dessus** de la première en entrecroisant les doigts des deux mains pour éviter d'appuyer sur les côtes.

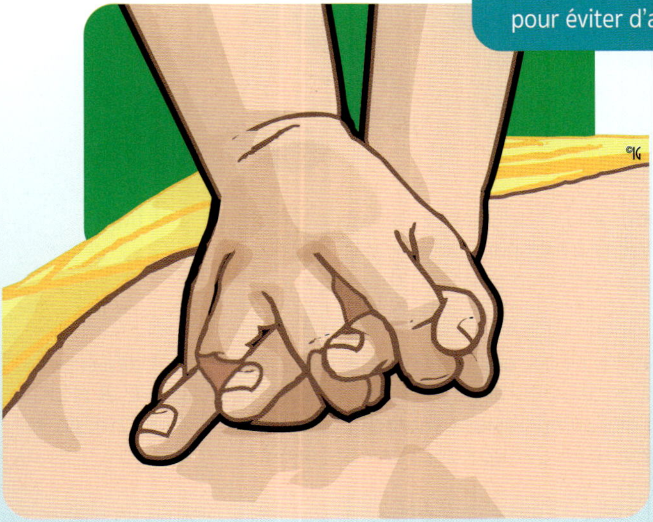

3

- Effectuer une poussée verticale **bras tendus puis relâcher la pression.**
- Intercaler **2 insufflations** toutes les 30 compressions du sternum.

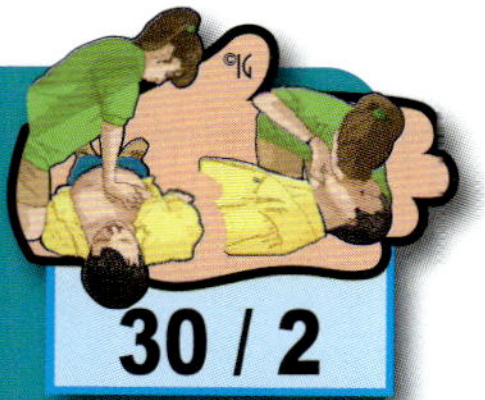

FRÉQUENCE DES COMPRESSIONS :
100 à 120 compressions par minute
ALTERNANCE :
30 COMPRESSIONS / 2 INSUFFLATIONS

Que ce soit pour un adulte, un enfant ou un nourrisson, il faut assurer un **temps de compression égal à celui du relâchement**. Entre chaque compression, **laisser le thorax reprendre sa forme initiale, sans décoller les mains**, pour que l'efficacité des compressions soit maximale, afin de permettre au cœur de bien se remplir de sang.
Le talon de la main reste en contact avec le thorax sans exercer le moindre appui.

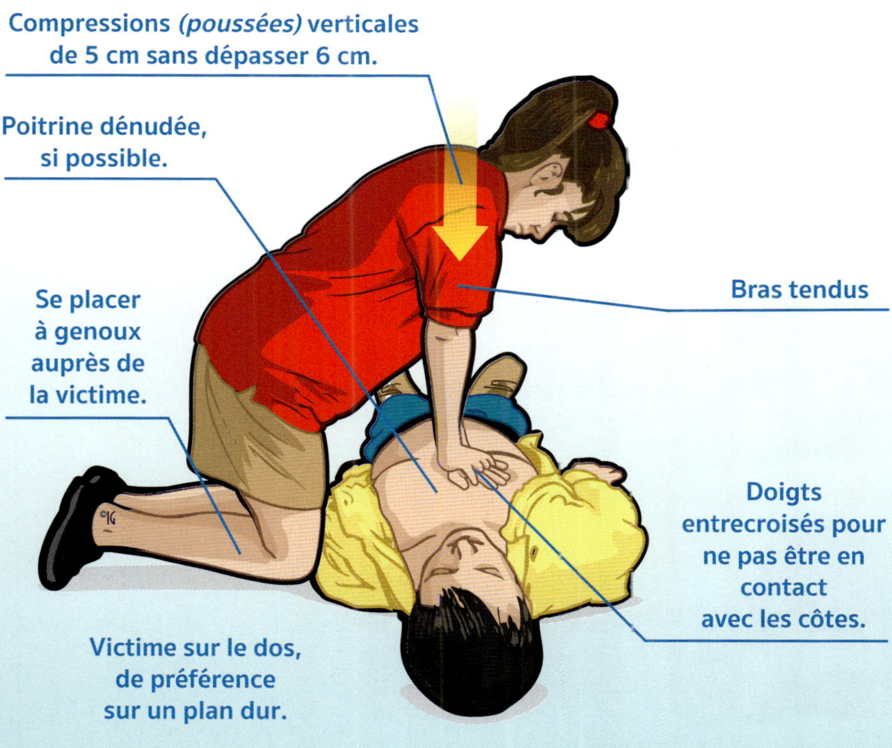

> VENTILATION ARTIFICIELLE - *(adulte/enfant de 1 à 8 ans)*

LE BOUCHE À BOUCHE

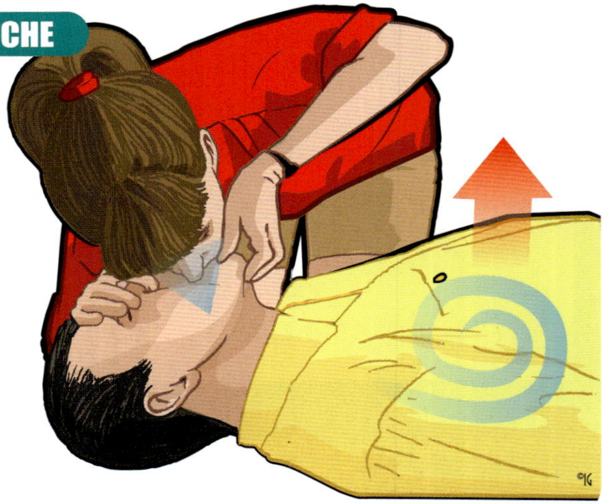

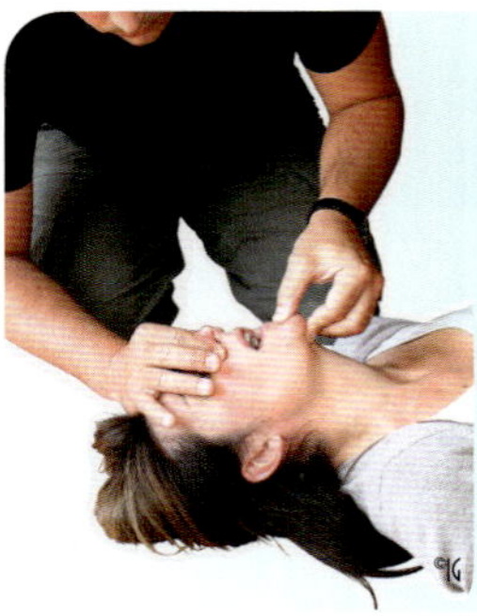

INSUFFLATIONS DU SAUVETEUR :

- **Maintenir la tête** de la victime **basculée en arrière** et **son menton élevé** ;
- **boucher le nez** en pinçant les narines avec **deux doigts**, la paume de la main restant sur le front ;
- avec la main placée sous le menton, **ouvrir légèrement la bouche.**

- inspirer sans excès et **appliquer sa bouche** largement ouverte autour de celle de la victime pour obtenir une étanchéité parfaite ;
- **insuffler progressivement** jusqu'à ce quela poitrine de la victime **commence à se soulever** *(durant 1 seconde environ).*

EXPIRATION DE LA VICTIME :

- se **redresser** légèrement afin de reprendre son souffle et **vérifier l'affaissement de la poitrine** de la victime.
  Insuffler une deuxième fois.

> La R.C.P. - *(chez l'enfant de 1 à 8 ans)*

COMPRESSIONS THORACIQUES

- Placer **le talon d'une main, un doigt au-dessus** d'un repère constitué par le bas du sternum à la jonction des dernières côtes.
- **Relever les doigts** pour ne pas appuyer sur les côtes.
- Réaliser les poussées verticales comme chez l'adulte en **veillant à enfoncer le thorax sur le tiers de son épaisseur, soit environ 5 cm bras tendu puis relâcher la compression**. Le talon de la main reste en contact avec le thorax sans exercer le moindre appui. Le thorax doit reprendre sa dimension initiale après chaque compression.

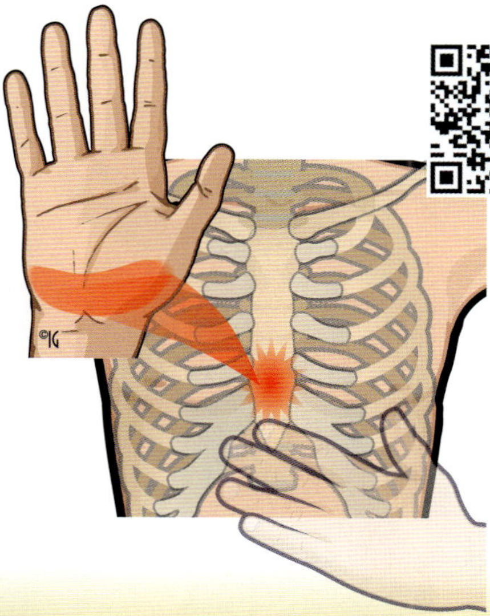

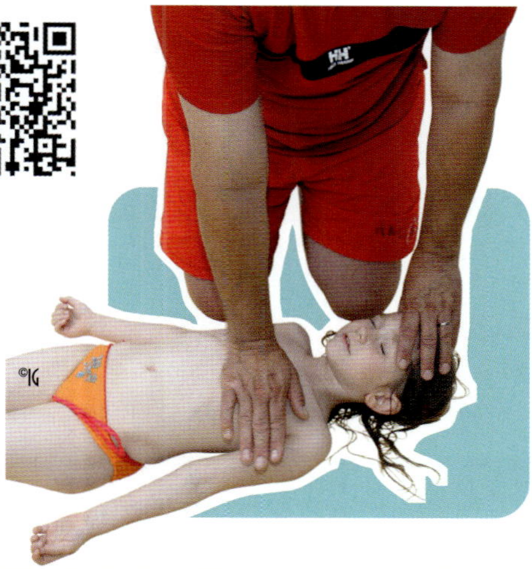

Si la victime *(enfant)* est grande ou si le sauveteur est petit
et n'a pas suffisamment de force,
il peut utiliser la même technique que chez l'adulte.

FRÉQUENCE DES COMPRESSIONS :
100 à 120 compressions par minute

VENTILATION ARTIFICIELLE

Les techniques sont identiques à celles de l'adulte. Cependant le volume d'air insufflé pour entraîner un soulèvement de la poitrine est moindre.

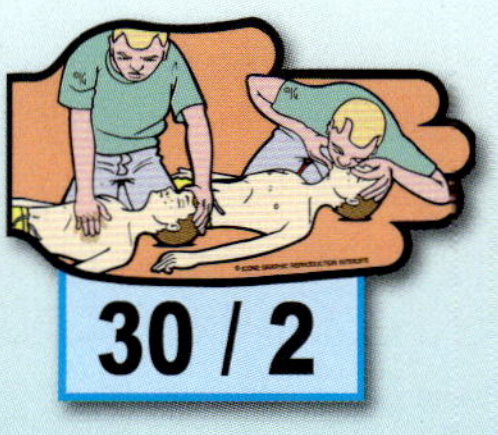

ALTERNANCE :
30 COMPRESSIONS / 2 INSUFFLATIONS

> La R.C.P. - *(chez le nourrisson)*

COMPRESSIONS THORACIQUES

1 Placer **la pulpe de deux doigts** d'une main dans l'axe du sternum, un doigt au-dessus d'un repère constitué par le bas du sternum à la jonction des dernières côtes.

2 Réaliser des poussées verticales avec **la pulpe des 2 doigts** en veillant à enfoncer le thorax **sur le tiers de son épaisseur, soit environ 4 cm** puis relâcher la pression, à une fréquence de 100 à 120 par minute.

3 Après 30 compressions, ramener la tête du nourrisson en position neutre, élever le menton et réaliser 2 insufflations.

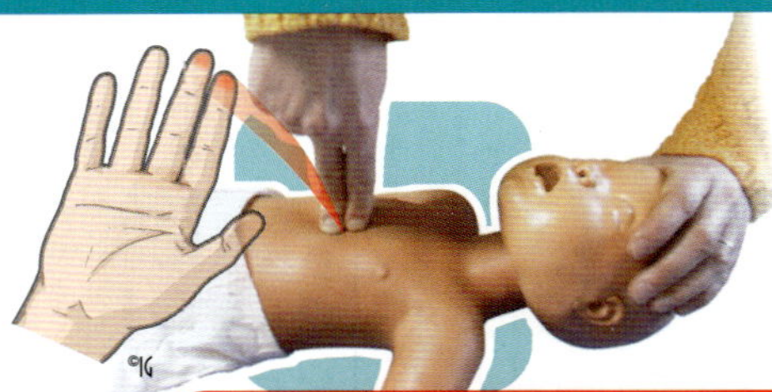

FRÉQUENCE DES COMPRESSIONS :
100 à 120 compressions par minute

Le thorax doit reprendre sa dimension initiale après chaque compression **qui doit impérativement être relâchée complètement.**

BOUCHE-À-BOUCHE ET NEZ

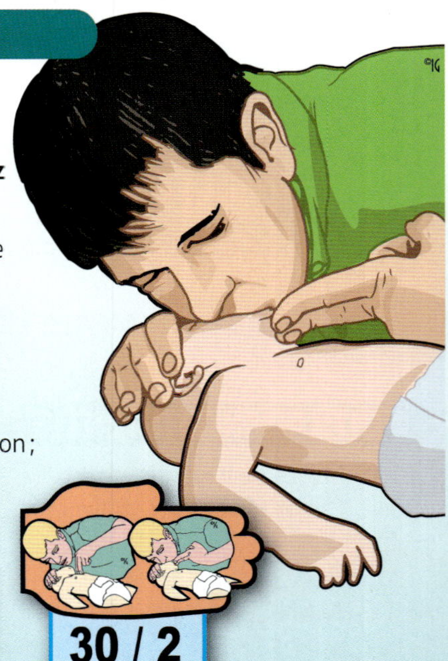

- **Maintenir** la tête du nourrisson **en position neutre** et **élever le menton** ;
- englober avec la bouche **à la fois la bouche et le nez** de la victime ;
- **insuffler progressivement** jusqu'à ce que la poitrine commence à se soulever ;
- **se redresser** tout en maintenant la tête en position neutre afin de :
  - reprendre son souffle ;
  - vérifier l'affaissement de la poitrine du nourrisson ;
- **insuffler une seconde fois** dans les mêmes conditions.

ALTERNANCE :
30 COMPRESSIONS / 2 INSUFFLATIONS

> Le DÉFIBRILLATEUR AUTOMATISÉ EXTERNE *(D.A.E.)*

Les manœuvres de réanimation cardio-pulmonaire *(R.C.P.)* ont une efficacité limitée dans le temps. Si l'arrêt circulatoire est lié à une anomalie du fonctionnement électrique du cœur, l'application d'un choc électrique au travers de la poitrine peut être capable de restaurer une activité cardiaque efficace et d'éviter ainsi la mort de la victime.

C'EST UN APPAREIL QUI PERMET :

- d'**analyser** l'activité électrique du cœur de la victime ;
- de **reconnaître une anomalie** du fonctionnement électrique du cœur ;
- d'inviter le sauveteur *(Défibrillateur Semi-Automatique)* à délivrer **un choc électrique** ou de **délivrer** *(Défibrillateur Entièrement Automatique)*

Il EST ACCOMPAGNÉ :

- d'une paire d'électrodes à usage unique. Une seconde paire doit être disponible en cas de défaillance de la première.

Une fois collées sur la peau du thorax de la victime, les électrodes permettent :

- de capter et de transmettre l'activité électrique cardiaque au défibrillateur ;
- de délivrer le choc électrique lorsqu'il est indiqué.

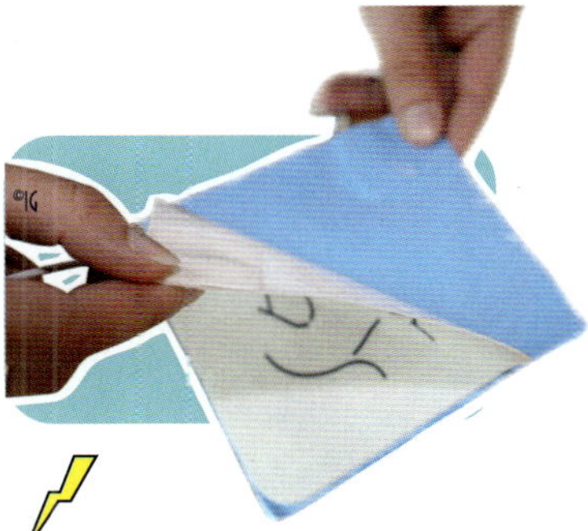

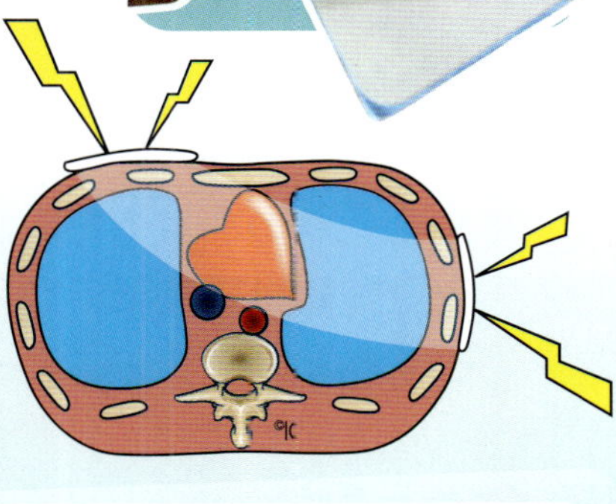

D'autres accessoires peuvent être joints au D.A.E. dont :

- une paire de ciseaux ;
- des compresses ;
- un rasoir jetable.

MISE en ŒUVRE

> UTILISATION DU D.A.E. :

Le D.A.E. doit être utilisé en suivant les indications de l'appareil *(schéma, messages vocaux et visuels)*. La **R.C.P. est poursuivie** jusqu'à l'installation du D.A.E.. Elle cesse seulement lorsque le D.A.E. indique de ne plus toucher à la victime.

Dès que le défibrillateur est disponible :

1 **Mettre le défibrillateur en fonction.**

- **Ouvrir la housse de transport.** Certains appareils ont un capot protecteur qui, à son ouverture, met en fonction l'appareil *(A)*.

OU

- **Appuyer sur le bouton marche/arrêt** du défibrillateur, si besoin *(B)*.

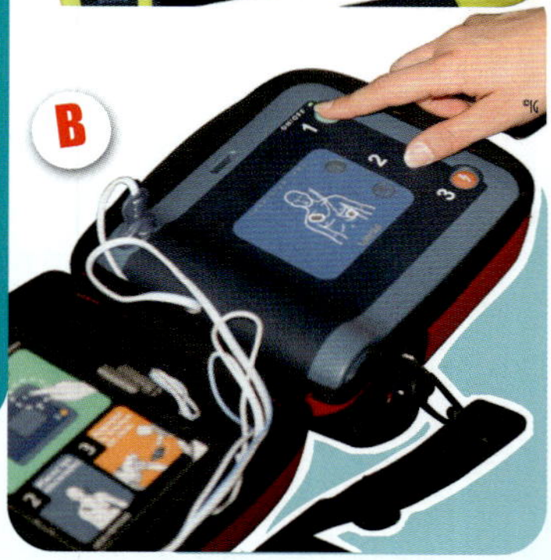

2 **Suivre les indications de l'appareil.**

Des indications vocales et/ou visuelles sont données par l'appareil. Elles permettent de réaliser les différentes opérations plus rapidement et en toute sécurité.

Il faut les suivre impérativement.

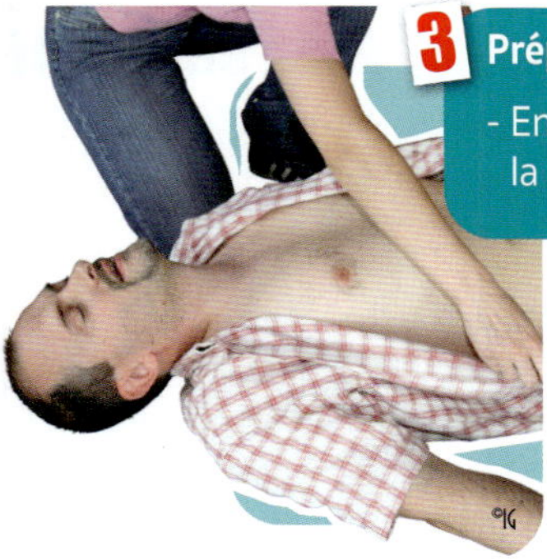

3 **Préparer la victime.**

- Enlever ou couper les vêtements recouvrant la poitrine de la victime si nécessaire.

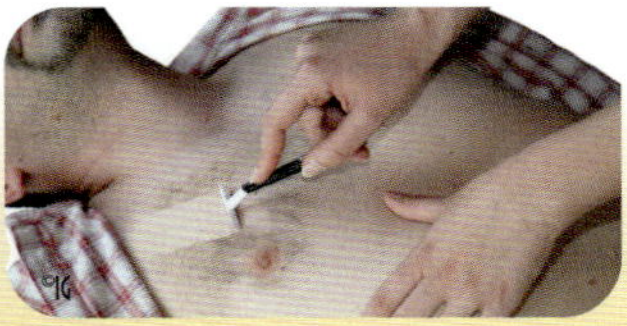

N.B. : *Si la poitrine est humide, la sécher. Si la poitrine est particulièrement velue, raser la zone où les électrodes seront collées.*

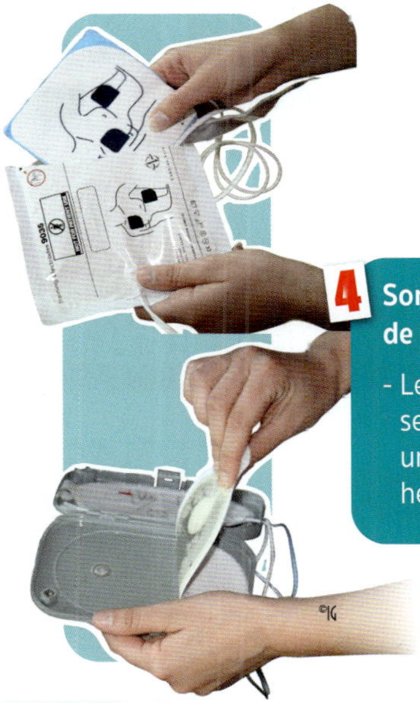

4 **Sortir les électrodes de leur emballage.**

- Les électrodes se trouvent dans un emballage hermétique.

5 **Appliquer chaque électrode.**

- Après avoir enlevé la pellicule protectrice, les électrodes sont collées en appuyant fermement sur le thorax nu de la victime.

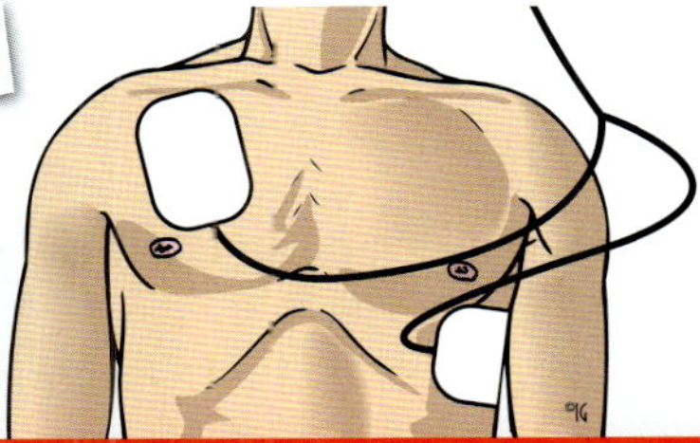

La position des électrodes doit être conforme au schéma visible sur les électrodes ou sur leur emballage.

6 **Connecter le câble des électrodes au défibrillateur** ***(le câble est préconnecté sur certains appareils).***

Le défibrillateur lance **l'analyse du rythme cardiaque** automatiquement et demande de ne pas toucher la victime.

MISE en ŒUVRE

7 Suivre les indications de l'appareil.

ANALYSE

ANALYSE EN COURS NE PAS TOUCHER LE PATIENT

Ne plus toucher la victime et s'assurer que les personnes aux alentours fassent de même car tout mouvement de la victime durant la phase d'analyse du rythme cardiaque est susceptible de la fausser.

LE D.A.E. INDIQUE QUE LE CHOC EST NÉCESSAIRE :

CHOC RECOMMANDÉ NE PAS TOUCHER LE PATIENT

Le D.A.E. précise qu'un choc est nécessaire et demande de se tenir à distance de la victime.

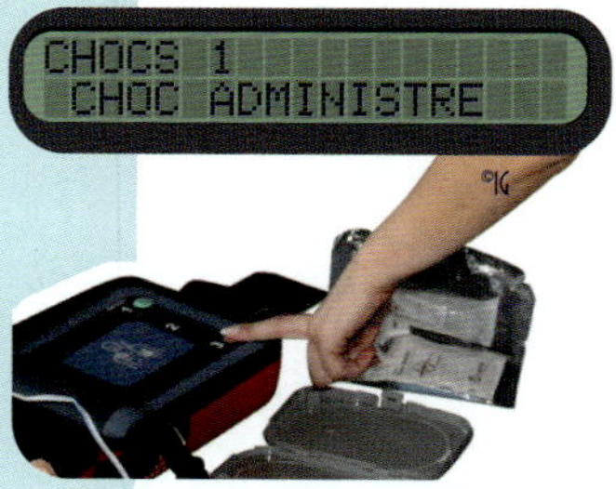

Le D.A.E. déclenche **automatiquement** le choc électrique.

OU

Appuyer sur le bouton "CHOC" clignotant lorsque l'appareil le demande.

Demander aux personnes aux alentours **de s'écarter**.

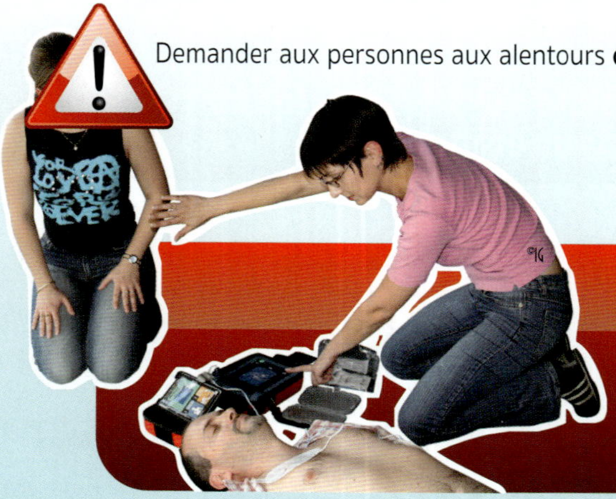

NE PAS TOUCHER LA VICTIME PENDANT LA DÉLIVRANCE DES CHOCS.

8 **Débuter ou reprendre immédiatement** la R.C.P. après la délivrance du choc.
Ne pas retirer les électrodes de défibrillation.
Continuer à suivre les recommandations de l'appareil.

LE D.A.E. INDIQUE QUE LE CHOC N'EST PAS NÉCESSAIRE :

FAITES LA R.C.P.

Débuter ou reprendre immédiatement la réanimation cardio-pulmonaire en commençant par les compressions thoraciques. Continuer à suivre les indications du D.A.E. jusqu'à l'arrivée des secours ou la reprise d'une respiration normale.

Le D.A.E. reste allumé et les électrodes en place même en cas d'amélioration de l'état de la victime.

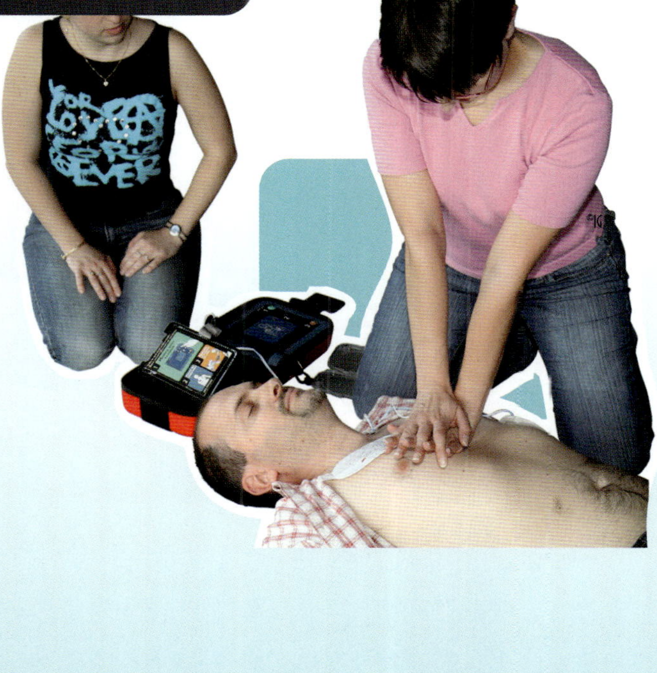

> Utilisation du D.A.E. chez l'enfant et le nourrisson

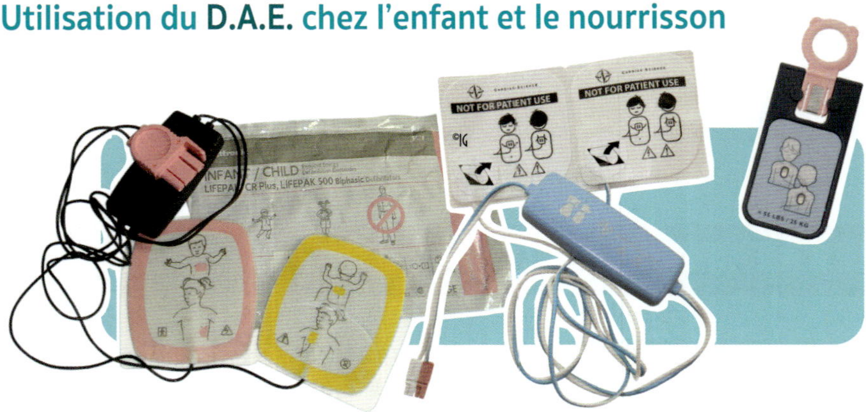

La défibrillation chez l'enfant ou le nourrisson doit être réalisée avec des appareils adaptés *(électrodes pédiatriques, réducteur d'énergie...).*

En l'absence d'électrodes pédiatriques, les électrodes adultes sont alors positionnées en **avant au milieu du thorax** pour l'une et au **milieu du dos** pour l'autre.

La **conduite à tenir** est **identique à celle de l'adulte**.
La position des électrodes collées sur la poitrine de l'enfant ou du nourrisson doit être conforme aux schémas du fabricant.

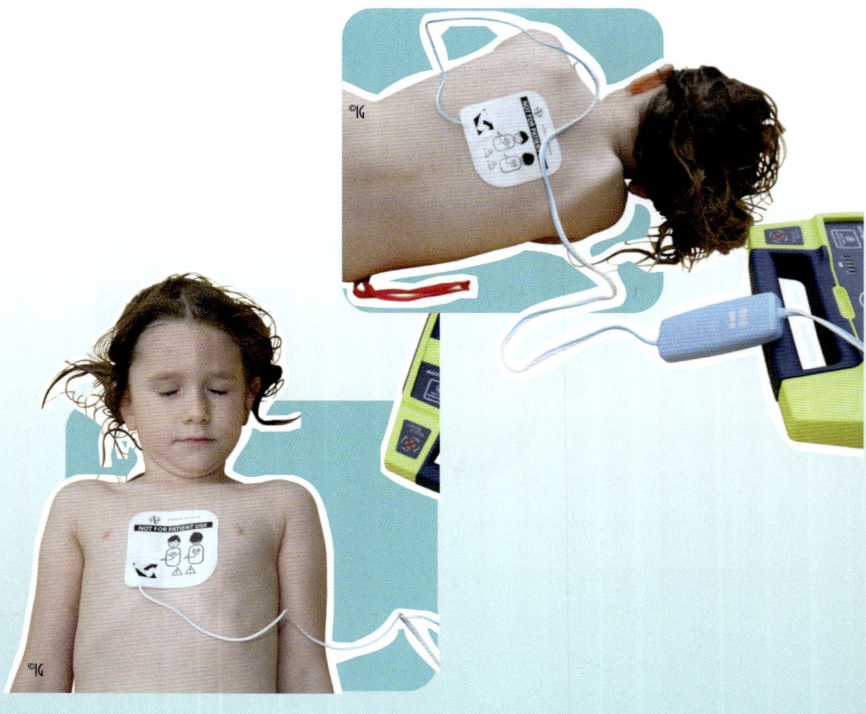

> RISQUES et CONTRAINTES du D.A.E.

1 - La victime présente un timbre autocollant médicamenteux sur la zone de pose des électrodes.

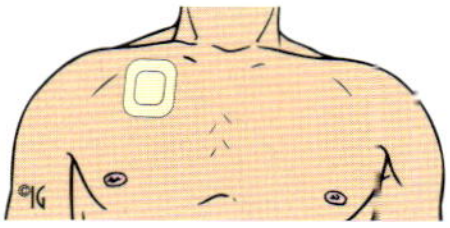

Retirer le timbre et essuyer la zone avant de coller l'électrode pour améliorer l'efficacité du choc électrique.

2 - La victime présente un stimulateur cardiaque.

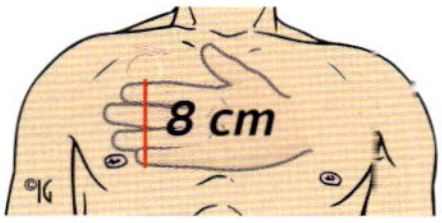

Le S.S.T. constate une cicatrice et perçoit un boîtier sous la peau sous la clavicule droite. Coller l'électrode à une largeur de main au dessous de la bosse perçue *(environ 8 cm de la bosse perçue).*

3 - La victime est allongée sur un sol mouillé (bord de piscine, pluie...) ou le thorax de la victime est mouillé.

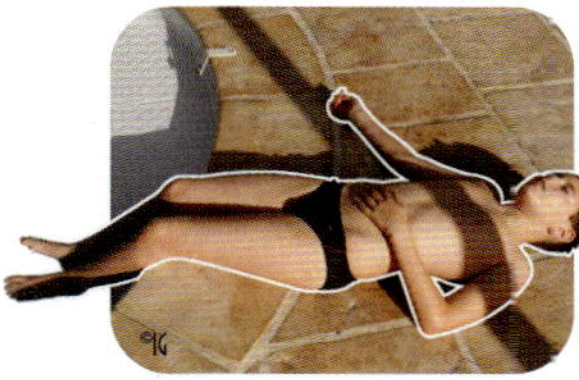

Si possible et en se faisant aider si besoin déplacer la victime pour l'allonger sur une surface sèche et, si possible, sécher son thorax avant de débuter la défibrillation.

L'efficacité d'un choc électrique sur une victime allongée sur un sol mouillé est diminuée. Il n'existe pas de risque pour le S.S.T.

4 - La victime est allongée sur une surface en métal.

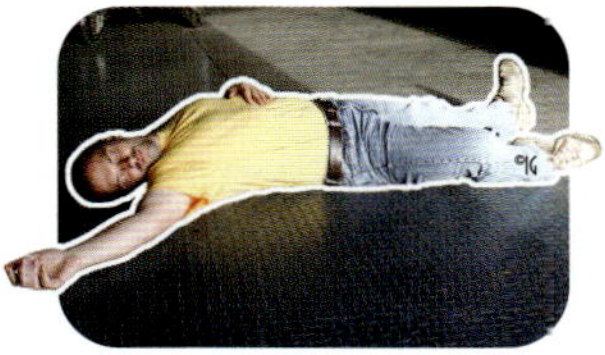

Si c'est possible, et en se faisant aider si besoin, déplacer la victime ou glisser un tissu sous elle *(couverture...)* avant de débuter la défibrillation.

L'efficacité d'un choc électrique sur une victime allongée sur une surface métallique est très diminuée. Il n'existe pas de risque réel pour le S.S.T.

5 - Au cours de l'analyse, le D.A.E. détecte un mouvement.

S'assurer que personne ne touche la victime au cours de l'analyse et vérifier la respiration de celle-ci.

6 - Après avoir collé et connecté les électrodes au D.A.E., l'appareil demande toujours de les connecter.

Vérifier si les électrodes sont bien collées et si le câble des électrodes est correctement connecté au D.A.E.. Si la date de péremption des électrodes est dépassée, utiliser la seconde paire d'électrodes.

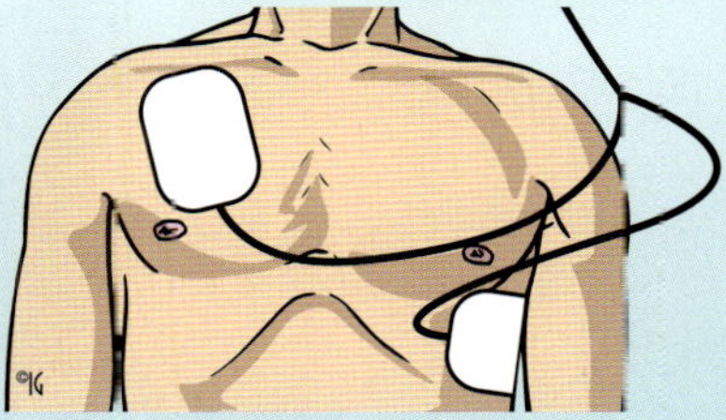

> Si le VENTRE et la POITRINE de la victime ne se SOULÈVENT pas lors des INSUFFLATIONS

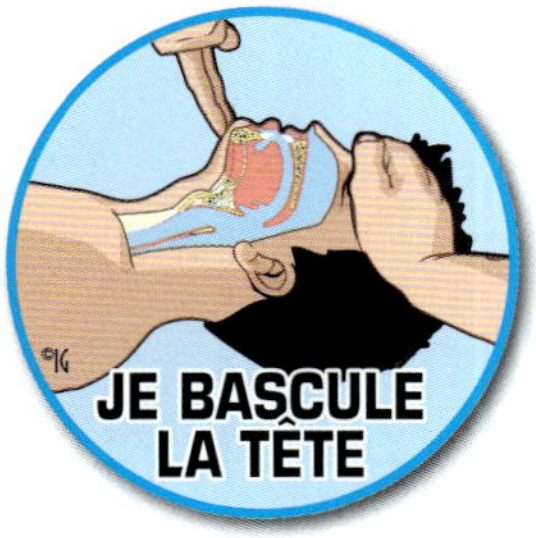

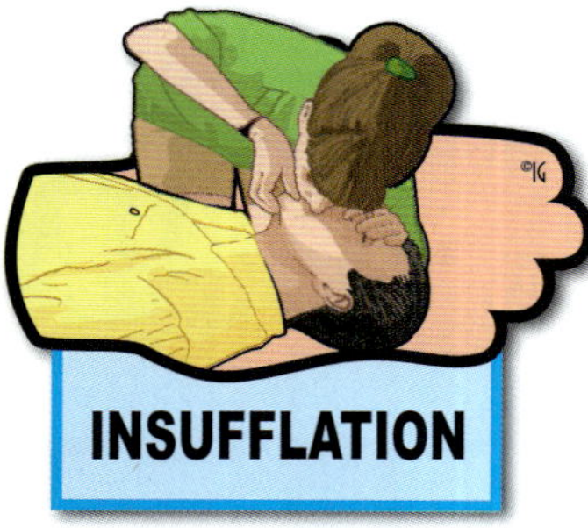

1. S'assurer que la tête de la victime est en bonne position et que son menton est élevé.

2. S'assurer qu'il y a une bonne étanchéité et pas de fuite d'air lors des insufflations.

3. Ouvrir la bouche et contrôler la présence éventuelle d'un corps étranger. Si nécessaire, le retirer avec les doigts s'il est accessible.

4. Effectuer deux insufflations. Quelle que soit leur efficacité, reprendre immédiatement la R.C.P.. Toutefois, après chaque série de 30 compressions thoraciques, rechercher la présence de corps étranger dans la bouche avant de souffler. Si tel est le cas, le retirer comme décrit précédemment uniquement s'il est accessible.

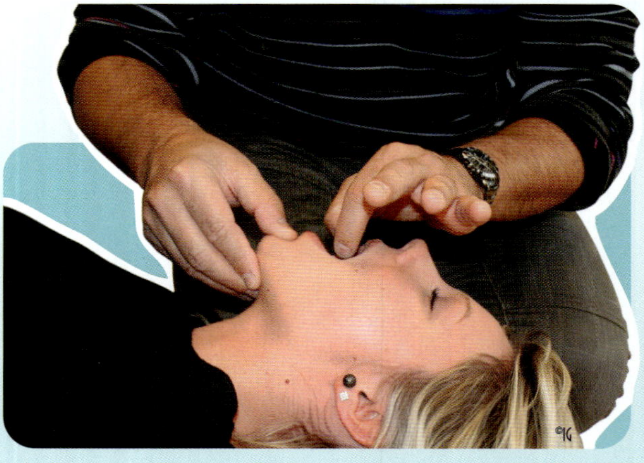

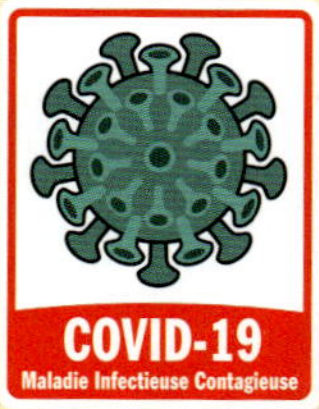

PANDÉMIE COVID-19
ARRÊT CARDIO-RESPIRATOIRE

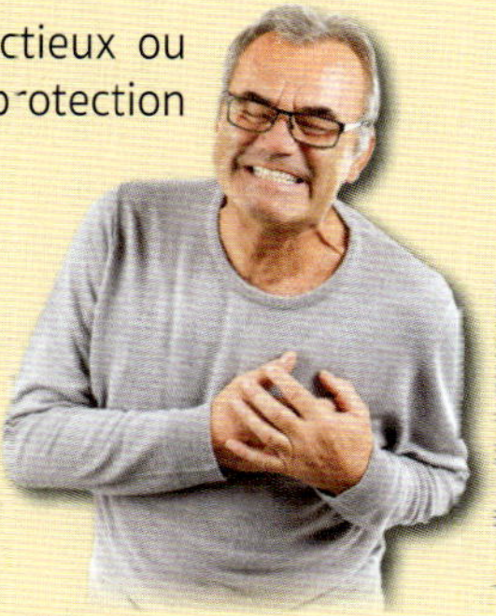
Jenny Sturm/Shutterstock.com

La survenue d'un arrêt cardiaque dans un contexte infectieux ou épidémique *(COVID-19)* amène à prendre des mesures de protection pour le S.S.T. et à adapter la prise en charge des victimes.

Cette adaptation est liée à la réalisation de :

- gestes d'examen qui nécessitent un rapprochement étroit avec les voies aériennes de la victime et qui exposent au risque de contamination ;
- gestes de secours de réanimation provoquant notamment une aérosolisation du virus.

Afin de réduire les risques d'exposition au virus, il faut :

ALERTER, MASSER, DÉFIBRILLER

Durant la période d'épidémie de Covid-19, devant une victime qui ne répond pas et ne respire pas :

• se protéger avec un masque ;

• porter des gants ;

• apprécier la respiration de la victime en regardant **si son ventre et sa poitrine se soulèvent.** La reconnaissance de l'arrêt cardiaque se limite à l'absence de réponse et de respiration normale, sans s'approcher de la bouche de la victime ;

• en l'absence de respiration normale ou en cas de doute, **faire alerter *(ou alerter)* les secours et demander un D.A.E.** ;

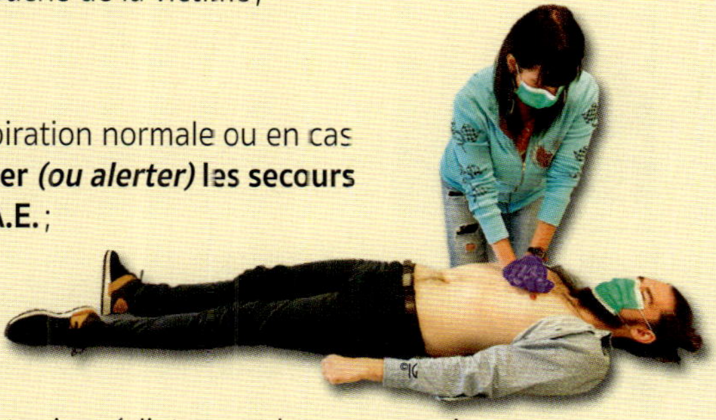

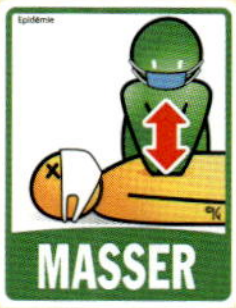

• débuter immédiatement les compressions thoraciques ;

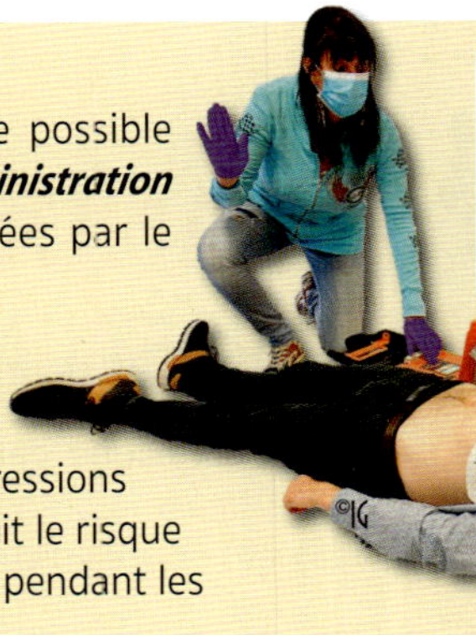

- mettre en œuvre un D.A.E. le plus vite possible *(**se tenir au pied de la victime lors de l'administration du choc**)* et suivre les instructions données par le service de secours alerté.

Si possible, placer un tissu, une serviette ou un masque sur la bouche et le nez de la victime avant de procéder aux compressions thoraciques et à la défibrillation. Cela réduit le risque de propagation du virus par voie aérienne pendant les compressions thoraciques;

- **ne pas faire de bouche à bouche.** Toutefois, deux situations sont laissées à l'appréciation du S.S.T. :

➲ **le sauveteur vit sous le même toit** que la victime *(risque de contamination déjà partagé ou limité)*;

➲ **la victime est un enfant ou un nourrisson.**

- poursuivre la réanimation entreprise jusqu'au relais par les services de secours.

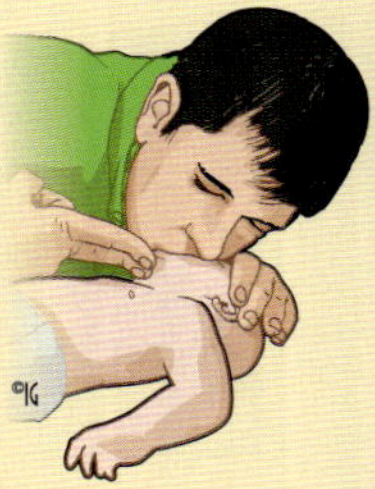

En dehors de la situation de la pandémie de COVID-19, mais aussi chez l'enfant et le nourrisson la ventilation artificielle est essentielle.

Tous ces gestes sont contre-indiqués car ils peuvent exposer le S.S.T. à une contamination :

- Ne pas procéder à la bascule de la tête de la victime en arrière pour libérer les voies aériennes;
- ne pas tenter de lui ouvrir la bouche;

- ne pas se pencher au-dessus de la face de la victime, ne pas mettre son oreille et sa joue au-dessus de la bouche et du nez de la victime pour évaluer la respiration;

- Ne pas faire de bouche à bouche.

13 - Situer son RÔLE de S.S.T. dans l'organisation de la PRÉVENTION de l'ENTREPRISE.

S'APPROPRIER LES ENJEUX DE LA PRÉVENTION POUR EN SITUER L'IMPORTANCE DANS SON ENTREPRISE

Objectifs de la prévention

Les risques liés au travail existent mais ils peuvent être réduits voire maîtrisés. C'est l'objectif de la prévention des Risques Professionnels *(R.P.)* qui consiste à anticiper des phénomènes risquant d'entraîner des problèmes de santé. La prévention des R.P. regroupe un ensemble de mesures qui visent à **éviter** qu'une situation se dégrade, qu'un accident arrive, qu'une maladie survienne. Elle consiste à **éliminer** ou **réduire** les risques.

En 2018, 1 094 791 sinistres ont été reconnus par l'Assurance Maladie, 74 % ont donné lieu à un arrêt de travail, 64 793 incapacités permanentes et 1 141 décès ont été à déplorer. *(Rapport annuel 2018 L'Assurance Maladie Risques professionnels).*

Types d'enjeux de la prévention

La prévention est un **enjeu majeur pour l'ensemble des acteurs** et leur apporte à chacun des bénéfices.

4 TYPES D'ENJEUX

ENJEUX HUMAINS la prévention est un enjeu majeur :

- pour les travailleurs : santé et sécurité au travail *(meilleures conditions de travail, cohésion et implication, etc.)*
- pour leur entourage familial *(répercussions positives car moins de stress et de fatigue...)*

ENJEUX ÉCONOMIQUES pour les entreprises, la prévention contribue à :

- l'amélioration des performances sur les plans humain et économique,
- la qualité et continuité de la prestation du secteur et de l'image de marque,
- la réduction du turn-over et de l'absentéisme,
- la préservation de la santé des salariés,
- la baisse des coûts des accidents du travail,
- la réduction des dysfonctionnements internes, etc.

ENJEUX SOCIÉTAUX plus largement, la société dans son ensemble est impactée :

- santé et qualité au travail pour un meilleur climat social,
- mesures en faveur de l'environnement, etc.

ENJEUX JURIDIQUES du point de vue juridique, la prévention des R.P. concourt au respect de la réglementation en matière de sécurité et de santé au travail. Les employeurs ont la responsabilité d'assurer la santé et de préserver la sécurité de leurs salariés.

Obligations en matière de santé et sécurité au travail

Toute entreprise agit dans un cadre légal fixé par les Pouvoirs publics.
Le Code du travail définit notamment certaines obligations.

Obligations de l'employeur

➤ Article L4121-1 du Code du travail
"L'employeur prend les mesures nécessaires pour assurer la sécurité et protéger la santé physique et mentale des travailleurs. Ces mesures comprennent :
1° Des actions de prévention des risques professionnels [...] ;
2° Des actions d'information et de formation ;
3° La mise en place d'une organisation et de moyens adaptés.
L'employeur veille à l'adaptation de ces mesures pour tenir compte du changement des circonstances et tendre à l'amélioration des situations existantes."

➤ Article L4121-2 du Code du travail *(9 Principes Généraux de Prévention - P.G.P.)*
"L'employeur met en œuvre les mesures prévues à l'article L4121-1 sur le fondement **des principes généraux de prévention** suivants :

1. Éviter les risques ;
2. Évaluer les risques qui ne peuvent pas être évités ;
3. Combattre les risques à la source ;
4. Adapter le travail à l'homme, en particulier en ce qui concerne la conception des postes de travail ainsi que le choix des équipements de travail et des méthodes de travail et de production, en vue notamment de limiter le travail monotone et le travail cadencé et de réduire les effets de ceux-ci sur la santé ;
5. Tenir compte de l'état d'évolution de la technique ;
6. Remplacer ce qui est dangereux par ce qui n'est pas dangereux ou par ce qui est moins dangereux ;
7. Planifier la prévention en y intégrant, dans un ensemble cohérent, la technique, l'organisation du travail, les conditions de travail, les relations sociales et l'influence des facteurs ambiants, notamment les risques liés au harcèlement moral et au harcèlement sexuel, tels qu'ils sont définis aux articles L1152-1 et L1153-1, ainsi que ceux liés aux agissements sexistes définis à l'article L1142-2-1 ;
8. Prendre des mesures de protection collective en leur donnant la priorité sur les mesures de protection individuelle ;
9. Donner les instructions appropriées aux travailleurs."

Obligations des travailleurs

➤ Article L4122-1 du Code du travail
"Conformément aux instructions qui lui sont données par l'employeur, il incombe à chaque travailleur de prendre soin, en fonction de sa formation et selon ses possibilités, de sa santé et de sa sécurité ainsi que de celles des autres personnes concernées par ses actes ou ses omissions au travail.
Les instructions de l'employeur précisent, en particulier lorsque la nature des risques le justifie, les conditions d'utilisation des équipements de travail, des moyens de protection, des substances et préparations dangereuses. Elles sont adaptées à la nature des tâches à accomplir."

Nature et importance des Accidents du Travail et des Maladies Professionnelles *(AT/MP)*

Les accidents du travail *(AT)*

➤ Article L411-1 du Code de la sécurité sociale

"Est considéré comme **accident du travail**, quelle qu'en soit la cause, l'accident survenu par le fait ou à l'occasion du travail à toute personne salariée ou travaillant, à quelque titre ou en quelque lieu que ce soit, pour un ou plusieurs employeurs ou chefs d'entreprise. "

L'accident de travail réunit plusieurs conditions :

- il constitue un "fait accidentel",
- il survient par le fait ou à l'occasion du travail,
- il cause une ou plusieurs lésions corporelles ou psychiques, immédiates ou différées,
- il est daté avec précision et son caractère professionnel est reconnu *(lien établi entre les lésions subies et l'accident déclaré).*

C'est le médecin conseil de l'Assurance Maladie qui juge du rapport entre le fait accidentel et la lésion.

L'accident de travail peut se produire :

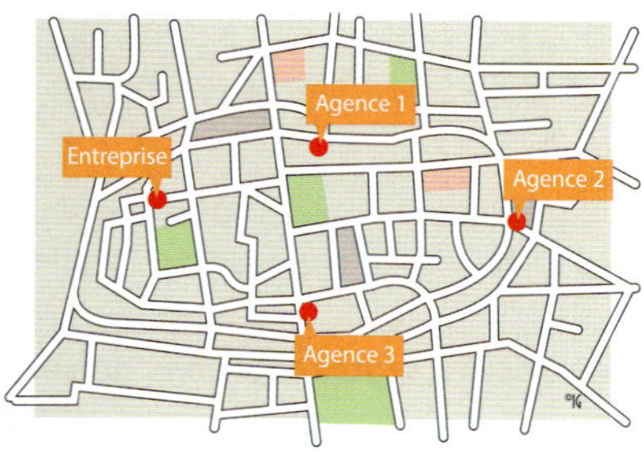

Sur le lieu de travail.

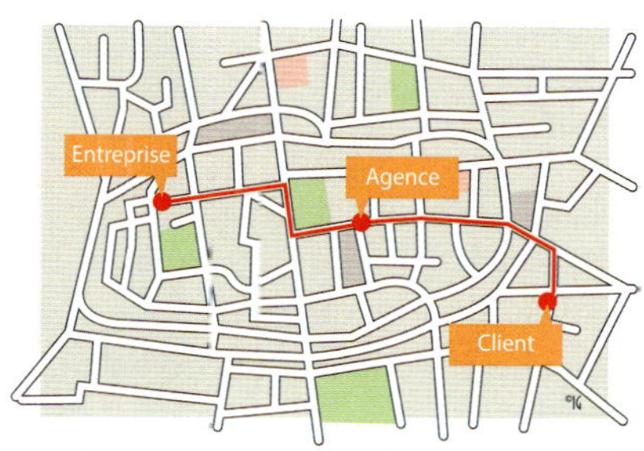

Lors d'un déplacement professionnel (accident de mission) : accident survenu lors d'une mission en accord avec l'employeur pendant le temps de travail.

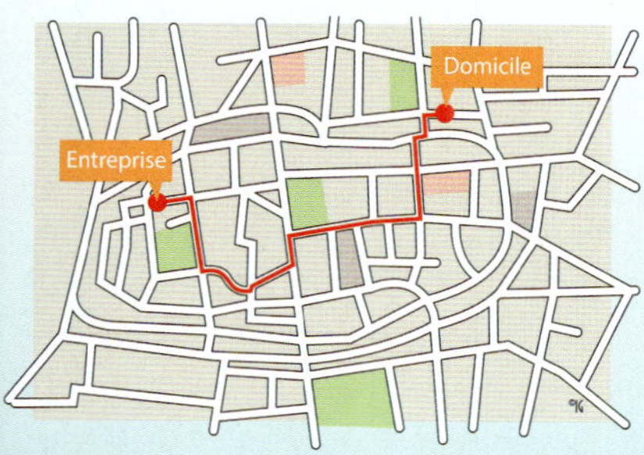

Lors du trajet aller-retour le plus court entre le domicile et le lieu habituel de travail (accident de trajet).

Déclaration

L'employeur doit être informé de l'accident dès que possible, au plus tard **dans les 24 heures.**

Les maladies professionnelles *(MP)*

La maladie professionnelle est une atteinte à la santé, conséquence de l'exposition habituelle plus ou moins prolongée à un risque professionnel physique, chimique, biologique... Les causes peuvent être multiples et l'origine peut être difficile à définir.

La maladie professionnelle est définie dans l'article L461-1 du Code de la sécurité sociale.

Exposition habituelle à différents facteurs de risque :

ambiance sonore

répétition intensive de mêmes gestes de travail

contact avec des produits chimiques

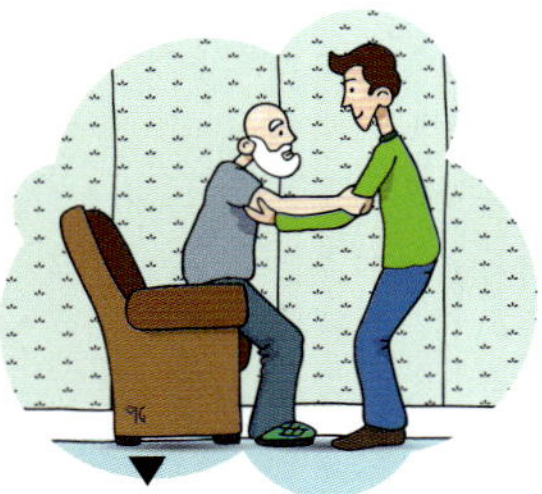

manutention manuelle importante

contact avec des agents biologiques (virus, champignon, parasite, bactérie)

inhalation de substances variées etc.

La maladie professionnelle peut se manifester tardivement, de manière différée après l'arrêt de l'activité professionnelle mise en cause. Elle peut se déclarer sur le long terme, plusieurs années après l'exposition au risque.

Pour qu'une affection soit prise en charge par la Sécurité Sociale, trois conditions doivent être réunies :

- la maladie doit être listée dans un des tableaux spécifiques de maladies professionnelles annexés au Code de la sécurité sociale ;
- le demandeur doit apporter la preuve qu'il a été exposé au risque ;
- la maladie doit avoir été constatée médicalement dans le délai prévu.

Déclaration

Si le médecin du travailleur constate une dégradation de l'état de santé qu'il estime liée au travail, celle-ci peut être reconnue d'origine professionnelle.
C'est le travailleur qui doit faire effectuer les démarches de déclaration pour une demande de reconnaissance de maladie professionnelle auprès de sa Caisse Primaire d'Assurance Maladie *(C.P.A.M.)*, il en informe son employeur.

Tableaux de maladies professionnelles

Il existe plus de 110 tableaux de maladies professionnelles, dans le régime général, correspondant à des pathologies différentes. Sous certaines conditions, des maladies n'y figurant pas peuvent également être prises en charge.

Les chiffres clés AT/MP du régime général

Plus de 19 millions de salariés couverts par l'Assurance Maladie Risques professionnels.

Plus de 2 millions d'établissements assurés.

Évolution du nombre d'accidents de travail, d'accidents de trajet et de maladies professionnelles entre 2010 et 2018*.

Évolution des AT de 2010 à 2018

Évolution des accidents de trajet de 2010 à 2018

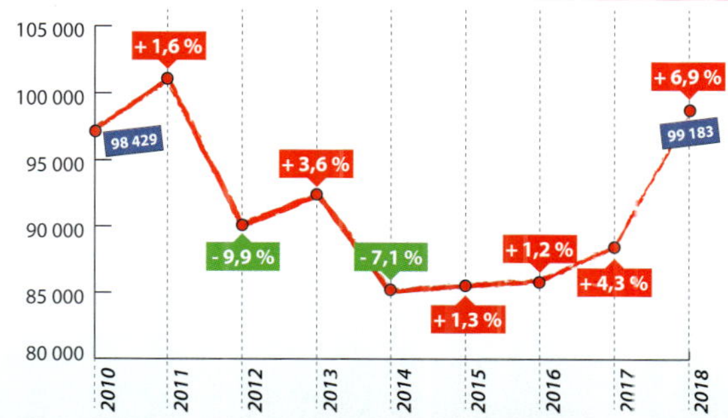

Évolution des MP de 2010 à 2018

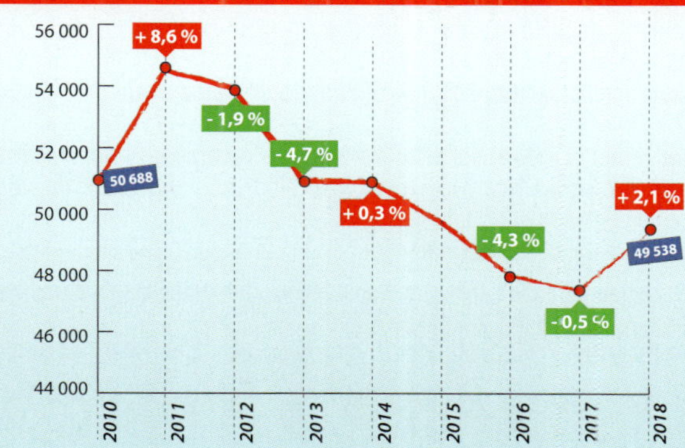

- Entre 2010 et 2018, **la tendance générale est une diminution du nombre d'AT-MP**.
- L'évolution récente à la hausse du nombre d'AT-MP est en lien avec le contexte de reprise économique.
- La sinistralité reste comparativement aux vingt dernières décennies à un niveau historiquement bas.

Répartition des AT, des accidents de trajet et des MP en 2018 *.

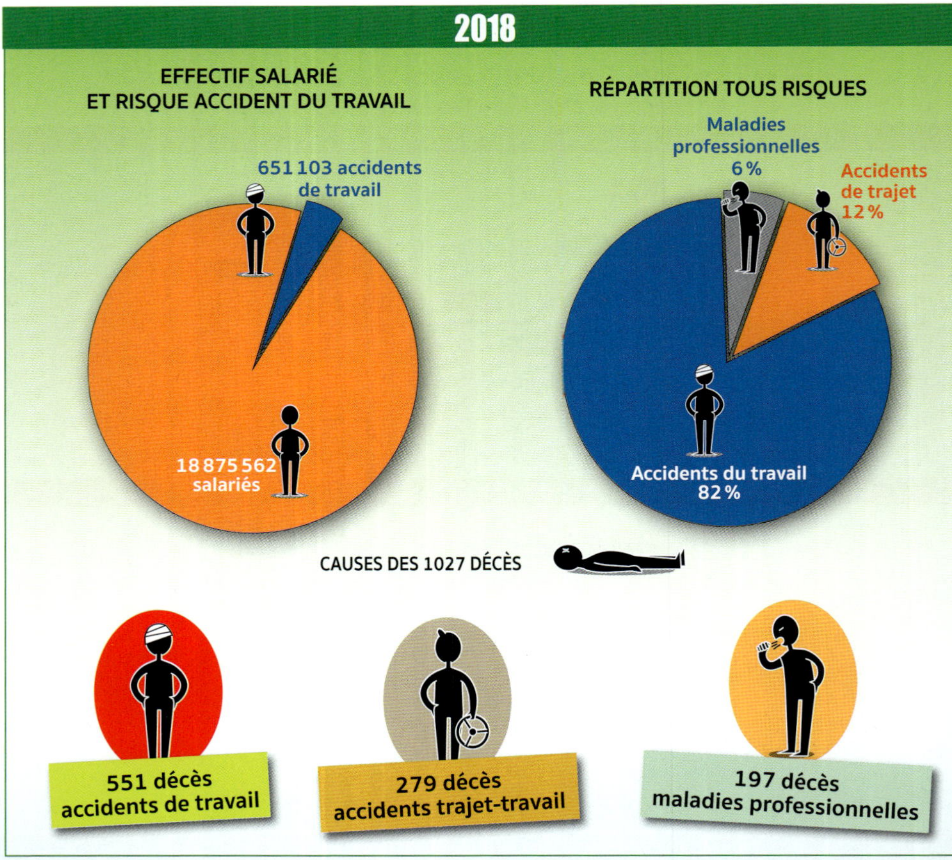

Les chiffres et statistiques utilisés pour les représentations graphiques ci-dessus sont extraits des tableaux de synthèse des statistiques nationales de la sinistralité de la branche AT/MP du régime général C.N.A.M.T.S. / D.R.P. ainsi que du document "L'essentiel 2018 Santé et sécurité au travail" de l'Assurance Maladie Risques professionnels.

** Total des 9 C.T.N. hors bureaux et sièges sociaux, hors autres catégories particulières. Sauf pour Évolution des accidents de trajet et Évolution des MP : total des 9 C.T.N. + bureaux et sièges sociaux + autres atégories particulières.*

Certaines entreprises diffusent des données statistiques propres à leurs activités.

Renseignez-vous dans votre entreprise pour savoir si ces données sont consultables. Vous pouvez également vous rapprocher de l'organisme professionnel de votre branche d'activité.

Noter ici les données statistiques
de votre secteur d'activité et de votre entreprise :

Les conséquences des AT/MP

> Les enjeux pour l'accidenté

Un accident du travail ou une maladie professionnelle peuvent être lourds de conséquences pour le salarié. Ils peuvent engendrer :

> une insatisfaction,
> des douleurs passagères ou durables,
> un handicap passager ou durable,
> des soins médicaux *(séjour hospitalier, temps de convalescence, rééducation...)*,
> une réadaptation professionnelle,
> un reclassement,
> des séquelles qui peuvent retarder ou empêcher le retour à l'emploi...

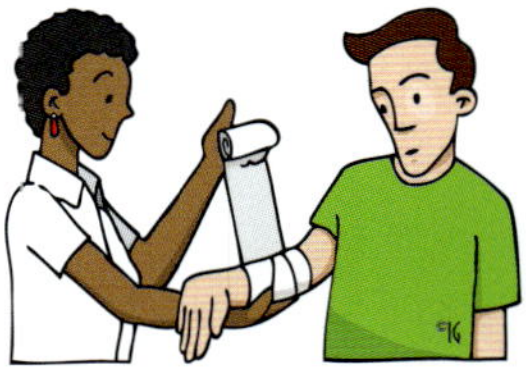

> Les enjeux pour l'entreprise

Les accidents du travail et les maladies professionnelles pèsent sur la performance de l'entreprise et sa situation économique.

Coûts directs :

> Indemnités journalières versées à l'accidenté.
En cas d'arrêt de travail dû à un accident du travail et pour compenser sa perte de salaire, le travailleur peut percevoir des indemnités journalières.

- *Accident entraînant une Incapacité Temporaire (I.T.) donnant lieu à une Indemnisation Journalière (I.J.) (indemnisation d'au moins une journée).*
- *Accident entraînant une Incapacité Permanente (I.P.) donnant lieu à l'attribution d'une rente ou d'un capital.*

> Frais médicaux, chirurgicaux, pharmaceutiques, frais d'hospitalisation et de rééducation.
> Frais de gestion du sinistre.
> Augmentation du taux de cotisations AT/MP versées à la Sécurité sociale.

Coûts indirects :

> Temps et production perdus *(accident et absentéisme).*
> Dégâts causés aux matériels, équipements et produits.
> Désorganisation, perturbations de fonctionnement, perte de performance, retard de livraison, de production.
> Perte de contrats.
> Manque de savoir-faire, difficultés de remplacement, affaiblissement humain.
> Coût de remplacement et de formation d'un nouveau/autre salarié au poste.
> Augmentation des primes d'assurances, frais de justice.
> Temps de traitement administratif du sinistre.
> Baisse du moral et de la motivation des salariés.
> Dégradation du climat social.
> Problèmes d'image de l'entreprise.

Le coût indirect d'un accident du travail peut être 3 à 5 fois supérieur au coût direct.

SCHÉMA RÉCAPITULATIF DE L'ACTION DU S.S.T.

Issu du Plan d'Actions Prévention S.S.T. *(PAPSST)*, outil pédagogique conçu et préconisé par l'I.N.R.S. pour illustrer les compétences attendues d'un S.S.T. en matièrede prévention et préconisé en formation S.S.T.*

	**1. PRÉVENTION DES RISQUES PROFESSIONNELS DANS L'ENTREPRISE -** Elle a pour objectif de préserver la santé et la sécurité des travailleurs. Le S.S.T. en est un acteur.
	**2. OBSERVATION ET ANALYSE DE 1er NIVEAU** - Avec sa connaissance de l'activité de l'entreprise, de ses risques et des mesures de prévention existantes, le S.S.T. observe et analyse les situations de travail pour repérer d'éventuel es situations dangereuses.
 	**3. IDENTIFICATION DU DANGER** et **4. REPÉRAGE DE LA PERSONNE EXPOSÉE** La situation dangereuse est l'exposition d'un *(ou plusieurs)* individu(*s*) à un *(ou plusieurs)* danger*(s)*.
	**5. REMONTÉE D'INFORMATIONS** Le S.S.T. communique, informe et fait remonter les informations. Il informe les personnes en situation de danger. Il fait remonter les dangers repérés aux personnes chargées de la prévention des risques. Le S.S.T. transmet les pistes d'amélioration qu'il a identifiées.
	**6. ÉVÉNEMENT DÉCLENCHEUR ÉVENTUEL** L'événement déclencheur transforme le risque en accident et peut causer un dommage.
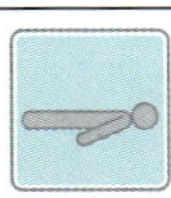	**7. DOMMAGE POTENTIEL** Le dommage est l'atteinte à la santé.

 **8. SUPPRESSION DU DANGER** La mesure à privilégier est de supprimer le danger car supprimer le danger permet de supprimer le risque.	OU	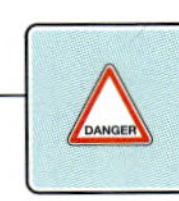 **8. DANGER PERSISTANT** En cas d'impossibilité de supprimer le danger, l'objectif est de réduire le risque par des actions de prévention, agissant sur la situation dangereuse ou sur l'événement déclencheur.
		Si les mesures de prévention sont insuffisantes, il faut alors réduire le risque par des mesures de protection.
		 **9. PROTECTION COLLECTIVE** En priorité, des mesures de ➲ Protection collective 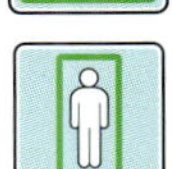 **10. PROTECTION INDIVIDUELLE** si des risques résiduels persistent encore, des mesures de ➲ Protection individuelle

* *Précisions : Illustrations redessinées et textes reformulés. Le PAP SST propose également un logigramme non présenté dans cet ouvrage.*

SE POSITIONNER COMME UN DES ACTEURS DE LA PRÉVENTION DANS SON ENTREPRISE

Rappel et extrait du schéma récapitulatif de l'action du S.S.T. issu du Plan d'Actions Prévention SST conçu et préconisé par l'I.N.R.S.

La prévention des risques professionnels dans l'entreprise a pour objectif de préserver la santé et la sécurité des travailleurs. **Le S.S.T. en est un acteur.**	 LE S.S.T. ACTEUR DE LA PRÉVENTION DES RISQUES

> Le rôle du S.S.T. dans la prévention avant, pendant et après un AT

Le S.S.T. connait :

- ✔ les accidents de travail dans l'établissement ou la profession ;
- ✔ les risques spécifiques et les conduites à tenir particulières ;
- ✔ les numéros d'appel d'urgence et les consignes particulières ;
- ✔ la disponibilité et l'état du matériel de premiers secours *(trousse de secours, défibrillateur...)* ;
- ✔ les différents acteurs de prévention ou de secours de son entreprise *(infirmerie, C.S.E. ...)* ;
- ✔ la localisation et le contenu des documents comme : plan d'actions, document unique, registres...

Le S.S.T. est en mesure de :

- ✔ repérer les dangers dans les situations de travail, identifier les dysfonctionnements,
- ✔ informer sa hiérarchie ou les acteurs de prévention de son entreprise de ses observations,
- ✔ exprimer ses difficultés en matière de prévention à sa hiérarchie,

- ✔ échanger avec les autres salariés pour leur faire profiter de son expérience en prévention, les écouter, les sensibiliser et les mobiliser à la prévention,

- ✔ questionner les interlocuteurs privilégiés de la prévention pour répondre à ses interrogations,

- ✔ supprimer ou faire supprimer des dangers, dans la limite de son champ de compétences, de son autonomie et dans le respect de l'organisation de l'entreprise,

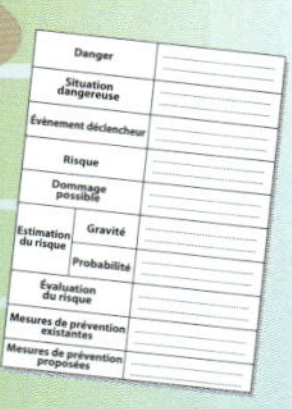

- ✔ être sollicité dans l'élaboration de l'Évaluation des R.P. et du Document Unique de l'entreprise et participer à des groupes de travail,
- ✔ compléter les documents prévus,

- ✔ exercer son droit de retrait et son devoir d'alerte en cas de danger grave et imminent.

> Moyens et limites d'action du S.S.T.

CONTRIBUER À LA PRÉVENTION DES RISQUES PROFESSIONNELS DANS L'ENTREPRISE

Le S.S.T. a les compétences pour :

- **situer son rôle de S.S.T. dans l'organisation de la prévention de l'entreprise**
  > s'approprier les enjeux de la prévention pour en situer l'importance dans son entreprise ;
  > se positionner comme un des acteurs de la prévention dans son entreprise.

- **caractériser des risques professionnels dans une situation de travail**
  > repérer des dangers et informer les personnes qui pourraient y être exposées ;
  > déterminer des risques et leurs dommages potentiels.

- **participer à la maîtrise des risques professionnels par des actions de prévention**
  > supprimer ou à défaut réduire les risques sur lesquels il est possible d'agir directement ;
  > transmettre aux personnes en charge de la prévention les éléments liés à toute situation dangereuse repérée ;
  > proposer, si possible, des pistes d'amélioration.

> Le S.S.T. contribue à la DIMINUTION des RISQUES d'ATTEINTE À LA SANTÉ.

Où ? ▶ au sein de l'entreprise.

Quand ? ▶ à tout moment.

Comment ? ▶ en étant attentif aux situations de travail, en informant les responsables des situations dangereuses, en se tenant informé sur la prévention dans l'entreprise.

Pourquoi ? ▶ pour éviter tout accident et toute atteinte à la santé du personnel.

ACTIONS DE PRÉVENTION des risques professionnels

Prévenir du risque

pour préserver santé et sécurité

Observer

les situations de travail

Analyser pour repérer

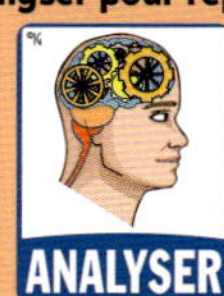

les situations dangereuses

Identifier

le danger

Repérer

la personne exposée

Remonter

les informations

(Faire)
Supprimer

le danger

SI NON

(Faire)
Réduire

le risque

SI NON

(Faire)
Protéger

collectivement
SINON

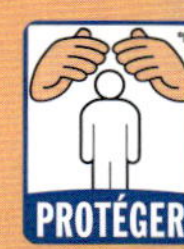

individuellement

> L'articulation de l'action du S.S.T. avec les autres acteurs de la prévention dans et hors de l'entreprise

Les acteurs internes à l'entreprise

Dans l'entreprise, chacun s'implique à son niveau dans l'amélioration de la sécurité et des conditions de travail.

> L'EMPLOYEUR OU CHEF D'ENTREPRISE

L'employeur, responsable de l'organisation de l'entreprise, est aussi responsable des bonnes conditions de santé, de sécurité et de travail des salariés. Il prend les dispositions nécessaires pour assurer la santé et la sécurité des salariés dans l'entreprise. Il applique les dispositions légales. Il évalue les risques, met en œuvre les actions de prévention, veille à la formation de son personnel. Il met en œuvre des mesures appropriées découlant des neuf principes générauxde prévention.

> LE*(S)* RESPONSABLE*(S)* HIÉRARCHIQUE*(S)*

L'encadrement a la responsabilité de répartir la charge de travail au sein des différentes équipes. Il doit rester attentif à l'impact de l'organisation du travail et de la charge de travail sur le personnel.

> L'ENSEMBLE DU PERSONNEL ET TOUT PARTICULIÈREMENT LE S.S.T.

Les salariés sont soumis à une obligation de sauvegarde de leur santé et de leur sécurité ainsi que de celles des tiers concernés par leurs actes.
Les salariés respectent les consignes et appliquent les procédures définies. Grâce à leur connaissance pratique des postes de travail et quels que soient leur niveau de responsabilité, leur fonction ou leur expérience, ils sont capables d'identifier les risques, de proposer des améliorations et des mesures de prévention. Le S.S.T. contribue à l'organisation des secours.

> LE PRÉVENTEUR OU LE SALARIÉ DÉSIGNÉ COMPÉTENT POUR LA PROTECTION ET LA PRÉVENTION DES RISQUES PROFESSIONNELS

(art. L4644 -1 et R4644-1 du Code du travail/ juillet 2012) - Il est, soit une personne déjà présente dans l'entreprise *(fonctionnels de sécurité, ingénieurs-sécurité, salariés bénéficiant d'une délégation de pouvoir dans le domaine de la sécurité)*, soit une personne spécialement recrutée pour mener cette mission. Il conseille le chef d'établissement sur la mise en place d'actions.

> LE COMITÉ SOCIAL ET ÉCONOMIQUE

Le Comité Social et Économique ou C.S.E. est la **nouvelle instance unique représentative du personnel** dans toutes les entreprises d'au moins 11 salariés. Pour les entreprises de 50 salariés et plus : il correspond à la **fusion des trois anciennes entités Comité d'Entreprise *(C.E.)*, Délégués du Personnel *(D.P.)* et C.H.S.C.T. *(Comité d'Hygiène, de Sécurité et des Conditions de Travail)*.** Le C.S.E. se compose de l'employeur qui préside et d'une délégation du personnel dont les membres sont élus pour quatre ans.

Commission Santé, Sécurité et Conditions de Travail *(C.S.S.C.T.)*

Dans les entreprises et établissements distincts d'au moins 300 salariés et dans les établissements présentant certains risques particuliers *(quel que soit leur effectif)*, une Commission de Santé, Sécurité et Conditions de Travail *(C.S.S.C.T.)* doit être instaurée au sein du comité social et économique.

Les services de santé au travail *(S.S.T.)*

(service autonome propre à une seule entreprise ou service commun interentreprises)

Auparavant appelés Services de médecine au travail, les Services de Santé au Travail sont désormais tournés vers une approche globale de la prévention des risques professionnels. Ces services favorisent la pluridisciplinarité réunissant des compétences à la fois techniques et médicales : médecin du travail, infirmiers de santé au travail, ingénieurs de sécurité, ergonomes, psychologues,...

Les Services de santé au travail interviennent pour :

- l'amélioration des conditions de travail et de vie dans l'entreprise,
- l'adaptation des postes, des techniques et des rythmes de travail à la physiologie humaine,
- la protection des salariés contre l'ensemble des nuisances,
- l'hygiène générale de l'établissement et des services de restauration,
- la formation à la prévention et au secourisme, etc.

Leurs actions sont des actions de santé au travail et des actions de conseil :

- actions sur le milieu de travail *(visites d'entreprise, consultés sur les projets de construction, aménagement ou modifications apportées aux équipements en place, informer de la nature et de la composition des produits utilisés et de leur mode d'emploi (fiches de données de sécurité), etc.)*
- examens médicaux *(visite d'embauche, visite périodique, visite de reprise...).*

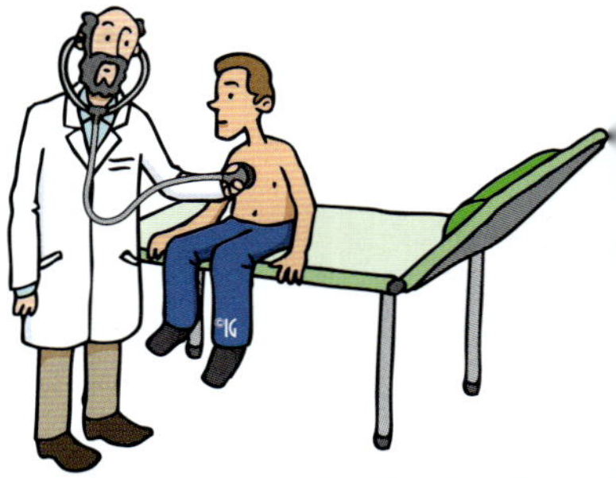

MISSIONS, DROITS ET OBLIGATIONS DES ACTEURS DE PRÉVENTION AU SEIN DE L'ENTREPRISE :

L'EMPLOYEUR *(obligations)*	• Application des dispositions légales sur la sécurité du travail • Évaluation des risques professionnels • Adoption de mesures préventives/correctives • Établissement d'un règlement intérieur • Définition de programmes d'action formation à la sécurité
LES SALARIÉS *(droits et/ou devoirs)*	• Formation à la sécurité au travail, générale ou spécifique • Suivi médical • Expression directe et collective sur les conditions de travail • Alerte et retrait en cas de situation dangereuse
LES SERVICES DE SANTÉ AU TRAVAIL *(missions)*	• Analyse des situations et postes de travail selon une approche pluridisciplinaire (*médicale, technique, organisationnelle*) • Conseils aux salariés et à l'employeur • Suivi médical de l'état de santé et contrôle de l'aptitude des salariés à leur travail
LES INSTANCES REPRÉSENTATIVES DU PERSONNEL *(missions C.S.E.)*	• Suivi de l'application des règles relatives à la protection des salariés • Analyse des risques professionnels et des conditions de travail • Dialogue et formulation de propositions

Les acteurs externes

D'autres acteurs en dehors de l'entreprise participent à la prévention des risques professionnels et à l'amélioration des conditions de travail.

> LE MINISTÈRE CHARGÉ DU TRAVAIL

Liberté • Égalité • Fraternité
RÉPUBLIQUE FRANÇAISE

Le ministère prépare la législation et établit les textes réglementaires *(décrets, arrêtés)*. Il veille à leur application dans les entreprises en s'appuyant sur l'inspection du travail et en développant des programmes de contrôles prioritaires.

Il représente les autorités publiques françaises dans l'activité européenne, assure la transposition en droit français des décisions prises par l'Union européenne.

> L'INSPECTION DU TRAVAIL

L'inspection du travail est chargée de contrôler et de suivre si les dispositions des Conventions Collectives ou celles du Code du travail sont correctement appliquées dans les entreprises.

Les agents de contrôle de l'inspection du travail :

- contrôlent l'application du droit du travail *(Code du travail, conventions et accords collectifs)* dans tous ses aspects : santé et sécurité, durée du travail, contrat de travail, travail illégal...
- conseillent et informent les employeurs, les salariés et les représentants du personnel sur leurs droits et obligations,
- facilitent la conciliation amiable entre les parties, notamment lors des conflits collectifs.

L'Inspection du travail est généraliste. Si nécessaire, les inspecteurs et contrôleurs du travail sollicitent :

- les ingénieurs de prévention spécialisés dans les domaines techniques,
- les médecins inspecteurs du travail.

> LES ORGANISMES DE LA SÉCURITÉ SOCIALE

La Sécurité sociale se compose de cinq branches parmi lesquelles la branche Accidents du Travail et Maladies Professionnelles qui est l'assureur du risque professionnel du régime général et qui couvre 100 % des salariés du secteur privé.

L'Assurance Maladie
RISQUES PROFESSIONNELS

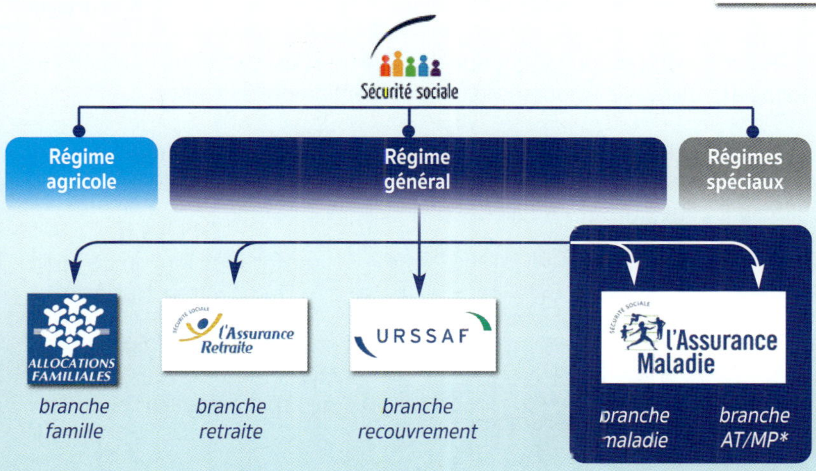

* Branche accidents de travail - maladies professionnelles

La branche AT-MP est gérée par la Caisse nationale d'assurance maladie *(Cnam)* et par les Caisses d'assurance retraite et de la santé au travail *(Carsat)* en région.
Les contrôleurs de sécurité de la branche qui exercent auprès d'ingénieurs conseils et d'animateurs de prévention :

- interviennent sur les lieux de travail pour effectuer un diagnostic, concevoir des plans d'action, réaliser des enquêtes suite à un accident du travail ou une maladie professionnelle, préconiser des mesures de prévention et contrôler leur mise en œuvre ;
- effectuent des mesures physiques ou des prélèvements chimiques en respectant des référentiels ;
- mènent des actions de communication et d'information sur les risques professionnels ;
- représentent l'Institution en tant qu'expert auprès des partenaires / interlocuteurs internes *(Comités Techniques Régionaux...)* et externes *(A.R.A.C.T., A.F.N.O.R., D.R.T.E.F.P., maîtres d'ouvrage, administration...).*

> LES ORGANISMES D'EXPERTISE TECHNIQUE OU SCIENTIFIQUE ET DE PRÉVENTION

Citons entre autres :

➲ l'I.N.R.S.

L'I.N.R.S. *(Institut National de Recherche et de Sécurité pour la prévention des accidents du travail et des maladies professionnelles)* est un organisme généraliste en santé et sécurité au travail. Association loi 1901, l'I.N.R.S. regroupe différentes compétences : ingénieurs, médecins, chercheurs, formateurs, juristes et spécialistes de l'information... Ses missions sont :

- identifier les risques professionnels et mettre en évidence les dangers,
- analyser leurs conséquences pour la santé et la sécurité des salariés,
- diffuser et promouvoir les moyens de maîtriser ces risques au sein des entreprises.

Le "Réseau prévention" désigne le réseau Assurance Maladie Risques professionnels / I.N.R.S. Les acteurs sont : C.N.A.M., C.A.R.S.A.T., C.R.A.M.I.F. *(Caisse Régionale d'Assurance Maladie d'Ile-de-France)*, C.G.S.S. *(Caisse Générale de Sécurité Sociale - Réunion, Guyane, Martinique et Guadeloupe)*, I.N.R.S. et Eurogip.
Eurogip a été constitué en 1991 au sein de la Branche Accidents du travail – Maladies professionnelles pour travailler sur les questions européennes, voire internationales, relatives à l'assurance et à la prévention de ces risques.

➲ l'O.P.P.B.T.P.

Organisme Professionnel de Prévention du Bâtiment et des Travaux Publics,

➲ l'A.N.S.E.S.

Agence Nationale de Sécurité sanitaire de l'alimentation, de l'Environnement et du travail,

➲ l'A.N.A.C.T.

Agence Nationale pour l'Amélioration des Conditions de Travail,

➲ l'InVS

Institut national de Veille Sanitaire,

➲ l'I.R.S.N.

Institut de Radioprotection et de Sûreté Nucléaire,

➲ l'A.F.S.S.E.T.

Agence Française de Sécurité Sanitaire de l'Environnement et du Travail.

L’organigramme d’entreprise

Place du S.S.T. dans l’organisation de la prévention

Le S.S.T. , acteur de la prévention en entreprise, agit auprès de l’ensemble du personnel de l’entreprise dans un cadre défini et selon un organigramme déterminé qu’il se doit de respecter.

Organigramme de votre entreprise

Documents obligatoires dans l'entreprise

> Document Unique *(D.U.)* ou Document Unique d'Évaluation des Risques *(D.U.E.R.)*

Il est rédigé suite à l'Évaluation des Risques Professionnels *(EvRP).*

L'EvRP est l'étape initiale de toute démarche de prévention et qui consiste à identifier les risques afin de mettre en place des actions de prévention.

Le D.U. transpose, retranscrit et met à jour les résultats. Il comprend :

- les résultats de l'évaluation des risques ;
- un inventaire des risques identifiés dans chaque unité de travail de l'établissement ;
- la démarche de prévention qui en découle.

Le D.U. reflète la situation de l'entreprise. Il doit être mis à jour *(article R4121-2 du Code du travail)*:

- au moins chaque année ;
- lors de toute décision d'aménagement important modifiant les conditions de santé, d'hygiène et de sécurité ou les conditions de travail dans l'entreprise ;
- lorsqu'une information supplémentaire sur l'évaluation d'un risque professionnel dans une unité de travail est recueillie, c'est-à-dire après avoir analysé le risque de répétition d'un accident de travail déjà survenu.

Le D.U. est tenu à la disposition de différents acteurs internes et externes *(article R4121-2 du Code du travail).*

Il n'existe pas de modèle de document imposé pour le D.U., il peut êtreprésenté sous toute forme, en format papier ou numérisé.

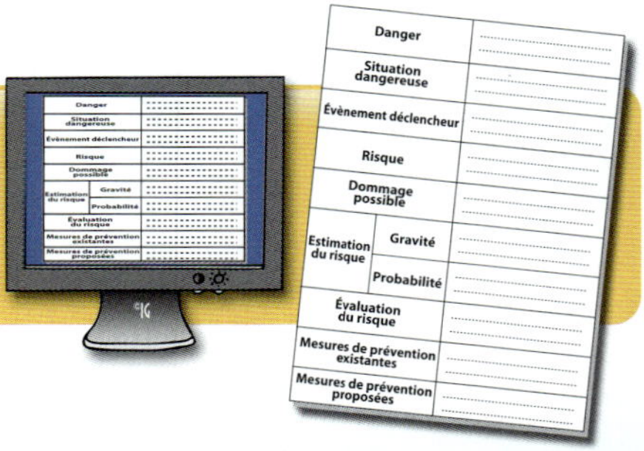

> Registre de sécurité

C'est un document permettant d'assurer la traçabilité des différents contrôles et vérifications périodiques auxquels doivent satisfaire le matériel, les installations et les équipements ayant une importance pour la sécurité des personnes et des travailleurs.

> Registre de déclaration d'accidents du travail et de trajet bénins

Article L441-4 du Code de la Sécurité sociale

"La caisse régionale peut autoriser un employeur à remplacer la déclaration des accidents n'entraînant ni arrêt de travail, ni soins médicaux par une inscription sur un registre ouvert à cet effet. [...]

Ce registre est tenu à la disposition des agents de contrôle des caisses, de l'autorité compétente de l'État et du comité d'hygiène, de sécurité et des conditions de travail. [...]"

Trois conditions doivent être réunies :

1. présence permanente d'un médecin ou d'un pharmacien ou d'un infirmier diplômé d'État ou d'une personne chargée d'une mission d'hygiène et de sécurité dans l'entreprise détentrice d'un diplôme national de secouriste ou d'un **diplôme de sauveteur secouriste du travail** *(à jour de sa formation continue)*;
2. existence d'un poste de secours d'urgence *(local, armoire à pharmacie fermée à clé, numéros utiles, téléphone avec ligne extérieure, point d'eau à proximité, lit, table et chaise)*;
3. respect par l'employeur des obligations mises à sa charge en matière de représentations du personnel impliquées dans la prévention des risques professionnels.

> Affichage en matière de sécurité

Les coordonnées de l'Inspection du travail, de la Médecine du travail...

Les consignes de sécurité, d'incendie et avertissement de zone de danger

Les salariés ont accès à un certain nombre d'informations leur permettant d'adopter les bons comportements au travail et en cas d'accident, et de connaître les numéros de téléphone des services d'urgences.

- **Des consignes générales :**
  qui s'adressent à tous
- **Des consignes particulières :**
  des consignes particulières seront affichées sur la porte d'un local électrique par exemple, d'une zone réglementée.

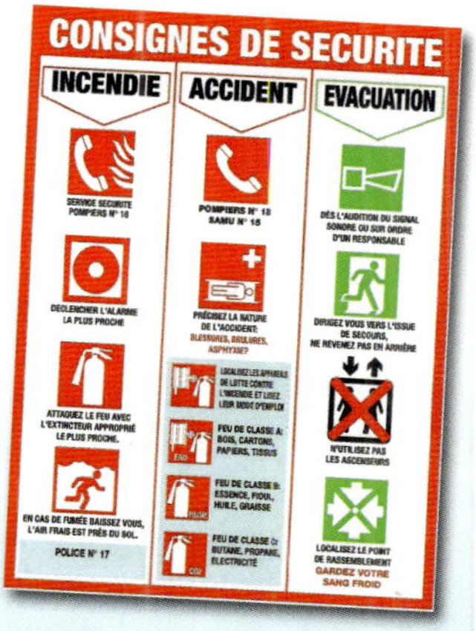

- **Des consignes spéciales :**
  ces consignes concernent une certaine catégorie de personnel, on trouve des consignes spéciales pour le service sécurité indiquant les tâches à accomplir lors de la vacation et pour réagir face à différents événements.
- **Des consignes temporaires**
- **Des consignes ponctuelles :**
  elles sont limitées dans le temps pour une période très courte.

Autres documents d'informations

Concernant les interventions d'entreprises extérieures

- **Le plan de prévention** en cas d'intervention d'une entreprise extérieure dans une entreprise utilisatrice *(Art. R4512-6 du Code du travail).*

  Ce document est réalisé à la suite d'une analyse des risques d'interférences entre les activités de l'entreprise intervenante et de l'entreprise utilisatrice. Dans le plan de prévention figurent les mesures qui doivent être prises par chaque entreprise au vu de cette analyse des risques.
- **Le protocole de sécurité** établi lors d'opérations de chargement et de déchargement effectuées par une entreprise extérieure *(Arrêté du 26 avril 1996).* Ce document comporte les indications et informations utiles à l'évaluation des risques générés par l'opération et les mesures de prévention et de sécurité qui doivent être observées à chacune des phases de sa réalisation.
- **Le permis de feu** établi par le chef d'établissement ou son représentant, le permis de feu autorise l'exécution de travaux par points chauds, que l'opération soit réalisée par l'entreprise ou par une société extérieure.

  Cette terminologie englobe les opérations de soudage, de découpage de métaux et de toutes les opérations génératrices de chaleur, d'étincelles ou de flamme nue.

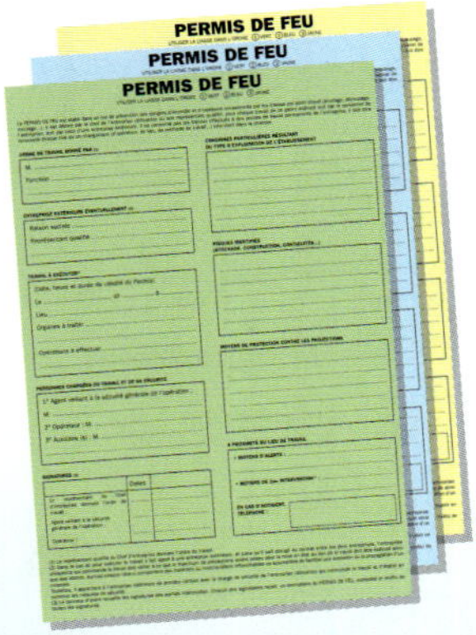
PERMIS DE FEU
PERMIS DE FEU
PERMIS DE FEU

Le permis de feu se présente sous la forme d'un imprimé comportant au moins trois exemplaires, l'un destiné le plus souvent au donneur d'ordre, le deuxième au dirigeant de l'entreprise chargée des travaux, le troisième à l'agent veillant à la sécurité de l'opération. Il doit pouvoir être présenté à toute réquisition. Chaque entreprise peut concevoir son propre permis de feu.

Concernant les opérations de bâtiment ou de génie civil

- **Le Pan Général de Coordination *(P.G.C.)***
  (article R4532-43 et suivants du Code du travail).

Le P.G.C. définit l'ensemble des mesures propres à prévenir les risques découlant de l'interférence des activités des différents intervenants sur le chantier ou de la succession de leurs activités lorsqu'une intervention laisse subsister, après son achèvement, des risques pour les autres entreprises.

- **Le Plan Particulier de Sécurité et de Protection de la Santé *(P.P.S.P.S.)*, établi par chaque entrepreneur sous certaines conditions de durée** de travaux et de salariés présents sur le chantier, doit définir notamment les mesures de prévention destinées à prévenir les risques découlant en particulier des travaux et des processus de travail. Les enseignements tirés de la mise en œuvre du P.P.S.P.S. peuvent enrichir le document unique réalisé par chaque entreprise impliquée dans l'opération de bâtiment ou de génie civil.

14 - Caractériser des RISQUES PROFESSIONNELS dans une SITUATION de travail.

REPÉRER DES DANGERS ET INFORMER LES PERSONNES QUI POURRAIENT Y ÊTRE EXPOSÉES

Rappel et extrait du schéma récapitulatif de l'action du S.S.T. issu du Plan d'Actions Prévention SST conçu et préconisé par l'I.N.R.S.

Avec sa connaissance de l'activité de l'entreprise, de ses risques et des mesures de prévention existantes, le S.S.T. observe et analyse les situations de travail pour repérer d'éventuelles situations dangereuses.	 OBSERVATION ET ANALYSE DE 1er NIVEAU
Le S.T.T. identifie la situation dangereuse, c'est-à-dire l'exposition d'une *(ou plusieurs)* personne*(s)* à un *(ou plusieurs)* danger*(s)*.	 IDENTIFICATION DU DANGER REPÉRAGE DE LA PERSONNE EXPOSÉE

Observation et analyse de 1er niveau

Types de danger

Symbole du danger

Un danger est toute source potentielle de dommage, de préjudice ou d'effet nocif. C'est la propriété ou la capacité intrinsèque d'une substance, d'un équipement, d'une méthode de travail, susceptible de causer un dommage pour la santé. C'est tout ce qui s'avère par nature capable de causer des lésions corporelles ou de nuire à la santé. Le danger peut également être source de dommages matériels.

Il est possible de catégoriser les dangers de différentes façons. À titre d'exemples, voici deux approches.

> 1ère approche

DANGER DANS LE MILIEU DU TRAVAIL	EXEMPLE DE DANGER
chose	couteau
substance	benzène
matière	amiante
source d'énergie	électricité
condition	plancher glissant
procédé	soudage
pratique	exploitation minière

Dangers repérés dans votre activité de travail :

....

....

> 2ème approche

- Dangers biologiques : bactéries, virus… potentiellement transmissibles par les insectes, plantes, oiseaux…

DW2630/shutterstock©

Aliaksandr Palcheuski/shutterstock©

- Dangers chimiques : liés aux propriétés physiques, chimiques et toxiques d'un produit…

ADragan/shutterstock©

Uwe Aranas/shutterstock©

- Dangers ergonomiques : mouvements répétitifs, travail très physique, aménagement inadéquat du poste de travail…

ADragan/shutterstock©

Andrey_Popov/shutterstock©

- Dangers thermiques : températures élevées et basses, températures extrêmes.

Norenko Andrey/shutterstock©

Sorn340 Studio Images/shutterstock©

Roman Zaiets/shutterstock©

- Dangers électriques : circuit électrique, objets fonctionnant à l'électricité.

- Dangers psychosociaux : stress, violence...

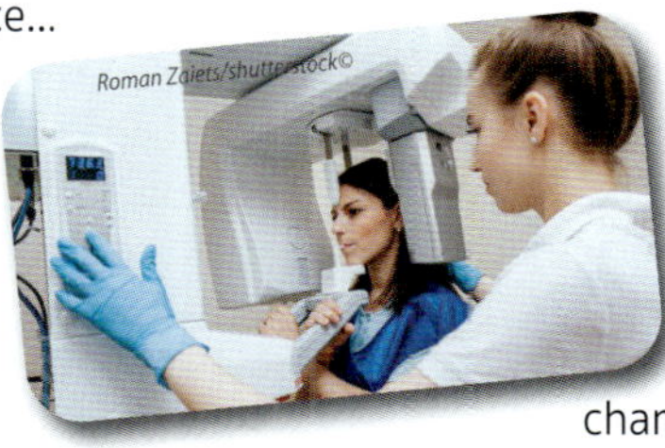

- Dangers radiologiques : rayonnements, champs magnétiques

- Dangers mécaniques : défectuosités ou pannes d'équipement, surveillance non adaptée des machines.

- Dangers physiques : sources de chute et de trébuchement *(escalier, sol glissant, différence de niveaux...)*, bruit, pressions extrêmes...

Au-delà de connaître un listing de dangers, le S.S.T. doit pouvoir, grâce à l'observation, identifier les dangers supposés dans une situation de travail et informer les personnes concernées ainsi que sa hiérarchie.

Il existe différentes approches méthodologiques pour analyser une situation de travail :

AVANT L'ACCIDENT | **ACCIDENT...** | **APRÈS L'ACCIDENT**

DEUX APPROCHES

PAR LES RISQUES
L'approche par les risques se base sur l'identification des dangers.

PAR LE TRAVAIL
L'approche par le travail consiste à analyser le poste de travail.

APPROCHE PAR L'ACCIDENT
L'approche par l'accident, quant à elle, consiste à identifier, après la survenue d'un accident, toutes les causes de l'accident.

Les situations de travail sont complexes. La mise en place de mesures de prévention efficaces nécessite au préalable d'opérer un questionnement sur les situations de travail, par l'observation et l'analyse. Il existe différentes méthodes globales d'analyse des situations de travail. Elles permettent de décrire méthodiquement et exhaustivement le travail. L'approche par le travail consiste à analyser le poste de travail et la situation de travail. Quelle que soit la méthode, le dialogue avec les travailleurs qui occupent le poste et avec toutes les autres personnes concernées permet d'éclairer l'observation. **La participation des salariés est essentielle.**

La méthode ITAMaMi

La méthode ITAMaMi est une méthode d'observation et d'analyse globale des situations de travail préconisée par l'I.N.R.S. Elle prend en considération toutes les composantes d'une situation de travail qu'elle regroupe en cinq catégories : I pour Individu, T pour Tâche, A pour Activité, Ma pour Matériel et Mi pour Milieu. Le principe est de décrire méthodiquement le poste ou la situation de travail à partir de cinq questions génériques et de considérer que chaque composante peut présenter des dangers et être un facteur de risque. **Cette méthode permet de comprendre les liens entre travail et santé.**

I	**I**ndividu	Qui ?	**Qui êtes-vous ?** • Particularités physiques, mentales, sociales *(âge, qualification, formation, expérience, ancienneté, handicap, statut…)* • Image que la personne a de son propre travail
T	**T**âche	Quoi faire ?	**Quelle tâche devez-vous faire ?** *(travail dit prescrit)* • Objectifs assignés par les procédures de travail • Objectifs que se donne la personne lorsqu'elle dispose d'une autonomie suffisante.
A	**A**ctivité	Comment ? De quelle manière ?	**Comment vous y prenez-vous ?** *(travail dit réel)* Façon dont la tâche est exécutée *(postures adoptées, manipulation et déplacements réalisés, communications verbales et/ou gestuelles, regards, raisonnements, coopérations…).*
Ma	**Ma**tériel	Avec quoi ?	**Avec quoi travaillez-vous ?** Matériel au sens large : moyens technologiques mis à disposition *(machines, outils, logiciels)*, matière première fournie, processus techniques, énergie fournie…
Mi	**Mi**lieu	Où ? Quand ? Avec qui ?	**Dans quel milieu de travail évoluez-vous ?** **Où ?** Cadre spatial > espaces de travail et circulation, ambiances sonore, lumineuse, thermique, vibratoire… ou présence de toxiques **Quand ?** Cadre temporel > durée du travail, horaires, rythme de travail, cadences **Avec qui ?** Cadre humain et social > équipes, hiérarchie…

Cette méthode permet, pour toute situation de travail, de recueillir et d'exploiter les informations, de comprendre et d'agir afin de prévenir tout accident dans le cadre d'une démarche de prévention.

Notions de travail prescrit et de travail réel

Travail prescrit :	tâches définies, lieu de réalisation, temps de réalisation, procédure de de réalisation, matériels.
Activité de travail ou travail réel :	réponse à un objectif de réalisation en adoptant une méthode de travail personnelle visant à optimiser la procédure de réalisation en fonction des contraintes présentes.

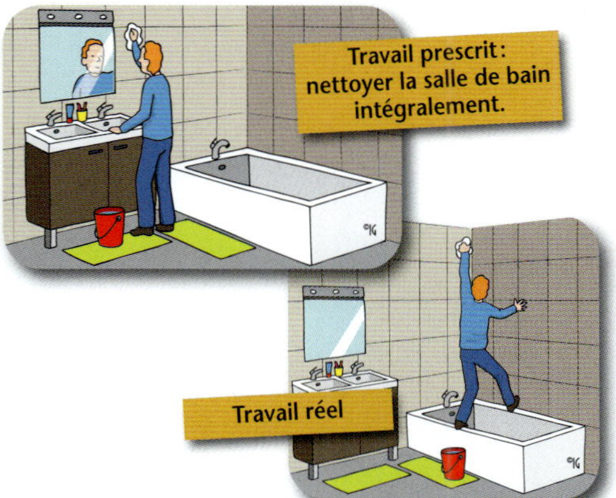

Déterminants de l'activité

Certains déterminants peuvent rendre le travail plus exigeant en imposant des contraintes.

Des contraintes physiques :
- effectuer de façon répétitive certains gestes
- réaliser des efforts intenses
- etc.

Des contraintes mentales :
- soutenir son attention
- gérer des conflits
- etc.

Des contraintes organisationnelles :
- travailler avec des horaires imprévisibles
- dépendre du rythme d'un collègue
- etc.

Des contraintes d'ambiance :
- être exposé au froid, au bruit, à la poussière
- etc.

La méthode OTHU

OTHU est l'abréviation de :

O	T	HU
Organisation	**Technique**	**Humain**

Cette démarche, préconisée par le réseau Assurance Maladie/I.N R.S., vise à prendre en compte toutes les dimensions de l'entreprise dans une démarche globale. Elle considère que s'attacher à une dimension en dehors des autres conduit le plus souvent à un échec.

Les mesures de prévention qui en découlent sont d'ordre :

> Notion de situation dangereuse

La situation dangereuse est la situation dans laquelle une personne est exposée à au moins un phénomène dangereux. L'exposition couplée à un événement déclencheur peut entraîner un dommage, immédiatement ou à plus long terme.

Exemples

Trois environnements de travail variés ont été illustrés ci-après afin de permettre l'observation de situations dangereuses.

> L'atelier de découpe de verre

Quelles situations dangereuses peuvent être observées ?

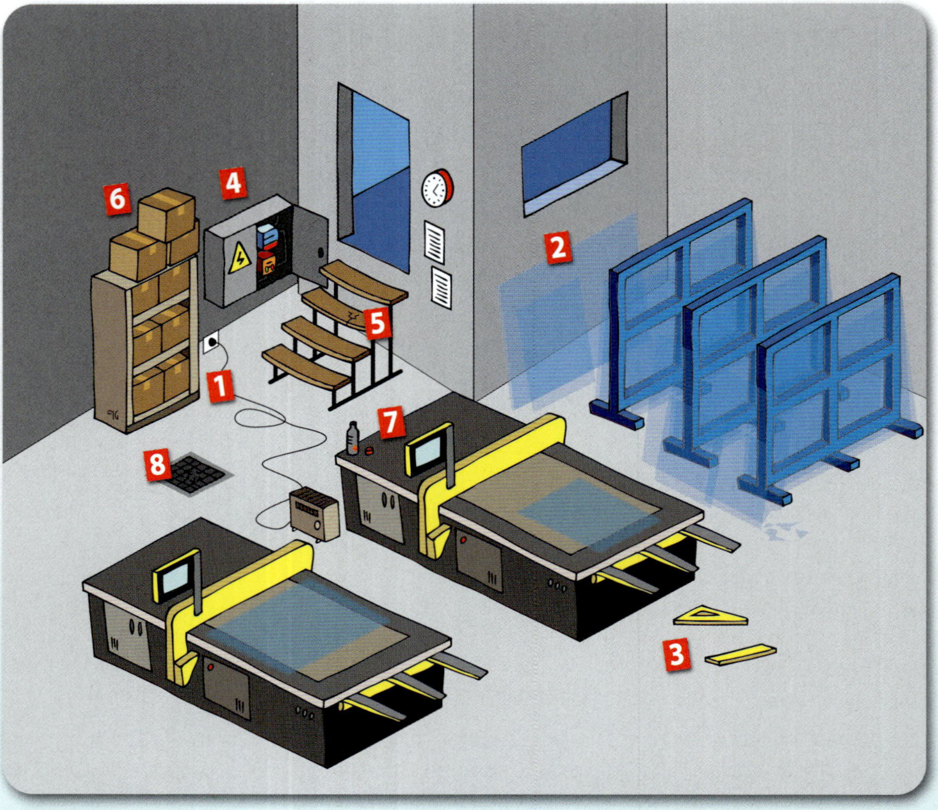

RÉPONSES

1. Câble électrique traversant l'atelier
2. Plaques de verre mal entreposées
3. Outils mal rangés
4. Armoire électrique ouverte
5. Escalier en mauvais état et non sécurisé
6. Mauvais entreposage de cartons
7. Bouteille de produit chimique restée ouverte
8. Grille cassée

> L'entretien des espaces verts

Quelles situations dangereuses peuvent être observées ?

RÉPONSES

1. Postures de travail penchées en avant éprouvantes
2. Rangement des outils
3. Manutention et port de charges lourdes
4. Chute du fait de l'utilisation de moyen de fortune, risque de blessures avec outil
5. Risque de blessures, risque lié au contact des huiles et carburants, risque auditif lié au bruit des machines
6. Manipulation et épandage d'engrais et de produits phyto-sanitaires, manipulation de terre exposant à des infections/brûlures
7. Risque d'infection par les plantes *(par exemple le tétanos)*, risque de piqûres et d'allergies *(insectes piqueurs et urticants)*
8. Risque lié à la météo *(soleil > coups de soleil, cancer de la peau, déshydratation, coups de chaleur…)*

> L'aide à domicile

Quelles situations dangereuses peuvent être observées ?

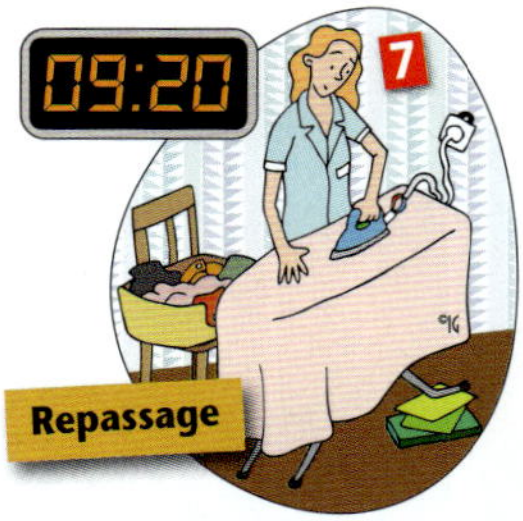

RÉPONSES

1. Barre de seuil détériorée
2. Environnement infectieux possible
3. Mauvaises postures au travail
4. Utilisation de produits d'entretien, étiquetage absent
5. Tabagisme passif
6. Absence de matériel adapté *(escabeau)*
7. Installation électrique défectueuse
8. Matériel défectueux ou inadapté, objets coupants...
9. Contraintes d'organisation

Danger grave et imminent

Notion de danger grave et imminent

Il s'agit d'un danger inhabituel d'un caractère exceptionnel, pouvant entraîner des blessures graves dans un avenir très proche et qui nécessite une réponse urgente de la part du chef d'entreprise.

L'appréciation d'un danger grave et imminent est subjective. Le salarié doit se sentir menacé par un risque de blessure, d'accident, de maladie. C'est lui qui, en fonction de ses connaissances, compétences et expérience, juge la situation dangereuse et pouvant entraîner des conséquences néfastes à court terme sur sa personne.

Exemple : Dégradation météorologique violente et soudaine.

Le Droit d'alerte *(ou Devoir d'alerte)*

Article L4131-1 du Code du travail

"Le travailleur alerte immédiatement l'employeur de toute situation de travail dont il a un motif raisonnable de penser qu'elle présente un danger grave et imminent pour sa vie ou sa santé ainsi que de toute défectuosité qu'il constate dans les systèmes de protection.

Il peut se retirer d'une telle situation.

L'employeur ne peut demander au travailleur qui a fait usage de son droit de retrait de reprendre son activité dans une situation de travail où persiste un danger grave et imminent résultant notamment d'une défectuosité du système de protection."

Le Droit de retrait

Tout salarié ou groupe de salariés peut se retirer d'une situation de travail dont il a un motif raisonnable de penser qu'elle présente un danger grave et imminent pour la vie ou pour la santé de chacun *(Article L4131-1 du code du travail).*

Article L4132-1 du Code du travail

"Le droit de retrait est exercé de telle manière qu'elle ne puisse créer pour autrui une nouvelle situation de danger grave et imminent. "

Ne pas créer pour autrui une nouvelle situation de risque.

En exerçant son droit de retrait, le salarié interrompt son activité, il quitte son poste de travail ou refuse de s'y rendre et ceci tant que l'employeur n'a pas mis en place les mesures de prévention adaptées.

Le salarié informe son employeur ou responsable hiérarchique de sa décision, verbalement ou par écrit, en lui en indiquant le motif.

Il informe également un représentant du personnel de la situation, ce dernier peut alors exercer un droit d'alerte.

Le salarié reste à la disposition de son employeur. Il ne peut se considérer libre de rentrer chez lui.

Il ne peut subir ni sanction ni retenue sur salaire. Par contre, un retrait injustifié peut être sanctionné d'une retenue sur salaire pour absence de service fait.

L'exercice du droit de retrait ne peut être invoqué pour justifier un acte d'indiscipline ou d'insubordination. Si tel est le cas, le salarié peut encourir une sanction disciplinaire voire un licenciement.

Le droit de retrait peut être réalisé collectivement par un groupe de personnes menacé par un même danger cependant chaque personne doit individuellement informer son employeur.

Bucchi Francesco/shutterstock©

À Paris en mars 2020, les employés du Louvre ont fait valoir leur droit de retrait, s'estimant menacés par l'épidémie de coronavirus. Le musée, qui accueille 30 000 visiteurs chaque jour, a été fermé.

Exemples de la jurisprudence

> Retraits justifiés

CA Paris, 16 janv. 1992, n° 91/34223 : salarié chargé de conduire un camion de chantier dont les freins sont défectueux.

Cass. soc., 1er mars 1995, n° 91-43406 : défaut de conformité des installations de l'entreprise avec les normes de sécurité.

welcomia/shutterstock©

Vadim Kulikov/shutterstock©

CA Douai 20 avril 2012 N° 11/01756 : salarié chargé de nettoyer des voitures dans un atelier dont la température tournait autour de 3°C .

> *Retrait injustifié*
Cass. soc., 17 oct. 1989, n° 86-43272 : salarié qui quitte son bureau sans autorisation et s'installe dans un autre local au motif que les courants d'air dont il se plaint présentent un danger grave et imminent pour sa vie et sa santé.

Le retrait est un droit pour le salarié. Quant au fait de donner l'alerte, il s'agit d'un devoir et d'une obligation.

Obligation de l'employeur

L'employeur ne peut demander au travailleur qui a fait usage de son droit de retrait de reprendre son activité dans une situation de travail où persiste un danger grave et imminent résultant notamment d'une défectuosité du système de protection *(Article L4132-1 du Code du travail)*.

En cas d'exercice du droit d'alerte ou du droit de retrait, l'employeur doit réunir le C.S.E. dans les 24 heures, au plus tard, s'il n'est pas d'accord sur la réalité du danger ou la manière de le faire cesser.

À défaut d'accord entre l'employeur et le C.S.E. sur les mesures à prendre, l'inspecteur du travail peut être saisi :

il est habilité à dresser immédiatement procès-verbal si les faits constatés dans l'entreprise comportent un danger grave ou imminent pour les salariés. Il peut, en outre, saisir le juge des référés pour faire ordonner toutes mesures propres à faire cesser le risque.

Concepts fondamentaux en matière de prévention des risques professionnels

Pour qu'un accident du travail se produise, plusieurs éléments doivent converger :

L'intervenant — C'est la personne qui travaille.

Le danger — C'est la cause capable de provoquer une atteinte à la santé.
Le danger est une source de dommage potentiel *(utilisation d'un outil, d'une échelle...)*

La situation dangereuse — La situation dangereuse correspond à l'exposition d'une personne à un ou plusieurs dangers.

L'événement déclencheur — L'événement déclencheur est l'événement ultime qui engendre le dommage.

Le dommage potentiel — Le dommage potentiel est une lésion physique, une atteinte à la santé.
Il peut y avoir des conséquences sur les biens.

Les actions de prévention doivent agir sur chacun de ces éléments.

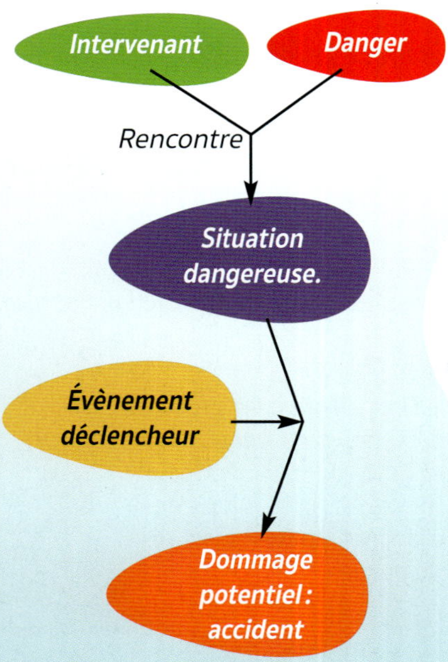

COMMENT L'ACCIDENT DU TRAVAIL ARRIVE-T-IL ?

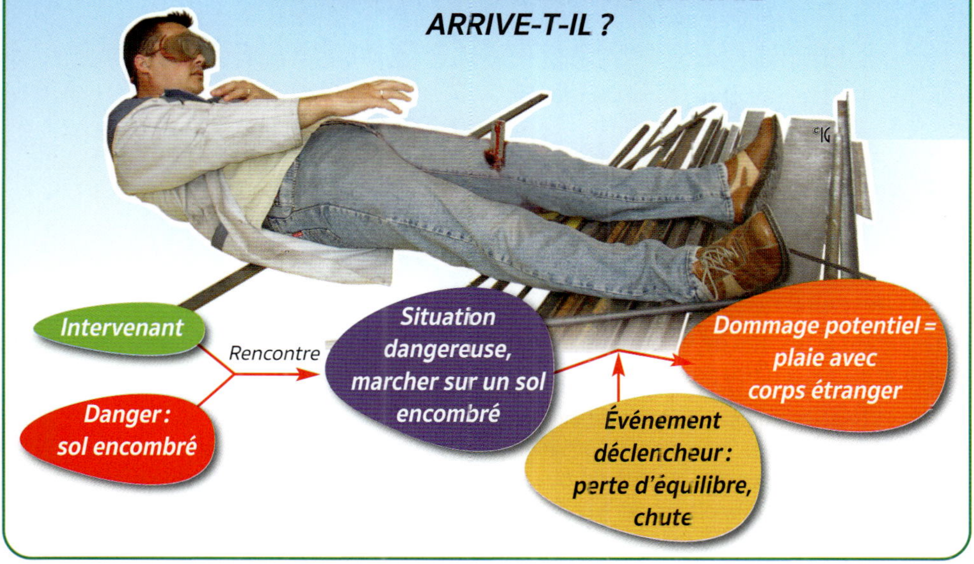

COMMENT LA MALADIE PROFESSIONNELLE ARRIVE-T-ELLE ?

DÉTERMINER DES RISQUES ET LEURS DOMMAGES POTENTIELS

Rappel et extrait du schéma récapitulatif de l'action du S.S.T. issu du Plan d'Actions Prévention SST conçu et préconisé par l'I.N.R.S.

L'événement déclencheur transforme le risque en accident et peut causer un dommage.	 ÉVÉNEMENT DÉCLENCHEUR ÉVENTUEL
Le dommage est l'atteinte à la santé, événement non souhaité, préjudice subi par la victime.	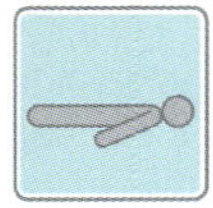 DOMMAGE POTENTIEL

Le risque est le résultat de l'exposition à un danger. Il n'a pas de risque s'il n'y a pas de danger. Le risque est caractérisé par deux critères :

- **la probabilité que se produise un événement non souhaité**
  (accident du travail ou maladie professionnelle) dans une situation de travail donnée.
  (liée à la fréquence d'exposition et/ou la durée d'exposition au danger ET à la probabilité de survenance de l'événement déclencheur).

  ⇨ L'accident survient **plus ou moins souvent**. ⇦

- **la gravité des conséquences potentielles de cet événement**
  (dommages corporels : blessures, lésions, etc.), éventuellement des pertes matérielles et financières.

  ⇨ Les conséquences de l'accident sont **plus ou moins importantes**. ⇦

Le risque comme mesure du danger : *(Risque) = (Probabilité)* x *(Gravité)*

Le risque naît dans toute situation de rencontre entre le travailleur et un danger : manipuler des substances toxiques, travailler sous tension, manutentionner des charges lourdes et encombrantes, travailler dans un local aux températures extrêmes, manipuler des agents biologiques, travailler à proximité de pièces en mouvement, utiliser une tronçonneuse ou une scie, travailler dans un environnement bruyant...

Certaines situations de travail peuvent présenter des risques relativement faciles à identifier du fait de la présence évidente d'un danger :

... d'autres types de risques sont moins repérables au premier coup d'œil. Il est donc nécessaire d'apprendre à observer et à analyser les situations de travail et d'utiliser les méthodes d'observation et d'analyse globale *(ITAMaMI, OTHA, etc.).*

Exemples de situation de travail

Les situations illustrées ci-après présentent plusieurs types de **dangers**, de **risques** et de **dommages**.

⚠ Ces listes ne sont pas exhaustives.

Situation 1

DANGER	RISQUE	ÉVÉNEMENT DÉCLENCHEUR	DOMMAGE
Chaîne	Risque de contact	Heurter la chaîne lors d'un déplacement sans cache	Plaie...
Gaz d'échappement	Risque d'inhalation	Respirer une mauvaise combustion	Intoxication...
Sol encombré, inégal et humide	Risque de chute	Perdre l'équilibre suite à un trébuchement	Traumatisme, fracture...

Situation 2

DANGER	RISQUE	ÉVÉNEMENT DÉCLENCHEUR	DOMMAGE
Pièces mécaniques et fluides	Risque de brûlures par contact direct	S'appuyer sur un carter fracturé	Brûlures...
Configuration du matériel	Risque de chute	Glisser sur surface humide	Traumatismes...
Bruits de fonctionnement	Risque auditif	Porter un casque antibruit non conforme	Troubles de l'audition, perte auditive, surdité...

Situation 3

DANGER	RISQUE	ÉVÉNEMENT DÉCLENCHEUR	DOMMAGE
Sol encombré	Risque de chute	Marcher sur outil laissé au sol	Traumatisme, fracture...
Outils tranchants, piquants...	Risque de contact	Travailler en binôme	Coupure, plaie, hémorragie...
Plantes toxiques	Risque lié à la manipulation	Travailler sans protection par méconnaissance	Réactions allergiques, intoxications...

Caractériser des risques professionnels dans une situation de travail, c'est :
- observer et repérer un *(des)* danger*(s)*,
- imaginer des scénarios conduisant à l'accident *(événement déclencheur dans une situation dangereuse)*,
- caractériser les dommages corporels,

Ensuite, pour participer à la maîtrise de ces risques, il faudra :
- évaluer la gravité et la probabilité d'occurrence,
- proposer des mesures de prévention *(en priorité collectives mais aussi individuelles)*

Risques, évènements déclencheurs et dommages potentiels dans votre activité de travail :

15 - Participer à la MAÎTRISE des RISQUES PROFESSIONNELS par des ACTIONS DE PRÉVENTION.

Des actions de prévention en phase avec la réglementation

Les actions de prévention choisies doivent satisfaire à la réglementation et reposer si possible sur les neuf principes généraux de prévention définis par le Code du travail *(Article L4121-2)*.

Rappel et illustration des neuf principes généraux de prévention

L'employeur met en œuvre les mesures prévues à l'article L4121-1 du Code du travail sur le fondement des neuf **principes généraux de prévention** suivants :

1° éviter les risques ;

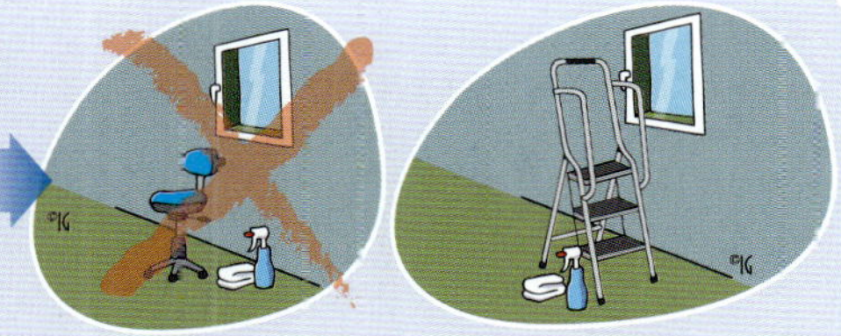

C'est supprimer le danger ou l'exposition à celui-ci.

2° évaluer les risques qui ne peuvent pas être évités ;

C'est apprécier leur nature et leur importance en vue de définir les actions à mettre en place.

3° combattre les risques à la source ;

C'est intégrer la prévention le plus tôt possible dès la conception des outils.

4° adapter le travail à l'homme, en particulier en ce qui concerne la conception des postes de travail ainsi que le choix des équipements de travail et des méthodes de travail et de production, en vue notamment de limiter le travail monotone et le travail cadencé et de réduire les effets de ceux-ci sur la santé ;

C'est par exemple opter pour un matériel adapté qui facilite les manipulations.

5° tenir compte de l'état d'évolution de la technique ;

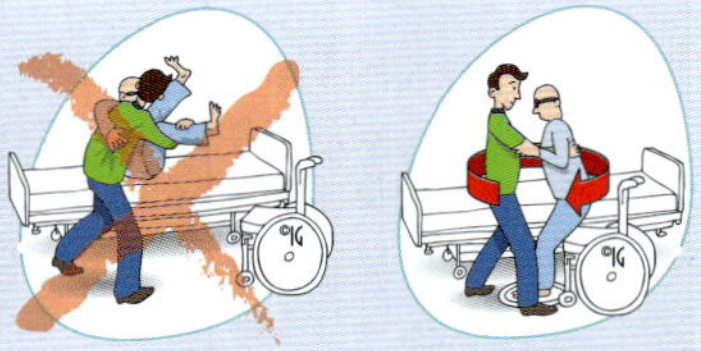

C'est mettre en place des solutions adaptées en fonction de l'évolution des moyens techniques et organisationnels.

6° remplacer ce qui est dangereux par ce qui ne l'est pas ou par ce qui est moins dangereux ;

C'est par exemple utiliser un produit d'entretien moins nocif pour la santé.

7° planifier la prévention en y intégrant, dans un ensemble cohérent, la technique, l'organisation du travail, les conditions de travail, les relations sociales et l'influence des facteurs ambiants ;

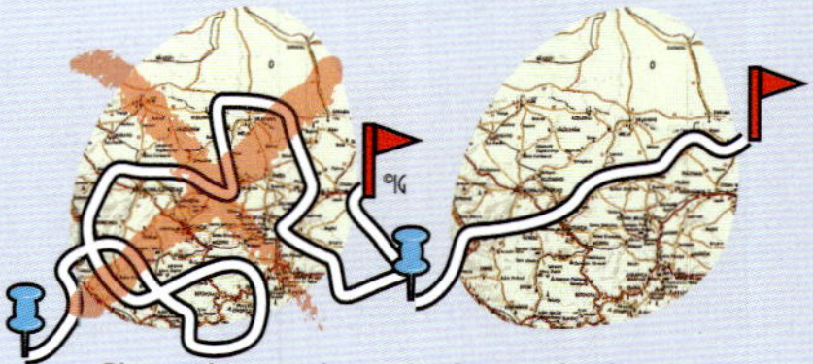

C'est s'organiser de façon à réduire, voire supprimer les risques.

8° prendre des mesures de protection collective en leur donnant la priorité sur les mesures de protection individuelle ;

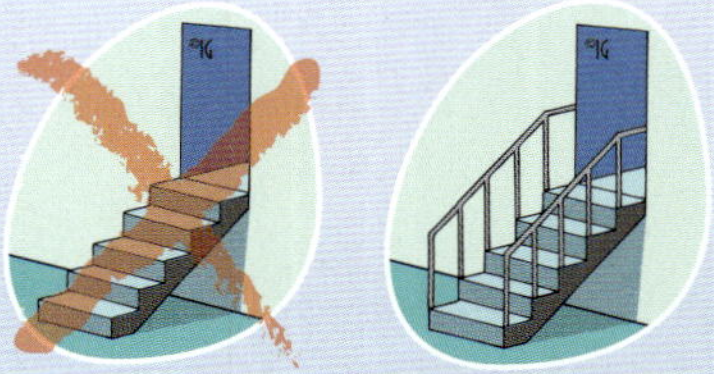

C'est mettre en place des E.P.C. (Équipements de Protection Collective) plutôt que des E.P.I (Équipements de Protection Individuelle).

9° donner les instructions appropriées aux travailleurs.

C'est expliquer de manière compréhensible le travail à réaliser ainsi que les conditions de sécurité les meilleures pour le réaliser.

> Mesures de prévention et moyens de protection : quelle différence ?

Il s'agit de deux actions différentes qui répondent aux deux critères du risque :

RISQUE > 2 critères

LA PROBABILITÉ OU FRÉQUENCE l'accident survient +/- souvent	LA GRAVITÉ les conséquences sont +/- importantes
Pour agir sur la fréquence et la faire diminuer, on recourt à LA PRÉVENTION.	Pour agir sur la gravité et la réduire, on recourt à LA PROTECTION.
La **prévention** est l'ensemble des **actions ou attitudes visant à diminuer la fréquence d'un risque**, en annulant ou en diminuant la probabilité de la survenance d'un dommage.	La **protection** est l'ensemble des **actions visant à limiter ou diminuer la gravité du dommage potentiel**, sans modifier la probabilité de la survenance du dommage.
La **prévention** est à privilégier avant la protection, elle vise à prévenir les risques avant qu'un incident ou accident ne se produise. La prévention comprend des mesures d'ordre :  	La **protection** est l'étape suivante qui prend généralement le relais si la prévention échoue. Elle est une combinaison d'utilisation d'équipements de sécurité et de procédures pour se défendre et éliminer les menaces. 

Hiérarchisation : de l'action la plus efficace à la moins efficace

Il existe plusieurs niveaux :
des actions les plus efficaces
aux moins efficaces :

SUPPRIMER OU À DÉFAUT RÉDUIRE LES RISQUES SUR LESQUELS IL EST POSSIBLE D'AGIR DIRECTEMENT

> Actions de prévention permettant de:

- supprimer le danger pour supprimer le risque
- ou réduire le risque en cas de persistance du danger

Rappel et extrait du schéma récapitulatif de l'action du S.S.T. issu du Plan d'Actions Prévention SST conçu et préconisé par l'I.N.R.S.

Dans une situation de travail dangereuse, la mesure à **privilégier** est **la suppression du danger** car en supprimant le danger, on supprime le risque.	 SUPPRIMER LE DANGER
S'il est impossible de supprimer le danger, l'objectif est de **réduire le risque par des actions de prévention**, agissant sur la situation dangereuse ou sur l'événement déclencheur.	 SI DANGER PERSISTANT RÉDUIRE LE RISQUE

L'atelier de découpe de verre

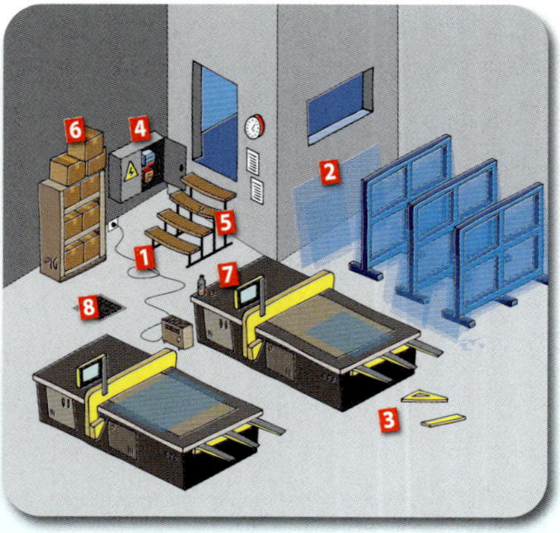

1. Câble électrique traversant l'atelier >
2. Plaques de verre mal entreposées >
3. Outils non rangés >
4. Armoire électrique ouverte >
5. Escalier en mauvais état et non sécurisé >
6. Mauvais entreposage de cartons >
7. Bouteille de produit chimique restée ouverte >
8. Grille cassée >

Exemples d'actions de prévention:

1 - Nouvelle installation électrique
2 - Stockages supplémentaires
3 - Formation du personnel
4 - Information: consignes affichées
5 - Escalier réparé et sécurisé *(protection collective)*
6 - Nouvel entreposage
7 - Formation du personnel + protection individuelle *(gants)*
8 - Grille changée

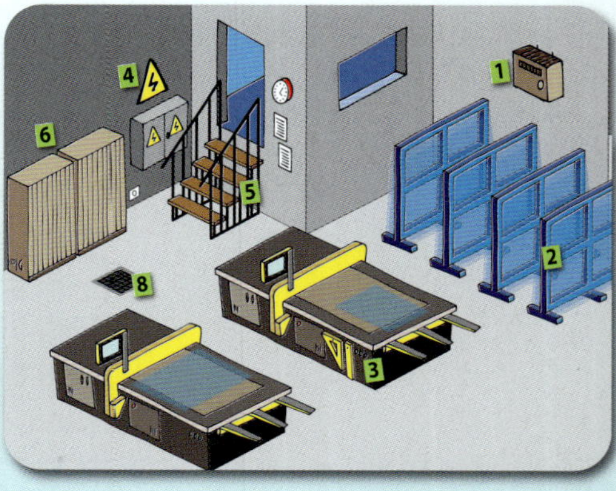

L'entretien des espaces verts

1. *Postures de travail éprouvantes* >
2. *Rangement des outils* >
3. *Manutention et port de charges lourdes* >
4. *Utilisation de moyen de fortune, risque de blessures avec outil* >
5. *Risque de blessures, risque lié au contact des huiles et carburants, risque auditif lié au bruit des machines* >
6. *Manipulation et épandage d'engrais et de produits phytosanitaires, manipulation de terre exposant à des infections/brûlures* >
7. *Risque d'infection par les plantes (par exemple le tétanos), risque de piqûres et d'allergies (insectes piqueurs et urticants)* >
8. *Risque lié à la météo (soleil > coups de soleil, cancer de la peau; déshydratation; coups de chaleur...)* >

Exemples d'actions de prévention :
Formation aux postures de travail
Formation, information sur l'utilisation du matériel sans prise de risque
Mettre à disposition du matériel et des équipements adaptés
(étude de faisabilité de l'employeur / rapport Coût-Contraintes-Efficacité)
Doter le personnel d'équipements de protection individuelle pour les risques particuliers
(manipulation /épandage de produits...)
Équiper le personnel de casquettes et de vêtements de travail plus adaptés
Décaler les horaires de travail pour éviter les heures chaudes
Organiser les interventions pour éviter l'interférence des activités

> L'aide à domicile

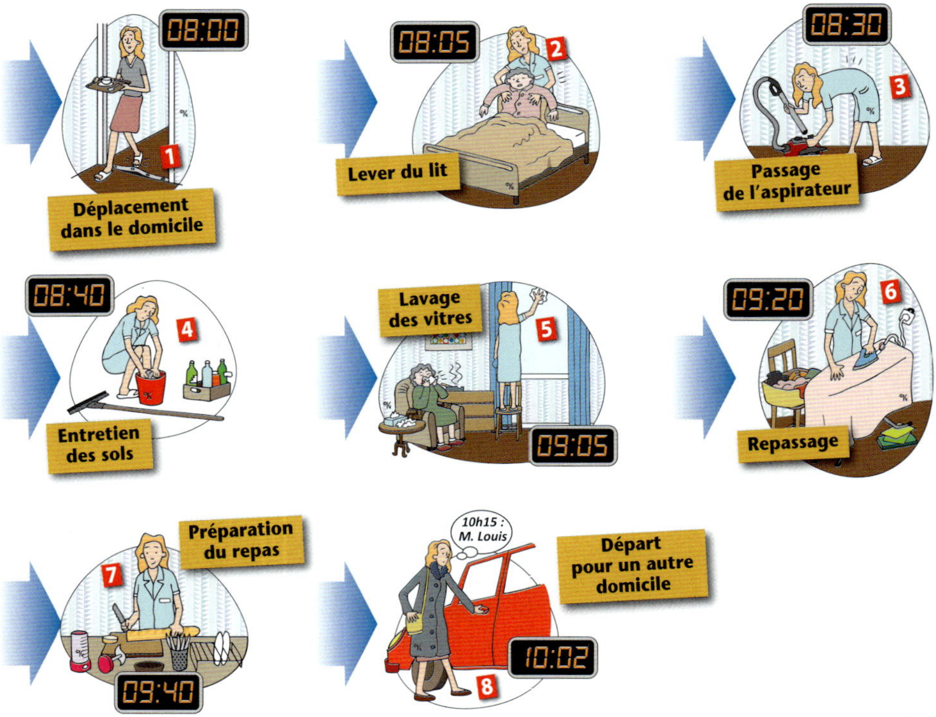

1. Barre de seuil détériorée >

2. Mauvaise postures au travail >

3. Matériel défectueux ou inadapté >

4. Utilisation de produits d'entretien, étiquetage absent >

5. Tabagisme passif - risque de chute >

6. Installation électrique défectueuse >

7. Objets coupants >

8. Contrainte d'organisation >

Exemples d'actions de prévention :

1 - Barre de seuil remplacée

2 - Utiliser les gestes appris en formation

3 - Réparation ou changement du matériel

4 - Favoriser l'utilisation de produits d'entretien non nocifs, utiliser des gants

5 - Aérer le domicile - utiliser un escabeau

6 - Réparation de l'installation

7 - Ranger les objets

8 - Anticiper sur les itinéraires, organiser les déplacements

Moyens de protection nécessaires en cas de mesures de prévention insuffisantes

Rappel et extrait du schéma récapitulatif de l'action du S.S.T. issu du Plan d'Actions Prévention SST conçu et préconisé par l'I.N.R.S.

Si les **mesures de prévention** sont **insuffisantes**, il faut alors **réduire le risque par des mesures de protection agissant sur la gravité du dommage**.	 PROTECTION COLLECTIVE
	 SI RISQUE RÉSIDUEL PROTECTION INDIVIDUELLE

La protection collective

La protection collective est énoncée dans les 9 principes généraux de prévention *(article L4121-2 du Code du travail)*. Elle doit constituer la priorité sur la protection individuelle.

Quatre principes régissent les moyens de protection collective :

- la protection **par éloignement** *(balisage, déviation...)*,
- la protection **par obstacle** *(rambarde de sécurité...)*,
- la protection **par atténuation d'une nuisance** *(insonorisation, encoffrement, aspiration de poussière, ventilation...)*,
- la protection **par consignation** d'une fonction dangereuse lors d'interventions *(consignation d'ouvrages électriques en exploitation...)*.

Exemples de protection collective :

DANGER	PROTECTION COLLECTIVE
Chute de hauteur	Mise en place de garde-corps
Chute sur un sol glissant	Revêtement de sol antidérapant
Bruit	Encoffrement des machines
Produits dangereux	Ventilation
Exposition à des poussières	Captage à la source et ventilation
Projection de copeaux	Aspiration, encoffrement

Lorsque l'analyse des risques révèle que la protection collective est insuffisante ou impossible à mettre en œuvre, l'employeur doit mettre à disposition des salariés la protection individuelle appropriée.

La protection individuelle

La protection individuelle regroupe l'ensemble des Équipements de Protection Individuelle ou E.P.I. qui sont destinés à protéger le travailleur contre un ou plusieurs risques professionnels. Ce sont des dispositifs ou moyens destinés à être portés ou tenus par une personne en vue de la protéger contre un ou plusieurs risques susceptibles de menacer sa santé ou sa sécurité (*articles R4311-8 et suivants du Code du travail*).

Le choix des E.P.I. se fait en concertation avec les travailleurs concernés et tient en compte de la situation de travail et de ses contraintes ainsi de la compatibilité avec les principes ergonomiques (*confort, aisance des mouvements*...). Une période d'essai par les travailleurs conforte le choix d'un E.P.I. et réduit considérablement les réticences à son port.

Les E.P.I. protègent les différentes parties du corps humain.

Ils permettent de protéger contre différents risques professionnels : risque biologique, risque chimique, risque mécanique, risque électrique, risque thermique, risque de rayonnements, risque auditif...

Il existe un pictogramme d'obligation pour chaque protection à porter avant de pénétrer dans la zone à risque.

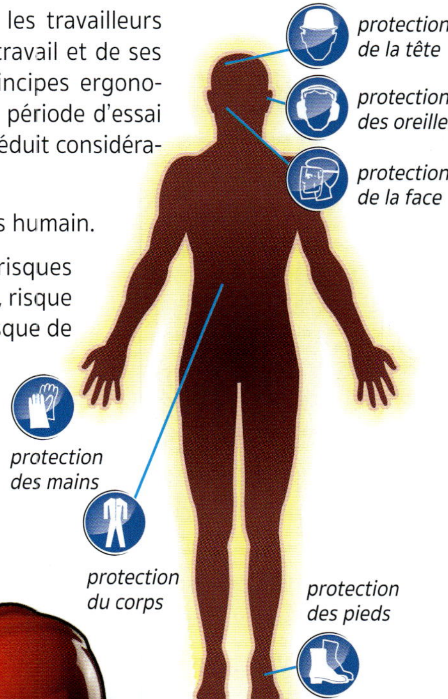

Classification des E.P.I.

liste non exhaustive

La protection de la tête

La tête peut être protégée par un casque de sécurité ou une casquette antichoc conformes aux normes européennes (*EN*).

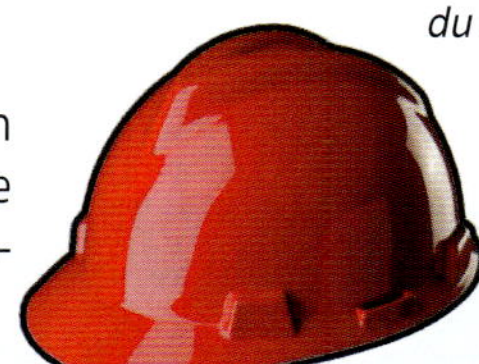

La protection de la face

Les écrans faciaux sont conçus pour protéger les yeux, le visage et une partie du cou. Ils sont fixés sur un serre-tête ou sont adaptés sur un casque.

La protection des yeux

On trouve des lunettes à branches à oculaire unique et à deux oculaires, des masques de protection et des lunettes à face relevable pour des travaux ponctuels à changement d'activité fréquent.

La protection des oreilles

Il existe de nombreux dispositifs permettant de se protéger du bruit : serre-tête, bouchons d'oreille, casque anti-bruit, serre-tête monté sur casque de protection...

La protection des voies respiratoires

Les voies respiratoires sont protégées par des quarts, des demis ou des masques complets sur lesquels peuvent venir se fixer des cartouches ou des galettes filtrantes.

Ils vont protéger contre les aérosols, gaz et vapeurs corrosifs ou toxiques, virus, etc.

Il existe des tenues spéciales et totalement étanches qui isolent son porteur de l'atmosphère extérieure viciée.

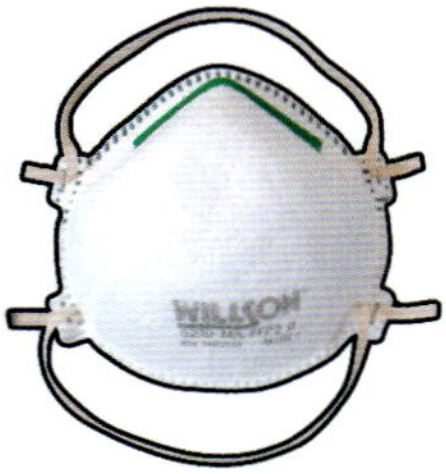

La protection des pieds

Les chaussants sont rassemblés en 2 classes (*classe 1 : tout cuir ou autres matières (hors classe 2) - classe 2 : tout caoutchouc ou tout polymère*) et se définissent en 3 catégories (*chaussures de sécurité, de protection ou de travail*).

La protection des mains

Les mains sont très exposées aux accidents. Les gants les protègent des attaques chimiques, des dangers liés aux outils tranchants, des agressions thermiques (*chaleur, froid*), mais aussi des expositions aux risques biologiques.

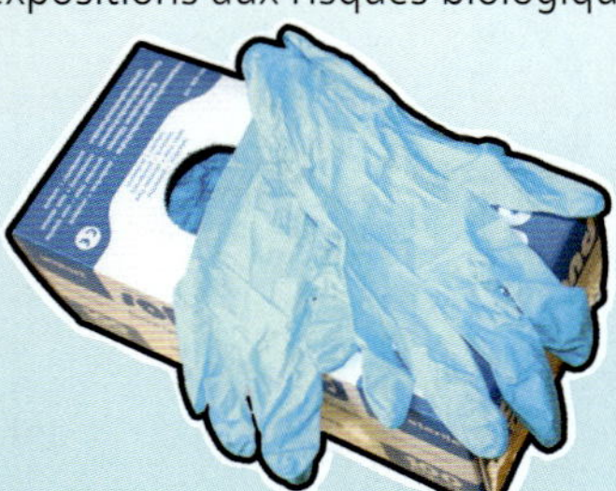

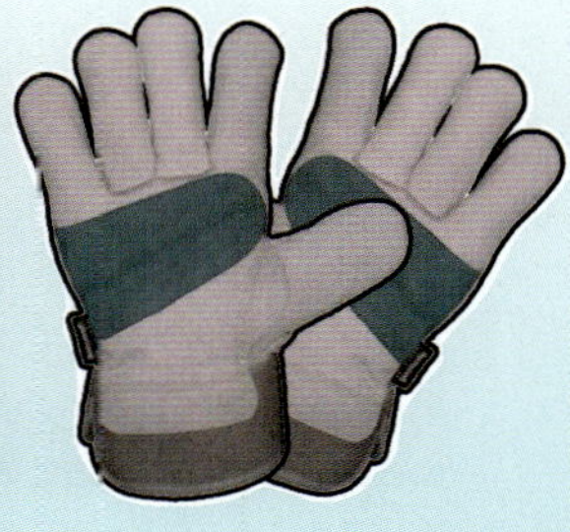

La protection des genoux

Des articulations, le genou est l'une des plus exposées à un trouble, très douloureux, l'hygroma. Des protections spécifiques existent, comme les genouillères (*en rajout ou à glisser dans les poches prévues du pantalon*) ou les coussins dits de carreleur.

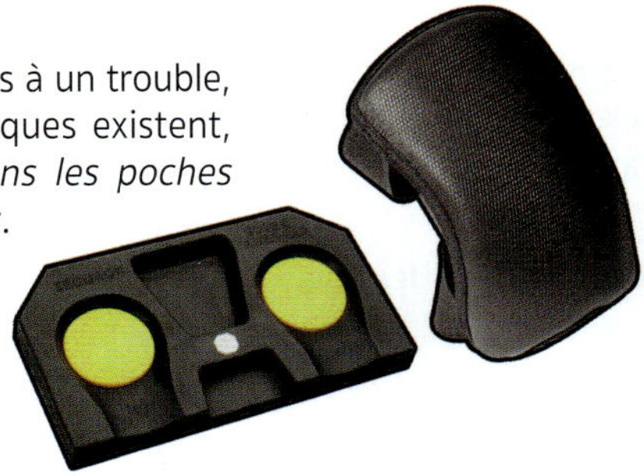

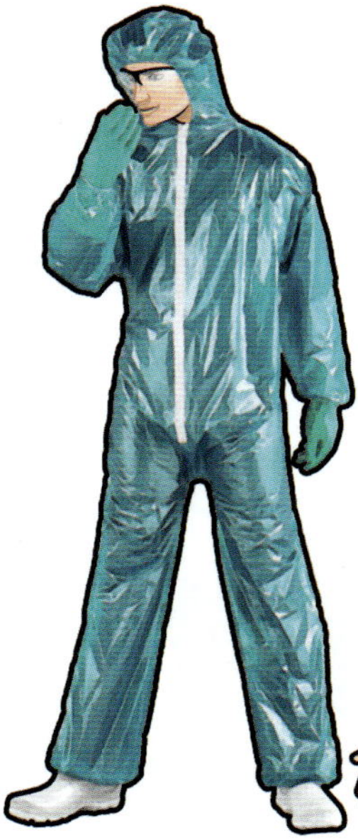

La protection du corps

Les principaux facteurs pris en compte seront les risques liés :

- aux risques chimiques ;
- aux risques mécaniques ;
- aux risques biologiques ;
- aux risques électriques et électrostatiques ;
- à la mauvaise visibilité ;
- aux risques de noyade.

D'autres risques spécifiques peuvent être pris en compte. Le principal étant le risque lié au travail en hauteur. Des harnais pour le risque de chute ou des dispositifs de maintien au poste de travail sont conçus pour répondre à ces risques.

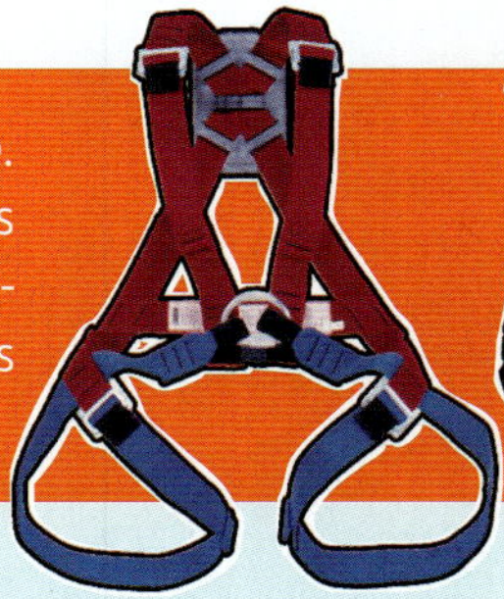

Il existe des dispositions particulières concernant les E.P.I. dans de nombreux textes ou recommandations de la C.N.A.M.T.S.

L'état des E.P.I. doit être irréprochable :

- ils sont entretenus suivant les conseils du fabricant et conservés avec soin ;
- ils sont jetés et remplacés aussitôt qu'ils montrent un signe d'usure ou qu'ils ont subi un choc.

La formation et l'information vers les salariés

Les formations doivent permettre aux salariés de connaître les mesures de prévention spécifiques à leur secteur d'activité et à leur entreprise, les moyens d'assurer leur propre sécurité mais aussi celle des autres, de reconnaître la signalisation de sécurité et les indications données pour la conduite à tenir, notamment en cas d'accident.

Exemples :

DANGER	FORMATION	INFORMATION
Chute de hauteur	Formation à l'utilisation des échafaudages	Plan de prévention
Chute sur un sol glissant	Sensibilisation aux risques	Balisage 
Bruit	Formation au port du casque antibruit	Panneau signalétique de protection contre le bruit obligatoire 
Produits dangereux	Formation à l'exécution d'une analyse chimique	Fiche de données de sécurité *(F.D.S.)*
Manutention	Formation à la P.R.A.P. *(Prévention des Risques liés à l'activité physique)*	Mode opératoire

Certaines activités impliquent des formations spécifiques, en application du Code du travail ou du Code de la Sécurité sociale :

Formation aux agents biologiques

Formation à l'amiante

Formation aux agents cancérogènes

TRANSMETTRE AUX PERSONNES EN CHARGE DE LA PRÉVENTION LES ÉLÉMENTS LIÉS À TOUTE SITUATION DANGEREUSE REPÉRÉE

Rappel et extrait du schéma récapitulatif de l'action du S.S.T. issu du Plan d'Actions Prévention SST conçu et préconisé par l'I.N.R.S.

 REMONTÉES D'INFORMATIONS	Le S.S.T. communique, il informe et fait remonter les informations. Il informe les personnes en situation de danger. Il fait remonter les dangers repérés aux personnes chargées de la prévention des risques. Le S.S.T. transmet les pistes d'amélioration qu'il a identifiées. La remontée d'informations se fait à tous les niveaux de la démarche de prévention.

Les acteurs internes de la prévention

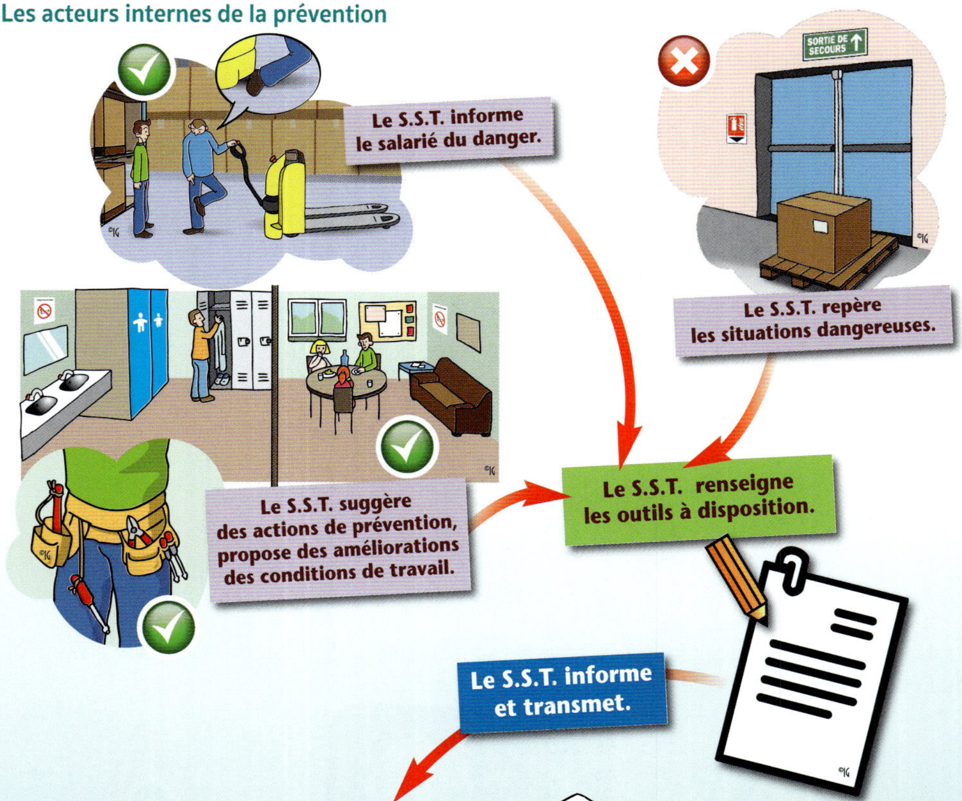

au chef d'entreprise	au service de santé au travail	au supérieur hiérarchique
au responsable prévention	au C.S.E.	au C.S.S.C.T.

Les éléments à transmettre et le compte rendu des actions mises en œuvre

En cas de risque encouru ou éventuel, incident vécu ou non, dysfonctionnement d'une installation ou d'un dispositif de sécurité, le S.S.T. signale la situation dangereuse repérée. Des outils internes sont souvent à disposition pour faciliter la remontée et transmission des informations.
Le S.S.T. peut ainsi renseigner une **Déclaration de situations dangereuses** ou **Fiche de remontées d'informations** ou encore le **Registre de Santé et Sécurité au travail** afin de transmettre l'information à son responsable hiérarchique ou à la personne identifiée comme responsable de la prévention selon l'organigramme d'entreprise défini.

Exemple de fiche de remontée d'informations de situation dangereuse :

FICHE DE REMONTÉE D'INFORMATIONS

> À remplir par tout salarié ayant connaissance d'une situation dans laquelle :
une personne est exposée à un danger.

> À transmettre au responsable hiérarchique ou au responsable de la prévention.

Lieu du constat : ....

Date et heure du constat : ...... / ...... / ...... à ...... h ......

Description de la situation dangereuse repérée :
(identifier le danger, décrire la situation dangereuse (où, quoi, pourquoi))
....

Actions éventuellement mises en œuvre :
....

Propositions d'améliorations :
....

Fiche transmise à Mme/M. .... Fonction : ....
En date du : ....

Nom, prénom du rédacteur : ....
Service : ....

Signature :

PROPOSER, SI POSSIBLE, DES PISTES D'AMÉLIORATION

> Recherche de pistes d'amélioration à partir de l'analyse d'un accident

Toute situation d'accident nécessite une analyse qui doit déboucher sur des actions de prévention, quelle que soit la gravité de l'accident car une situation provoquant un accident bénin peut provoquer à un autre moment un accident plus grave.

Cette analyse vise à reconstituer le scénario d'un accident, en analysant l'enchaînement et la combinaison des faits afin d'en tirer des enseignements pour la prévention des risques professionnels. Les facteurs de risques sont ainsi pointés.

Il ressort toujours qu'un accident est pluricausal.

L'objectif de cette représentation est de couper les liens d'enchaînement en proposant des actions de prévention adéquates.

Les clients sont partis, la salle est dérangée, vaisselle et tables à débarrasser, mobilier à remettre en ordre.

La salle est dérangée.

Il entre dans la salle.

Il débarrasse une table.

Il pose la vaisselle sur le plateau de 35 cm.

Il se retourne *(présence d'une chaise).*

Il trébuche.

Il est déséquilibré.

Il fait quelques pas pour se rattraper.

Il percute une séparation en verre qui se brise.

Il chute.

Il est possible de proposer des pistes d'amélioration en s'appuyant sur les neuf P.G.P. :

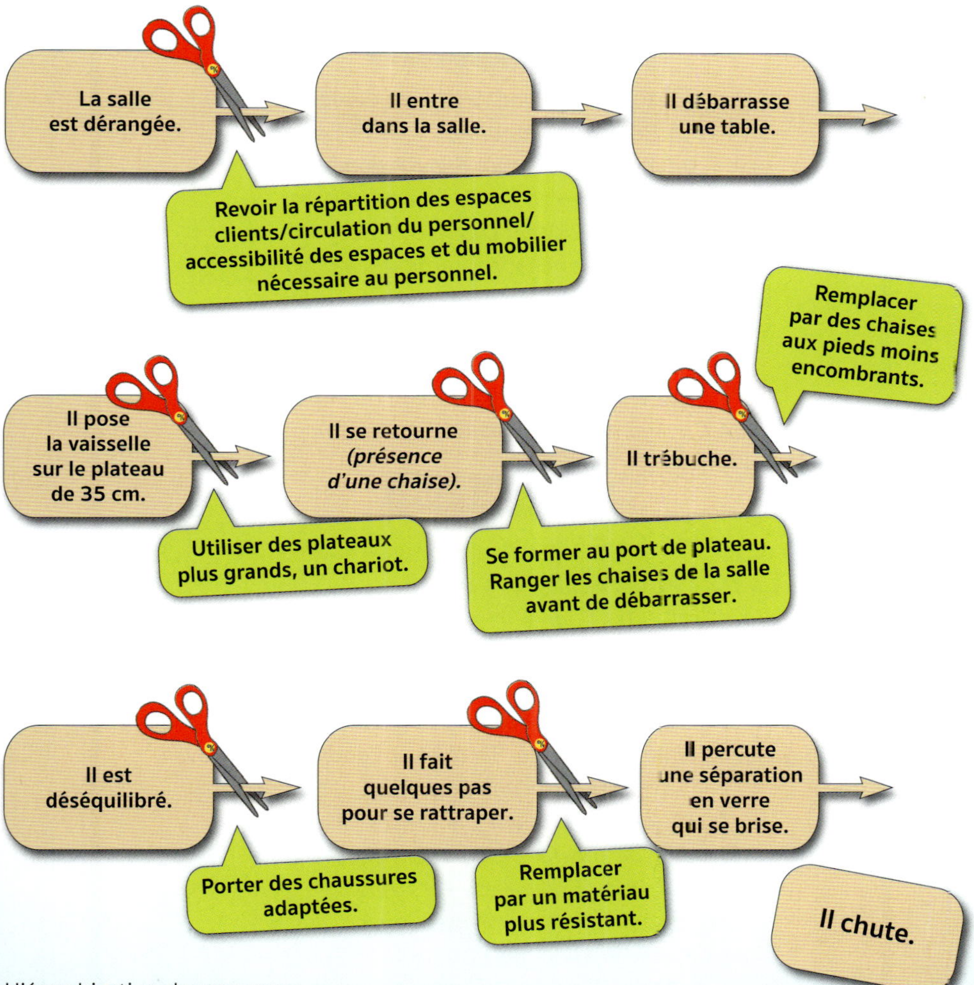

Hiérarchisation des mesures :

Prévention	Protection collective	Protection individuelle	Formation/ information
> Organisation des espaces. > Vitre plus résistante. > Chaises avec pieds moins encombrants.	> Utilisation d'un chariot à la place d'un plateau.	> Avoir des chaussures et une tenue adaptées.	> Formation du personnel au port du plateau, information quant à l'organisation du travail *(ranger puis débarrasser).*

LEXIQUE DES ABRÉVIATONS

SECOURISME

A.V.C. : *Accident Vasculaire Cérébral*
D.A.E. : *Défibrillateur Automatisé Externe*
D.S.A. : *Défibrillateur Semi-Automatique*
L.V.A. : *Libération des Voies Aériennes*
P.L.S. : *Position Latérale de Sécurité*
R.C.P. : *Réanimation Cardio-Pulmonaire*
S.A.M.U. : *Service d'Aide Médicale Urgente*
S.M.U.R. : *Service Mobile d'Urgence et de Réanimation*
S.N.A. : *Signal National d'Alerte*
S.S.T. : *Sauveteur Secouriste du Travail*
M.A.C. : *Maintien et Actualisation des Compétences*

PRÉVENTION

A.T. : *Accident du travail*
C.A.R.S.A.T. : *Caisse d'Assurance Retraite et de la Santé au Travail*
C.H.S.C.T. : *Comité d'Hygiène, de Sécurité et des Conditions de Travail*
C.N.A.M. : *Caisse Nationale d'Assurance Maladie*
C.S.E. : *Comité Social et Economique*
C.S.S.C.T. : *Commission Santé, Sécurité et Conditions de Travail*
D.U. : *Document Unique*
D.U.E.R.P. : *Document Unique d'Evaluation des Risques Professionnels*
D.P. : *Délégué du Personnel*
E.P.I. : *Équipements de Protection Individuelle*
Ev.R.P. : *Évaluation des Risques Professionnels*
F.D.S. : *Fiches de Données de Sécurité*
H.S.E : *Hygiène/Santé / Environnement*
I.J. : *Indemnisation Journalière*
I.N.R.S. : *Institut National de Recherche et de Sécurité*
I.P.R.P. : *Intervenant en Prévention des Risques Professionnels*
I.T. : *Incapacité Temporaire*
M.P. : *Maladie Professionnelle*
P.G.P. : *Principes Généraux de Prévention*
Q.H.S.E. : *Qualité/Hygiène/Sécurité/Environnement*
S.S.T. : *Sauveteur Secouriste du Travail*

2ème PARTIE

CADRE JURIDIQUE D'INTERVENTION DE L'AGENT PRIVÉ DE SÉCURITÉ

Grands principes encadrant le métier d'agent privé de sécurité et déontologie professionnelle

2.1 - LES ÉVOLUTIONS RÉCENTES DU LIVRE VI DU CODE DE LA SÉCURITÉ INTÉRIEURE *(C.S.I.)*

En 2012, la loi 83-629 du 12 juillet 1983 relative aux activités de sécurité privée est abrogée et codifiée dans le livre VI du C.S.I. En 2014, d'autres textes sont intégrés au livre VI.
En 2016, les législateurs créent une nouvelle administration chargée du contrôle et de la délivrance des autorisations et agréments : les Commissions locales d'agrément et de contrôle *(C.L.A.C.)* du Conseil National des Activités Privées de Sécurité *(C.N.A.P.S.)*.

▶ Les principaux textes de la sécurité privée

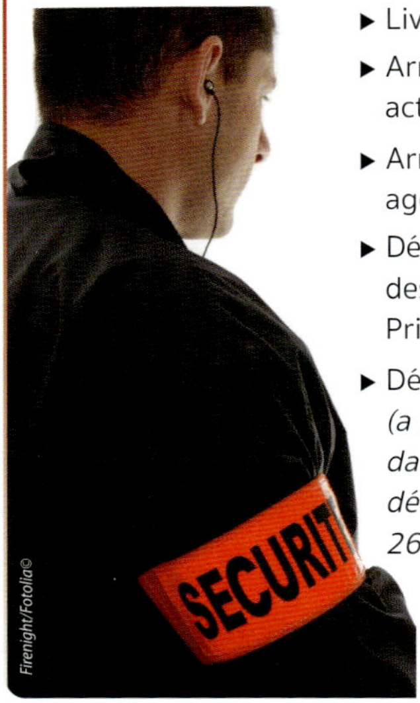

- Livre VI du C.S.I.
- Arrêté du 27 juin 2017 relatif à la formation initiale aux activités privées de sécurité.
- Arrêté du 27 février 2017 relatif à la formation continue des agents privés de sécurité
- Décret n° 2016-515 du 26 avril 2016 relatif aux conditions d'exercice des activités privées de sécurité et au Conseil National des Activités Privées de Sécurité *(C.N.A.P.S.)*
- Décret 2014-1253 du 27 octobre 2014 *(a abrogé les textes cités ci-après et a intégré leurs contenus dans le livre VI du C.S.I. : décret n°2012-870 du 10 juillet 2012, décret n°2009-137 du 9 février 2009, Décret n°86-1058 du 26 septembre 1986, décret n°86-1099 du 10 octobre 1986)*
  - Arrêté du 8 juin 2012 *(DRACAR - Téléc@rtepro)*
  - Décret n°2011-1919 du 22 décembre 2011 *(C.N.A.P.S.)*

▶ Les conditions d'exercice de la profession d'agent de sécurité

L'exercice de la profession d'agent privé de sécurité *(entreprise de sécurité privée ou service interne de sécurité)* est soumis à la détention de la carte professionnelle délivrée par le C.N.A.P.S. *(Conseil National des Activités Privées de Sécurité)*.

Délivrance de la carte professionnelle

Moralité

La délivrance de la carte professionnelle atteste **le respect des conditions suivantes *(Article L612-20 du C.S.I.)***:

1° ne pas avoir fait l'objet "d'une condamnation à une peine correctionnelle ou à une peine criminelle inscrite au bulletin n°2 du casier judiciaire ou, pour les ressortissants étrangers, dans un document équivalent, pour des motifs incompatibles avec l'exercice des fonctions" ;

2° ne pas avoir eu un comportement ou des agissements "contraires à l'honneur, à la probité, aux bonnes mœurs" ou "de nature à porter atteinte à la sécurité des personnes ou des biens, à la sécurité publique ou la sûreté de l'État" et "incompatibles avec l'exercice des fonctions" ;

3° ne pas avoir fait l'objet "d'un arrêté d'expulsion non abrogé ou d'une interdiction du territoire français non entièrement exécutée" ;

4° pour un ressortissant étranger, disposer "d'un titre de séjour lui permettant d'exercer une activité sur le territoire national" ;

5° justifier d'une aptitude professionnelle.

La carte professionnelle peut être **retirée lorsque son titulaire cesse de remplir l'une des conditions prévues aux 1°, 2° et 3°**. Elle peut également l'être en **cas d'urgence** ou en **cas de nécessité tenant à l'ordre public** par les autorités compétentes. *(Article L612-20 du C.S.I.)*

Le **contrat de travail** du salarié qui cesse de remplir les conditions posées aux 1°, 2° et 3° est **rompu de plein droit *(Article L612-21 du C.S.I.)***.

Le salarié licencié immédiatement pour avoir fait l'objet d'une **condamnation avant son recrutement** :

➲ ne peut prétendre aux indemnités de licenciement,

➲ ne peut exercer l'activité d'agent de recherches privées,

➲ ne peut justifier d'une aptitude professionnelle *(conditions définies par décret en Conseil d'État).*

Numéro d'enregistrement par la C.L.A.C.

La carte professionnelle mentionnée à l'article L. 612-20 est **délivrée, sous la forme dématérialisée d'un numéro d'enregistrement**, par la commission locale d'agrément et de contrôle dans le ressort de laquelle le demandeur a son domicile.

Validité de la carte professionnelle

La carte professionnelle a une durée de validité de cinq ans à compter de sa date de délivrance *(Article R612-13 du C.S.I.)*.

Elle est valable sur tout le territoire national. Elle reste valable en cas de changement de domicile.

Renouvellement de la carte professionnelle

Son renouvellement est subordonné au suivi d'une formation continue.
(Article L612-20-1 du C.S.I.)

La durée et le contenu de la formation continue ou stage de maintien et d'actualisation des compétences *(M.A.C.)* sont définis dans l'arrêté du 27 février 2017.

Informations et documents nécessaires à la demande de carte professionnelle

La demande de carte professionnelle comprend les informations suivantes *(Article R612-14 du C.S.I.)*:

1° Le nom, les prénoms, la date et le lieu de naissance *(ville et pays)* ainsi que le domicile du demandeur ;

2° La ou les activités au titre desquelles, parmi les activités suivantes, la carte est sollicitée :

a) Surveillance humaine ou surveillance par des systèmes électroniques de sécurité ou gardiennage ;

b) Transport de fonds ;

c) Protection physique de personnes ;

d) Agent cynophile ;

e) Sûreté aéroportuaire ;

f) Vidéoprotection ;

3° Si l'activité est celle d'agent cynophile, la copie de la carte d'identification de chacun des chiens dont l'utilisation est envisagée ;

4° Si le demandeur est salarié, le nom, la raison sociale et l'adresse de l'employeur.

La demande de carte professionnelle est **également accompagnée des documents suivants *(Article R612-15 du C.S.I.)***:

1° Pour les ressortissants français et ceux d'un autre État membre de l'Union européenne ou d'un autre État partie à l'accord sur l'Espace économique européen, la copie d'une pièce d'identité en cours de validité ;

2° Pour les ressortissants d'un autre État que ceux mentionnés au 1°, la copie de leur titre de séjour en cours de validité portant autorisation d'exercer une activité salariée ;

3° Pour les ressortissants étrangers, le document équivalant à une copie du bulletin n° 3 du casier judiciaire, délivré depuis moins de trois mois par une autorité judiciaire ou administrative compétente de leur pays d'origine ou de provenance et accompagné, le cas échéant, d'une traduction en langue française ;

4° La justification de l'aptitude professionnelle se rapportant à l'activité exercée.

Notification de décision de délivrance

La décision de délivrance de la carte professionnelle est notifiée au demandeur et comprend les **informations suivantes** :

1° Le nom, les prénoms et la date de naissance ;

2° Le numéro d'enregistrement de la carte et sa date d'expiration ;

3° L'activité ou les activités au titre desquelles la carte est délivrée ;

4° Si l'activité est celle d'"agent cynophile", le numéro d'identification de chacun des chiens dont l'utilisation est autorisée. ***(Article R612-16 du C.S.I.)***

Demande de renouvellement de carte professionnelle

La demande de renouvellement de la carte professionnelle est présentée, trois mois au moins avant sa date d'expiration, dans les mêmes conditions que celles prévues pour une demande de délivrance de la carte à l'exception, pour les ressortissants étrangers, de la production du document prévu au 3° de l'article R. 612-15.

Elle comprend également l'attestation du suivi d'un stage de maintien et d'actualisation des compétences dans les conditions fixées à l'article R. 625-8. Lorsque la demande est complète, le Conseil national des activités privées de sécurité en délivre récépissé.

Ce récépissé permet, jusqu'à l'intervention d'une décision expresse, une poursuite régulière de l'activité professionnelle. ***(Article R612-17 du C.S.I.)***

Remise d'une carte professionnelle propre à l'entreprise

Tout candidat à l'emploi pour exercer des activités privées de sécurité définies aux articles L. 611-1 et L. 613-13 ou tout employé participant à l'exercice de ces activités communique à l'employeur le numéro de la carte professionnelle qui lui a été délivrée par la commission locale d'agrément et de contrôle.

L'employeur remet à l'employé une carte professionnelle propre à l'entreprise. Cette carte, qui comporte une photographie récente de son titulaire, mentionne :

1° Le nom, les prénoms, la date de naissance et les activités du titulaire ;

2° Si l'activité du titulaire est celle d'"agent cynophile", le numéro d'identification de chacun des chiens utilisés ;

3° Le nom, la raison sociale et l'adresse de l'employeur ainsi que l'autorisation administrative prévue aux articles L. 612-9 et L. 613-13 ;

4° Le numéro de carte professionnelle délivrée par la commission locale d'agrément et de contrôle.

La carte professionnelle remise à l'employé par son employeur doit être présentée à toute réquisition d'un agent de l'autorité publique et restituée à l'employeur à l'expiration du contrat de travail. *(Article R612-18 du C.S.I.)*

rdrgraphe/Fotolia©
Netfalls Remy Musser/Shutterstock©

Les téléservices du C.N.A.P.S.

(Conseil National des Activités Privées de Sécurité)

Ces services permettent :

- d'effectuer les démarches en ligne *(demandes de titres : autorisation préalable, première demande de carte professionnelle, renouvellement de carte professionnelle)*,
- de suivre l'état d'avancement d'une demande,
- de vérifier la validité d'un titre *(dirigeant et employés)*.

La demande de cette carte professionnelle peut donc se faire de cette façon. Le demandeur (agent de sécurité), tout comme l'employeur, peut également vérifier sur ces téléservices la validité du numéro de carte professionnelle.

"L'employeur, auquel la personne titulaire de la carte professionnelle a communiqué le numéro d'enregistrement, a accès aux informations mentionnées à l'article R.612-16 par le biais d'un téléservice mis en œuvre par le Conseil national des activités privées de sécurité dans le respect des dispositions de la loi n°78-17 du 6 janvier 1978 relative à l'informatique, aux fichiers et aux libertés." (Art. R612-12 du C.S.I. 3ème *alinéa)*

Après ce contrôle, l'employeur délivre à son salarié une carte professionnelle matérialisée propre à l'entreprise, si le salarié a plusieurs employeurs, chaque employeur délivrera physiquement une carte professionnelle propre à son entreprise en utilisant le même numéro délivré par le C.N.A.P.S.

Fichier de données informatisé : Toute personne dispose, conformément aux dispositions de la loi n°78-17 du 6 janvier 1978 relative à l'informatique, aux fichiers et aux libertés, d'un droit d'accès et de rectification aux données la concernant.

Le C.N.A.P.S.

Le C.N.A.P.S. intervient auprès de tous les professionnels de la sécurité privée, qu'il s'agisse de personnes physiques ou morales, opérant pour le compte d'un tiers ou pour leur propre compte dans les secteurs suivants : surveillance humaine ou surveillance par des systèmes électroniques de sécurité ou gardiennage, agent cynophile, vidéoprotection, sûreté aéro-portuaire, transport de fonds, maintenance et gestion de Distributeurs Automatiques de Billets *(D.A.B.)*, protection physique de personnes, recherches privées et protection des navires en mer *(activités mentionnées aux titres I et II du Livre VI du C.S.I.) (Art. L631-1 du C.S.I.)*.

CONSEIL NATIONAL DES ACTIVITÉS PRIVÉES DE SÉCURITÉ

Il est chargé pour le compte de l'État *(Art. L632-1 du C.S.I.)*:

- > de la délivrance et de la suspension des différentes agréments, autorisations et cartes professionnelles dans le secteur de la sécurité privée *(mission de police administrative)*,
- > du contrôle des acteurs de la sécurité privée *(mission disciplinaire)*,
- > d'une mission de conseil et d'assistance à la profession.

Il s'agit d'un établissement public administratif, placé sous la tutelle du ministre de l'Intérieur. *(Art. R632-1 du C.S.I.)*

Le collège est composé de 25 membres :

- ✓ 11 représentants de l'État,
- ✓ 1 magistrat du Parquet général près de la Cour de cassation
- ✓ 1 membre du Conseil d'État
- ✓ 8 personnes issues des activités privées de sécurité
- ✓ 4 personnes qualifiées

La répartition des sièges assure une majorité aux représentants de l'État.
Le président du collège est élu par les membres de ce collège.

Le collège comprend six commissions thématiques réunissant les organisations syndicales de salariés des métiers de la sécurité privée, les représentants des activités de recherches privées et les représentants des activités de recherches privées.

Les six commissions traitent des questions suivantes :

- > services internes de sécurité,
- > télésurveillance,
- > nouvelles évolutions technologiques,
- > dialogue avec les salariés,
- > formation,
- > normalisation,
- > atteintes aux agents de sécurité privée, etc.

La C.N.A.C. *(Commission nationale d'agrément et de contrôle)*

La Commission nationale d'agrément et de contrôle :

1° veille au respect des orientations générales fixées par le collège ainsi qu'à la cohérence des décisions des commissions locales d'agrément et de contrôle ;

2° statue sur les recours administratifs préalables formés à l'encontre des décisions des commissions locales d'agrément et de contrôle.

Elle rend compte de son activité au collège. *(Art. R632-11 du C.S.I.)*

La C.N.A.C. est composée de 10 des membres du collège, dont 2 issus des activités privées de sécurité. Son président, élu pour une durée de trois ans renouvelable une fois.

Les C.L.A.C. *(Commissions Locales d'Agrément et de Contrôle)*

Les Commissions locales d'agrément et de contrôle exercent leur compétence à l'échelle d'une région ou d'un ensemble de régions. *(Art. R633-1 du C.S.I.)*
Huit C.L.A.C sont présentes sur le territoire métropolitain *(Paris, Aubervilliers, Lille, Metz, Villeurbanne, Marseille, Bordeaux et Rennes)*, cinq en Outre-mer *(Fort-de-France, Saint Denis de la Réunion, Wallis-et-Futuna, Nouméa, Papeete)*.

Elles sont l'échelon de décision de première instance en matière de délivrance des autorisations ou d'action disciplinaire. Leurs décisions peuvent faire l'objet d'un recours administratif préalable obligatoire devant la Commission nationale d'agrément et de contrôle.

Leur première mission est de police administrative : les C.L.A.C. délibèrent sur la délivrance, la suspension ou le retrait des autorisations, agréments et cartes professionnelles.
Dans ce domaine, elles se sont substituées depuis le 1er janvier 2012 aux préfets qui détenaient auparavant cette compétence.

Leur deuxième mission est disciplinaire *(détails ci-après)*.

Elles délivrent les autorisations d'exercice des organismes prestataires dispensant des formations de sécurité privée *(Décret N°2016-515 du 26 avril 2016 et art. L625-1 du C.S.I.)*.
Elles peuvent aussi, suivant les dispositions du code de la sécurité intérieure, les contrôler.

Contrôles

Toute personne morale ou physique exerçant une activité privée de sécurité peut faire l'objet d'un contrôle.

Les vérifications faites auprès des agents de sécurité sont :
> la possession de la carte professionnelle matérialisée comportant les mentions obligatoires,
> la justification de l'identité *(présentation d'un titre d'état civil avec photographie)*,
> la tenue des agents dont la présence de l'insigne distinctif apparent.

Les agents du C.N.A.P.S. ont compétence pour contrôler toutes les activités privées de sécurité, là où elles sont exercées, à toute heure du jour et de la nuit. Ils doivent, préalablement au contrôle, recueillir l'accord du responsable des lieux ou de son représentant.

2.2 - LES RÈGLES DE DÉONTOLOGIE PROFESSIONNELLE

▶ Définition

Déontologie vient du grec "deon, ontos" signifiant "ce qu'il faut faire" et "logos" qui veut dire "discours". Elle rassemble et définit l'ensemble des valeurs morales et les règlements internes, spécifiques à une profession.

Bon nombre de professions détiennent leur propre Code de la déontologie, le métier de la sécurité privée a également le sien. **Il est inclus dans le livre VI du C.S.I.**

Code de déontologie des personnes physiques ou morales exerçant des activités privées de sécurité

Sous-section 1 : Dispositions générales

Article R631-1 **Champ d'application**

Les dispositions de la présente section constituent le code de déontologie des personnes physiques ou morales exerçant des activités privées de sécurité. Ce code s'applique à toutes les personnes morales dont les activités sont régies par le présent livre ainsi qu'aux personnes physiques dont les activités sont régies par les mêmes dispositions, qu'elles agissent en qualité de dirigeants de société, y compris d'associés ou de gérants, de personnes exerçant à titre individuel ou libéral, de salariés et stagiaires d'une entreprise de sécurité ou de recherches privées ou appartenant au service interne d'une entreprise. Ces personnes sont qualifiées d'acteurs de la sécurité privée.

Article R631-2 **Sanctions**

Tout manquement aux devoirs définis par le présent Code de déontologie expose son auteur aux sanctions disciplinaires prévues à l'article L634-4 du C.S.I., sans préjudice des mesures administratives et des sanctions pénales prévues par les lois et règlements.

Article R631-3 **Diffusion**

Le présent Code est affiché de façon visible dans toute entreprise de sécurité privée. Un exemplaire est remis par son employeur à tout salarié, à son embauche, même pour une mission ponctuelle. Il est signalé en référence dans le contrat de travail signé par les parties.
Le présent Code de déontologie est enseigné dans le cadre des formations initiales et continues relatives aux métiers de la sécurité privée.
Il peut être visé dans les contrats avec les clients et les mandants.

Sous-section 2 : Devoirs communs à tous les acteurs de la sécurité privée.

Article R631-4 **Respect des lois**

Dans le cadre de leurs fonctions, les acteurs de la sécurité privée respectent strictement la Déclaration des droits de l'homme et du citoyen, la Constitution et les principes constitutionnels, l'ensemble des lois et règlements en vigueur, notamment le Code de la route et la législation professionnelle et sociale qui leur est applicable.

Article R631-5 **Dignité**

Les acteurs de la sécurité privée s'interdisent, même en dehors de l'exercice de leur profession, tout acte, manœuvre ou comportement de nature à déconsidérer celle-ci.

Article R631-6 **Sobriété**

Dans le cadre professionnel, les acteurs de la sécurité privée doivent être dans un parfait état de sobriété. Ils ne détiennent et consomment ni boissons alcoolisées ni substances prohibées par la loi ou les règlements sur les lieux de l'exercice de leur mission.

Article R631-7 Attitude professionnelle

En toute circonstance, les acteurs de la sécurité privée s'interdisent d'agir contrairement à la probité, à l'honneur et à la dignité. Ils font preuve de discernement et d'humanité.
Ils agissent avec professionnalisme et veillent à acquérir et maintenir leurs compétences par toute formation requise.

Article R631-8 Respect et loyauté

Les acteurs de la sécurité privée font preuve entre eux de respect et de loyauté. Dans cet esprit, ils recherchent le règlement amiable de tout litige.

Ils s'interdisent toute concurrence déloyale et toute entreprise de dénigrement tendant à nuire à un confrère ou à le supplanter dans une mission qui lui a été confiée. Ce principe ne s'oppose pas à la révélation aux services publics compétents de toute infraction à la réglementation ou de tout manquement déontologique.

Article R631-9 Confidentialité

Sous réserve des cas prévus ou autorisés par la loi, les acteurs de la sécurité privée respectent une stricte confidentialité des informations, procédures techniques et usages dont ils ont connaissance dans le cadre de leur activité.

Ils s'interdisent de faire tout usage de documents ou d'informations à caractère interne dont ils ont eu connaissance, dans l'exercice de leurs fonctions, chez un ancien employeur ou maître de stage, sauf accord préalable exprès de ce dernier.

Article R631-10 Interdiction de toute violence

Sauf dans le cas de légitime défense prévu aux articles 122-5 et 122-6 du Code pénal, les acteurs de la sécurité privée ne doivent jamais user de violences, même légères.

Lorsqu'un acteur de la sécurité privée, dans l'exercice de ses fonctions, ne peut résoudre un différend de manière amiable avec un tiers qui ne veut pas se soumettre aux vérifications et contrôles légalement effectués, il doit faire appel aux forces de police ou de gendarmerie territorialement compétentes.

Un acteur de la sécurité privée qui appréhende l'auteur d'un crime ou d'un délit flagrant puni d'une peine d'emprisonnement en application de l'article 73 du Code de procédure pénale ne peut retenir la personne mise en cause sans en aviser sans délai les services de police ou de gendarmerie territorialement compétents. Avant la présentation aux services de police ou de gendarmerie, la personne interpellée reste sous la surveillance et la protection de celui qui l'a interpellée. Elle ne doit alors subir aucune violence ni humiliation ou traitement contraire à la dignité humaine. Si l'état de la personne interpellée nécessite des soins, les acteurs de la sécurité privée doivent immédiatement faire appel aux services médicaux compétents.

Sans préjudice des dispositions relatives à l'armement et lorsqu'ils exercent leurs fonctions au contact du public, les agents de sécurité privée ne doivent porter aucun objet, y compris aucun bijou, susceptible de provoquer des blessures à un tiers.

Article R631-11 **Armement**

À l'exception de ceux dont la loi dispose qu'ils peuvent être armés, les acteurs de la sécurité privée ne peuvent acquérir, détenir, transporter ni porter une arme dans l'exercice de leur mission et s'interdisent, dans leur communication vis-à-vis de tout client potentiel, de laisser supposer qu'ils seraient dotés d'armes, de quelque catégorie qu'elles soient, lors de l'exécution des prestations.

Article R631-12 **Interdiction de se prévaloir de l'autorité publique**

Les acteurs de la sécurité privée doivent éviter par leur comportement et leur mode de communication toute confusion avec un service public, notamment un service de police.

Est interdite l'utilisation de logotypes ou signes reprenant des caractéristiques et couleurs assimilables à celles identifiant les documents émis par les administrations publiques ainsi que de tout élément pouvant susciter ou entretenir une quelconque confusion avec un service dépositaire de l'autorité publique.

Les acteurs de la sécurité privée ne peuvent, dans leur communication vis-à-vis du public, se prévaloir d'un lien passé ou présent avec un service dépositaire de l'autorité publique. À l'égard des tiers, ils ne peuvent faire état de missions ou de délégations des administrations publiques qui ne leur auraient pas été confiées par celles-ci.

Ils s'interdisent tout équipement, notamment les avertisseurs sonores et lumineux des véhicules, susceptibles de créer une telle confusion.

Article R631-13 **Relations avec les autorités publiques**

Les acteurs de la sécurité privée entretiennent des relations loyales et transparentes avec les administrations publiques.

Leurs déclarations auprès de celles-ci sont sincères. Ils répondent avec diligence à toutes les demandes des administrations publiques.

Ils défèrent aux convocations des autorités judiciaires, services de police ou de gendarmerie.

Article R631-14 **Respect des contrôles**

Les acteurs de la sécurité privée collaborent loyalement et spontanément à leur contrôle par les administrations, autorités et organismes habilités. Ils permettent, dans le respect des dispositions légales et réglementaires relatives à la protection de la vie privée et des secrets qu'elles protègent, la consultation, immédiate ou dans les plus brefs délais, de toute pièce réclamée, en version originale. Ils facilitent la copie de ces pièces par les agents de contrôle.

Sous-section 3 : Devoirs des entreprises et de leurs dirigeants

Article R631-15 **Vérification de la capacité d'exercer**

Les entreprises et leurs dirigeants s'interdisent d'employer ou de commander, même pour une courte durée, des personnels de sécurité et de recherches ne satisfaisant pas aux conditions de qualification professionnelle ou ne possédant pas les autorisations valides requises pour exercer leurs missions.

Ils s'assurent de l'adéquation des compétences aux missions confiées.

Article R631-16 Consignes et contrôles

Les dirigeants s'interdisent de donner à leurs salariés, directement ou par l'intermédiaire de leurs cadres, des ordres qui les conduiraient à ne pas respecter le présent code de déontologie.

Ils veillent à la formulation d'ordres et de consignes clairs et précis afin d'assurer la bonne exécution des missions.
Les instructions générales, circulaires et consignes générales de la sécurité privée et celles relatives aux fonctions assurées, que les salariés doivent mettre en œuvre dans l'exercice de leurs fonctions, sont regroupées dans un mémento, rédigé en langue française, dans un style facilement compréhensible. Le salarié doit en prendre connaissance à chaque modification et en justifier par émargement. Le mémento doit être mis à la disposition des agents dans les locaux professionnels. Il ne peut être consulté que par les personnels impliqués dans la conception et la réalisation des missions ainsi que, sans délai, par les agents de contrôle du Conseil national des activités privées de sécurité. Ce mémento ne comporte aucune mention spécifique à un client ou une mission.

Les dirigeants s'assurent de la bonne exécution des missions, notamment au moyen de contrôles réguliers sur place. Dans ce cadre, les dirigeants mettent en place et tiennent à jour un registre des contrôles internes.

Article R631-17 Moyens matériels

Les entreprises et leurs dirigeants s'assurent de la mise à disposition de leurs agents des moyens matériels destinés à garantir leur sécurité et à accomplir leurs missions, notamment ceux prévus par la réglementation.

Ils s'assurent du bon état de fonctionnement de ces matériels, qui doivent faire l'objet des vérifications et des opérations de maintenance nécessaires, conformément aux règlements et aux prescriptions des fabricants. À cet effet, des cahiers de consignes d'usage et de tenue du matériel des entreprises de sécurité sont tenus à jour. Le défaut de maintenance d'un matériel mis à disposition par un donneur d'ordre doit lui être signalé sans délai.

Article R631-18 Honnêteté des démarches commerciales

Les entreprises et leurs dirigeants s'interdisent toute prospection de clientèle à l'aide de procédés ou de moyens allant à l'encontre de la dignité de la profession et susceptibles de porter atteinte à son image.

Ils s'interdisent de faire naître toute ambiguïté sur la nature des activités proposées, notamment au regard du principe d'exclusivité défini à l'article L612-2 qui interdit aux acteurs de la sécurité privée toute activité non connexe à la mission de sécurité privée ainsi que le cumul de certaines activités privées de sécurité.

Ils informent, préalablement à la signature de tout contrat de prestation ou de mandat, leurs donneurs d'ordre, clients ou mandants de l'impossibilité légale d'utiliser les agents affectés à l'exécution de ladite prestation pour effectuer, même partiellement, d'autres tâches que celles prévues par le contrat.

Article R631-19 **Transparence sur la réalité de l'activité antérieure**

Une entreprise ou un dirigeant ne peut se prévaloir, dans sa communication envers tout client potentiel, de la réalisation d'une prestation pour laquelle il a été fait appel à des entreprises sous-traitantes, ni de la réalisation d'une prestation pour laquelle il a agi en tant que sous-traitant, sans en faire explicitement mention.

Article R631-20 **Obligation de conseil**

Les entreprises et leurs dirigeants s'obligent à informer et conseiller sérieusement et loyalement le client ou mandant potentiel. Ils s'interdisent de lui proposer une offre de prestation disproportionnée au regard de ses besoins.
Ils lui fournissent les explications nécessaires à la compréhension et à l'appréciation des prestations envisagées ou en cours d'exécution.

Article R631-21 **Refus de prestations illégales**

Les entreprises et leurs dirigeants s'interdisent de proposer une prestation contraire au présent code de déontologie, même en réponse à un appel d'offres, à un concours ou à une consultation comportant un cahier des charges dont des clauses y seraient contraires.

Ils s'interdisent d'accepter et d'entretenir des relations commerciales, durables ou successives, fondées sur des prix de prestations anormalement bas ne permettant pas de répondre aux obligations légales, notamment sociales.

Article R631-22 **Capacité à assurer la prestation**

Les entreprises et leurs dirigeants ne concluent un contrat de prestation ou n'acceptent un mandat qu'à condition de savoir satisfaire aux obligations légales propres à l'exercice des métiers concernés, dès le commencement d'exécution.

Lorsqu'ils ne répondent plus aux conditions légales pour exercer leur activité de sécurité privée, notamment en cas de suspension ou de retrait des autorisations et agréments afférents, ils doivent sans délai en informer leurs clients ou mandants.
Ils souscrivent des assurances garantissant leurs responsabilités sur la base d'une juste appréciation de l'ensemble des risques.

Ils s'interdisent de donner à leurs clients potentiels toute indication erronée quant à leurs capacités et aux moyens tant humains que matériels dont ils disposent.

Ils s'engagent à adapter le nombre et l'étendue des missions qu'ils acceptent à leurs aptitudes, à leurs savoir-faire, à leurs possibilités propres d'intervention, aux moyens qu'ils peuvent mettre en œuvre directement ou indirectement ainsi qu'aux exigences particulières qu'impliquent l'importance et les lieux d'exécution de ces missions

Article R631-23 **Transparence sur la sous-traitance**

Les entreprises et leurs dirigeants proposent, dans leurs contrats avec les clients ainsi que dans les contrats signés entre eux, une clause de transparence, stipulant si le recours à un ou plusieurs sous-traitants ou collaborateurs libéraux est envisagé ou non.

Si le recours à la sous-traitance ou à la collaboration libérale est envisagé dès la signature du contrat, ils informent leurs clients de leurs droits à connaître le contenu des contrats de sous-traitance ou de collaboration libérale projetés. À cette fin, la clause de transparence rappelle, en les reproduisant intégralement, les dispositions des articles 1er, 2, 3 et 5 de la loi n° 75-1334 du 31 décembre 1975 relative à la sous-traitance. S'il n'est pas prévu à la signature du contrat, le recours à la sous-traitance ou à la collaboration libérale ne peut intervenir qu'après information écrite du client.
Lors de la conclusion d'un contrat de sous-traitance ou de collaboration libérale, les entreprises de sécurité privée doivent s'assurer du respect, par leurs sous-traitants ou collaborateurs libéraux, des règles sociales, fiscales et relatives à l'interdiction du travail illégal, dans le cadre de ce contrat.

Tout contrat de sous-traitance ou de collaboration libérale ne peut intervenir qu'après vérification par l'entreprise de sécurité privée donneuse d'ordre de la validité de l'autorisation de l'entreprise sous-traitante, des agréments de ses dirigeants et associés et des cartes professionnelles de ses salariés qui seront amenés à exécuter les prestations dans le cadre de ce contrat.

Article R631-24 Précision des contrats

Les dirigeants de la sécurité privée veillent à ce que les contrats passés avec leurs clients définissent précisément les conditions et moyens d'exécution de la prestation.

Sous-section 4 : Devoirs des salariés

Article R631-25 Présentation de la carte professionnelle

Les salariés doivent être en mesure de présenter leur carte professionnelle à toute demande des clients, des mandants ou des autorités et organismes habilités. Ils justifient de leur identité auprès des autorités qui ont à en connaître, immédiatement ou, en cas d'impossibilité, dans les plus brefs délais.

Article R631-26 Information de l'employeur

Les salariés ont l'obligation d'informer sans délai leur employeur des modifications, suspension ou retrait de leur carte professionnelle, d'une condamnation pénale devenue définitive, de la modification de leur situation au regard des dispositions législatives et réglementaires qui régissent le travail des ressortissants étrangers, ou d'une suspension ou d'un retrait de leur permis de conduire lorsqu'il est nécessaire à l'exercice de leurs missions.

Lorsqu'ils en ont connaissance, ils doivent informer leur employeur de toute anomalie, dysfonctionnement ou dépassement de la date de validité de tout équipement ou dispositif mis à leur disposition pour l'exercice de leur mission.

Article R631-27 Respect du public

Les salariés se comportent, en toutes circonstances, de manière respectueuse et digne à l'égard du public. Ils agissent avec tact, diplomatie et courtoisie. Dans l'exercice de leurs fonctions, ils s'interdisent envers autrui toute familiarité et toute discrimination, c'est-à-dire toute distinction fondée notamment sur l'origine, le sexe, la situation de famille, la grossesse, l'apparence physique, le patronyme, l'état de santé, le handicap, les caractéristiques génétiques, les mœurs, l'orientation sexuelle, l'âge, les opinions politiques ou syndicales, l'appartenance ou la non-appartenance, vraie ou supposée, à une ethnie, une nation, une race ou une religion déterminée.

Le salarié au contact du public doit veiller à la correction de sa tenue et au port des signes distinctifs et des équipements prévus par les lois et règlements, quelles que soient les circonstances.

Sous-section 5 : Devoirs spécifiques à certaines activités
Paragraphe 1 : Profession libérale de recherches privées

Article R631-28 Respect des intérêts fondamentaux de la nation et du secret des affaires

Les personnes physiques ou morales exerçant des activités de recherches privées s'assurent que leurs investigations ne sont pas susceptibles de contrevenir aux dispositions législatives et réglementaires protégeant les intérêts fondamentaux de la nation ou le secret des affaires, notamment en matières scientifique, industrielle, commerciale, économique, financière ou concernant la défense nationale. Dans le cas contraire, ils s'interdisent de les engager ou de les poursuivre, directement ou indirectement, et en informent leur client ou mandant.

Article R631-29 Prévention du conflit d'intérêt

Les personnes physiques ou morales exerçant des activités de recherches privées ne peuvent être le prestataire de plus d'un client ou mandant dans une même affaire s'il y a conflit ou risque sérieux de conflit entre les intérêts de ses clients ou mandants.

Elles s'interdisent de s'occuper des affaires de tous les clients ou mandants concernés lorsque surgit un conflit d'intérêt, lorsque le secret professionnel risque d'être violé ou lorsque leur indépendance risque de ne plus être entière.

Elles ne peuvent accepter une mission confiée par un nouveau client ou mandant si le secret des informations données par un ancien client ou mandant risque d'être violé ou lorsque la connaissance des affaires de ce dernier favoriserait le nouveau client ou mandant.

Lorsque des agents de recherches privées exerçant à titre individuel sont membres d'un groupement d'exercice ou mettent en commun des moyens, les dispositions des trois alinéas précédents sont applicables à ce groupement dans son ensemble et à tous ses membres.

Article R631-30 Contrat

Les personnes physiques ou morales exerçant des activités de recherches privées veillent à ce que les contrats d'entreprise ou mandats écrits définissent la mission dévolue et le cadre juridique dans lequel elle s'inscrit. Si les circonstances l'exigent, elles veillent à obtenir du client ou du mandant une extension de leur mission. À défaut de convention entre le prestataire de recherches privées et le client ou mandant, les honoraires ou prix de prestations sont fixés selon les usages, en fonction de la difficulté de la mission, des frais exposés et des diligences effectuées. Les personnes physiques ou morales exerçant des activités de recherches privées informent leur client ou mandant, dès leur saisine, puis de manière régulière, des modalités de détermination des honoraires et des prix et de l'évolution prévisible de leur montant. Le cas échéant, ces informations figurent dans la convention d'honoraires. Des honoraires ou un prix forfaitaire peuvent être convenus. La provision à valoir sur les frais et honoraires ne peut aller au-delà d'une estimation raisonnable des honoraires et des débours probables entraînés par la mission.

Les personnes physiques ou morales exerçant des activités de recherches privées veillent à ce que les contrats distinguent les missions qui relèvent de l'obligation de résultat de celles qui relèvent de l'obligation de moyens. Elles doivent rendre compte de l'exécution de leurs missions à la demande de leurs clients ou mandants et leur fournir la copie des documents, comptes rendus ou rapports y afférents quel que soit le résultat de leur mission.

Les personnes physiques ou morales exerçant des activités de recherches privées conduisent leur mission jusqu'à son terme, sauf si leur client ou mandant les en décharge. Au cas où elles décident de ne pas poursuivre la mission, le client ou mandant en est informé en temps utile de sorte que ses intérêts soient sauvegardés.

Article R631-31 Justifications des rémunérations

Les personnes physiques ou morales exerçant des activités de recherches privées détiennent, à tout moment, pour chaque mission, un état précis et distinct des honoraires, de toute somme reçue et de l'affectation qui leur a été donnée, sauf en cas de forfait global.

Avant tout règlement définitif, elles remettent à leur client ou mandant un compte détaillé. Ce compte fait ressortir distinctement les frais et débours, les émoluments tarifés et les honoraires. Il porte mention des sommes précédemment reçues à titre de provision ou à tout autre titre.

Paragraphe 2 : Activité cynophile

Article R631-32 Respect de l'animal

L'agent cynophile s'interdit tout mauvais traitement de son animal et veille à ce que celui-ci se trouve, en toutes circonstances, dans un état de soin et de propreté correct.

Le marchandage et le prêt de main d'œuvre

A. Définition

Art. L8231-1 du Code du travail : *"Le marchandage, défini comme toute opération à but lucratif de fourniture de main-d'œuvre qui a pour effet de causer un préjudice au salarié qu'elle concerne ou d'éluder l'application de dispositions légales ou de stipulations d'une convention ou d'un accord collectif de travail, est interdit."*

Art. L8241-1 du Code du travail : *"Toute opération à but lucratif ayant pour objet exclusif le prêt de main-d'œuvre est interdite. Toutefois, ces dispositions ne s'appliquent pas aux opérations réalisées dans le cadre :*

- *1) des dispositions du présent Code relatives au travail temporaire, au portage salarial, aux entreprises de travail à temps partagé et à l'exploitation d'une agence de mannequins lorsque celle-ci est exercée par une personne titulaire de la licence d'agence de mannequins ;*
- *2) des dispositions de l'article L222-3 du Code du sport relatives aux associations ou sociétés sportives ;*
- *3) des dispositions des articles L2135-7 et L2135-8 du présent Code relatives à la mise à disposition des salariés auprès des organisations syndicales ou des associations d'employeurs mentionnées à l'article."*

L'infraction est relevée dès lors qu'il y a au moins un des deux éléments présents :

> un prêt de main-d'œuvre **à but lucratif** ne répondant pas aux exceptions prévues par la législation,

> l'existence d'un préjudice pour le salarié.

Le travail temporaire et le travail à temps partagé font parties des exceptions à la loi.

B. Sanction

Le marchandage est sanctionné comme un délit lorsqu'il viole les dispositions relatives au droit du travail. Toute personne physique est passible de deux ans d'emprisonnement et d'une amende de 30 000 €. Des peines complémentaires peuvent interdire l'exercice de l'activité pour une durée de deux à dix ans.

Pour les personnes morales, les peines prévues sont l'amende *(150 000 €)* avec une possibilité d'interdiction d'exercer, une dissolution de l'entreprise, une fermeture, etc.

2.3 - LE PRINCIPE D'EXERCICE EXCLUSIF

Art. L612-2 du C.S.I. : L'exercice d'une activité de "surveillance gardiennage" *(1°)* et "transport de fonds" *(2°)* est exclusif de toute autre prestation de services non liée à la surveillance, au gardiennage ou au transport de fonds, de bijoux ou de métaux précieux, à l'exception du transport de tout bien, objet ou valeur, par les personnes exerçant l'activité "transport de fonds" *(2°)*.

Iraidka/Shutterstock©

> L'agent n'est pas autorisé à exercer d'autres activités en dehors de ce champ.

L'exercice d'une activité de "surveillance gardiennage par des agents armés" *(1°bis)* et "protection de l'intégrité physique des personnes" *(3°)* est exclusif de toute autre activité.

> L'agent n'est pas autorisé à exercer d'autres activités.

> Ce principe d'exercice exclusif interdit aux acteurs de la sécurité privée toute activité non connexe à la mission de sécurité privée (impossibilité par exemple d'être agent de sécurité et en même temps technicien d'espace vert) ainsi que le cumul de certaines activités privées de sécurité (impossibilité par exemple d'être agent de sécurité et en même temps garde du corps).

2.4 - LES CONDITIONS DE DÉTENTION ET D'USAGE DES ARMES

Classification des armes

Les armes sont classées en 4 catégories en fonction de leur dangerosité.

Catégorie A : interdite à l'acquisition et à la détention

Catégorie B : soumise à autorisation pour l'acquisition et à la détention *(certaines armes à feu de poing (pistolet, revolver) et d'épaule (fusil, carabine), armes à impulsion électrique à distance ou de contact (tasers, choqueurs) et certains générateurs d'aérosols incapacitants ou lacrymogènes (bombes lacrymogènes)).*

Catégorie C : soumise à déclaration pour l'acquisition et à la détention

Catégorie D : en vente libre, soumise à obligation déclarative

Pour connaître le détail de la ***classification des armes****, vous pouvez consulter l'****article R311-2 du C.S.I.*** *modifié par le décret n°2018-542 du 29 juin 2018.*

Dispositions générales

> CONDITIONS D'ARMEMENT DES AGENTS

- ✓ Pour les **agents de surveillance et de gardiennage**, le port d'arme relevant de la catégorie D peut être autorisé sous conditions *(art. L613-5 du CSI).*
- ✓ Pour les **agents de surveillance armée**, le port d'arme est soumis à autorisations *(art. L613-7-1 à 3 du CSI).*

> CATÉGORIES ET TYPES D'ARME

(art. R613-3 du CSI modifié par Décret n°2018-542 du 29 juin 2018)

- ✓ **Agents de surveillance et de gardiennage**
  Ces agents ne peuvent utiliser que ces armes *(sous conditions)* :

matraques de type bâton de défense ou tonfa

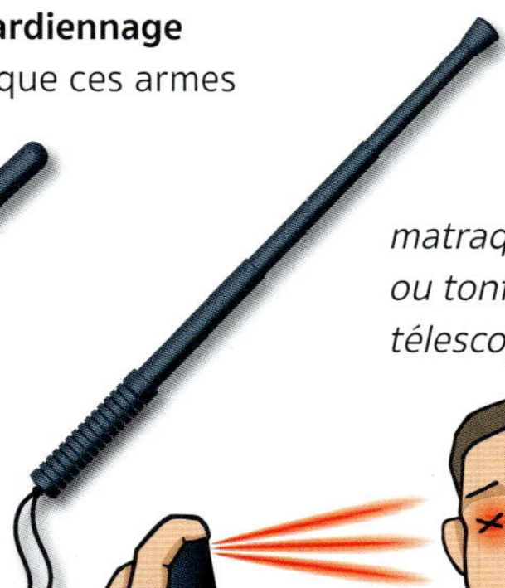

matraques ou tonfas télescopiques

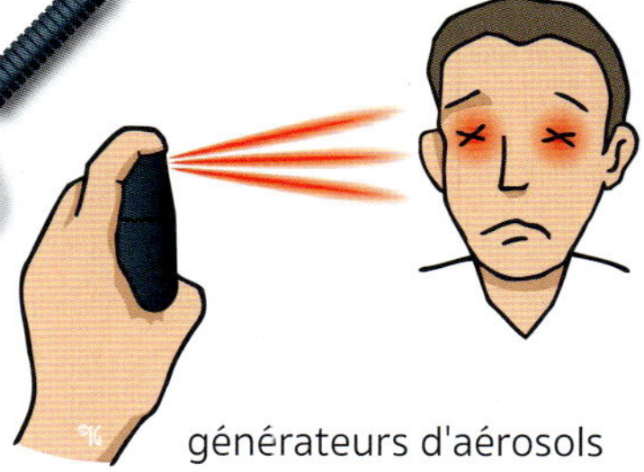

générateurs d'aérosols incapacitants ou lacrymogènes *(a et b de la catégorie D)*

Agents de surveillance armée

Ces agents ne peuvent utiliser que ces armes *(sous conditions)* :

les armes relevant des 1° et 8° de la catégorie B suivantes :

revolvers chambrés pour le calibre 38 Spécial avec l'emploi exclusif de munitions de service à projectile expansif

armes de poing chambrées pour le calibre 9 × 19 (9 mm Lüger) avec l'emploi exclusif de munitions de service à projectile expansif

générateurs d'aérosols incapacitants ou lacrymogènes d'une capacité supérieure à 100 ml

les armes relevant des a et b de la catégorie D suivantes :

matraques de type bâton de défense ou tonfa

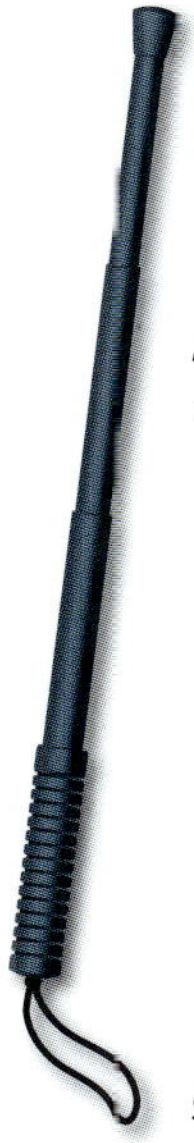

matraques ou tonfas télescopiques

générateurs d'aérosols incapacitants ou lacrymogènes d'une capacité inférieure ou égale à 100 ml

Acquisition et détention *(art. R613-3-1 du CSI)*
L'autorisation d'acquisition ou de détention d'armes de la catégorie B est délivrée :
> à une entreprise ou à un exploitant individuel/personne morale détenant une autorisation d'exercice ; **jamais directement à un A.P.S.**
> par le Préfet
> pour une durée maximale de 5 ans renouvelable
> autorisation qui peut être rapportée à tout moment pour des motifs d'ordre public ou de sécurité des personnes.

Transport *(art. R613-3-3 du CSI)*
Les armes à feu sont transportées de manière à ne pas être utilisables. Pour cela, il faut :
- soit utiliser un dispositif technique *(verrou de pontet...)* ;
- soit démonter une de leurs pièces de sécurité *(séparer l'arme des munitions et de son chargeur...)*.

SCHAMIN/Shutterstock©

NEstudio/Shutterstock©

Conservation *(art. R613-3-4 du CSI)*
En dehors de toute mission, les armes de la catégorie B, leurs éléments et munitions doivent être conservés, munitions à part, dans des coffres forts ou des armoires fortes scellés au mur ou au sol d'une pièce sécurisée ou dans des chambres fortes comportant une porte blindée et dont les ouvertures sont protégées par des barreaux ou des volets métalliques.
Les armes de la catégorie D sont conservées par l'entreprise dans des coffres forts ou des armoires fortes et, le cas échéant, séparées des armes de la catégorie B.
Les armes et munitions sont remises uniquement pour le temps de la mission.
Dès la fin de la mission, les armes et munitions sont retirées au personnel et conservées de manière à en garantir la sécurité.
Les armes et munitions sont sous la responsabilité du chef d'entreprise.

> CONDITIONS PARTICULIÈRES D'USAGE *(art. R613-3-7 du CSI)*
Les armes ne peuvent être utilisées qu'en cas de légitime défense.

Dispositions relatives à l'armement des agents de surveillance et de gardiennage

> UTILISATION DES ARMES DE LA CATÉGORIE D

L'autorisation de port et de transport est délivrée :
> à un ou plusieurs A.P.S.
> par le Préfet *(le silence gardé par le Préfet vaut décision de rejet)*
> pour une durée qui ne peut excéder un an, renouvelable dans les mêmes conditions.

L'autorisation précise le lieu d'exercice de la mission, sa durée, le nom des agents y participant et les types d'armes dont ils peuvent être équipés.
L'autorisation n'est valable que pendant le temps nécessaire à l'accomplissement de la mission.
Les armes sont remises par l'employeur et sous la responsabilité de celui-ci.
Lors de la mission, les agents concernés doivent être porteurs d'une copie de l'autorisation
Durant le temps de la mission, les armes sont portées de manière apparente.

Dispositions relatives à la formation au maniement des armes

Les personnes participant à une activité privée de sécurité avec le port d'une arme doivent attester de compétences portant notamment :

a) Sur des connaissances relatives aux conditions d'acquisition, de détention, de conservation, de transport et d'usage des armes dans le cadre de l'activité exercée ;
b) Sur le maniement des armes mentionnées à l'article R. 613-3, en fonction de chaque activité ;
c) Sur l'exercice d'une mission avec le port d'une arme.

Des entraînements réguliers doivent être suivis par les agents. Ils portent notamment sur le maniement des armes, la sécurité des armes et, le cas échéant, e t r, dans les conditions fixées par arrêté du ministre de l'intérieur.

Les sanctions au port et au transport des armes et munitions

Article L317-8 du C.S.I.

Armes, éléments d'armes, éléments essentiels ou munitions

Toute personne qui ne respecte pas la réglementation sur le port et le transport des armes *(même si elle en est régulièrement détentrice)* est passible d'une amende et d'une peine d'emprisonnement.
> Il s'agit d'un délit.

Sanctions infligées en fonction de l'infraction			
Infraction		**Amende**	**Peine d'emprisonnement**
Matériel de guerre, arme ou élément et munitions de catégorie A ou B	1 personne seule	**75 000 €**	5 ans
	au moins 2 personnes	**500 000 €**	10 ans
Arme, élément essentiel ou munitions de catégorie C	1 personne seule	**30 000 €**	2 ans
	au moins 2 personnes	**75 000 €**	5 ans
Arme, élément essentiel ou munitions de catégorie D	1 personne seule	**15 000 €**	1 an
	au moins 2 personnes	**30 000 €**	2 ans
Arme, élément ou munitions de catégorie D à faible dangerosité		**750 €**	—

2.5 - LES OBLIGATIONS RELATIVES AU PORT DE LA TENUE ET DE L'INSIGNE

Exemples de tenues :

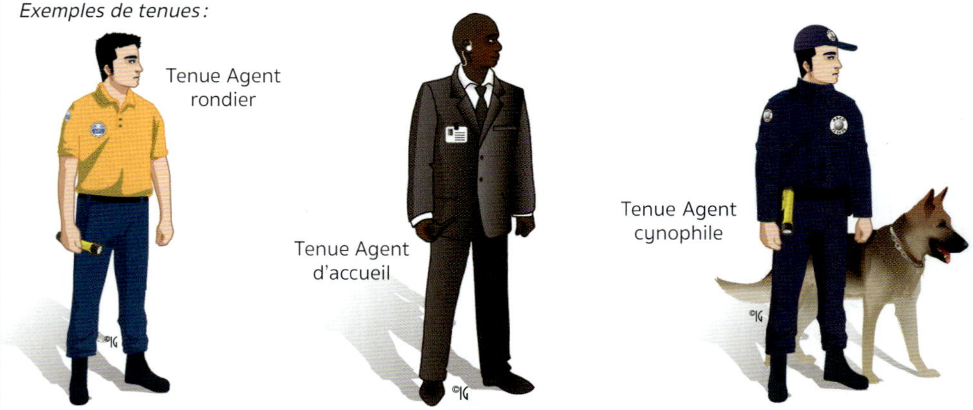

Port de tenue obligatoire

Les agents de sécurité *(surveillance/gardiennage, transports de fonds, services internes de sécurité)* doivent porter une tenue identifiable :

> qui ne doit pas prêter à confusion avec les uniformes des agents de sécurité publique.

Les agents de sécurité "doivent porter, dans l'exercice de leurs fonctions, une tenue particulière. Celle-ci ne doit entraîner aucune confusion avec les tenues des agents des services publics, notamment de la police nationale, de la gendarmerie nationale, des douanes et des polices municipales."
(Art. L613-4 (surveillance ou gardiennage), Art. L613-8 (transport de fonds) et Art. L614-3 du C.S.I. (services de sécurité des bailleurs d'immeubles).

> qui comporte au moins un insigne reproduisant la dénomination ou le sigle de l'entreprise, **apparent et lisible en toutes circonstances**.

"(...) Cette tenue comporte au moins un insigne reproduisant la dénomination ou le sigle de l'entreprise ou, le cas échéant, du service interne de sécurité et placés de telle sorte qu'il reste apparent et lisible en toutes circonstances."
(Art. R613-1 du C.S.I.)

La tenue est la représentation de la société de sécurité privée. Elle n'est portée que durant l'exercice de la mission.

Port de tenue non obligatoire

"L'**équipage d'un véhicule banalisé servant au transport de billets, de bijoux ou de métaux précieux** n'est pas soumis à ces dispositions." *(Art. R613-40 du C.S.I.)*

"Le port de la tenue n'est pas obligatoire pour les personnels exerçant une **activité de protection de personnes** ou une **activité de surveillance contre le vol à l'étalage de locaux commerciaux**." *(Art. R613-2 du C.S.I.)*

2.6 - LES DISPOSITIONS VISANT À ÉVITER LA CONFUSION AVEC UN SERVICE PUBLIC

> INTERDICTION D'EXERCER DES MISSIONS DE POLICE

Interdictions et limites d'intervention:

Les **activités** des entreprises de sécurité privée sont **absolument distinctes** de celles des services de Police nationale ou municipale et de Gendarmerie. Leur personnel ne dispose d'aucune prérogative de puissance publique dans l'exercice de leur fonction.

"L'autorisation d'exercice ne confère aucune prérogative de puissance publique à l'entreprise ou aux personnes qui en bénéficient" *(Art. L612-14 du C.S.I.)*.

De façon générale, l'APS ne peut accomplir aucun acte ressortissant à l'exercice de la police administrative ou judiciaire, sous peine des sanctions du Code pénal réprimant l'usurpation de fonction.

> INTERDICTION D'EXERCER SUR LA VOIE PUBLIQUE

Conformément au Code des communes, les seules **autorités responsables de l'ordre public dans les communes** sont le **Maire** et le **Préfet**. Aucun texte législatif ou réglementaire ne confère aucune compétence en la matière aux personnes privées et aux entreprises privées sur la voie publique.

Le personnel des entreprises de sécurité privée ne doit **pas** effectuer **d'opération de police sur la voie publique** *(agissement pouvant attenter à la libre circulation des personnes et des véhicules tels que l'interpellation, l'arrestation, l'interrogatoire, le contrôle d'identité, la fouille)*.

Kadmy/ Fotolia©

"Les agents exerçant une activité mentionnée au 1° de l'article L. 611-1 ne peuvent exercer leurs fonctions qu'à l'intérieur des bâtiments ou dans la limite des lieux dont ils ont la garde.

À titre exceptionnel, les agents peuvent être autorisés par le Préfet à exercer sur la voie publique des missions, même itinérantes, de surveillance contre les vols, dégradations et effractions visant les biens dont ils ont la garde." *(Art. L613-1 du C.S.I.)*

Dans ce cas, "la demande est faite, sur requête écrite de son client, par l'entreprise chargée de cette surveillance. Cette autorisation doit indiquer si le ou les employés affectés à la garde des biens peuvent ou non être armés. Elle peut, le cas échéant, prévoir que cette surveillance doit être exercée par des employés armés." *(Art. R613-5 du C.S.I.)*

Sanctions: deux ans d'emprisonnement et 30 000 € d'amende. *(Art. L617-11 du C.S.I.)*

> INTERDICTION DE MENTIONNER UNE QUALITÉ D'ANCIEN FONCTIONNAIRE DE POLICE OU D'ANCIEN MILITAIRE

En aucun cas, il **ne pourra être fait état de la qualité d'ancien fonctionnaire de police ou d'ancien militaire** sur tous les documents des entreprises privées de sécurité, que ces documents soient de nature informative, contractuelle ou publicitaire. Cette interdiction s'applique aux dirigeants comme aux employés. *(Art. L612-15 du C.S.I.)*

Netfalls Remy Musser/Shutterstock©

2.7 - LES DISPOSITIONS DU CODE PÉNAL UTILES À L'ACTIVITÉ DE SÉCURITÉ PRIVÉE

▶ La Légitime Défense *(L.D.)* Art. 122-5 et 122-6 du C.P. :

snaptitude/Fotolia©

> LÉGITIME DÉFENSE DES PERSONNES :

Art. 122-5 alinéa 1 du C.P. : *"N'est pas pénalement responsable la personne qui, devant une atteinte injustifiée envers elle-même ou autrui, accomplit, dans le même temps, un acte commandé par la nécessité de la légitime défense d'elle-même ou d'autrui, sauf s'il y a disproportion entre les moyens de défense employés et la gravité de l'atteinte."*

Ce qu'il faut retenir :

Les éléments constitutifs de la légitime défense :

2 conditions	
Conditions relatives à l'AGRESSION	**Conditions relatives à la DÉFENSE**
dirigée contre une personne ou un bien	**nécessaire** *(la personne n'a aucun autre moyen de se soustraire au danger)*
actuelle *(le danger est imminent)*	**simultanée** *(la réaction de défense est immédiate par rapport à l'attaque)*
injuste	**proportionnée** *(l'acte de défense ne doit pas être disproportionné avec l'acte d'agression)*
L'acte d'agression doit menacer la vie, l'intégrité corporelle, de la personne mais aussi sa liberté physique, l'inviolabilité de son domicile, le vol sur sa personne.	L'acte de défense ne confère pas au titulaire du droit de légitime défense la faculté d'infliger un mal illimité à l'agresseur.

> LÉGITIME DÉFENSE DES BIENS :

Art. 122-5 alinéa 2 du C.P. : *"N'est pas pénalement responsable la personne qui, pour interrompre l'exécution d'un crime ou d'un délit contre un bien, accomplit un acte de défense, autre que l'homicide volontaire, lorsque cet acte est strictement nécessaire au but poursuivi dès lors que les moyens employés sont proportionnés à la gravité de l'infraction."*

Ce qu'il faut retenir :

La défense des biens doit respecter trois critères :

- *acte de défense autre que l'homicide volontaire,*
- *acte de défense strictement nécessaire à l'arrêt du crime ou délit contre un bien,*
- *moyens de défense proportionnés à l'infraction et non à la valeur du bien.*

Art. 122-6 du C.P. : deux cas privilégiés de la présomption de légitime défense : *"Est présumé avoir agi en état de légitime défense, la personne qui accomplit l'acte :*

- *pour repousser, de nuit, l'entrée par effraction, violence ou ruse, dans un lieu habité.*
- *pour se défendre contre les auteurs de vols ou de pillages exécutés avec violence."*

▶ L'état de nécessité

Art. 122-7 du C.P. : *"N'est pas pénalement responsable la personne qui, devant un danger actuel ou imminent qui menace elle-même, autrui ou un bien, accomplit un acte nécessaire à la sauvegarde de la personne ou du bien, sauf s'il y a disproportion entre les moyens employés et la gravité de la menace."*

Ce qu'il faut retenir :

Pour sauver une personne ou un bien **menacé par un danger actuel ou imminent**, toute personne peut commettre une infraction si les **moyens employés sont proportionnés à la menace**.

▶ Atteintes à la personne

> ATTEINTES À L'INTÉGRITÉ PHYSIQUE

Les actes de barbarie et de torture au sens de l'article 221-1 du C.P. sont des crimes.

Art. 221-1 du C.P. : *"Le fait de donner volontairement la mort à autrui constitue un meurtre. Il est puni de trente ans de réclusion criminelle."*

Art. 222-17 du C.P. : *"La menace de commettre un crime ou un délit contre les personnes dont la tentative est punissable est punie de six mois d'emprisonnement et de 7 500 € d'amende lorsqu'elle est, soit réitérée, soit matérialisée par un écrit, une image ou tout autre objet. La peine est portée à trois ans d'emprisonnement et à 45 000 € d'amende s'il s'agit d'une menace de mort."*

> MISE EN DANGER DE LA PERSONNE

Risques causés à autrui

Art. 223-1 du C.P. : mise en danger d'autrui. *"Le fait d'exposer directement autrui à un risque immédiat de mort ou de blessures de nature à entraîner une mutilation ou une infirmité* *permanente par la violation manifestement délibérée d'une obligation particulière de prudence ou de sécurité imposée par la loi ou le règlement est puni d'un an d'emprisonnement et de 15 000 € d'amende."*

Ce qu'il faut retenir :

La constitution de cette infraction doit réunir quatre éléments :

> l'exposition d'autrui,
> l'exposition à des risques de mort ou de blessures,
> l'existence d'un règlement imposant des obligations de sécurité et de prudence,
> la violation délibérée d'une obligation de règlement.

Entrave aux mesures d'assistance

Art. 223-5 du C.P. : *"Le fait d'entraver volontairement l'arrivée de secours destinés à faire échapper une personne à un péril imminent ou à combattre un sinistre présentant un danger pour la sécurité des personnes est puni de sept ans d'emprisonnement et de 100 000 € d'amende."*

Omission de porter secours

Art. 223-6 du C.P. :

Alinéa 1 : *"Quiconque pouvant empêcher par son action immédiate, sans risque pour lui ou pour les tiers, soit un crime, soit un délit contre l'intégrité corporelle de la personne s'abstient volontairement de le faire est puni de cinq ans d'emprisonnement et de 75 000 € d'amende."*

Alinéa 2 : *"Sera puni des mêmes peines quiconque s'abstient volontairement de porter à une personne en péril l'assistance que, sans risque pour lui ou pour les tiers, il pouvait lui prêter soit par son action personnelle, soit en provoquant un secours."*

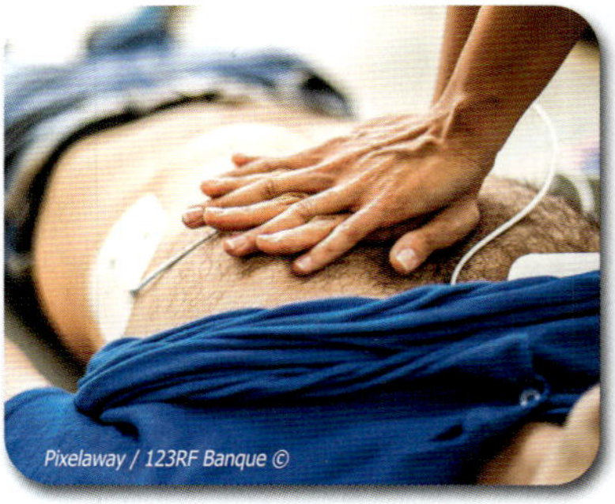
Pixelaway / 123RF Banque ©

Ce qu'il faut retenir :

L'A.P.S. a obligation d'intervenir s'il n'encourt **aucun risque pour lui ou les autres et s'il a les capacités de :**

> porter ou provoquer secours à une personne victime d'atteintes corporelles,
> porter ou provoquer assistance à personne en péril.

2.8 - LES CONDITIONS LÉGALES DE RÉTENTION D'UNE PERSONNE AVANT MISE À DISPOSITION DES FORCES DE L'ORDRE (ARTICLES 53 ET 73 DU CODE DE PROCÉDURE PÉNALE)

L'Agent de Prévention et de Sécurité *(A.P.S.)* ne possède aucun droit particulier pour faire face à un délit et crime flagrant.

Il n'est ni un gendarme, ni un policier.

IL NE PEUT DONC PAS :

> procéder à une arrestation,
> fouiller une personne, des bagages ou un véhicule,
> contrôler une identité.

L'A.P.S. a les mêmes droits qu'un citoyen *(sous certaines conditions)*:

> procéder à une appréhension,
> pratiquer une palpation,
> soumettre l'entrée dans un lieu privé à la justification d'une identité,
> contrôler le contenu des bagages et des véhicules.

Qualité pour appréhender

Parfois appelée "droit d'appréhension" ou faussement qualifiée de "droit d'arrestation", la qualité pour appréhender est reconnue à tout citoyen, l'A.P.S. peut en faire usage, essentiellement dans l'accomplissement de ses missions spécifiques.

Il s'agit donc, pour un professionnel de la sécurité, plus encore que pour un quelconque citoyen, de connaître parfaitement les conditions légales qui régissent l'usage d'un droit très particulier qui attente à la liberté d'aller et venir.

A. Source du droit

L'article 73 du Code de Procédure Pénale *(C.P.P.)* **précise que**: *"Dans le cas de crime ou de délit flagrant puni d'une peine d'emprisonnement, toute personne a qualité pour en appréhender l'auteur et le conduire devant l'officier de police judiciaire le plus proche."*

B. Crime ou délit puni d'une peine d'emprisonnement

Il s'agit des infractions pénales les plus graves prévues et réprimées par le Code pénal et les lois annexes.

Les contraventions sont exclues du champ d'application de l'article 73 du C.P.P.

Ce droit autorise l'emploi de la coercition, c'est-à-dire l'usage de la force, pour contraindre, si cela s'avère nécessaire, l'auteur qui se débattrait pour se soustraire à cette appréhension. Cette force doit être strictement nécessaire pour maîtriser l'individu c'est-à-dire proportionnée à la résistance rencontrée. Il s'agit, dans ce cas, de violences légitimes.

- **Un crime** est une infraction punissable de peines criminelles *(réclusion criminelle, détention criminelle)* dont l'auteur devra répondre de ses actes devant la **Cour d'assises**.
  Tous les crimes, sans aucune exception, entrent dans le champ d'application de l'article 73 du C.P.P.
  On peut citer : le meurtre, le viol, les tortures et actes de barbaries, les vols aggravés *(avec violences, en bande organisée, etc.)*.

- **Un délit** est une infraction pénale punissable de peines correctionnelles *(emprisonnement, amende)* dont les coupables sont traduits devant un tribunal correctionnel.

Seuls les délits punis d'une peine d'emprisonnement peuvent être pris en compte pour la reconnaissance du droit d'appréhension.

La quasi-totalité des délits contre les personnes et les biens sont punissables d'une peine d'emprisonnement et d'amende *(vols, dégradations et destructions volontaires, incendies, escroqueries, coups et blessures volontaires, menaces et/ou chantages, etc.)*.
Seuls de rares délits ne sont justiciables que d'une amende, on peut citer le fait de porter des inscriptions sur un bâtiment *(les tags)* - Art. 322-1 alinéa 2 du C.P.: 3 750 € d'amende et une peine d'intérêt général.

Le crime ou délit flagrant

rock_the_stock/Fotolia©

L'article 53 du C.P.P. précise que: *"Est qualifié crime ou délit flagrant le crime ou le délit qui se commet actuellement, ou qui vient de se commettre. Il y a aussi crime ou délit flagrant lorsque, dans un temps très voisin de l'action, la personne soupçonnée est poursuivie par la clameur publique, ou est trouvée en possession d'objets, ou présente des traces ou indices, laissant penser qu'elle a participé au crime ou au délit."*

Il définit cinq cas de flagrance:

A. Le crime ou le délit qui se commet actuellement.

C'est l'infraction qui se commet sous les yeux de l'agent.

Exemple: une personne âgée se fait agresser par un individu dans un centre commercial. Il lui donne plusieurs coups de couteaux *(Art. 222-3 du C.P.: vingt ans de réclusion criminelle)*. Par conséquent, cette agression étant punie par de la prison, l'A.P.S. peut l'appréhender.

Nomad_Soul/Fotolia©

B. Le crime ou le délit qui vient de se commettre.

C'est le crime ou le délit qui s'est commis depuis peu de temps et dont l'A.P.S. a connaissance.

Exemple: un employé de l'entreprise X s'aperçoit que la porte de son bureau a été fracturée. Son ordinateur a disparu. Il le signale au service de sécurité. Une demi-heure plus tard, le rondier, pendant sa ronde, aperçoit un individu rôder dans l'entreprise. Il peut procéder à son appréhension en flagrant délit de vol.

Même si l'A.P.S. n'est pas certain d'être en présence de l'auteur du vol commis dans le bureau, il existe à l'encontre de l'individu des soupçons tels qu'ils autorisent l'usage de l'article 73 du

Code de procédure pénale, même si l'enquête ouverte par l'O.P.J. *(Officier de Police Judiciaire)*, saisi par la suite, innocente l'homme appréhendé *(Jurisprudence : T G.I. Marseille du 28 Janvier 1982)*.

C. Dans un temps très voisin de l'action, la personne soupçonnée est poursuivie par la clameur publique.

C'est la situation dans laquelle un auteur de crime ou de délit prend la fuite sous les cris de plusieurs personnes.

Exemple : en fonction à l'intérieur de la galerie marchande d'une grande surface, un A.P.S. constate qu'un individu s'enfuit vers la sortie alors que plusieurs personnes s'écrient *"Arrêtez-le, au voleur, il a volé mon collier en or"*. L'A.P.S. peut agir en flagrant délit *(Art. 311-3 du C.P. : trois ans d'emprisonnement et de 45 000 € d'amende)*.
Par conséquent, ce vol étant puni par de la prison, l'A.P.S. peut l'appréhender.

D. Dans un temps très voisin de l'action, la personne soupçonnée est trouvée en possession d'objets laissant penser qu'elle a participé au crime ou au délit.

Cas de flagrance supposé :

> d'une part l'existence d'un crime ou un délit commis depuis peu et dont l'A.P.S. a connaissance,
> d'autre part la découverte, par l'A.P.S., d'une personne possédant des objets laissant penser qu'elle a participé à ce crime ou à ce délit.

Si la première condition ne pose aucune difficulté, il n'en va pas de même de la seconde.
En effet, l'A.P.S. ne peut, comme un O.P.J., procéder à une fouille-perquisition sur une personne pour la recherche de preuves dans le cadre d'une enquête de flagrant délit. Les objets que porte la personne soupçonnée doivent donc **être apparents**.

Exemple : un A.P.S. est en poste au contrôle d'accès de l'usine Y. On lui signale le vol de deux unités centrales le jour même. À 13 heures, un ouvrier sort avec son véhicule. L'A.P.S. voit des unités centrales sur les sièges arrières. Il peut procéder à l'appréhension de l'ouvrier.

E. Dans un temps très voisin de l'action, la personne soupçonnée présente des traces et indices laissant penser qu'elle a participé au crime ou au délit.

Les conditions de ce cas de flagrance sont semblables à celles du précédent. L'évidence des traces et indices portés par la personne soupçonnée s'impose.

Exemple : l'A.P.S. X, travaillant dans une galerie marchande, découvre une personne ensanglantée dans les WC pendant sa ronde. Elle lui dit qu'elle vient de se faire poignarder. L'A.P.S. X contacte immédiatement son chef de poste et ses collègues. Cinq minutes plus tard, le rondier Y voit un individu avec du sang sur ses habits. Son appréhension en flagrant délit se justifie.

Il convient de surligner que dans les trois derniers cas de flagrance de l'article 53, il est question de "personne soupçonnée" et non pas forcément de l'auteur. La certitude de la culpabilité de la personne ne s'impose pas, il suffit qu'il existe à son encontre des soupçons justifiés.

Intervention sur la personne de l'auteur de l'infraction
La notion d'auteur de l'infraction peut se voir valablement étendue à tous les participants à l'infraction qu'il s'agisse de coauteurs ou complices.
Le(s) complice(s) et le(s) coauteur(s) d'une infraction encourent les mêmes peines que l'auteur principal.

Art. 121-6 du C.P. *"Sera puni comme auteur le complice de l'infraction, au sens de l'art. 121-7."*

Art. 121-7 du C.P. *"Est complice d'un crime ou d'un délit la personne qui sciemment, par aide ou assistance, en a facilité la préparation ou la consommation.*
Est également complice la personne qui par don, promesse, menace, ordre, abus d'autorité ou de pouvoir aura provoqué à une infraction ou donné des instructions pour la commettre."

La tentative

L'article 121-4 du C.P. précise que :
"Est auteur de l'infraction la personne qui :

1° *Commet les faits incriminés ;*

2° *Tente de commettre un crime ou, dans les cas prévus par la loi, un délit."*

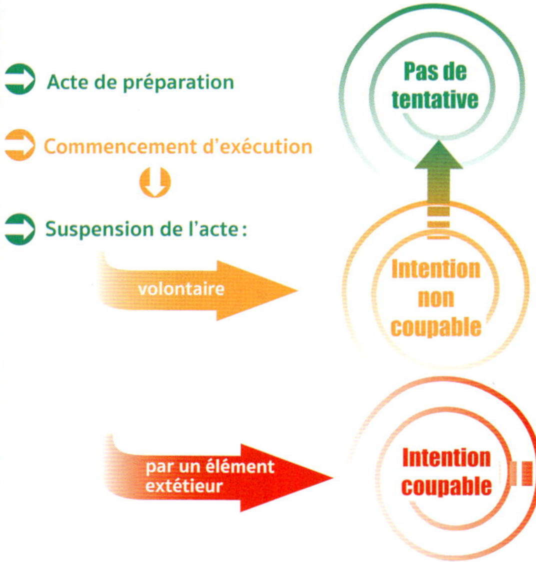

Une tentative de crime est répréhensible et l'agent peut appréhender la personne. Une tentative de délit n'est pas forcément punissable.

Article 121-5 du C.P. : *"La tentative est constituée dès lors que, manifestée par un **commencement d'exécution**, elle n'a pas été **suspendue** ou n'a manqué son effet qu'en raison de circonstances **indépendantes de la volonté de son auteur.**"*

Les obligations de l'auteur de l'appréhension

Avertir les autorités de polices

Au terme de l'article 73 du Code de procédure pénale, la personne qui procède à l'appréhension de l'auteur d'un crime ou d'un délit flagrant, qu'il soit majeur ou mineur, doit **le conduire devant l'O.P.J. le plus proche**.

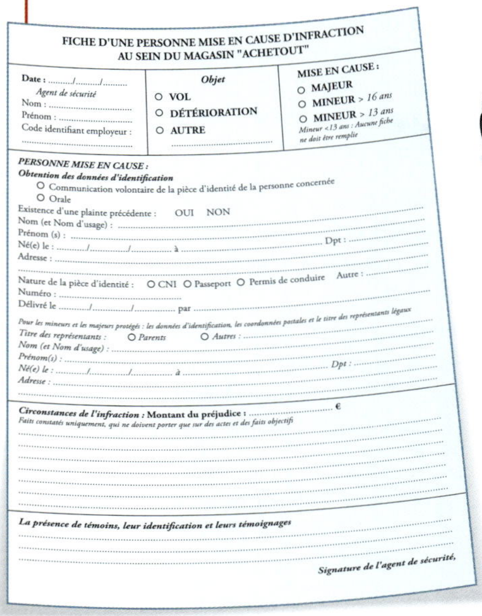

FICHE D'UNE PERSONNE MISE EN CAUSE D'INFRACTION AU SEIN DU MAGASIN "ACHETOUT"

Date : ..../........./.........	*Objet*	MISE EN CAUSE :
Agent de sécurité Nom : .... Prénom : .... Code identifiant employeur :	○ VOL ○ DÉTÉRIORATION ○ AUTRE	○ MAJEUR ○ MINEUR > *16 ans* ○ MINEUR > *13 ans* *Mineur <13 ans : Aucune fiche ne doit être remplie*

PERSONNE MISE EN CAUSE :
Obtention des données d'identification
○ Communication volontaire de la pièce d'identité de la personne concernée
○ Orale
Existence d'une plainte précédente : OUI NON
Nom (et Nom d'usage) : ....
Prénom (s) : ....
Né(e) le : ..../........./......... à .... Dpt : ....
Adresse : ....
Nature de la pièce d'identité : ○ CNI ○ Passeport ○ Permis de conduire Autre : ....
Numéro : ....
Délivré le ..../........./......... par ....
Pour les mineurs et les majeurs protégés : les données d'identification, les coordonnées postales et le titre des représentants légaux
Titre des représentants : ○ *Parents* ○ *Autres :* ....
Nom (et Nom d'usage) : ....
Prénom(s) : ....
Né(e) le : ..../........./......... *à* .... *Dpt :* ....
Adresse : ....

***Circonstances de l'infraction :* Montant du préjudice :** .... €
Faits constatés uniquement, qui ne doivent porter que sur des actes et des faits objectifs

La présence de témoins, leur identification et leurs témoignages

Signature de l'agent de sécurité,

Cet O.P.J. peut être :

> un O.P.J. de la Gendarmerie nationale,

> un O.P.J. de la Police nationale,

> le maire de la commune.

Le 1° de l'article 16 du code de procédure pénale et l'article L.2122-31 du Code Général des Collectivités Territoriales *(C.G.C.T.)* attribue au maire et à ses adjoints la qualité d'Officier de Police Judiciaire *(O.P.J.)*.

Dans la pratique, pour une raison de sécurité, l'A.P.S. appelle les services de police ou de gendarmerie. Ces derniers se déplaceront sur le site.

Le fait de tenir la personne appréhendée à la disposition de l'O.P.J., après l'avoir informée, satisfait à l'obligation de conduite devant l'O.P.J. *(Jurisprudence : Crim. 1er octobre 1976)*.

L'O.P.J. compétent doit être informé dans les meilleurs délais. Constitue en effet le délit de séquestration arbitraire, le fait pour l'A.P.S. de retenir la personne appréhendée plusieurs heures avant de faire appel à la gendarmerie où à la police *(Jurisprudence : Crim. 16 février 1988)*.

Atteintes aux biens dans les magasins à grande surface
En raison de la multiplication des atteintes aux biens dans les magasins à grande surface et de la charge particulièrement lourde engendrée par le phénomène pour les forces de police et de gendarmerie, il est admis que les responsables de magasin ne fassent pas systématiquement appel aux services officiels. Ils ont, en effet la possibilité d'adresser une lettre *(fiche d'appréhension)*, portant indication du dépôt ou non de plainte au Procureur de la République compétent.

Appréhension d'un mineur
L'appréhension d'un mineur dans le cadre de cette procédure particulière doit, dans tous les cas, être suivie d'un appel au responsable légal ou à défaut aux forces de police ou de gendarmerie.

Appréhension d'une femme

Pour l'appréhension d'une femme, l'A.P.S. de sexe masculin doit se faire accompagner par une collègue dans le local d'interpellation pour éviter certains problèmes.

Responsabilité

L'A.P.S. qui procède à une appréhension **devient responsable de la personne appréhendée** pendant tout le temps où il la maintient à la disposition de l'O.P.J. informé.
Cette responsabilité implique une vigilance toute particulière, afin d'éviter tout comportement dangereux *(agression sur un tiers, acte auto-agressif, etc.)* ou destruction de preuves ou d'indices utiles pour une suite d'enquête. La personne appréhendée ne doit jamais rester seule. L'A.P.S. qui a procédé à l'appréhension reste avec elle, une surveillance vidéo est fortement recommandée *(preuve en cas de problème)*.

Appréhender un individu consiste à l'empêcher de prendre la fuite et donc à l'immobiliser pour le mettre à disposition de la justice.
Les textes légaux autorisent le recours à la force pour se saisir d'une personne et l'immobiliser. L'appréhension suppose en effet une certaine contrainte.
Il convient toutefois, dans la mesure du possible, de rechercher des **méthodes d'appréhension excluant toute violence et privilégiant notamment la persuasion verbale, sans contact physique.**

Dans tous les cas, l'A.P.S. doit noter avec précision la date et l'heure :

> de l'appréhension,
> d'appel à l'O.P.J. compétent,
> de présentation à l'O.P.J. saisi ou de remise en liberté.

Cette intervention fera peut-être l'objet d'un rapport.

Désarmer une personne appréhendée

Si les conditions de l'appréhension font craindre un risque quelconque *(individu connu pour sa dangerosité, comportement suspect, menaces verbales, etc.)*, l'A.P.S. doit s'assurer que la personne appréhendée en flagrant délit ne porte aucune arme ou objet susceptible de servir d'arme. Pour se faire, il peut procéder à une palpation.

> La palpation

Elle **ne se justifie que si les circonstances de l'appréhension ou l'attitude de la personne appréhendée font craindre une agression grave sur la personne de l'A.P.S.** *(Juris classeur de procédure pénale – Art. 53 à 73 du C.P.P.)*.
Autrement dit, la palpation ne peut être pratiquée qu'en cas d'appréhension en flagrant délit et seulement si les circonstances font craindre une menace contre la vie ou l'intégrité physique de l'A.P.S. ou des tiers. L'A.P.S. aura une certaine crainte de la réaliser car il doit éventuellement être amené à la justifier.

La technique consiste à palper la personne par-dessus les vêtements. Les mains ne peuvent être glissées dans les vêtements ou les poches que dans les cas où la palpation a révélé la présence d'une arme ou d'un objet susceptible de servir d'arme.

Il ne peut être procédé à une palpation que par une personne du même sexe.

LA FOUILLE EST INTERDITE PAR LA LOI

(sauf pour un officier ou un agent de police judiciaire dans des conditions particulières.)

Préservation de traces ou indices

L'article 55 du C.P.P. précise que : *"Dans les lieux où un crime a été commis, il est interdit, sous peine d'une amende de 4ème classe, à toute personne non habilitée, de modifier avant les premières opérations de l'enquête judiciaire l'état des lieux et d'y effectuer des prélèvements quelconques.*

Toutefois, exception est faite lorsque ces modifications ou ces prélèvements sont commandés par les exigences de la sécurité ou de la salubrité publique, ou par les soins à donner aux victimes."

L'article 434-4 du C.P. précise que : *"Est puni de trois ans d'emprisonnement et de 45 000 € d'amende le fait, en vue de faire obstacle à la manifestation de la vérité :*

1° de modifier l'état des lieux d'un crime ou d'un délit soit par l'altération, la falsification ou l'effacement des traces ou indices, soit par l'apport, le déplacement ou la suppression d'objets quelconques ;

2° de détruire, soustraire, receler ou altérer un document public ou privé ou un objet de nature à faciliter la découverte d'un crime ou d'un délit, la recherche des preuves ou la condamnation des coupables.

Lorsque les faits prévus au présent article sont commis par une personne qui, par ses fonctions, est appelé à concourir à la manifestation de la vérité, la peine est portée à cinq ans d'emprisonnement et à 75 000 € d'amende."

2.9 - LES PRINCIPES DE RESPECT DES LIBERTÉS PUBLIQUES

▶ Le respect de la vie privée

Selon l'**article 9 du Code civil**, *"Chacun a droit au respect de sa vie privée. Les juges peuvent, sans préjudice de la réparation du dommage subi, prescrire toutes mesures, telles que séquestre, saisie et autres, propres à empêcher ou faire cesser une atteinte à l'intimité de la vie privée ; ces mesures peuvent, s'il y a urgence, être ordonnées en référé."*

Il n'existe pas réellement de définition de la “vie privée”, afin de ne pas limiter son champ d'application. Sont considérées comme portant atteinte à la vie privée toutes les informations faisant intrusion dans l'intimité de la personne, notamment :

> **relations sexuelles :** tout individu a le droit d'organiser librement sa vie sexuelle. À ce titre, l'information sur l'homosexualité rentre dans le cadre du respect de la vie privée et de la non-discrimination.

> **vie sentimentale :** l'ingérence dans la vie sentimentale d'une personne peut faire l'objet de poursuites judiciaires.

> **vie familiale :** l'ingérence dans la vie familiale, et en particulier la divulgation d'informations telles que la correspondance, la domiciliation ou la maternité, est prohibée, sauf cas majeur de mesure de sécurité nationale ou de sûreté publique. Sont ainsi répréhensibles les photographies représentant une personne se trouvant dans un lieu privé *(à plus forte raison à domicile)*. Par ailleurs toutes les informations permettant d'identifier une personne *(telles que le numéro de sécurité sociale)* font partie de la vie privée.

> **situation financière :** la révélation d'informations sur la santé financière d'un individu et de sa famille tombe sous le giron de la protection de la vie privée, y compris la situation de fortune.

> **souvenirs personnels :** les anecdotes et confidences appartiennent au domaine de la vie privée. Seule la personne concernée est en droit de décider de leur publication.

> **état de santé :** le secret médical, s'appliquant à tous les professionnels de santé *(comme par exemple les secouristes)*, est une obligation de discrétion visant au respect de la vie privée des personnes.

> **convictions politiques, religieuses et syndicales :** les opinions politiques, syndicales et croyances religieuses des personnes font l'objet d'une obligation au secret.

Selon le Code pénal :

Art. 226-1 *“Est puni d'un an d'emprisonnement et de 45 000 € d'amende le fait, au moyen d'un procédé quelconque, volontairement de porter atteinte à l'intimité de la vie privée d'autrui :*

> *en captant, enregistrant ou transmettant, sans le consentement de leur auteur, des paroles prononcées à titre privé ou confidentiel,*

> *en fixant, enregistrant ou transmettant, sans le consentement de celle-ci, l'image d'une personne se trouvant dans un lieu privé.*

Lorsque des actes mentionnés au présent article ont été accomplis au vu et au su des intéressés sans qu'ils s'y soient opposés, alors qu'ils étaient en mesure de le faire, le consentement de ceux-ci est présumé.”

Art. 226-2 *"Est puni des mêmes peines le fait de conserver, porter ou laisser porter à la connaissance du public ou d'un tiers ou d'utiliser de quelque manière que ce soit tout enregistrement ou document obtenu à l'aide de l'un des actes prévus par l'article 226-1."*

Le droit de propriété

Définition

La propriété est le droit de jouir et de disposer des choses de la manière la plus absolue pourvu qu'on n'en fasse pas un usage prohibé par les lois ou par les règlements *(Article 544 du Code civil et articles 2 et 17 de la Déclaration des droits de l'homme et du citoyen de 1789).*

Les limites du droit de propriété

Les restrictions dans l'intérêt privé

Elles ont pour objet de restreindre le caractère absolu du droit de propriété d'un propriétaire afin de permettre aux autres *(entre autres les voisins)* de jouir paisiblement de leur bien.
On distingue :

- **les servitudes :** elles consistent, pour un propriétaire, en l'obligation d'accepter des contraintes liées à une propriété voisine. Ex : servitude de passage.
- **l'abus de droit :** le propriétaire ne doit pas exercer son droit de propriété dans l'intention de nuire à autrui. Il abuse alors de son droit de propriété et est responsable des dommages qui en résultent.
- **les troubles du voisinage :** un propriétaire qui exerce normalement son droit de propriété peut, par négligence ou par imprudence, causer un préjudice à ses voisins *(bruits, odeurs...).*

Les restrictions dans l'intérêt général

Ce sont :

- **l'expropriation pour cause d'utilité publique :** procédure qui permet à l'administration d'obliger un propriétaire à lui vendre un bien,
- **les servitudes publiques :** passage d'une ligne à haute tension dans un jardin...
- **les règles d'urbanisme :** permis de construire, plan d'occupation des sols, ravalements de façades...

La liberté d'aller et venir

La réglementation de la liberté d'aller et venir en France s'inscrit dans le respect de la Déclaration des droits de l'homme et du citoyen de 1789 *(Art. 7)*, de la Déclaration universelle des droits de l'homme de 1948 et de la Convention européenne des droits de l'homme de 1950.

Des lois rassemblées dans le Code de la route précisent la réglementation de la circulation à l'intérieur du territoire français.

La liberté d'aller et de venir d'un pays à l'autre est elle aussi réglementée. La France applique, par exemple, les accords de Schengen signés par la Belgique, les Pays-Bas, le Luxembourg, l'Allemagne, l'Espagne et l'Italie... Ces accords stipulent la liberté de circulation totale des citoyens de l'Union européenne au sein des États signataires et un contrôle strict aux frontières extérieures de ces États.

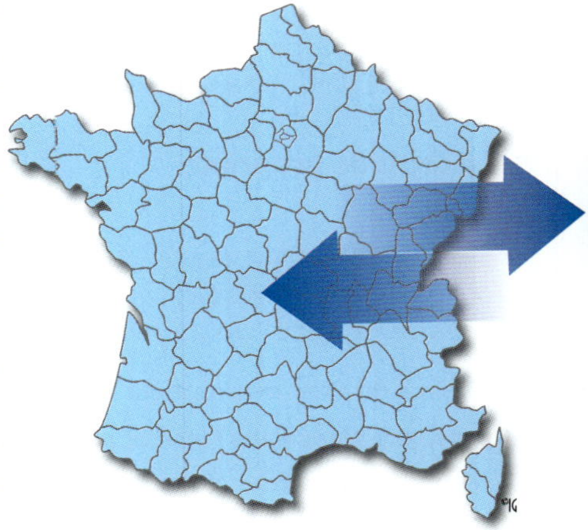

La législation française punit de 5 à 20 ans de réclusion criminelle, quiconque, séquestre, arrête, enlève ou détient arbitrairement une personne sans ordre des autorités compétentes *(Art. 224-1 du C.P.)*.

3ÈME PARTIE

GÉRER LES CONFLITS

3.1 - LES ORIGINES DES CONFLITS

Définition

Suivant le Petit Larousse le conflit est :

"une opposition d'intérêts entre deux ou plusieurs parties, dont la solution peut être recherchée soit par des mesures de violence, soit par des négociations, soit par l'appel à une tierce personne".

Étymologiquement, "conflit" prend naissance dans deux significations différentes :

- la première vient du latin "conflictus" qui signifie "choc" donnant le sens d'une lutte, d'un combat, d'une guerre. Ce choc inflige des pertes pour les parties en conflit ;
- la seconde signifie la rencontre de sentiments ou d'intérêts contraires, c'est une opposition *(points de vue, pouvoirs, idées, statuts, etc.).*

L'origine du conflit vient d'un désaccord qui ne peut plus trouver d'entente. Les parties en présence ne veulent plus ou ne veulent pas faire les efforts. La conciliation et la courtoisie n'ont plus leur place, une opposition est visible.

Le conflit peut exister dans les organisations *(formelles ou informelles)*, entre nations, ethnies, groupes, au sein de la famille, du couple, il peut être aussi social *(entre salarié et entreprise par exemple).*

Il résulte la plupart du temps d'un manque de communication et d'explication. Les formes plus violentes du conflit lorsque les parties sont agressives, sont liées à une implication individuelle où l'émotion prend le pas sur la raison. Dans ces situations, l'A.P.S. doit garder son sang-froid s'il veut conserver l'espoir de résoudre l'opposition.

Les différents types de conflits

Les conflits peuvent revêtir de nombreuses formes, suivant les acteurs en présence, le sujet du conflit, l'évolution du conflit, *(déclaré, latent, refoulé)*. Dans le secteur de la sécurité privée les conflits se rencontrent essentiellement dans le cadre des activités exercées *(accueil du public, contrôle d'accès, surveillance générale, etc.)*. L'A.P.S. peut être acteur ou médiateur du conflit.

1°) Les conflits constructifs ou destructifs

- **constructifs :** lorsque l'expérience permet d'éviter les futurs conflits, cela entraîne un climat coopératif. Les buts du groupe sont placés avant les objectifs personnels, la performance du groupe est améliorée. L'intérêt collectif prime sur l'intérêt individuel.
- **destructifs :** lorsque l'émulation est trop forte, cela entraîne une compétition négative qui porte atteinte à la productivité du groupe.

L'A.P.S. peut être

ACTEUR

> pris dans la dispute

L'A.P.S. peut être

MÉDIATEUR

> Cherchant à neutraliser le conflit

2°) Les conflits d'intérêt et d'identité

- Dans le conflit d'intérêt, l'enjeu se trouve limité à un objet, un avantage, l'exercice d'un pouvoir.
- Dans le conflit d'identité, il s'agit non pas d'acquérir un avantage, mais de rejeter l'autre en tant que tel, l'objectif est l'élimination de l'adversaire pour ce qu'il est et pour ce qu'il représente.

3°) Les conflits d'autorité et les conflits de pouvoir

Les conflits d'autorité apparaissent entre des personnes de même rang hiérarchique qui s'opposent suite à l'empiétement par l'un sur les compétences de l'autre.

Ceci rappelle immédiatement la nécessité de bien définir les compétences, les fonctions et les rôles de chacun dès le départ afin d'éviter ce type de conflit.

4°) Les conflits de concurrence

Ils sont principalement perceptibles lorsque l'activité de sécurité privée met l'accent sur la compétitivité, la recherche du résultat et sa quantification. On parvient dans ce cas à une sorte de "joute codifiée" où le conflit est banalisé mais jusqu'à un certain point.

5°) Les conflits de génération

Ils découlent de l'opposition traditionnelle entre les "jeunes et les anciens". Ils sont très souvent observables et leur nombre ne cesse de croître avec l'augmentation de la mobilité professionnelle et les avancées technologiques. Il est nécessaire de savoir s'accommoder les uns avec les autres en faisant preuve d'ouverture d'esprit et de compréhension.

6°) Les conflits d'opinion ou idéologiques

Ils relèvent des différences de valeur ou de croyance au sein d'une équipe, d'un groupe ou d'une organisation.

7°) Le conflit déclaré/le conflit latent ou larvé/le conflit refoulé

> **Le conflit déclaré** est exposé au grand jour par les protagonistes qui le souhaitent même parfois clairement par intérêt.

> **Le conflit latent ou larvé** est un conflit "étouffé" pour des raisons multiples *(peur du regard des autres, peur du conflit déclaré, peur de ne pas être à la hauteur, peur des répercussions)* et se traduit de différentes façons *(non-dits pesants, absentéisme, stress, ignorance)*.

> **Le conflit refoulé** est un ancien conflit qui n'a pas trouvé de solution définitivement acceptable pour l'un ou l'autre des deux antagonistes et qui risque donc à tous moments de devenir un conflit déclaré.

8°) Le malentendu

C'est le plus fréquent des conflits et le plus facile à résoudre. Il résulte toujours d'une erreur d'interprétation.

Le malentendu n'est pas nécessairement réciproque *(contrairement aux autres types de conflits)*. Il arrive souvent qu'une personne se retrouve ainsi en conflit à l'insu de l'autre car l'interprétation ne correspond pas à la signification que celle-ci donnait à son action.

Lorsque le conflit est réciproque, les réactions de la première personne à l'attaque qu'elle croit avoir subie provoquent à leur tour des réponses défensives chez l'autre *(qui croit alors subir une agression gratuite)*.

Le malentendu trouve toujours sa source dans une incompréhension. La personne interprète l'action de son interlocuteur à travers ses propres craintes. Autrement dit, elle attribue à l'autre des reproches qu'elle se fait déjà, qu'elle croit mériter ou qu'elle craint de subir même si elle ne les croit pas justifiés. Son interprétation est l'expression de sa vulnérabilité.

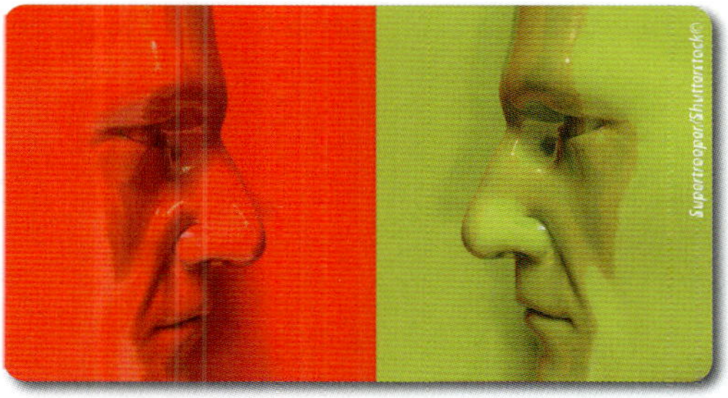

Dans le malentendu, c'est le fait de ne pas connaître le point de vue de l'autre qui nous permet d'attribuer des significations erronées à son comportement. Il résulte d'une méconnaissance de la personnalité de l'interlocuteur. En l'absence d'information claire, nous inventons les détails qui nous manquent : nous imaginons le pire, précisément ce que nous craignons le plus ou ce que nous nous reprochons déjà.

9°) Les conflits affectifs
Les sentiments et les émotions d'un individu sont incompatibles avec ceux de la partie adverse.

10°) Les conflits de comportements
Les agissements d'un individu sont incompatibles avec ceux de la partie adverse.

La stimulation et les motivations des conflits

À partir des types de conflit, nous pouvons distinguer les stimulations et motivations d'un conflit :

> l'incompréhension insupportable,
> l'intolérance,
> la lutte de pouvoir,
> la compétitivité outrancière,
> le manque de communication et la méconnaissance de l'autre,
> le dysfonctionnement de l'organisation ou le contexte d'exercice.

Les étapes d'un conflit

Les étapes d'un conflit entre deux personnes

> **Pré-conflit :** mise en évidence des différences mais la tolérance s'exprimant l'un envers l'autre permet d'endiguer le conflit.

> **Confrontation :** l'intolérance s'exprime au fur et à mesure que les protagonistes accumulent les points de divergences et prennent des positions qui deviennent de plus en plus rigides et difficiles.

> **Crise :** le conflit éclate, chaque acteur campe sur ses positions et chacun revendique avoir raison. La situation est hostile et peut être violente.

> **Résultat :** l'un cède par la force de l'autre ou par l'épuisement de ses ressources à maintenir ses positions.

Les étapes d'un conflit chez une personne
L'A.P.S. peut rencontrer deux situations conflictuelles :

- > celle où il est acteur c'est-à-dire pris dans la dispute,
- > celle où il est médiateur, il cherche à neutraliser le conflit.

Quelque soit la situation, il doit apprendre à reconnaître chez l'individu les signes qui peuvent être précurseurs ou consécutifs au conflit.

Voici les étapes du conflit chez une personne :

1. Le sujet ne montre aucun signe d'énervement mais il laisse passer son ressenti par certains comportements.
2. Le sujet montre des signes d'impatience ou d'irritabilité, l'attitude change dans le regard et la gestuelle mais le conflit reste latent. C'est un moment propice pour le résoudre.
3. Le sujet montre des tensions significatives, les poings se serrent, la voix monte, l'intonation est plus assertive, le vocabulaire change, il y a une agitation corporelle. Le conflit éclate mais il reste mesuré. La médiation ou le désamorçage reste encore possible mais devient délicat.
4. Le sujet ne supporte plus ce qui lui déplaît, les tensions se libèrent et l'agitation est à son paroxysme. La médiation est presque impossible. Suivant la personnalité du sujet, il y a une focalisation très forte sur la motivation du différend avec éventuellement un accès de violence nécessitant une maîtrise de la personne. L'émotion domine la réflexion. La mobilisation des ressources cognitives et physiologiques sont importantes.

5. Le sujet commence à se fatiguer, il a exprimé l'ensemble de ses frustrations, de ses points de vue et a libéré ses rancœurs. Le conflit continue mais il perd en intensité. La médiation pour un retour au calme est possible et la recherche de solution pour éviter la réitération est souhaitable.
6. Le sujet est totalement épuisé, il s'est servi de toutes ses ressources pour manifester son mécontentement. C'est une phase facile pour le retour à l'ordre et pour rechercher ce qui est à l'origine du conflit afin d'éviter encore une fois que cela ne se reproduise.

3.2 - LA PRÉVENTION DES CONFLITS

Nous avons vu jusqu'à présent les éléments qui déclenchent un conflit et la manière dont celui-ci évolue. L'agent de sécurité a pour vocation de prévenir les incidents afin de maintenir le bon ordre sur son lieu d'exercice. Effectivement, l'émergence d'un conflit dans un lieu ouvert au public trouble l'ordre et la tranquillité et parfois le fonctionnement de la structure. Dans ses missions, l'agent doit prévenir ces situations afin qu'elles n'émergent. Nous proposons quelques outils et conseils qui pourront l'aider dans son métier.

> L'agent doit rester attentif et observer les comportements du public, repérer les situations propices aux conflits avant même qu'ils ne se manifestent. Nous avons précédemment observé les étapes du conflit et dans celles-ci, les signes annonciateurs.

L'A.P.S. doit repérer ces signes quel que soit son implication en tant qu'acteur ou médiateur. Il faut dans la mesure du possible agir dès le début lorsque les prémices de l'agacement ou des tensions sont visibles.

> L'A.P.S. doit aussi faire preuve de discernement en évaluant les attitudes, les réactions qui peuvent être des motifs de conflit. Une fois connues, il s'attache à ce qu'elles ne soient pas produites. La qualité de ces connaissances dépend du contexte, de l'expérience de l'agent et de la capacité d'observation, de compréhension et d'empathie.

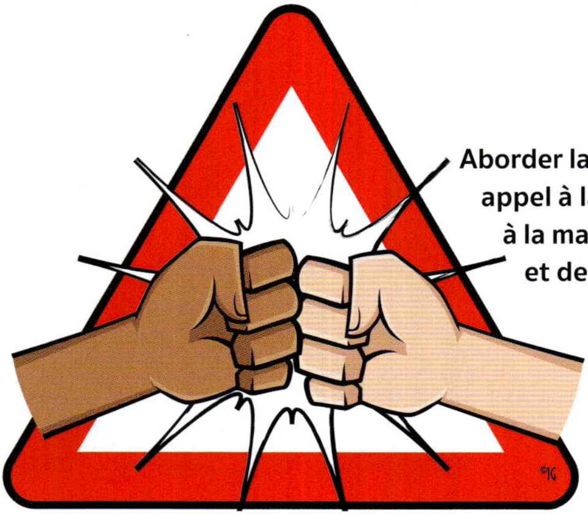

Aborder la situation conflictuelle ou la désamorcer fait appel à la qualité d'écoute, au vocabulaire employé, à la manière d'expliquer et de justifier une attitude et de gérer ses émotions.

3.3 - TRAITER UNE AGRESSION VERBALE

L'A.P.S. peut être confronté aux agressions verbales. Cette situation ne doit pas être sous-estimée car elle est vécue fréquemment. Dans cette situation, l'A.P.S. doit avant tout rester calme. En aucun cas il ne doit réagir en répondant sur le même registre. Il créerait alors une situation conflictuelle. Il demeure courtois mais devient ferme si la personne initiatrice de l'agression verbale insiste.

Une agression verbale dans le but de provoquer doit rester sans effet pour l'agent.

Généralement, l'agresseur se lasse n'obtenant pas de réaction, le ton baisse naturellement et l'individu se désengage.

tommaso79/Shutterstock©

L'A.P.S. doit demeurer courtois mais devenir ferme s'il le faut.

✓ NE PAS PROVOQUER ✓ NE PAS RÉPONDRE AUX PROVOCATIONS

3.4 - GÉRER SES ÉMOTIONS

Une situation conflictuelle génère automatiquement un stress plus ou moins important suivant la personnalité et l'expérience de l'A.P.S. Face au stress, les individus réagissent différemment, ils n'ont pas les mêmes capacités à le gérer.
Le stress est une mobilisation importante des ressources cognitives et physiologiques qui entraîne une action inhibitrice ou accélératrice des comportements à réaliser. C'est un mécanisme réflexe qui se produit chaque fois que l'individu est exposé à un changement. Le conflit est bien un changement d'état : d'une situation pacifique, il y a transfert vers une situation de crise *(du grec "krisis" qui veut dire décision).*
Le stress va générer des émotions plus ou moins fortes qui vont perturber la prise de décision. L'objectif est d'apprendre à gérer ces émotions.
En ayant la maîtrise de soi, nous avons les moyens cognitifs suffisants pour agir de la même manière sur les protagonistes du conflit, pour les amener à un état qui, à leur tour va leur permettre d'accéder à un état de raisonnement.
Les émotions trop fortes conduisent à des réactions imprévisibles et incontrôlées.
Lorsque la raison domine les émotions, l'action juste et appropriée est possible, le terrain est alors favorable à la médiation et la négociation.

ÉMOTION

Les émotions trop fortes conduisent à des réactions imprévisibles et incontrôlées

Processus du mécanisme : la méthode s'explique par le fonctionnement cérébral. Notre cerveau est constitué de plusieurs parties. Chacune de ces parties est la conséquence de notre évolution et correspond à une période de celle-ci.

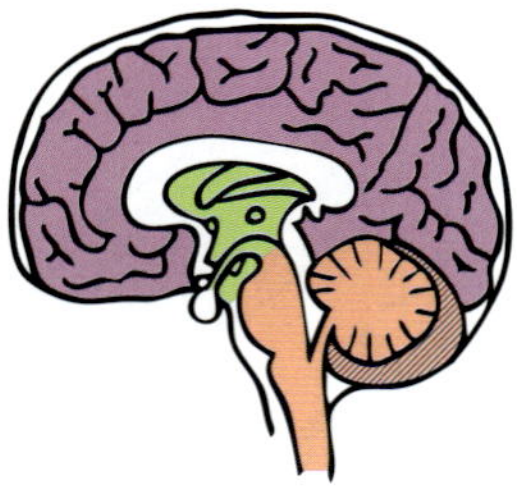

Le cerveau reptilien est le plus profond et le plus ancien. Il assure les fonctions de survie et de reproduction ainsi que les cinq sens.

Le système limbique gère l'affectif (les émotions) et la mémoire.

Le néocortex, partie la plus récente de l'évolution humaine, gère l'intelligence et la faculté d'adaptation. Il permet d'accéder au raisonnement et à la prise de décision.

La méthode consiste, par une communication appropriée *(développée ci-après)*, à amener la personne à sortir d'une domination de comportement généré par le système limbique *(les émotions)* vers un comportement ordonné par le néocortex *(le raisonnement)*. Ainsi, la raison supplante l'émotion.

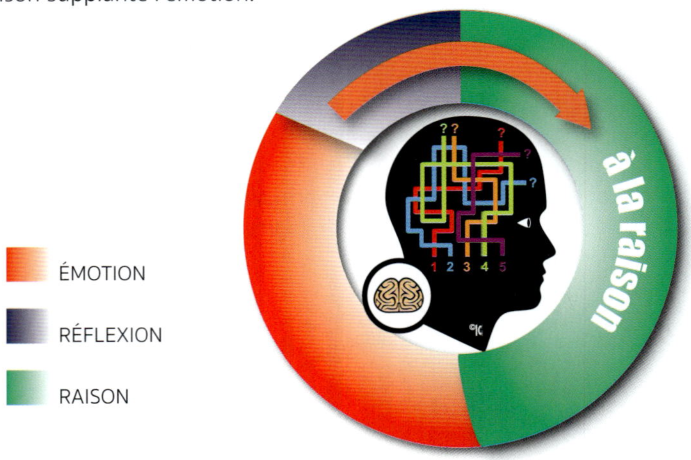

Une communication adaptée conduit à la raison. L'action est réfléchie.

3.5 - ADOPTER DES TECHNIQUES VERBALES

La communication est le moyen primordial pour gérer le conflit.
L'A.P.S. doit amener par une communication adaptée l'individu à la raison. Il doit faire réfléchir les parties concernées.
La communication doit être :

- adaptée
- cohérente
- pertinente.

Adopter les techniques verbales, c'est savoir communiquer. La communication est le fait de transmettre un message à une personne qui a la possibilité de répondre. C'est la transmission d'une information réciproque. La communication implique donc au moins deux interlocuteurs qui schématiquement deviennent chacun à leur tour émetteur et récepteur.

Le rôle du langage est très important dans la prévention ou la résolution du conflit. Il permet d'établir une médiation entre deux personnes ou la négociation, s'il s'agit d'une situation de conflit ou de pré-conflit.

Il requiert une qualité et une maîtrise du vocabulaire, ainsi qu'une bonne analyse de la situation. Après avoir compris la situation *(d'avant conflit ou de conflit déclaré)* il convient en effet d'utiliser les mots justes pour ne pas dégrader la situation.

La communication, c'est aussi la transmission de sentiment et le ressenti de l'A.P.S.

Le ressenti est une interprétation individuelle de l'A.P.S. déterminée par les gestes, la position dans l'espace, les regards, les expressions des individus.

Il requiert une qualité et une maîtrise du vocabulaire, ainsi qu'une bonne analyse de la situation. Après avoir compris la situation *(d'avant conflit ou de conflit déclaré)* il convient en effet d'utiliser les mots justes pour ne pas dégrader la situation.

La communication, c'est aussi la transmission de sentiment et le ressenti de l'A.P.S.

Le ressenti est une interprétation individuelle de l'A.P.S. déterminée par les gestes, la position dans l'espace, les regards, les expressions des individus.

Les techniques verbales à adopter vont dépendre :

> de l'analyse de la situation > du moment > du lieu > des individus

Pour aborder une personne en flagrant délit de vol dans une grande surface, il faut établir le contact en lui signifiant qu'elle a commis un vol sans jamais prononcer ce mot. L'A.P.S. prononce sur un ton neutre :

"Bonjour Monsieur, vous avez oublié de déposer vos articles sur le tapis, vous les avez mis dans la poche de votre manteau, nous avons les enregistrements vidéo, veuillez nous suivre s'il vous plaît."

> **"Bonjour"** : fait partie des mots qui permettent d'établir un contact avec une personne comme lorsque l'on dit **"allo"** au téléphone. Le contact s'établit ici, poliment.

> **"Vous avez oublié de déposer vos articles"** et **"s'il vous plaît"** : propos qui permettent de réguler le discours.

Dans cet exemple, la première expression est un euphémisme du mot "vol". Cette manière de communiquer permet à l'auteur de l'infraction de ne pas se représenter brutalement qu'elle est soupçonnée de vol. Cette technique langagière vise à éviter un conflit difficile dans le cadre de l'interpellation.

La deuxième expression régule l'ordre donné, c'est-à-dire permet de transmettre une information autoritaire avec courtoisie.

> **"Vous les avez mis dans la poche de votre manteau"** : consiste à donner une information à l'interlocuteur. L'agent argumente pour inciter à ce qu'il se soumette à son autorité.

> **"Nous avons les enregistrements vidéo"** : c'est un effet de style qui appuie les propos précédents. Cela signifie implicitement chez l'auteur des faits que "ce n'est pas la peine de nier l'infraction puisque nous avons des preuves irréfutables".

> **"Veuillez nous suivre"** : ici les termes utilisés ont pour fonction d'agir sur l'interlocuteur, c'est un ordre.

> L'intonation de la voix : le ton de la voix véhicule des émotions perceptibles et soumises à interprétation par l'interlocuteur. De sa personnalité va dépendre le ressenti émotionnel et la traduction qu'il en fait. Dans de nombreuses situations, un ton neutre est recommandé, en d'autres occasions l'intonation pourra être plus empathique, hausser la voix si la situation l'exige. La manière de parler est donc très importante dans la gestion de conflit autant que le vocabulaire employé.

Conclusion :

L'A.P.S. doit s'efforcer d'éviter le conflit dès qu'il le peut. Pour cela, il doit :

> avoir le vocabulaire adapté,

> ne pas exprimer de vulgarité ni de familiarité,

> rester poli,

> devenir ferme s'il le faut en modifiant le ton de la voix, en restant calme et courtois mais en imposant son autorité,

> utiliser les euphémismes pour anticiper ou désamorcer les conflits.

3.6 - ADOPTER UNE POSTURE, UN REGARD ET UNE GESTUELLE ADAPTÉS

Nous avons vu précédemment que la communication était un échange d'informations entre au moins deux personnes ; le langage étant le moyen le plus usité pour gérer le conflit. Mais cette définition reste insuffisante, car il faut intégrer en plus de l'échange d'informations, le partage de sentiments. En effet le langage ne constitue pas la seule manière d'échanger, il y a les gestes, les expressions du visage mais aussi du corps. Ces derniers constituent autant de signaux dit non verbaux qui peuvent être soumis à interprétation de sentiments et de ressentis partagés ou non. Indéniablement, ils sont des facteurs cruciaux qu'il faut considérer pour résoudre un conflit.

Le langage ne se limite pas seulement au vocabulaire employé, il s'étend aussi au langage corporel. L'espace, l'expression du corps et du visage sont donc des facteurs de communication qu'il faut apprendre à lire pour gérer plus efficacement les conflits.

> GÉRER LES DISTANCES INTERPERSONNELLES POUR RESTER À "BONNE" DISTANCE :

Il existe suivant les cultures une distance appropriée qui varie en fonction de la qualité du lien relationnel entre les personnes. L'occidental construit ses distances dans un échange suivant l'intimité qu'il noue avec la personne.

Distance très proche pour les relations intimes, plus éloignée pour les personnes inconnues dites "publiques". Troubler ces espaces revient à perturber la personne au point qu'elle peut se sentir agressée.

L'agent doit adopter des distances raisonnables en veillant à ne pas pénétrer dans l'espace intime notamment dans les étapes de pré-conflit ou de conflit. Par ailleurs, c'est aussi un moyen de se prémunir d'une éventuelle agression physique.

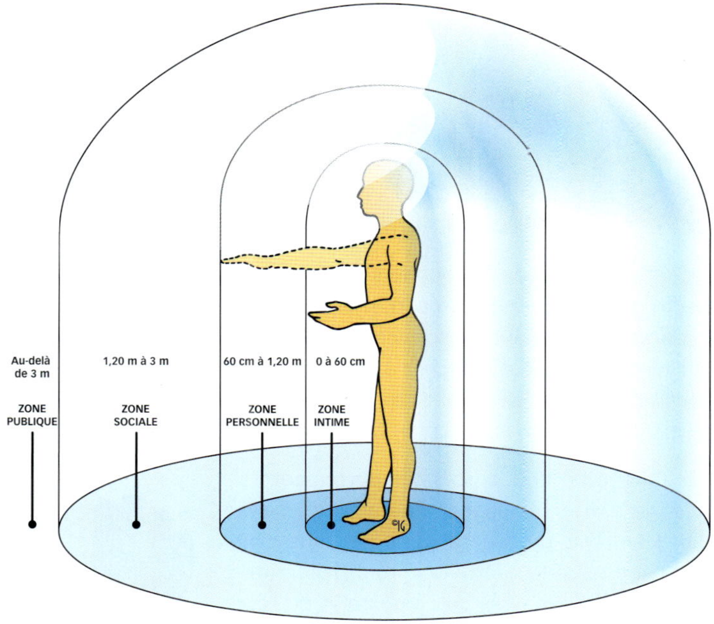

LA SPHÈRE CORPORELLE

Il existe autour de l'être humain des zones d'interactions délimitées par une distance territoriale. La prise de conscience de ces zones permet de jouer sur ces différentes distances en fonction de l'intention de l'émetteur.

Le schéma ci-dessus précise les différentes zones de la sphère corporelle.

> GÉRER LES GESTES ET LEURS AMPLITUDES : rester calme n'est pas simplement une attitude mentale, c'est aussi un comportement gestuel qui se traduit par des mouvements doux, posés. L'agent doit éviter les gestes rapides mais aussi les gestes provocateurs. Il doit rester calme par sa posture, éviter les gestes inutiles et ne pas laisser paraître des signes d'énervement ou d'agressivité par ses gestes *(par exemple : les poings fermés, les bras croisés, un poing dans une main, etc.).*

auremar/123RF©

Robert Kneschka/Shutterstock©

> GÉRER LE REGARD : l'expression du visage comme le regard joue un rôle important dans la relation conflictuelle. Si une personne fronce les sourcils, son interlocuteur régule son discours. La lecture d'un visage colérique entraîne une modification comportementale de son vis-à-vis. L'expression de la perplexité, du doute, de la honte sont autant d'autres signes qui renseignent sur l'état émotionnel des protagonistes.

Suivant les exemples décrits ci-dessus, la situation peut évoluer vers un engagement plus prononcé du conflit ou à l'inverse vers un désengagement. Cela dépend de la réponse comportementale.

Le jeu du regard est un moyen de communication non verbal, souvent involontaire qui donne sens et ressenti positif ou négatif à son interlocuteur. Le jeu peut consister, sans que les personnes concernées en aient conscience, à se fixer du regard avec insistance comme pour se défier. À l'inverse, l'un peut chercher à éviter le regard de l'autre, ou encore, le regard de l'un peut chasser le regard de l'autre : *"tu ne me regardes pas, moi je te regarde ! Ah tu me regardes, j'ignore ton regard !"*.

L'agent doit faire attention à son comportement : ses gestes, son regard. Il doit dégager une autorité perçue comme telle. Maintenir un regard peut tout aussi bien déclencher le conflit que le neutraliser. Tout dépendra de l'interlocuteur *(sa personnalité)*, du contexte et de l'objet qui a fait déclencher la relation interpersonnelle. Il s'agit donc d'une lecture s'accompagnant d'une interprétation *(subjectivité engagée)*. L'agent doit constamment prendre en compte ces rétroactions *(feedback)* pour réguler en permanence son discours et ses attitudes dans un souci de prévention et du maintien du bon ordre.

WavebreakMediaMicro/Fotolia©

Conclusion :
L'agent doit avoir une lecture fine de ces signes, afin d'anticiper sur les réactions négatives *(celles qui engendrent le conflit)*. Observer, analyser, écouter et finalement s'adapter aux situations afin que ses réactions et son discours soient en cohérence avec l'objectif désiré : gérer le conflit ou éviter le conflit. L'A.P.S. adopte toujours une attitude mesurée, il ne doit jamais être dans la provocation, la vulgarité et l'impolitesse.

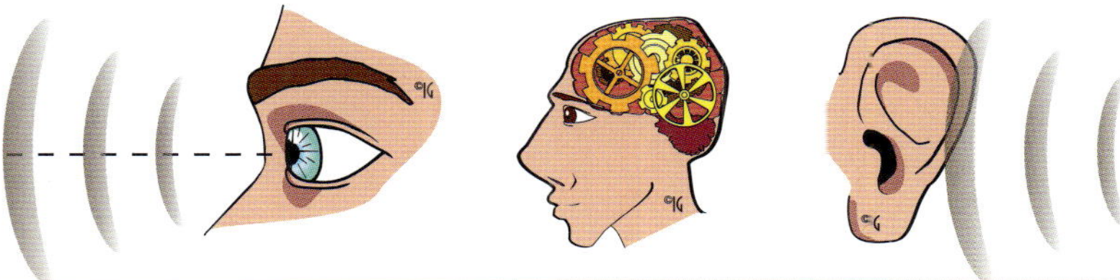

L'A.P.S. a toujours une conduite à tenir définie par sa hiérarchie. Dans le cas contraire, il convient qu'il fasse appel à sa hiérarchie pour être informé de la conduite à tenir à adopter.

Notes personnelles

4ème PARTIE

MAÎTRISE DES MESURES D'INSPECTION-FILTRAGE : palpation de sécurité et inspection des bagages

rdrgraphe/Fotolia©

4.1 - LE CADRE LÉGISLATIF DES PALPATIONS DE SÉCURITÉ ET DE L'INSPECTION DES BAGAGES

Activités de surveillance et de gardiennage

Art. L613-2 du C.S.I. :

Les personnes physiques exerçant une activité de surveillance et de gardiennage peuvent procéder à l'inspection visuelle des bagages et, avec le consentement de leur propriétaire, à leur fouille. Les personnes physiques exerçant une activité de surveillance et de gardiennage, spécialement habilitées à cet effet et agréées par le représentant de l'État dans le département ou, à Paris, par le Préfet de police, peuvent, en cas de circonstances particulières liées à **l'existence de menaces graves pour la sécurité publique**, procéder **avec le consentement exprès des personnes**, à des palpations de sécurité. Dans ce cas, la palpation de sécurité doit être faite par une **personne du même sexe** que la personne qui en fait l'objet. Ces circonstances particulières sont constatées par un arrêté du représentant de l'État dans le département ou, à Paris, du Préfet de police qui en fixe la durée et détermine les lieux ou catégories de lieux dans lesquels les contrôles peuvent être effectués. Cet arrêté est communiqué au Procureur de la République.

Art. L613-3 du C.S.I. :

Pour l'accès aux enceintes dans lesquelles est organisée une **manifestation sportive, récréative ou culturelle rassemblant plus de 300 personnes**, les personnes exerçant une activité de surveillance et de gardiennage, agréées par la commission d'agrément et de contrôle territorialement compétente, ainsi que celles, membres du service d'ordre affecté par l'organisateur à la sécurité de la manifestation sportive, récréative ou culturelle, titulaires d'une qualification reconnue par l'État et agréées par la commission d'agrément et de contrôle, peuvent procéder, **sous le contrôle d'un officier de police judiciaire *(O.P.J.)* et avec le consentement exprès des personnes**, à des palpations de sécurité. Dans ce cas, la palpation doit être effectuée par une **personne de même sexe** que la personne qui en fait l'objet.

Elles peuvent procéder à **l'inspection visuelle des bagages** et, **avec le consentement de leur propriétaire, à leur fouille**.

4.2 - LES MODALITÉS D'AGRÉMENT

Agrément des employés des entreprises de surveillance et de gardiennage

Art. R613-6 du C.S.I. :

Les employés exerçant une activité de surveillance ou de gardiennage mentionnée au 1° de l'article L611-1 du C.S.I. dans une entreprise ou dans un service interne d'entreprise mentionné à l'article L612-25 doivent avoir été habilités par leur employeur, puis agréés par le Préfet de département ou, à Paris, par le Préfet de police, et, dans le département des Bouches-du-Rhône, par le préfet de police des Bouches-du-Rhône, pour procéder aux palpations de sécurité prévues à l'article L613-2 du C.S.I.

Pour procéder aux **palpations de sécurité** ainsi qu'à **l'inspection visuelle des bagages à main**

et à leur fouille, avec le consentement de leur propriétaire, ces personnes doivent avoir été habilitées par leur employeur et **agréées par la commission locale d'agrément et de contrôle**.

Art. R613-7 du C.S.I. :
L'employeur constitue, pour chaque agent qu'il a habilité et qu'il présente en vue de l'agrément, un dossier comprenant :

> 1° Un extrait du registre du commerce mentionnant la raison sociale de l'entreprise ;
> 2° L'autorisation délivrée en application de l'art. L612-9 du C.S.I ;
> 3° L'identité de l'employé, sa nationalité et son domicile ;
> 4° La liste et la description des postes occupés, son expérience professionnelle ainsi que la formation qu'il a reçue pour exercer des activités de surveillance et de gardiennage.

Art. R613-8 du C.S.I. :
En outre, l'agrément est refusé lorsque la moralité de la personne ou son comportement apparaissent incompatibles avec l'exercice des missions pour lesquelles l'agrément est demandé.

Art. R613-9 du C.S.I. :
En cas d'urgence, l'agrément peut faire l'objet d'une suspension immédiate d'une durée maximum de trois mois. L'agrément devient caduc si l'habilitation est retirée ou si son titulaire cesse d'être employé par l'entreprise qui a présenté la demande.

Agrément des membres des services d'ordre affectés à la sécurité d'une manifestation sportive, récréative ou culturelle

Art. R613-11 du C.S.I. :

Albina/Fotolia©

L'organisateur adresse à la commission régionale ou interrégionale d'agrément et de contrôle un dossier décrivant les modalités de la formation de ses préposés aux missions mentionnées à l'article R613-10 du C.S.I et comprenant les renseignements suivants :

> 1° La dénomination de l'organisme ou l'identité de la personne dispensant la formation ;
> 2° Le contenu, les conditions d'organisation et la durée de la formation ;
> 3° Le mode d'évaluation des compétences acquises à l'issue de la formation.

Si elle estime que ce dispositif est de nature à garantir le bon accomplissement des missions mentionnées à l'article R613-10 du C.S.I, la commission régionale ou interrégionale d'agrément et de contrôle approuve le contenu et les modalités de la formation décrits dans le dossier de l'organisateur.

Art. R613-12 du C.S.I. :
La demande de l'agrément mentionné à l'article R613-10 du C.S.I est présentée par l'organisateur. Elle comporte :

> 1° L'identité et le domicile de la personne dont l'agrément est demandé ainsi que la justification de sa qualification ;

> 2° La décision de la commission régionale ou interrégionale d'agrément et de contrôle mentionnée à l'article R. 613-11 du C.S.I approuvant le contenu et les modalités de la formation.

Art. R613-13 du C.S.I. :
L'agrément est délivré par la commission régionale ou interrégionale d'agrément et de contrôle compétente dans la région où l'organisateur qui emploie le membre du service d'ordre a son siège. L'agrément est accordé pour une durée de trois ans.

Art. R613-14 du C.S.I. :
Nul ne peut être agréé s'il n'est titulaire de la qualification reconnue dans les conditions fixées à l'article R613-11 du C.S.I.
L'agrément est refusé lorsque la moralité de la personne ou son comportement apparaissent incompatibles avec l'exercice des missions pour lesquelles l'agrément est demandé.

Ce qu'il faut comprendre des textes

À la lecture de ces articles, il faut comprendre qu'il y a deux situations dans lesquelles des palpations de sécurité peuvent être réalisées par un A.P.S.

➲ Le gardiennage de site :

L'autorité qui autorise et fixe la durée de la mesure de sécurité appliquant la palpation est le Préfet de département. L'habilitation demandée par l'employeur est envoyée à la préfecture en vue de l'obtention de l'agrément préfectoral pour les agents de sécurité.
Cette disposition peu fréquente est réservée pour des sites dont la menace est avérée ou dont le risque d'une catastrophe aurait des conséquences touchant le territoire national.

Exemple : - sites dont l'activité est classée d'intérêt vital, SEVESO,
- sites qui ont déjà fait l'objet de menaces ou d'attaque.

Cependant il n'y a pas systématiquement de mesures de palpations sur ces sites, seul le préfet décide de cette opportunité.

➲ L'évènementiel :
Si le préfet estime eu égard des informations qui lui parviennent qu'il existe une menace grave pour la sécurité du public ; il peut autoriser la palpation quel que soit le nombre de spectateurs. L'agrément est délivré dans ce cas par la préfecture.

La palpation devient systématique dès lors que la manifestation dépasse 300 personnes. Dans ce cas, les agents sont agréés par la C.L.A.C. *(Commission Locale d'Agrément et de Contrôle).*

Ils peuvent alors exécuter une palpation et une inspection visuelle des sacs, et avec le consentement de leur propriétaire à leur fouille. Ils peuvent retirer un objet interdit ou prohibé eux-mêmes en plongeant la main dans le sac *(avec accord de la personne)*.

Le fait même que cet accord soit verbal, il peut facilement se discuter, le propriétaire peut changer d'avis et ainsi compromettre l'agent de sécurité. C'est pourquoi cette possibilité offerte aux agents de sécurité est à saisir avec la plus grande précaution en appréciant l'opportunité de la situation en bonne intelligence avant de procéder à la fouille.

Il faut également distinguer ce qui suit : si l'agent est en gardiennage de site *(hors cas évènementiel)* et si la préfecture **impose une palpation et une inspection visuelle des sacs**, dans ce cas l'employeur de l'agent fait une demande d'habilitation en vue de l'agrément à la **C.L.A.C.**

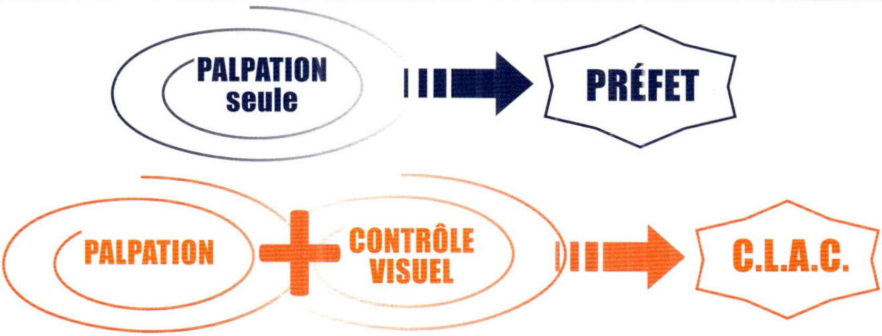

PRÉFET	C.L.A.C.
GARDIENNAGE DE SITE	ÉVÈNEMENTIEL
HABILITATION EMPLOYEUR	HABILITATION EMPLOYEUR
LORS DE MENACES GRAVES	> 300 PERSONNES
Entreprises SP prestataires ou service interne	Entreprises SP prestataires ou service interne
	Service d'ordre interne <u>formé</u>
	1 O.P.J.
PALPATION AVEC CONSENTEMENT	PALPATION AVEC CONSENTEMENT
INSPECTION VISUELLE si agrément C.L.A.C.	INSPECTION VISUELLE
MÊME SEXE	MÊME SEXE
FOUILLE du sac <u>SI</u> CONSENTEMENT	FOUILLE du sac <u>SI</u> CONSENTEMENT
Durées et lieux fixés par le PRÉFET	<u>agrément valide 3 ans</u>

4.3 - LES ÉLÉMENTS GÉNÉRATEURS DE SITUATIONS CONFLICTUELLES LORS DE CES MISSIONS

Source de conflits au stade :

> **Les supporters ultras :** une bonne connaissance de cette mouvance permet de mieux limiter les sources de conflit. Composés de militants pour leur club *(mais indépendants)*, ils se soumettent encore moins à votre autorité s'ils estiment que vous leur manquez de respect. Il faut s'interdire toute provocation ou gestes déplacés car les situations peuvent rapidement se dégrader *(insulte, crachat, voire rixe)*.

> **La personne en état manifeste d'ébriété :** son entrée dans le stade lui est refusée. Son imprégnation alcoolique aidant, elle peut devenir agressive, l'agent rend compte à son chef de dispositif qui fera appel aux forces de l'ordre.

> **Le public familial :** il arrive qu'il ne comprenne pas une interdiction : souvent, un discours factuel et courtois permet d'apaiser la situation.
La gestion du conflit n'est pas la même si elle a lieu dans un temps éloigné ou dans un temps très proche du coup d'envoi. Dans ce dernier cas, le temps alloué pour gérer et expliquer manque cruellement, il faut se montrer plus assertif, la situation passe mais le conflit reste bien souvent *(la personne passe son chemin mais rumine toujours sa frustration voire sa colère)*.

> **La personne qui ne comprend pas la mesure de sécurité "palpation" :** dans cette situation, l'agent reçoit des remarques déplacées, parfois indécentes, cependant il faut faire fi de ce qui est dit, rester courtois et conserver un discours factuel.

Source de conflits dans les autres évènements :

> **Une personne qui ne comprend pas une interdiction :** cette interdiction est variable d'une simple grande bouteille d'eau, à l'appareil photo en passant par un couteau de poche ou encore une bouteille en verre consignée que la personne refuse de jeter.

> **Des personnes insatisfaites par l'attente devant les portes, parfois subissant des situations météorologiques aggravant la situation :** ils s'en prennent au premier qu'ils rencontrent : l'agent palpeur.

Des outils simples de gestion de conflit abordés dans la 3ème partie "Gestion des risques et des situations conflictuelles" permettent de gérer à l'amiable ces différentes situations.

4.4 - L'INSPECTION VISUELLE ET LA FOUILLE

L'inspection visuelle et la fouille des bagages, sacs, casiers

On retrouve ce type de contrôle dans les aéroports ou les lieux recevant du public. Seuls, les agents de sécurité privée agréés procèdent à ces contrôles. Ils peuvent procéder à l'inspection visuelle des bagages à main et, **avec le consentement de leur propriétaire**, à leur fouille

Inspection visuelle ➲

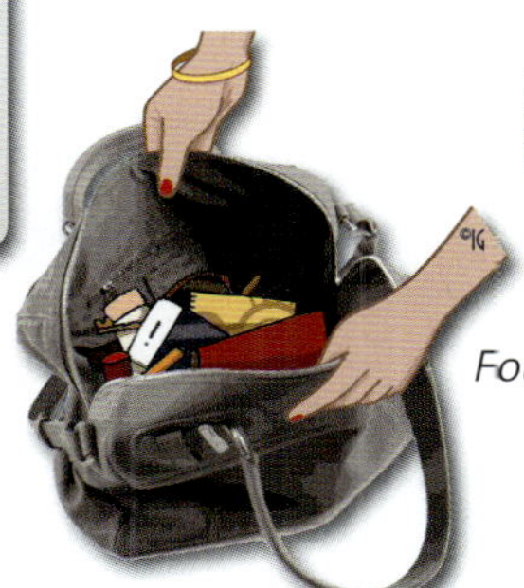

Fouille ➲

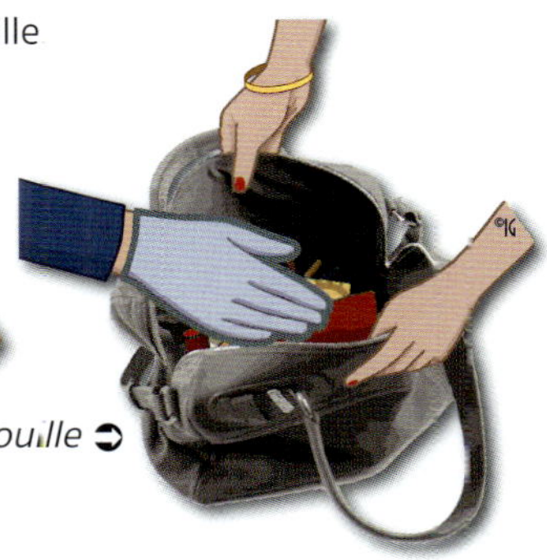

En entreprise :

Pour les salariés de l'entreprise, l'article L.1121-1 du Code du travail dispose que l'employeur ne peut apporter aux libertés individuelles et collectives des restrictions qui ne seraient pas justifiées par la nature de la tâche à accomplir et proportionnées au but recherché.

À contrario, l'employeur peut mettre en œuvre des mesures spécifiques liées à la sécurité des biens et des personnes, dès lors qu'elles sont proportionnées au but recherché.

La Chambre sociale de la Cour de Cassation, en date du 3 avril 2001, a jugé que l'employeur concerné par des **alertes à la bombe** pouvait exiger l'ouverture des sacs devant des agents de sécurité : cette mesure étant justifiée par des circonstances exceptionnelles et des exigences de sécurité.

L'employeur peut également procéder à l'ouverture des vestiaires ou des armoires individuelles des salariés de l'entreprise, dès lors qu'il a prévenu le salarié et que ce dernier est présent. L'employeur doit prouver que l'ouverture des armoires est nécessaire car justifiée par des risques ou événements particuliers, comme la présence de produits interdits et/ou dangereux. L'opération doit se dérouler en présence de témoins. Et elle doit être prévue dans le règlement intérieur de l'entreprise.

L'inspection visuelle et la fouille des véhicules

Le véhicule ne peut être "visité" par l'A.P.S.

L'article 78-2-3 du C.P.P. précise que : *"Les O.P.J., assistés, le cas échéant, des A.P.J. et des A.P.J.A. mentionnés aux 1°, 1° bis et 1° ter de l'article 21 du C.P.P., peuvent procéder à la visite des véhicules circulant ou arrêtés sur la voie publique ou dans des lieux accessibles au public lorsqu'il existe à l'égard du conducteur ou d'un passager une ou plusieurs raisons plausibles de soupçonner qu'il a commis, comme auteur ou comme complice, un crime ou un délit flagrant ; ces dispositions s'appliquent également à la tentative."*

L'article 78-2-4 du C.P.P. précise que : *"Pour prévenir une atteinte grave à la sécurité des personnes et des biens, les O.P.J. et, sur l'ordre et sous la responsabilité de ceux-ci, les A.P.J. et les A.P.J.A. mentionnés aux 1°, 1° bis et 1° ter de l'article 21 du C.P.P., peuvent procéder non seulement aux contrôles d'identité prévus au septième alinéa de l'article 78-2 du C.P.P. mais aussi, avec l'accord du conducteur ou, à défaut, sur instructions du Procureur de la République communiquées par tous moyens, à la visite des véhicules circulant, arrêtés ou stationnant sur la voie publique ou dans les lieux accessibles au public.*

Dans l'attente des instructions du Procureur de la République, le véhicule peut être immobilisé pour une durée qui ne peut excéder trente minutes."

Les agents des douanes disposent également de pouvoirs leur permettant de procéder à la visite des véhicules.

4.5 - LA PALPATION DE SÉCURITÉ

Présentation générale de la palpation

L'agent de sécurité ne doit surtout pas confondre une palpation de sécurité et une fouille. Il peut procéder à une palpation de sécurité sous certaines conditions, les fouilles lui sont interdites.

La palpation de sécurité consiste à s'assurer, en passant les mains **sur les habits** d'une personne, qu'elle ne porte pas une arme *(ou un objet interdit ou prohibé)*.

Contrairement à la fouille à corps, elle n'est pas soumise aux règles régissant les perquisitions.

La palpation de sécurité peut être un simple contrôle effectué dans les aéroports ou à l'entrée d'une manifestion publique.

Elle peut être aussi liée à une enquête en cas d'infraction flagrante. Dans ce cas, l'O.P.J. peut effectuer une palpation de sécurité sur le suspect pour s'assurer qu'il ne porte pas d'arme et assurer ainsi sa sécurité.

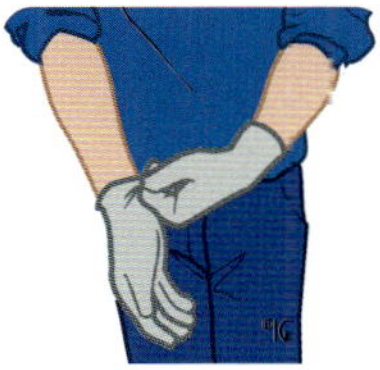

Par mesure de sécurité et d'hygiène, il est fortement conseillé d'éviter tout contact direct avec l'enveloppe corporelle. Le port de gants est ainsi très recommandé, bien sur le choix de cet effet (qui peut être considéré comme un E.P.I.) doit permettre de conserver des sensations kinesthésiques suffisantes.

La palpation réalisée dans le cadre de l'évènementiel

➲ Mobiliser ses connaissances pour bien agir

Le champ d'application de l'évènementiel est large *(voir 12ème partie Evènementiel)*.

Ainsi, l'agent de sécurité devra prendre en compte le contexte de l'évènement et demander les consignes en porte afin de réaliser le filtrage dans de bonnes conditions.

En effet, palper dans un stade ne relève pas tout à fait des mêmes dispositions juridiques que palper le public entrant dans une salle de concert où les consignes peuvent changer d'un spectacle à un autre.

Aussi la palpation sera plus poussée en fonction du type de manifestation ou de public *(confère typologie du stade et gestion de l'évènementiel - 12ème partie)*.

Dans cette perspective, l'agent de sécurité doit faire preuve d'adaptation et de réflexion sur la situation. Il doit :

> mobiliser ses savoirs en puisant dans les éléments du Code de Procédure Pénale *(art. 53 et 73 du C.P.P.)*, du Code Pénal *(art. 132-75 du C.P. la définition d'une arme)*,

> connaître les principales infractions auxquelles il peut être confronté, par exemple :
  - personne ivre à l'entrée *(le code du sport pour le stade et le code de la santé pour les autres cas donnent la conduite à tenir)*,
  - découverte de drogue,
  - découverte d'arme de catégorie D,
  - découverte d'une banderole insultante,
  - découverte d'alcool.

  Ces situations classiques doivent être rapidement traitées par l'agent sans générer de conflit.

L'agent palpeur doit être capable de cette "gymnastique intellectuelle" qui consiste à faire le lien entre tous les savoirs acquis, afin de les mettre en pratique. Il ne doit pas voir les éléments de connaissances isolément, mais il doit apprendre à les relier entre eux, les textes de lois se complètent parfois pour donner la solution à une situation.

La notion d'interdiction et de prohibition *(éléments juridiques complémentaires)*
Exemples :

> les armes classées comme telles par la loi sont **prohibées** dans une manifestation culturelle, sportive ou festive,

> un bouchon sur une bouteille, une bouteille en verre ou une bouteille de plus de 50 cl peuvent faire l'objet **d'interdictions** régulières.

Les **prohibitions** relèvent des **obligations dictées par les lois** alors que les **interdictions** sont les **obligations réglementaires propres à un lieu ou une organisation**.

Exemples d'interdictions :

> obligation de respecter les interdictions mentionnées par le règlement de la Fédération Française de Football lorsque l'agent palpeur filtre le public à l'entrée de l'enceinte sportive avant une rencontre footballistique nationale

> interdiction, dans une salle de concert, de consommer des boissons et de la nourriture dans le bloc salle

> volonté d'un artiste ou d'un producteur de faire interdire les appareils photos dans la salle.

C'est pourquoi, il est important que l'agent prenne conscience de la nécessité de :

- **s'adapter et connaître les consignes propres à l'évènement,**
- **mettre à jour ses connaissances et avoir conscience de l'importance de l'expérience pour être efficace en palpation.**

La technique des palpations

La palpation en évènementiel ne peut pas ressembler à celle pratiquée par la sûreté aéroportuaire. Le contexte, le nombre et la densité de personnes, le flux important dans un intervalle de temps très court doit obliger l'agent à adopter une technique qui répond à trois critères essentiels :

> **la sécurité** - pratiquer une technique plaçant l'agent dans des conditions favorisant la maîtrise de la situation et sans l'exposer.

Par exemple :

- palper la personne légèrement de côté de manière à ne pas être en face à face
- exécuter une hiérarchisation de gestes précis dans des postures particulières de manière *à préserver son corps des effets négatifs induits par une mauvaise pratique des palpations (gestes répétitifs, contraintes articulaires et dorsales).*

> **l'efficience** - garantir un maximum d'efficacité en réduisant au mieux l'énergie dépensée lors de l'exécution du geste. Une posture et une gestuelle adaptées permettent de palper de nombreuses personnes avec la même efficacité tout en retardant la fatigue.

> **la rapidité** - adopter une technique permettant d'être rapide et d'adapter sa vitesse de palpation en fonction de l'évolution en portes et des pressions temporelles que les agents subissent parfois lorsque le public arrive au dernier moment avant le début du spectacle. Dans ce cas, les organisateurs demandent aux agents d'aller plus vite encore.

Rapidité et efficacité ne peuvent pas toujours s'accorder, l'efficacité d'une palpation implique forcément de prendre plus de temps par personne.

Les étapes

La technique de palpation consiste à passer le bout des doigts (*meilleure sensibilité)* le long du corps habillé de la personne, en insistant sur les points suivants, par ordre chronologique d'action.

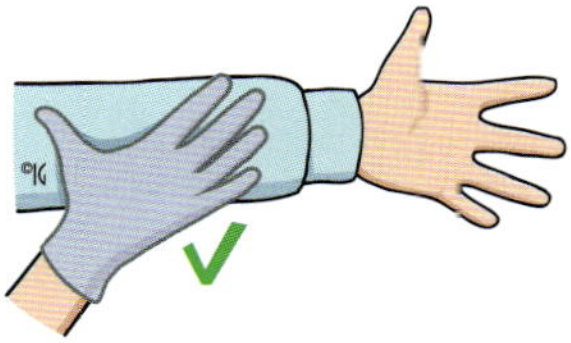

❶ **La coiffe de la tête ou capuche** *(le cas échéant)* **et le col**

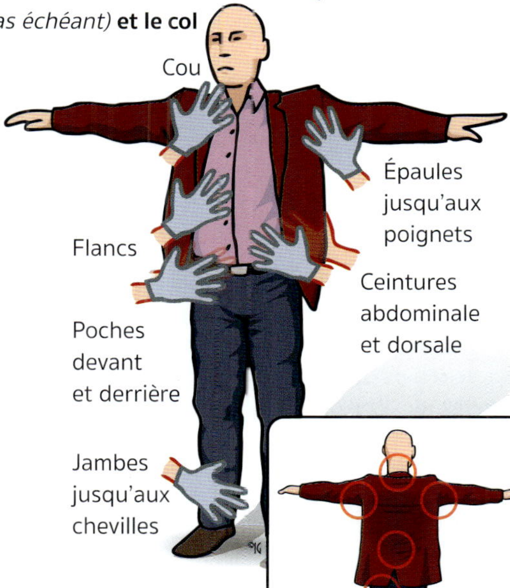

❷ **La veste**

Après avoir demandé poliment d'ouvrir la veste, passer les mains, dos de celles-ci, en tapotant la **veste** de chaque côté en partant du bas de la veste vers le haut.

❸ **La poitrine et le dos, la ceinture**

Puis, du bout des doigts, une main sur la **poitrine** et l'autre dans le **dos**, balayer du haut vers le bas, en insistant sur le bas du dos, tour de la ceinture.

❹ **Des épaules aux poignets**

Les mains reviennent sur l'**épaule** et descendent jusqu'au **poignet**, rester vigilant au niveau des biceps face intérieure.

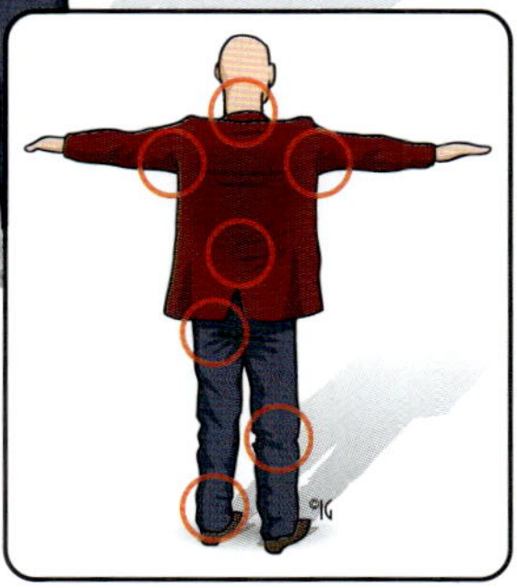

❺ **Les poches** Position de l'agent palpeur : situé de côté par rapport au palpé, il descend en faisant une fente avec ses cuisses, ses mains passent sur le dessus des **poches** *(latérales, arrières et éventuellement les poches basses),*

le cou de l'agent est au niveau de l'avant-bras du palpé, l'agent peut ainsi voir ce qu'il se passe derrière, il peut demander aux autres personnes d'ouvrir leur veste et leur sac.

❻ Des jambes aux chevilles

La palpation se termine en passant les mains sur chaque **jambe** *(insister sur le tibia)* jusqu'à la **cheville**.

En fonction des situations, la personne palpée **conserve les bras le long du corps ou les lève à l'horizontale.**
Les deux cas sont possibles.

L'agent en palpation doit avoir une attention particulière :

- au foulard ou à l'écharpe *(le contrôler)*,
- à la personne qui se présente avec une veste à la main *(contrôler la veste)*,
- à la personne qui tente d'introduire de l'alcool alors qu'il y a une interdiction *(ou prohibition)*.

Ne pas hésiter à sentir le produit, parfois il peut être dissimulé dans des "sac-gourde", ou mélangé à du jus de fruit dans des petites bouteilles plastiques ou encore dans des emballages destinés à de la compote.

Faire sortir les objets des poches lorsque qu'il y a un doute. Recontrôler la poche immédiatement après.

> LA CONDUITE À TENIR LORS DE LA DÉCOUVERTE DE CERTAINS OBJETS

Les objets interdits partent à la poubelle ou sont consignés *(prévoir casiers ou équivalents)*. Dans un dispositif classique de palpation en évènementiel, les agents palpeurs sont supervisés par des chefs de portes. **L'agent** qui trouve un objet prohibé qui nécessite une appréhension **lève le bras**. Il provoque ainsi l'intervention du chef de porte qui par radio, peut à son tour, si la situation l'exige, faire intervenir les forces de l'ordre.

> QUI PALPER ?

L'agent peut effectuer une palpation sur toutes les personnes de même sexe que lui.

Les personnes en situation de handicap, les personnes âgées et les enfants sont également palpés. Tout en conservant la même technique de palpation, il important de respecter la dignité des personnes en situation de handicap, de dédramatiser la situation pour les enfants et d'être "plus délicat" avec les personnes âgées.

Attention ! Pour certains évènements comme une manifestation footballistique dans une enceinte sportive, les mineurs non accompagnés ne peuvent entrer.

En toutes circonstances, rester courtois quel que soit la personne. Ne pas oublier que le public vient voir un spectacle pour se divertir, Il faut les accueillir dans cet état d'esprit, être souriant et aimable. Même s'il faut répéter plusieurs centaines de fois "Bonsoir", "Monsieur", "Madame", "Bonne soirée", il faut le faire pour l'image du métier, pour le professionnalisme et bien sûr pour réduire les situations conflictuelles.

Robert Kneschka/Shutterstock©

Notes personnelles

5ème PARTIE

PRÉVENTION DES RISQUES TERRORISTES

Victor Moussa/Fotolia©

5.1 - Prévention des risques terroristes

5.1.1 - DEFINIR LES RISQUES TERRORISTES

Définition du terrorisme

En 2005, le secrétaire général de l'Organisation des Nations Unies *(O.N.U.)* Kofi Annan proposait cette définition du terrorisme :
"tout acte commis dans l'intention de causer la mort ou des blessures graves à des civils ou à des non-combattants, lorsque l'objectif de cet acte, par sa nature ou son contexte, est d'intimider une population ou de contraindre un gouvernement ou une organisation internationale à accomplir un acte ou à s'abstenir de le faire".

Le terme "terrorisme" est fréquemment employé. Il n'a pas de définition unique ni universelle, cependant la France a soutenu la définition de l'O.N.U.

Le terrorisme comme "Atteintes aux intérêts fondamentaux de la Nation et à l'autorité de l'État"

Art. 410-1 du Code Pénal *(C.P.)*:
"Les intérêts fondamentaux de la Nation s'entendent au sens du présent titre de son indépendance, de l'intégrité de son territoire, de sa sécurité, de la forme républicaine de ses institutions, des moyens de sa défense et de sa diplomatie, de la sauvegarde de sa population en France et à l'étranger, de l'équilibre de son milieu naturel et de son environnement et des éléments essentiels de son potentiel scientifique et économique et de son patrimoine culturel."

Art. 412-1 du C.P. :
"Constitue un attentat le fait de commettre un ou plusieurs actes de violences de nature à mettre en péril les institutions de la République ou à porter atteinte à l'intégrité du territoire national."

> Il s'agit d'un crime (infraction pénale).

Art. 421-1 du C.P. :
"Constituent des actes de terrorisme, lorsqu'elles sont intentionnellement en relation avec une entreprise individuelle ou collective ayant pour but de troubler gravement l'ordre public par l'intimidation ou la terreur, les infractions suivantes :

1° Les atteintes volontaires à la vie, les atteintes volontaires à l'intégrité de la personne, l'enlèvement et la séquestration ainsi que le détournement d'aéronef, de navire ou de tout autre moyen de transport, définis par le livre II du présent code ;

2° Les vols, les extorsions, les destructions, dégradations et détériorations, ainsi que les infractions en matière informatique *(...)* ;

3° Les infractions en matière de groupes de combat et de mouvements dissous *(...)* ;

4° Les infractions en matière d'armes, de produits explosifs ou de matières nucléaires *(...)*

5° Le recel du produit de l'une des infractions prévues aux 1° à 4° ci-dessus ;

6° Les infractions de blanchiment* *(...)* ;

7° Les délits d'initié *(...)* du code monétaire et financier."

Art. 412-2 du C.P. :
"Constitue un complot la résolution arrêtée entre plusieurs personnes de commettre un attentat lorsque cette résolution est concrétisée par un ou plusieurs actes matériels."

> Il s'agit d'un délit. Par contre, si l'infraction est commise par une personne dépositaire de l'autorité publique, il s'agit dans ce cas d'un crime.

Différents types de terrorisme

> LE TERRORISME INDIVIDUEL

Il s'agit d'un terrorisme dont les actes violents sont perpétrés en dehors d'une structure de commandement, quelle qu'en soit l'idéologie. On parle également de terrorisme de type "loup solitaire".

Généralement, le "loup solitaire" partage un lien idéologique ou philosophique avec un groupe extrémiste mais ne communique pas avec celui-ci.

* Exemple de blanchiment : placement, dissimulation ou conversion du produit direct ou indirect d'un crime ou d'un délit.

> Le 22 juillet 2011 en Norvège, un individu tue 77 personnes dans deux attaques consécutives. Une fois arrêté, il se présentera comme le seul membre d'une cellule d'extrême droite.

> En mars 2012 en France, un extrémiste prend pour cible des soldats français puis quelques jours après des civils à proximité d'une école juive.

> LE TERRORISME ORGANISÉ

Il s'agit de formations ou organisations structurées comprenant plusieurs membres *(pour certaines des milliers)* et disposant de soutiens financiers parfois issus du milieu criminel.

mast3r / Fotolia©

> Différents groupes terroristes, anciens ou actuels, ont marqué l'histoire de leurs actes barbares : ETA (Pays basque et liberté), IRA (Armée républicaine irlandaise), Brigades rouges (Italie), Tigres de libération de l'Eelam tamoul (Sri Lanka), FARC (Forces armées révolutionnaires de Colombie), Al-Qaïda (Afghanistan), FPLP (Front Populaire de Libération de la Palestine), Gama'a al-Islamiyya (Egypte), Sentier lumineux (Pérou)...*

** présents sur les listes établies par le Conseil de l'Union européenne.*

> LE TERRORISME D'ÉTAT

Le terrorisme d'État est l'utilisation par un gouvernement de mesures d'exception et d'actes violents à l'encontre d'une partie de ses administrés, sous couvert de raison*(s)* d'État.

Maksim Kabakou / 123RF©

> La Grande Terreur est une période de répressions politiques massives en Union Soviétique dans la seconde moitié des années 1930. Le parti communiste, alors totalement dominé par la personnalité de Joseph Staline, utilise à grande échelle l'emprisonnement, la déportation et l'exécution pour éliminer ses opposants politiques réels ou supposés.

> Le 4 juin 1989, une répression sanglante de l'armée chinoise massacre les étudiants rassemblés sur la place Tien An Men et les démocrates de plusieurs villes du pays.

> Le 10 juillet 1985, les services secrets français sabotent et coulent le Rainbow warrior, navire emblématique de l'organisation Greenpeace, qui perturbait par sa présence les essais nucléaires à Mururoa (île en Polynésie française).

> LE CYBERTERRORISME

Il concerne les attaques informatiques dans le but de créer la désorganisation des systèmes d'informations. Une sous-culture criminelle cybernétique a émergé dans le début des années 1990.

Une cyber-attaque est un acte malveillant envers un dispositif informatique via un réseau cybernétique. Elle peut émaner de personnes isolées, d'un groupe de pirates ou d'organisations ayant des objectifs géopolitiques.

mast3r/Fotolia©

> Le 8 avril 2015, HAEC, l'infrastructure de diffusion de TV5 Monde est la cible d'une cyber-attaque au cours de laquelle elle perdra son serveur de messagerie électronique, réduit à néant.

▶ Historique du terrorisme moderne

Ken Tannenbaum/ Shutterstock.com©

> Le 11 septembre 2001 aux États-Unis

Quatre avions sont détournés, deux d'entre eux percutent les tours jumelles du World Trade Center à New York et provoquent leur effondrement, un troisième avion s'écrase sur le Pentagone, un autre dans un champ en Pennsylvanie. Cette attaque fait 2977 morts et 6291 blessés.

Cette action terroriste revendiquée par Al-Qaïda est en relation avec la présence militaire occidentale au Moyen-Orient.

> Le 11 mars 2004 en Espagne

Une dizaine d'explosions ont lieu dans un train à Madrid. Cet attentat commandité par Al-Qaïda fait 191 morts et 1858 blessés.

> Le 7 juillet 2005 en Angleterre

Londres subit quatre explosions par quatre kamikazes, dans les transports publics, métro et autobus, qui font 52 morts et 693 blessés.

> Le 7 janvier 2015 en France

Deux frères, armés de fusils d'assaut, pénètrent dans les locaux parisiens du journal Charlie Hebdo. Ils y assassinent douze personnes. Sur le chemin de leur fuite, ils exécutent un policier sur le trottoir. L'attaque est revendiquée par Al-Qaïda.

PARIS 11 janvier 2015 - "Je suis Charlie", ce slogan a été utilisé en soutien aux victimes de l'attentat contre Charlie Hebdo puis plus largement en défense de la liberté d'expression.

Iculig / 123RF©

> Les 8 et 9 janvier 2015 à Paris
Un individu tue une policière municipale et blesse un agent municipal à Montrouge *(Hauts-de-Seine)*. Une prise d'otages dans un supermarché du 20ème arrondissement de Paris fait quatre morts. Ces attaques sont revendiquées au nom de l'État Islamique *(Daech)*.

> Le 21 août 2015 en France
Un individu, muni d'un fusil d'assaut, ouvre le feu dans un train Thalys sur une ligne reliant Amsterdam à Paris. Plusieurs passagers parviennent à s'interposer et à le désarmer. Deux passagers, militaires américains, sont blessés.

> Le 13 novembre 2015 en France
Plusieurs attaques sont perpétrées dans la soirée à Paris par trois commandos. Elles ont lieu aux abords du Stade de France, dans des rues des 10e et 11e arrondissements et dans la salle de spectacle du Bataclan *(11e)*. Elles provoquent la mort de 130 personnes et font 300 blessés, dont 99 graves. Sept terroristes meurent durant les attaques revendiquées par l'État Islamique.

Ces attaques font de ces attentats terroristes les plus graves en France depuis la Seconde Guerre mondiale et les premiers de type "attentats suicides".

> Le 14 juillet 2016 à Nice
Le jour de la fête nationale, un individu fonce dans la foule au volant d'un camion sur la promenade des Anglais à Nice.
Il tue 86 personnes et en blesse 286.
Il est abattu par les forces de l'ordre.
L'État Islamique revendique cet acte.

> Le 26 juillet 2016
Lors d'une messe dans l'église de Saint-Etienne-du-Rouvray près de Rouen, deux individus munis d'armes blanches prennent en otage plusieurs personnes. Un prêtre est égorgé et un paroissien blessé. Ces deux terroristes se réclament de Daech.

> Le 17 août 2017

À Barcelone, sur les ramblas, un conducteur fonce délibérément sur la foule, fauchant de nombreuses personnes. L'attaque, revendiquée par l'État islamique, fait 13 morts et plus de 50 blessés...

> Le 23 mars 2018 en France

Les attaques de Carcassonne et Trèbes revendiquées par l'État islamique font cinq morts dont le terroriste abattu par le GIGN et quinze blessés. Le lieutenant-colonel de gendarmerie Arnaud Beltrame, tué alors qu'il avait pris la place d'une otage, reçoit un hommage national.

> Le 11 décembre 2018 en France

L'attaque du 11 décembre 2018 a lieu sur le marché de Noël de Strasbourg. Le terroriste ouvre le feu, tuant cinq personnes et en blessant onze autres. Il est abattu 48 heures après par les forces de police non loin de son domicile. L'organisation terroriste État islamique revendique ensuite l'attentat.

5.1.2 - CONNAÎTRE LES DIFFÉRENTES MENACES TERRORISTES

Méthodologie du terrorisme

Elle concerne la manière dont les opérateurs terroristes choisissent des méthodes spécifiques et détaillées visant à exécuter une attaque la plus efficace possible et à la rendre le plus largement lisible et visible. Il s'agit d'un mode de communication par l'action.

Les méthodes sont diverses :

> ASSASSINER

L'attaque est frontale : fusillade ou assaut.

Elle demande des préparations minutieuses, des prises de risques importantes et une organisation de la fuite. Cette attaque peut être employée sur des lieux *(mitraillage de bâtiment)*. Dans ce cas, c'est le symbole qui est visé, le but n'étant pas de tuer mais de montrer qu'aucun symbole n'est intouchable.

> ENLEVER

L'enlèvement est un moyen utilisé régulièrement pour obtenir une rançon ou pour peser sur l'implication de gouvernements étrangers et sur des territoires. Cette pratique est courante dans l'activité terroriste.

> CIBLER

Une personne ou un groupe de personnes est ciblé : un journaliste, un responsable d'entreprise, un employé, des membres d'organisation gouvernementale ou humanitaire, des touristes... *Exemple : l'Attaque de Charlie Hebdo ciblait le comité de rédaction.*

> DÉTOURNER

L'attaque repose sur le détournement, essentiellement axé sur les avions. Les terroristes armés prennent le contrôle en forçant le pilote à diriger l'avion vers l'endroit visé. Les passagers sont pris en otage. Depuis, des règles de sécurité très strictes ont conduit à faire diminuer largement leur nombre.

Les avions d'American Airlines ont été détournés et projetés sur les tours du World Trade Center le 11 septembre 2001 à New York.

> DÉTRUIRE PAR L'EXPLOSIF

Ce type d'attaque consiste en l'utilisation d'un engin explosif, bien souvent, artisanal improvisé. L'explosif peut être :

- placé dans un sac ou un colis piégé et déposé à un endroit ciblé,

Victor Moussa/ Fotolia©

Fotos 593/ Fotolia©

- porté par un terroriste impliquant sa mort intentionnelle *(bombe humaine ou kamikaze, attentat suicide).*

> L'attentat de la rue Saint-Nicaise, également connu sous le nom de "conspiration de la machine infernale", qui a eu lieu le 24 décembre 1800 est le premier acte terroriste moderne à l'explosif. Bonaparte qui était visé est indemne mais l'explosion fait 22 morts et une centaine de blessés. 46 maisons sont détruites.

> AGIR PAR PIRATERIE MARITIME

La piraterie maritime moderne prend pour cibles des navires de commerce et de pêche ou des bateaux de plaisance.

Les attaques se produisent en pleine mer mais également aux points de mouillage et le long des côtes. Le but des pirates est de prendre le contrôle du navire attaqué, s'approprier tout ou partie des cargaisons, puis négocier une rançon contre la libération du navire et de son équipage.

Zones des risques mondiaux

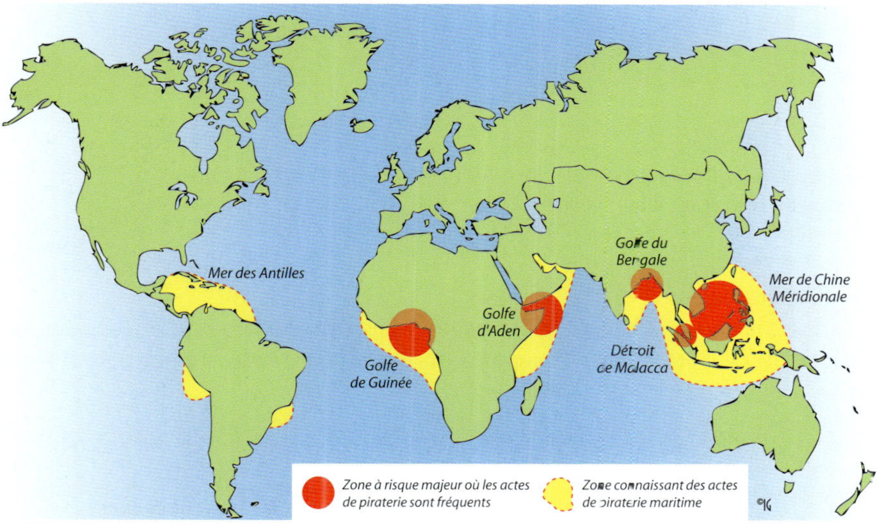

> UTILISER LE TERRORISME NRBC-E

Menace nucléaire

Elle peut désigner l'une des attaques terroristes suivantes :

- utilisation d'une arme nucléaire contre une cible civile,
- utilisation d'une bombe radiologique contre une cible civile,
- attaque d'une centrale nucléaire ou d'un site de stockage de déchets nucléaires.

Menace radiologique

La bombe radiologique ou Dispositif de Dispersion Radiologique *(D.D.R.)*, plus connue sous le terme "bombe sale" est un explosif dit conventionnel entouré de matière radioactive. Elle contamine une zone géographique, par dispersion de produits radioactifs très toxiques.

Menace biologique ou bioterrorisme

Cela consiste en la diffusion de germes capables de déclencher des maladies mortelles : virus, bactéries, toxines, champignons ou micro-organismes.
Les agents biologiques sont habituellement disséminés par aérosol *(inhalés ou avalés)*. Leur potentiel de nuisance est tel qu'ils sont classés dans les armes de destruction massive. Il est possible de distinguer deux voies d'attaque du bioterrorisme : attaque directe sur la population, attaque de l'élevage et/ou de l'agriculture d'un pays.

> Au Moyen-Âge, durant les sièges de places fortes, les assaillants contaminaient l'eau avec des cadavres d'animaux morts. Ces mêmes cadavres pouvaient être projetés par delà les murailles à l'aide de trébuchets.

Après les attentats du 11 septembre 2001, des lettres contenant les bactéries de la maladie du charbon (anthrax) sont envoyées à de grands médias et à deux sénateurs américains.

Menace chimique

Une arme chimique est une arme utilisant des produits chimiques, toxiques pour les êtres humains. Elle peut être létale ou neutralisante. Elle peut se révéler toxique pour la faune et la flore.

> Gaz moutarde - Gaz sarin - Gaz VX : liquides incolores, inodores et mortels.

> Le 4 avril 2007, le régime syrien frappe la ville de Khan Cheikhoun, tenue par les djihadistes du Liwa al-Aqsa, avec des armes chimiques (probablement du sarin combiné à du chlore). Environ 100 à 200 civils mourront dans d'atroces souffrances. 500 autres seront blessés.

Menace explosive

Elle concerne tout objet ou engin explosif, souvent assemblé de manière artisanale. Leur puissance et leur pouvoir de destruction dépendent du savoir-faire des terroristes et des matériaux mis en œuvre.

> UTILISER LE CYBERTERRORISME

Le cyberterrorisme peut être défini comme l'ensemble des attaques graves et à grande échelle, des ordinateurs, des réseaux et des systèmes informatiques d'une entreprise, d'une institution ou d'un État, commises dans le but d'entraîner une désorganisation générale susceptible de créer la panique.

▶ Motivations du terrorisme

Les actes de terrorisme peuvent être classés en fonction des différentes motivations :

- la défense d'une **cause particulière** *(exemple des anti-OGM, de greenpeace...)*. Ce sont souvent des actes répréhensibles et spectaculaires visant à contraindre un gouvernement à considérer la cause défendue ;
- le **nationalisme ethnique** *(exemple de l'IRA en Irlande)* – terrorisme ayant une motivation nationaliste et cherchant à détacher une partie du territoire d'un État par ses actions terroristes ou d'attirer l'attention sur la lutte pour la libération de “son peuple”, de “sa nation” et de “son ethnie” ;
- le **séparatisme** *(exemple de l'ETA basque)* - mouvement politique qui cherche à séparer une région, une province, un territoire ou un État, du pays ou de l'ensemble plus vaste auquel il appartient. Le but est d'obtenir, sur une base territoriale, une reconnaissance politique et de créer un nouvel État indépendant ;
- l'**indépendantisme** - revendication pour une collectivité à ne pas être soumis à l'autorité d'un autre organe ou d'une autre collectivité ;
- l'**idéologie radicale** *(exemples de groupes extrémistes de gauche ou de droite)* - déstabiliser un système politique pour le remplacer par un régime extrême ;
- l'**extrémisme religieux** - utilisation de la violence pour soutenir ce qui est, selon les terroristes en question, un objectif commandé par un chef religieux ;
- des **motivations hybrides**...

▶ Modes opératoires traditionnels

Il s'agit des opérations effectuées par un individu isolé ou par des groupes sous forme de commandos.

> ATTENTAT AVEUGLE

Attentat qui ne vise pas des personnes en particulier mais dont le but est de faire le maximum de victimes parmi les civils pour choquer l'opinion publique et avoir un écho dans les médias.

> *Voiture piégée – Colis piégé – Engin Explosif Improvisé (E.E.I.)*

> ATTENTAT SUICIDE

Type d'attaque dont la réalisation implique la mort intentionnelle de son auteur, dénommé également "bombe humaine" ou "kamikaze". Il est utilisé pour cibler précisément des personnes ou des biens, tuer un maximum de personnes en même temps ou en dernier recours pour éviter au terroriste de se faire arrêter.

> *Ceinture explosive - Véhicule explosif - Camion bélier...*

> PRISE D'OTAGES ET EXÉCUTIONS

Les terroristes prennent des otages de façon arbitraire et les tuent de façon aléatoire. Ils s'en servent aussi pour retarder et se protéger d'une éventuelle intervention des forces de l'ordre. L'attaque est généralement associée aux armes à feu et aux ceintures explosives. Les terroristes profitent pour filmer ces massacres et utiliser leurs vidéos en propagande. Ce type d'attentat vise à choquer l'opinion publique et à avoir un écho dans les médias.

> ATTAQUE AVEC ARMES DE GUERRE

Attentat qui a pour but de tuer un maximum de personnes de façon aléatoire en utilisant des armes à feu. Les terroristes tuent sur leur chemin, n'importe où et n'importe quand. Ils sont des tireurs actifs.

Menaces terroristes émergentes

Matières nucléaires
et radiologiques

Matières biologiques

Matières chimiques

Matières explosives

Cybermenaces

5.1.3 - CONNAÎTRE LES NIVEAUX DE RISQUE ASSOCIÉS AU TERRORISME

▶ Le niveau de risque en France

Pour répondre à la menace terroriste, l'État mène une action transversale qui s'inscrit dans le respect des libertés publiques.

> LE PLAN VIGIPIRATE

Vigipirate est un plan gouvernemental de **vigilance**, de **prévention** et de **protection** face aux menaces terroristes.

VIGILANCE	PREVENTION	PROTECTION
Connaissance de la menace. Ajustement des comportements et des mesures de protection.	Sensibilisation à la menace terroriste. Connaissance du dispositif national. Préparation des moyens de protection et de réponse	Mesures adaptées en permanence à la situation. Réduire les vulnérabilités sans induire de contraintes disproportionnées sur la vie économique et sociale.

Il relève du Premier ministre responsable de l'action du gouvernement en matière de sécurité nationale et associe tous les ministères. Il associe tous les acteurs nationaux – l'État, les collectivités territoriales, les opérateurs susceptibles de concourir à la protection et à la vigilance et les citoyens.

Il s'applique :

- sur le territoire national, dans toutes ses dimensions, terrestre, aérienne et maritime, ainsi que dans le cyberespace,
- à l'étranger, dans les pays où les ressortissants ou les intérêts français sont menacés, dans le respect de la souveraineté de chaque pays.

Le plan Vigipirate poursuit deux objectifs :

- développer une culture de la vigilance et de la sécurité dans l'ensemble de la société, afin de prévenir ou déceler, le plus en amont possible, toute menace d'action terroriste ;
- assurer en permanence une protection adaptée des citoyens, du territoire et des intérêts de la France contre la menace terroriste.

Il repose sur un socle de mesures gouvernementales qui s'appliquent à tous les grands domaines d'activité de la société *(13 domaines d'action).*
Il contient au total 300 mesures celles actives constitue la posture Vigipirate.

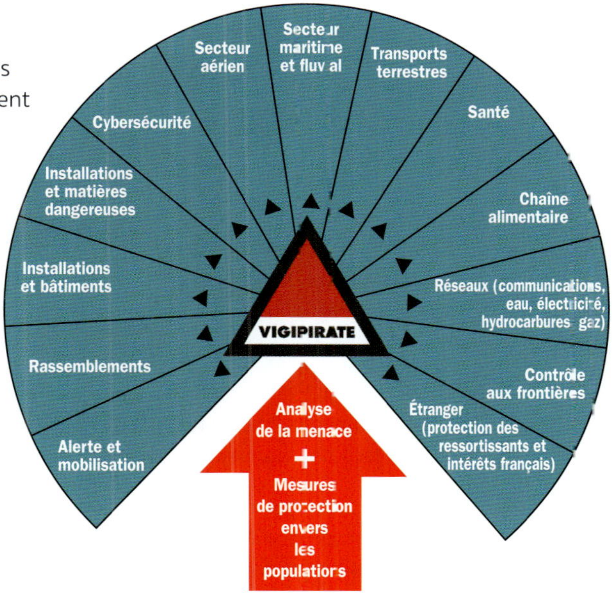

Le plan Vigipirate est alimenté par l'évaluation de la menace terroriste faite par les services de renseignement, et en cas d'attaque terroriste, **il peut être prolongé par des plans d'intervention spécifiques** qui mettent en œuvre des moyens spécialisés *(plans NRBC, PIRATAIR-INTRUSAIR, PIRATE-MER, PIRANET, METROPIRATE...).*

Il repose depuis 2016 sur trois niveaux, adaptés à la menace et matérialisés par des logos visibles dans l'espace public :

Vigilance

Posture permanente de sécurité valable en tout temps et en tout lieu.

Nombreuses mesures permanentes de sécurité.

Face à un niveau élevé de la menace terroriste

Concerne l'ensemble du territoire ou peut être ciblée sur une zone géographique et/ou un secteur d'activité particulier.

Mesures permanentes de sécurité renforcées par des mesures additionnelles.

Pas de limite de temps définie.

Vigilance et protection maximum en cas de menace imminente d'un acte terroriste ou à la suite immédiate d'un attentat

Concerne l'ensemble du territoire ou peut être ciblée sur une zone géographique.

Mesures exceptionnelles pour prévenir tout risque d'attentat imminent ou de sur-attentat.

Mesures exceptionnelles d'alerte de la population.

Durée limitée à la gestion de crise.

L'État d'urgence

L'État d'urgence est une situation spéciale, une forme d'état d'exception qui restreint certaines libertés fondamentales.

La loi n° 55-385 du 3 avril 1955 le définit applicable “soit en cas de péril imminent résultant d'atteintes graves à l'ordre public, soit en cas d'évènements présentant, par leur nature et leur gravité, le caractère de calamité publique”.

L'État d'urgence est institué par décret pris en conseil des ministres. Il confère aux autorités civiles, dans l'aire géographique à laquelle il s'applique, des pouvoirs de police exceptionnels portant sur la réglementation de la circulation et du séjour des personnes, sur la fermeture des lieux ouverts au public, sur la réquisition des armes...

Il renforce les pouvoirs de l'autorité administrative et dessaisit la justice de certaines de ses prérogatives.

Il ne peut être prorogé au-delà d'une durée de douze jours que par une loi qui fixe sa durée.

Ce régime exceptionnel est un mode de gestion de crise.

Sous la Vème République, l'état d'urgence a été décrété cinq fois :

- en 1955 face à l'insurrection algérienne, sur le Constantinois en avril puis étendu à toute l'Algérie en août,
- en mai 1958 puis d'avril 1961 à mai 1963 cette fois en métropole, contre les partisans de l'Algérie française,
- en décembre 1984 en Nouvelle-Calédonie, en réaction à la révolte canaque,
- en novembre 2005 dans 25 départements dont tous ceux d'Ile-de-France face aux émeutes en banlieue,
- en 2015 suite aux attentats du 13 novembre, prolongé six fois jusqu'au 1er novembre 2017.

> DISPOSITIONS LIÉES À L'ÉTAT D'URGENCE

Le Ministère de l'Intérieur peut :

- assigner à résidence toute personne dont l'activité s'avère dangereuse pour la sécurité et l'ordre public. Le recours au bracelet électronique pourra être mobilisé pour contrôler certains assignés à résidence, condamnés par le passé pour des actes de terrorisme et ayant purgé leur peine. Il faudra l'accord de la personne concernée recueilli par écrit,

- prendre "toute mesure" pour bloquer des sites faisant l'apologie du terrorisme ou incitant à des actes terroristes,
- enfin, dissoudre par décret en Conseil des ministres les associations ou groupements de fait qui participent à la commission d'actes portant une atteinte grave à l'ordre public ou dont les activités facilitent cette commission ou y incitent.

Dans tous les départements, les préfets peuvent :

- restreindre la liberté d'aller et venir en instaurant des zones de protection ou de sécurité particulières, ou en interdisant la circulation dans certains lieux *(couvre-feu)*,
- interdire le séjour dans certaines parties du territoire à toute personne susceptible de créer un trouble à l'ordre public,
- réquisitionner des personnes ou des moyens privés,
- interdire certaines réunions publiques ou fermer provisoirement certains lieux de réunion,
- autoriser des perquisitions administratives en présence d'un officier de police judiciaire.

Lenscap Photography/Shutterstock.com©

Dave Navarro Jr/Shutterstock.com©

> Aucune perquisition administrative ne peut viser les locaux affectés à l'exercice d'un mandat parlementaire ou à l'activité professionnelle des avocats, magistrats ou journalistes.

La "LOI RENFORÇANT LA SÉCURITÉ INTÉRIEURE ET LA LUTTE CONTRE LE TERRORISME" :

Compte-tenu de la permanence de la menace terroriste et de l'aspect temporaire de l'état d'urgence, une loi est promulguée le 30 octobre 2017 afin de doter l'état de nouveaux moyens juridiques pour prévenir la menace terroriste hors période d'état d'urgence.

Sans être en État d'urgence, la loi permet notamment :

- l'instauration de périmètres de protection,
- les fouilles de bagages et de véhicules, pour assurer la protection des grands évènements,
- la fermeture des lieux de culte pour une durée inférieure à six mois,
- d'astreindre une personne à demeurer dans un périmètre défini,
- de mener des visites et saisies à domicile.

Autres mesures supplémentaires : le fichier européen de données personnelles des voyageurs européens "Passenger Name Record" *(P.N.R.)*, les enquêtes sur les membres de la Fonction publique susceptibles de s'être radicalisés.

L'état de guerre

L'état de guerre correspond à une déclaration officielle de guerre d'un État à un autre.
C'est le Président de la République, en tant que chef des armées, qui le décide.

En cas de menaces graves et immédiates pour la Nation, "le Président de la République prend les mesures exigées par ces circonstances, après consultation officielle du Premier ministre, des Présidents des Assemblées ainsi que du Conseil constitutionnel" *(Art.16 de la Constitution du 4 octobre 1958).*

Le Parlement peut alors autoriser la déclaration de guerre.

"La déclaration de guerre est autorisée par le Parlement. Le gouvernement informe le Parlement de sa décision de faire intervenir les forces armées à l'étranger, au plus tard trois jours après le début de l'intervention." *(Art.35 de la Constitution du 4 octobre 1958).*

Getmilitaryphotos/Shutterstock.com©

L'état de guerre suppose la mise en place d'une stratégie militaire avec des effectifs sur le terrain.

Aujourd'hui, ces termes "état de guerre" sont rarement utilisés en droit international.
Dans le cadre de conflits asymétriques entre des États souverains et des forces armées de type terroriste, il n'y a quasiment plus de déclarations de guerre formelles.
La dernière fois que la France a été officiellement déclarée en guerre remonte à 1939.

Des termes juridiques, aux contours plus flous comme celui de "conflit armé" sont plus souvent employés.
Le conflit armé qualifie une situation où il faut un "certain seuil de violence", sinon il s'agit de "troubles et de tensions internes". Les émeutes et les actes isolés ou sporadiques de violence ne sont pas des conflits armés.

Les cibles potentielles

Le choix des cibles se fait en fonction de la menace, de ses motivations et de son organisation.

> LES CIBLES POTENTIELLES DU TERRORISME ISLAMIQUE

Le terrorisme islamique vise à troubler l'ordre public en instaurant la peur.

L'objectif est de frapper fort en ciblant des lieux fréquentés :
- les lieux touristiques,
- les lieux de passage, comme les gares et les moyens de transport collectifs,
- les lieux de rassemblements *(salle de spectacle, évènement sportif).*

bernardbodo/Fotolia©

Au-delà des dommages directs de l'attentat, ces actions visent à créer un choc psychologique : troubler la vie quotidienne des gens et semer la peur. Le choc s'étend largement : à tous ceux qui auraient pu être visés par l'attentat parce qu'ils fréquentent le lieu visé, parce qu'ils ont pris le train d'avant...

> LE CHOIX DES CIBLES

Le choix des cibles se fait sur un ou plusieurs critères :

LA VISIBILITÉ

Frapper une cible occidentale et plus particulièrement une capitale internationale a un impact médiatique très important. Outre l'impact visuel important que représente un attentat sur des lieux touristiques comme la Tour Eiffel, les Champs-Elysées ou la gare Montparnasse, la communication qui en est faite par le biais des médias d'informations met les terroristes en pleine lumière.

Laura Laporta Garcia/Shutterstock.com©

LE SYMBOLE

En choisissant un lieu particulier, les groupes terroristes visent aussi le symbole politique, culturel et historique que ce lieu constitue.

Parilov/Shutterstock.com©

Certains sites constituent des cibles "à fortes valeurs ajoutées" pour les terroristes.
Ainsi des terroristes visant une ambassade font une pierre deux coups en touchant deux nations à la fois, les attaques sur un lieu de culte visent toute une communauté.

LA FAISABILITE

Ces différents sites sont toutefois plus difficiles à atteindre car ils sont particulièrement sécurisés. D'autres sites moins défendus sont plus facilement attaquables : gares de province *(Gare Saint-Charles le 1er octobre 2017)*, musées *(galerie du carousel du Louvre le 3 février 2017)*, trains *(TGV Thalys le 21 août 2015)*...

L'HEURE DE FRAPPE ET LE JOUR

Tupungato/Shutterstock.com©

Les choix de l'heure de frappe et du jour ont également leur importance.

> Nombre de victimes

En visant les heures de pointe dans les transports en commun, les rassemblements liés à une fête comme celle du 14 juillet, les terroristes savent qu'ils toucheront un nombre important de personnes.

> Médiatisation

L'heure et le jour de l'attaque vont également jouer sur la médiatisation de l'attentat :

- un attentat perpétré lors d'une fête ou d'un évènement national va balayer les réjouissances médiatisées habituellement ce jour,

- une attaque perpétrée tôt le matin va être relayée toute la journée par les médias locaux et internationaux, en fonction des fuseaux horaires.

> *Face aux attaques, Internet permet une couverture dans l'urgence et immédiate, les réseaux sociaux permettent de rassurer les proches et permettent la mise en place de différentes formes de solidarité (mise en sûreté, entraide, recueil...).*
>
> *Exemples :* facebook. twitter

5.1.4 - CONNAÎTRE LES DIFFÉRENTS MATÉRIELS DES TERRORISTES

Armement

Les matériels utilisés par les terroristes sont divers.

> LES FUSILS D'ASSAUT

Un fusil d'assaut est une arme d'épaule. Elle est conçue pour permettre de tirer de façon efficace jusqu'à environ 300 mètres en mode semi-automatique *(distance au-delà de laquelle les cibles sont difficilement distinguables sans lunette)*, et à environ 30 mètres en tir automatique.
Ils se déclinent en de multiples modèles parmi lesquels on trouve :

> l'AK-47

ifh85/Fotolia©

L'AK-47 est un fusil d'assaut conçu par le Soviétique Kalachnikov. Cette arme est **la plus répandue à travers le monde**. Il en existe d'ailleurs de nombreuses copies. Elle serait devenue selon certains observateurs le symbole de l'anti-américanisme. L'AK-47 est le premier modèle de cette vaste famille de fusils d'assaut.
C'est une arme redoutable de par sa fiabilité, elle résiste aux mauvaises conditions et fonctionne trempée de boue ou recouverte de sable. Elle est également d'une grande facilité d'utilisation : prise en main rapide et efficacité mortelle qu'elle que soit l'adresse du tireur. Sa crosse peut être fixe ou repliable.

> l'AKM

Elle est la version en tôle emboutie de l'AK-47 *(pour une réduction de coûts de production).*

> la Zastava M70

Fusil d'assaut yougoslave dérivé des AK-47 et AKM-59.

> *> Ces armes présentent un autre avantage, celui de pouvoir se démonter et donc se dissimuler facilement.*

> LES PISTOLETS ET REVOLVERS

Revolver et pistolet sont tous deux des armes de poing. Le pistolet dispose d'une chambre intégrée au canon alors que le revolver dispose d'un cylindre tournant appelé barillet contenant des chambres pour des charges ou cartouches individuelles.

pistolet
Boonchuay1970/Shutterstock©

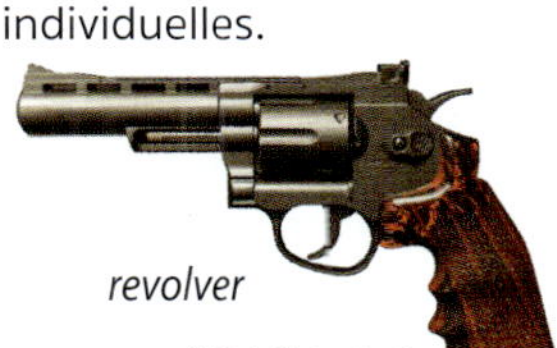
revolver
GR Photo/Shutterstock©

> LES LANCE-ROQUETTES ET LANCE-GRENADES

Rarement utilisés lors d'une attaque terroriste soudaine, ce type d'arme est plus souvent utilisé lors d'affrontements armés sur des fronts de guerre.

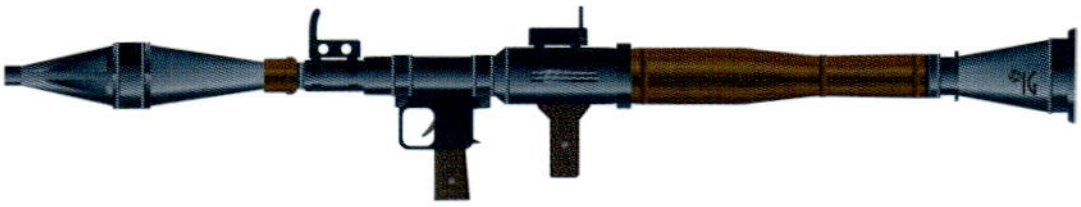

lance-roquettes type RPG

lance-grenades

> LES PISTOLETS MITRAILLEURS *(PM)*

Armes redoutables quant à leur cadence de tir, ces armes sont très facilement dissimulables sous une veste car leur format est ramassé. Elles sont peu précises.

PM Uzi

PM Skorpion

> LES MUNITIONS

Selon le type d'arme, les projectiles feront plus ou moins de dégâts. La munition de l'AK-47 a un taux de létalité très important. Ses blessures sont délabrantes.

Exemples de calibres de munitions

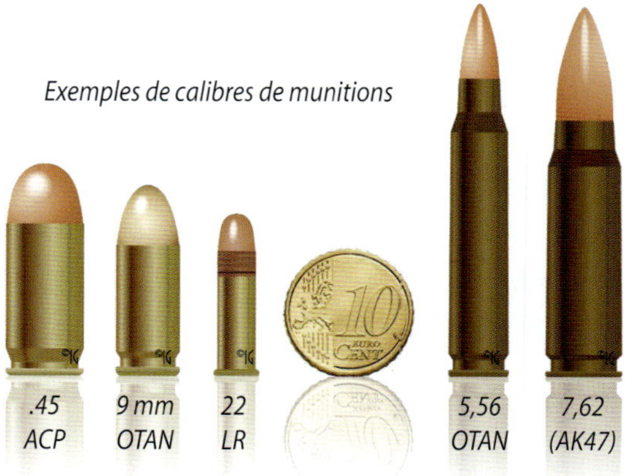

> LES EXPLOSIFS

Un explosif est un mélange de corps susceptibles lors de leur transformation, de dégager en un temps très court un grand volume de gaz porté à haute température, ce qui va aboutir à une explosion.

On y trouve :

- les explosifs **solides** : TNT, C4, SEMTEX ;
- les explosifs **encartouchés** : explosifs servant lors de la démolition ou explosifs de carrière ;
- les explosifs **liquides** : nitroglycérine, mélanges chimiques détonants ;
- les explosifs en **vrac** : engrais, composés NPK...

> LES MATÉRIELS IMPROVISÉS

Définition

Les Engins Explosifs Improvisés (*E.E.I.*) ou Engins Explosifs de Circonstance *(E.E.C. - en anglais, Improvised Explosive Device - I.E.D.)* sont principalement employés lors de conflits asymétriques par les forces terroristes, par des guérilleros ou des commandos.

Ils sont également connus sous le nom de pièges explosifs, de mines ou de bombes artisanales. Ils sont conçus pour détruire, handicaper, ralentir ou distraire.

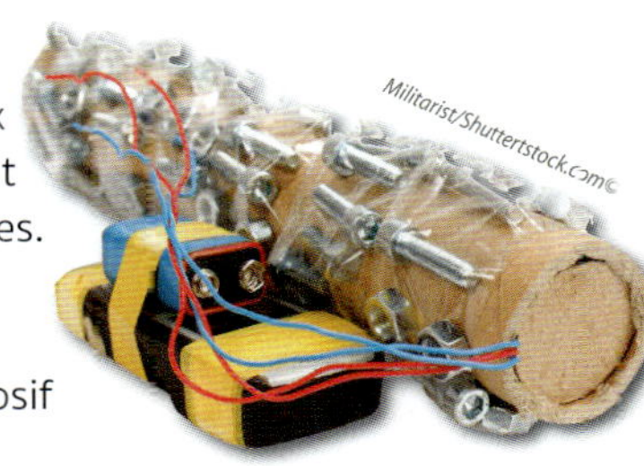

Ils peuvent incorporer des éléments provenant d'arsenaux militaires *(par exemple une grenade)* mais le plus souvent ils sont composés d'un assemblage de pièces non militaires.

Déclenchement

Les principes de base du déclenchement d'un engin explosif improvisé sont les suivants :

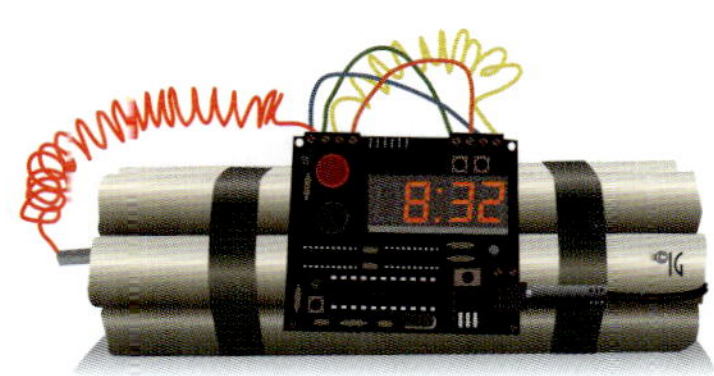

- **déclenchement piégé :** l'engin explose par la manipulation, le contact ou la proximité d'un individu ou d'un véhicule. Un mécanisme caché fait exploser la charge ;
- **déclenchement à retardement :** l'engin explose après une durée déterminée fixée par une horloge mécanique ou électrique, voire une réaction chimique ;
- **déclenchement contrôlé :** l'engin explose sous l'action d'un opérateur, celui-ci pouvant se trouver soit en contact direct avec l'engin, soit à distance. Dans le second cas, l'engin est télécommandé le plus souvent par fil, fréquence radio ou infrarouge.

▶ Sécurisation des lieux en cas de découverte de matériel

> CONSEILS PRATIQUES

- En cas de découverte de matériel suspect, bizarre ou qui attire votre attention, **N'Y TOUCHEZ PAS**, ne le déplacez pas, vous ne savez pas dans quel état peut être l'engin, quel est son système de déclenchement...
- Éloignez les personnes se trouvant aux alentours et prévenez les services de secours et/ou les forces de l'ordre. Ils sauront prévenir les services compétents pour intervenir *(service de déminage).*
- Si vous vous trouvez à proximité d'une explosion et même si vous n'avez rien à première vue, allez consulter tout de même un médecin car vous pourriez avoir été victime du BLAST *(effet de souffle)* qui peut produire une hémorragie interne.

> PÉRIMÈTRE DE SÉCURITÉ DES E.E.I.

Établir un périmètre de sécurité a priori, qui dépend :

- du **potentiel explosif** de l'engin qui est déterminé par la capacité maximale d'explosif contenu *(valise, sac, camionnette ?)* ;
- de sa **situation** *(est-il placé à l'intérieur d'un bâtiment ou à l'extérieur ?)*
  - à l'intérieur : potentiel déterminé par la capacité d'un bâtiment non armé à résister à des dommages sérieux ou à un effondrement ;
  - à l'extérieur : potentiel déterminé par les distances de projection des éclats ou la distance à laquelle les vitres sont cassées avec chute de verre.

Bagage *(capacité d'explosif estimée : 20 kg)* **Utilitaire** *(capacité d'explosif estimée : 2 500*

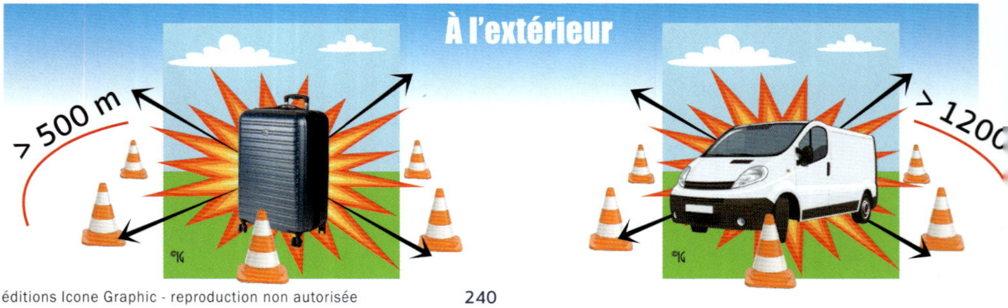

5.1.5 - SAVOIR DÉVELOPPER SES RÉFLEXES EN MATIÈRE DE PRÉVENTION ET DE SÉCURITÉ

Cultiver son comportement face aux risques terroristes

C'est :

Andrey Popov/ Fotolia©

> **> ICE – In Case of Emergency**
> *ICE (ou ECU en français), acronyme de "in case of emergency" (ou "en cas d'urgence") est un programme qui vise à aider les premiers intervenants (comme les paramédicaux, les pompiers et les agents de police) à contacter les proches des victimes et obtenir des informations médicales importantes.*
> *Dans le répertoire de son téléphone ou sur une carte à porter sur soi, indiquer les numéros de personnes à contacter au cas où il vous arrive quelque chose :*
> *ICE + numéro*
> *Autre variante possible indiquer en clair : ICE + Maman + Nom + Prénom + numéro*
> *Ce code international est peu connu en France. Il permet cependant aux services de secours :*
> *• de contacter rapidement les proches de la victime*
> *• le cas échéant d'identifier la victime.*
> *Il est également possible d'utiliser l'application ICE (à télécharger).*

C'est aussi :

- mettre à disposition immédiate des kits médicaux spécifiques :
  - dans la voiture,
  - dans un sac à dos ou sac à main,
  - sur soi.

- ne pas tomber dans la paranoïa mais être prévoyant :
  - projetez-vous mentalement "Je suis ici, s'il se passe cela je peux faire ça...",

- prévoir un plan A et toujours un plan B, voire un plan C.

Combattre les habitudes et les routines

- Maintenir attention et vigilance,
- respecter strictement les procédures et les consignes,
- connaître les procédures et se tenir informé de leurs mises à jour,
- parler régulièrement des menaces terroristes avec son équipe et contrôler l'efficacité de celle-ci par des exercices prévus et/ou aléatoires,
- participer aux exercices de sécurité,

- contrôler ou rendre compte de tout ce qui vous apparaît inhabituel,
- effectuer des contrôles inopinés,
- changer les habitudes de ronde et de patrouille,

- sensibiliser le public en le renseignant et en le responsabilisant sur la sécurité,
- éviter les mouvements de panique et être responsable face à l'information,

- signaler toute activité suspecte,
- faciliter les accès des unités de secours et d'intervention,
- faciliter les opérations de contrôle,

- s'informer auprès des sources officielles,
- rester prudent vis-à-vis des informations non officielles et rumeurs, notamment sur les réseaux sociaux.

Développer ses connaissances en matière de détection de la radicalisation violente et de prévention du terrorisme

- Suivre une démarche personnelle et/ou collective,
- suivre des sensibilisations, informations et formations afin de connaître la menace et le matériel utilisé :
    - matériels et technologie,
    - données,
    - humains.
- S'informer sur internet, sur les sites officiels.

Pour continuer et renforcer son action de lutte contre la menace terroriste, le Gouvernement a mis en place un **dispositif interministériel de prévention et d'information** :

> SITE INTERNET DÉDIÉ "Stop-djihadisme.gouv.fr"

Ce site propose une assistance aux familles et une prévention de la radicalisation violente. Il décrit ainsi le processus de radicalisation.

La radicalisation

- C'est un changement de comportement qui peut conduire certaines personnes à l'extrémisme et au terrorisme.

- Elle concerne le plus souvent des adolescents et des jeunes adultes en situation d'isolement et/ou de rupture.

JPagetRFphotos / Fotolia©

- Elle touche également des jeunes parfaitement insérés, mais vulnérables.

- Le processus de radicalisation n'est pas toujours visible mais il se traduit souvent par une rupture rapide et un changement dans les habitudes de la personne.

Seasontime / Fotolia© et IG©

Prévention et signes d'alerte

Les comportements suivants peuvent être les signes qu'un processus de radicalisation est en marche. Plus ils sont nombreux, plus ils doivent alerter la famille et l'entourage :

- rupture avec la famille, les anciens amis, éloignement de ses proches ;
- rupture avec l'école, déscolarisation soudaine ;
- nouveaux comportements dans les domaines suivants : alimentaire, vestimentaire, linguistique, financier ;
- changements de comportements identitaires :
    - propos associaux ;
    - rejet de l'autorité ;
    - rejet de la vie en collectivité ;
- repli sur soi ;
- fréquentation de sites Internet et des réseaux sociaux à caractère radical ou extrémiste ;
- allusion à la fin des temps ;
- obsession pour la théorie du complot.

> NUMÉRO D'APPEL POUR DIAGNOSTIC

N° Vert 0 800 005 696

Ce numéro, accessible du lundi au vendredi de 9h à 17h, permet à ceux qui s'interrogent ou s'inquiètent d'un possible embrigadement de l'un de leurs proches d'avoir un entretien détaillé, indispensable pour établir un diagnostic.
Au terme de cet entretien, ils sont conseillés sur la marche à suivre et orientés vers les services compétents placés sous l'autorité des préfets, dans chaque département.

> FORMULAIRE DE SIGNALEMENT

Un formulaire est accessible en ligne, sur le site du ministère de l'Intérieur. Il est destiné à ceux qui souhaitent signaler une situation préoccupante ou obtenir des renseignements. Ils sont systématiquement recontactés.

▶ Mobilisation de l'école

Le ministère de l'Éducation nationale a présenté des mesures. Parmi celles-ci, il publie, à destination de ses personnels, un livret "Prévenir la radicalisation des jeunes". Ce document, préparé en concertation interministérielle, est complémentaire de la démarche d'ensemble initiée par le ministère de l'Intérieur.

> Retrouvez ce livret en flashant le code ci-contre.

5.1.6 - DÉTECTER ET PRÉVENIR : LES BONS RÉFLEXES FACE AUX MENACES TERRORISTES

Détection et analyse des comportements suspects

On peut faire cette détection par différents moyens :

- par téléphone *(fiche de procédure interne)*,
- par des moyens technologiques,
- visuellement *(humain)*.

> À QUOI RESSEMBLE UN TERRORISTE ?

Le terroriste n'a pas de look particulier.

- Il n'a pas de couleur de peau particulière.
- Il n'a pas de genre ni d'âge particulier : homme, femme, adolescent, enfant.
- Il n'a pas de religion particulière.

> COMMENT IDENTIFIER UN TERRORISTE ?

D'une part, les terroristes sont difficiles à détecter puisque, tel le caméléon, ils prennent l'apparence de l'environnement.

Il n'y a pas de règle établie, mais l'agent de sécurité peut **déceler des indices comportementaux.** L'analyse comportementale consiste à *"repérer des comportements anormaux tout au long du trajet de l'individu"* depuis son entrée jusqu'à son départ.

> *> Un comportement seul ne suffit pas. C'est la somme de petits détails qui déterminera s'il y a suspicion ou non.*

> L'ANALYSE COMPORTEMENTALE

- Le service de sécurité tout comme le personnel est le meilleur service de renseignement pour détecter un individu suspect et prévenir une attaque.
- Tous les employés sont concernés.

> *> Exemple lors d'un évènement sportif : tout le personnel, depuis le vendeur de billet en passant par le vendeur de boissons ou encore le stadier, peut aider à détecter des attitudes suspectes, le public sensibilisé également.*

> LA DÉTECTION HUMAINE ET TECHNOLOGIQUE

- La détection humaine est le moyen le plus efficace pour détecter un comportement suspect ou un terroriste.
- Les outils technologiques de détection *(scanner, détecteur, magnétomètre)* ne sont qu'un complément et sont d'ailleurs souvent absents pour cause de budget.
- Les technologies évoluent, mais la capacité d'un agent à détecter des anomalies dans le comportement humain reste efficace.

> REPÉRER LES INCOHÉRENCES

Il s'agit de repérer les éventuelles incohérences avec le milieu ou la situation :

- L'individu a t-il un comportement adapté ?
- Sa présence à cet endroit est-elle normale ?

Une personne qui évite les agents de sécurité, transpire beaucoup ou est vêtue d'un vêtement inadapté à la saison.

Un individu avec un sac à dos lourd ou volumineux.

Un individu qui observe avec insistance, fait des photos et vidéos incohérentes *(par exemple : photographie le service de sécurité...)*.

Une personne qui oublie un colis.

Une personne qui a un comportement et/ou un regard fuyant.

Un individu qui semble dissimiler quelque chose sous ses vêtements.

Ou encore :

- une personne qui porte plusieurs téléphones ;
- une personne qui détient plusieurs passeports ;
- une personne qui possède plusieurs récipients avec des liquides non identifiés ;
- une personne qui dispose de beaucoup d'argent en liquide ;
- une personne qui a un appareil radio avec oreillette alors qu'il se dit touriste ou visiteur ;
- une personne qui transporte un uniforme de police dans son sac ou bagage ;
- un individu posant beaucoup *(trop)* de questions ;
- un individu qui n'a pas de ticket pour rentrer et qui est impatient ;
- une personne qui se cache la tête avec une casquette ou une capuche et/ou qui baisse la tête...

> EN CAS DE SUSPICION

- Lors d'une suspicion, l'agent devra immédiatement prévenir sa hiérarchie et/ou les forces de l'ordre suivant les procédures en place.

Photographee.eu / Shutterstock.com©

> POUR CONFIRMER LA SUSPICION D'UN INDIVIDU

- Adressez-lui la parole :
  - *"Bonjour Monsieur, vous vous sentez bien ?"*
- S'il répond normalement :
  - approfondissez la discussion, et procédez à une inspection visuelle ou une fouille de ses bagages et à une palpation de sécurité s'il vous l'autorise.
- S'il ne répond pas ou dévoile une arme ou une ceinture d'explosifs :
  - agissez.

> RESTITUER LE FRUIT DE SON OBSERVATION À SA HIÉRARCHIE

- À tout moment ;
- immédiatement après suspicion ;
- immédiatement après la levée de doute ;
- immédiatement après la détection ;
- immédiatement après l'attaque.

> LE COMPTE-RENDU IMMÉDIAT

Je suis > **Je vois** > **J'ai fait, je fais et je demande la conduite à tenir**

Le compte rendu traditionnel est généralement effectué par radio, téléphone ou de manière verbale. Il permet d'être rapide, concis, et efficace.

5.1.7 - SAVOIR ENTRETENIR SA CULTURE DE LA SÉCURITÉ

La culture de la sécurité peut se définir comme l'ensemble des valeurs et comportements partagés par les acteurs d'une organisation pour maîtriser les risques les plus importants de leur activité.

Le retour d'expérience *(RETEX)*

- Il est un élément de progrès, d'amélioration indispensable à toute organisation.
- Sa mise en œuvre doit être systématique après un exercice ou un évènement.
- Il représente une opportunité de partage et d'apprentissage pour l'ensemble des acteurs quels que soient leur niveau hiérarchique et leur statut.
- Le retour d'expérience fait le lien entre la théorie et la pratique.

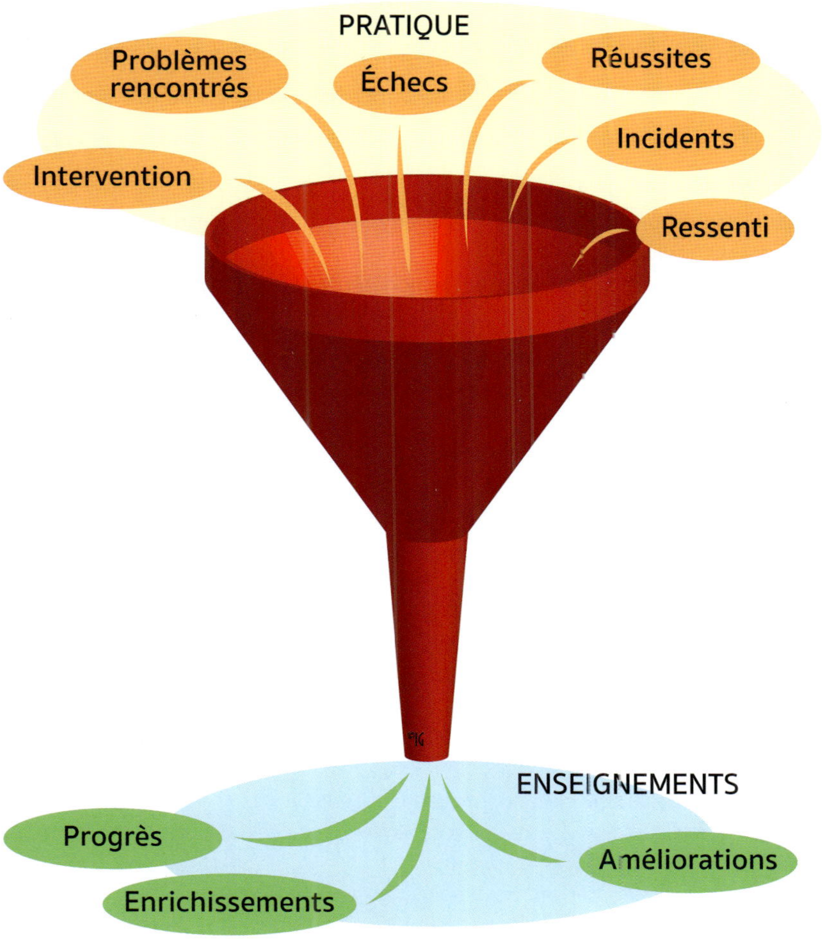

▶ L'évolution des procédures

Pourquoi participer à l'évolution des procédures ?

- Pour faciliter le travail,
- pour assurer la sauvegarde des bâtiments et des personnes,
- pour valoriser et montrer l'engouement de l'agent pour ce métier,
- pour se projeter dans l'avenir,
- parce que c'est aisé à mettre en œuvre.

Comment y participer ?

- à son niveau et au quotidien, grâce au principe d'amélioration continue,
- remonter les informations de façon objective et sous forme de recommandations :
    - avec la méthode RAR,
    - en respectant l'organisation hiérarchique,
    - en transmettant de manière verbale et/ou écrite *(email, fax, sms, courrier).*

> La méthode RAR

Réglementation / Situation *(les écrits, les faits)*
Analyse *(objective et points de vue confrontés)*
Recommandations *(objectives et applicables)*

▶ S'informer

On qualifie d'information, des faits, des évènements, provenant de l'extérieur et qui sont interprétés par l'individu.
L'information interprétée, structurée et mémorisée devient connaissance.

> POURQUOI S'INFORMER ?

L'information est nécessaire à l'individu, à l'organisation et à la société. Elle joue un rôle primordial dans la découverte, l'interprétation et la compréhension de l'environnement. Elle permet à l'individu :

- de se situer dans son environnement *(repérage temporel et spatial)*,
- d'analyser et d'anticiper les situations auxquelles il doit faire face.

Elle est indispensable pour comprendre les évènements extérieurs, prendre des décisions de façon éclairée.

S'informer :

- c'est une forme de participer à la vie de la communauté,
- c'est un droit, un des principes fondamentaux de toute démocratie,
- ça permet de mieux communiquer,
- ça nous rassemble pour pouvoir converser et échanger,
- ça nous valorise,
- pour être un meilleur citoyen, concerné et sensibilisé,
- pour *"mieux comprendre le monde", "savoir ce qui se passe dans le monde", "être au courant",*
- permet d'éviter les dérives, les amalgames, les préjugés...
- pour faciliter notre travail et nous permettre de prendre des décisions professionnelles, *Par exemple : dans la gestion de conflit.*

> COMMENT PROCÉDER POUR ÊTRE BIEN INFORMÉ ?

- Si l'information est stratégique pour l'individu, elle joue un rôle clé pour les organisations, les entreprises.
- Tout au long de votre vie professionnelle, vous devrez être capable de trier, traiter, contrôler, restituer, critiquer et analyser des informations.
- À ce titre, il est impératif de pouvoir identifier que l'information peut provenir de différentes sources formelles ou informelles qu'il faut savoir distinguer.

Les sources d'informations sont multiples, différentes et en constante évolution. Parmi elles, on peut citer *(liste non exhaustive)*:

- ordinateur, téléphone, radio,
- internet pages françaises et étrangères, les abonnements, les newsletters,
- télévision, documentaires et reportages,
- la presse Web, les journaux télévisés et la presse écrite,
- les livres en bibliothèque, en librairie, sur le web *(e-book)*,
- informations, désinformations, rumeurs, vraies et fausses informations,
- les recherches et les avis des chercheurs et des experts, "Pour" et "Contre",
- les conversations, conférences, rendez-vous, réunions,
- l'entourage, les amis, la famille, le travail, les relations, les rencontres...

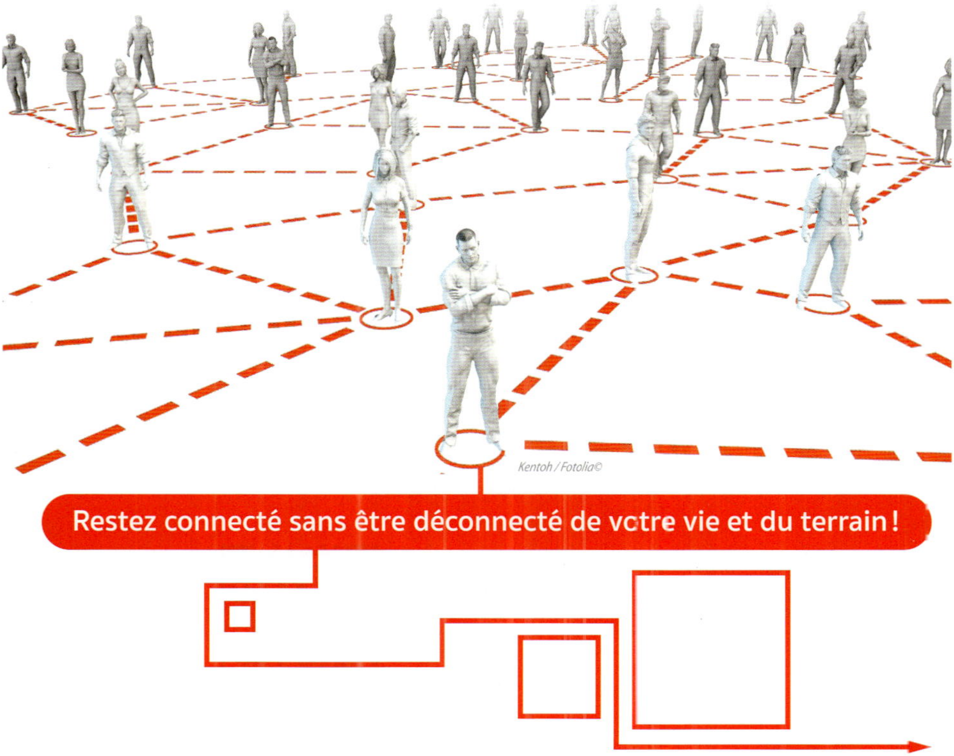

5.2 Réagir face à une attaque terroriste

L'agent doit avant tout savoir comment se protéger lui-même pour protéger efficacement les autres. En effet, un agent ayant pris tous les risques et se faisant abattre n'est plus d'aucune utilité pour les autres victimes prises au piège de l'attaque terroriste en cours.

5.2.1 - SE PROTÉGER SOI-MÊME

▶ Comprendre comment agir en cas d'attaque et suivant le type d'attaque

Setbacks / 123RF©

> EN CAS DE TIREUR TERRORISTE ACTIF

Un tireur terroriste est un tireur actif qui a pour but de tuer un maximum de personnes *(fusillade)*. Son choix de victimes est totalement aléatoire et n'obéit à aucune règle structurée. Seule la "masse" est visée. Il est déterminé et il ne faut surtout pas espérer le raisonner. Son seul objectif est de tuer, peu importe qui vous êtes ou ce que vous faites.

On se souvient :

- la fusillade au musée juif de Belgique, le 24 mai 2014 à Bruxelles ;
- l'attentat de Charlie Hebdo, le 7 janvier 2015 à Paris ;
- les fusillades de rue précédant celle du Bataclan, le 13 novembre 2015 à Paris également...

▶ Comment réagir en cas d'attaque terroriste ou de situation de violence ?

*Devant une attaque terroriste ou une situation de violence, l'agent tentera d'***appliquer et de faire appliquer les consignes nationales de sécurité éditées par le ministère de l'intérieur** *et disponibles en ligne "réagir en cas d'attaque terroriste". À la suite des attentats du 13 novembre 2015, le Gouvernement a lancé une campagne de sensibilisation pour mieux préparer et protéger les citoyens face à la menace terroriste. Pour cela, il a diffusé une affiche "réagir en cas d'attaque terroriste" qui donne des instructions pratiques qui s'articulent autour du triptyque :* ***"s'échapper, se cacher, alerter"****, ainsi qu'une vidéo.*

Lien de téléchargement de l'affiche et de la vidéo :
http://www.gouvernement.fr/reagir-attaque-terroriste

Avant l'arrivée des forces de l'ordre, ces comportements peuvent vous sauver :

1 / S'ÉCHAPPER

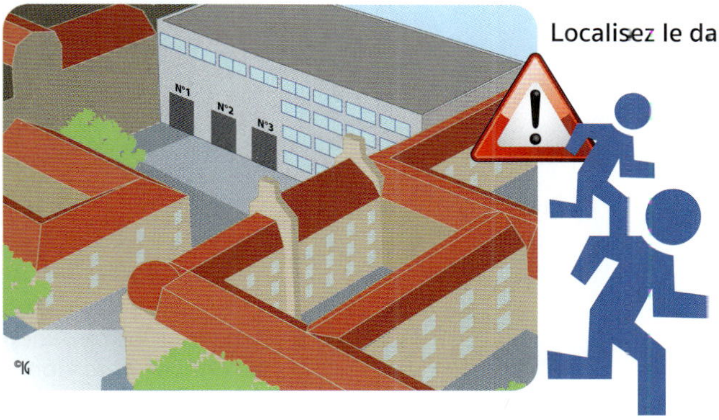

Localisez le danger pour vous en éloigner.

Si possible, aidez les autres personnes à s'échapper.

Ne vous exposez pas.

Alertez les personnes autour de vous et dissuadez les gens de pénétrer dans la zone de danger.

Si c'est impossible... ▶▶

2 / SE CACHER

1 - Enfermez-vous et barricadez-vous.

2 - Éteignez la lumière et coupez le son des appareils.

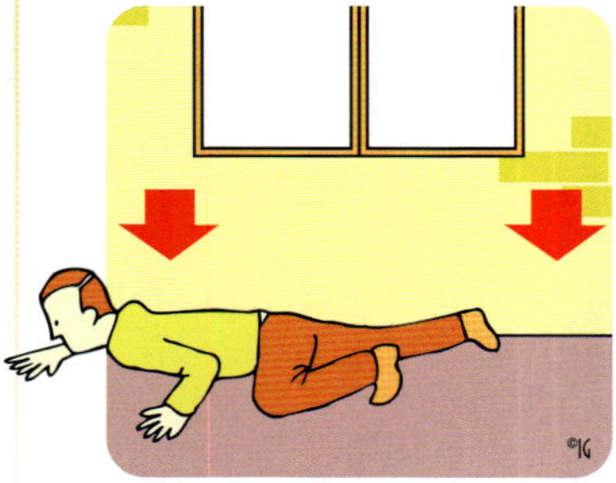

3 - Éloignez-vous des ouvertures, allongez-vous au sol.

4 - Sinon, abritez-vous derrière un obstacle solide.

5 - Dans tous les cas, coupez la sonnerie et le vibreur de votre téléphone.

3 / ALERTER ET OBÉIR AUX FORCES DE L'ORDRE

17
112
114

Dès que vous êtes en sécurité, appelez le 17, le 112 ou le 114 et indiquez OÙ ? QUOI ? QUI ?

Ne courez pas vers les forces de l'ordre et ne faites aucun mouvement brusque.

Gardez les mains levées, ouvertes et apparentes pour ne pas être perçu comme un suspect.

N'ÉVACUEZ QUE SUR INSTRUCTION DES FORCES DE L'ORDRE

- Témoin d'une situation ou d'un comportement suspect, vous devez contacter les forces de l'ordre *(17 ou 112)*.
- Quand vous entrez dans un lieu, repérez les sorties de secours.
- Ne diffusez aucune information sur l'intervention des forces de l'ordre.
- Ne diffusez pas de rumeurs ou d'informations non vérifiées sur internet et les réseaux sociaux.
- Sur les réseaux sociaux, suivez les comptes @Place_Beauvau et @gouvernementfr

Procédure du RUN > HIDE > FIGHT *(S'échapper > Se cacher > Combattre)*

Technique enseignée outre-Atlantique, où les fusillades sont nombreuses, afin de limiter le nombre de victimes durant l'épisode critique.

> S'ÉCHAPPER

S'il y a une sortie, tenter d'évacuer en vous échappant debout ou à quatre pattes, voire en rampant. Il faut fuir *(si possibilité de le faire)*, que les autres soient d'accord ou pas. Laisser toutes les affaires derrière soi, ne pas retourner en arrière. Aider les autres à fuir, les entraîner derrière soi en les motivant. Empêcher les personnes croisées en contressens de se diriger vers la zone critique.

Alphaspirit / Shutterstock.com©

> SE CACHER

maroke / Shutterstock.com©

Trouver un endroit qui pourrait servir d'abri de fortune et s'y cacher jusqu'à l'arrivée des secours. Verrouiller la porte s'il existe une possibilité de le faire et se barricader derrière en ne restant pas dans son axe *(possibilité de tirs au travers de la porte)*. Néanmoins ne pas se bloquer ou s'empêcher de bouger. Mettre le téléphone portable sur silencieux, vibreur coupé et baisser sa luminosité au maximum. Se cacher derrière de "gros" objets, susceptibles d'absorber les balles perdues.

maroke / Shutterstock.com©

> COMBATTRE

En dernier recours, essayer de neutraliser le tireur en s'engageant physiquement.
Ne combattre qu'en dernier recours.
La maîtrise d'un art martial est vivement recommandée pour ne pas faire prendre de risques inutiles aux personnes menacées par le terroriste.

Lorsque les forces de l'ordre arrivent...

Garder son calme et suivre les instructions. Venir à leur rencontre **en gardant les mains levées** quand l'occasion se présentera.
Ne pas les signaler ni les appeler. Tous les secours, y compris médicalisés sont déjà prévus.

IDN/ Shutterstock.com©

En résumé

En cas d'attaque avec un ou des tireurs, il faut déterminer la réponse la plus appropriée à la situation en fonction des informations disponibles, des circonstances et de la configuration des lieux :

> SI L'ATTAQUE SE SITUE À L'EXTÉRIEUR DU SITE

Il est préférable de fermer les espaces et de confiner les personnels et le public en diffusant un message d'information pour éviter un mouvement de panique.

OU

> SI L'ATTAQUE SE SITUE À L'INTÉRIEUR DU SITE

Envisager des mesures d'évacuation ou de confinement en fonction des circonstances et des lieux.

> EN CAS D'EXPLOSION...

▶ Réagir face à une explosion

L'explosion est imminente *(détectée ou suspectée)*

Si l'explosion est imminente, il faut prévenir les autres *(en criant "Au sol!" ou "À terre!")* et utiliser son environnement immédiat pour se protéger, en évitant de se mettre derrière un objet trop léger qui pourrait se transformer en missile (*par exemple, préférer se cacher derrière une armoire remplie qu'un bureau de structure contemporaine*). Protéger ses organes vitaux en se couchant ventre contre le sol, fermer les yeux, mettre les mains sur les oreilles *(contrôle de la pression)*, protéger la tête avec les coudes, ouvrir la bouche *(contrôle pression)*, cela évitera au maximum un éventuel blast en offrant un minimum de surface de corps.

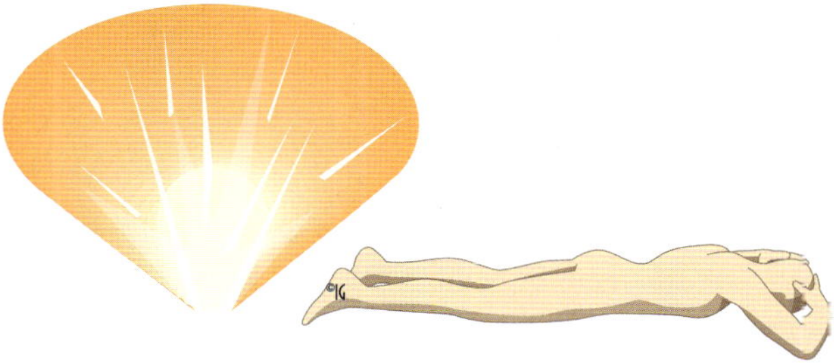

> *> Exemples d'explosions imminentes : vous voyez un terroriste jeter un objet qui pourrait s'apparenter à un engin explosif, vous apercevez un individu porteur d'une ceinture explosive qui annonce son acte, une explosion a eu lieu et une seconde est possible, une personne vient vous prévenir...*

L'explosion a eu lieu

Évacuer : - suis-je blessé ?
- suis-je pris au piège ?
- y a t-il de la poussière ?

Avant de se relever, vérifier l'état de ses blessures. Ne pas se relever en courant, car la poussière dégagée pourrait vous faire prendre un chemin opposé à un éventuel danger résiduel.
En cas de piégeage ou d'ensevelissement, essayer de s'extraire par ses propres moyens en résistant à la panique. Si cela est impossible, signaler sa présence aux sauveteurs en frappant sur une surface métallique de préférence *(une lampe torche sur un tuyau par exemple)*, de façon régulière, en économisant vos forces.

> LA PHASE CRITIQUE EST PASSÉE

Il n'y a pas d'autre explosion ni de tir d'arme à feu.

- **Évacuer** ou faire évacuer ;
- **alerter les secours** dès que possible ou s'assurer que l'alerte a été donnée ;
- **déclencher l'alarme incendie ou terrorisme** si elle n'est pas déjà activée *(l'alarme terrorisme se met peu à peu en place notamment dans le milieu scolaire)*;
- **attendre l'arrivée des secours** en regroupant les valides et en portant assistance aux blessés ;
- **donner votre témoignage** aux forces de sécurité.

5.2.2 - PROTÉGER LES AUTRES

Pour protéger efficacement les autres, deux notions sont importantes lorsqu'un attentat a été perpétré :

> être le **témoin direct** du drame ;
> être un **témoin indirect** des événements.

Votre attitude différera selon que vous soyez dans l'une ou l'autre situation.

Dans les deux cas *(témoin direct et témoin indirect)*, vous devez prévenir le plus tôt possible :

> votre hiérarchie ;
> les forces de l'ordre ;
> les secours.

▶ Témoin direct

Vous êtes le témoin direct lorsque vous êtes **face à la menace ou à proximité immédiate** de celle-ci. Vous n'êtes pas encore en sécurité et vous devez agir pour survivre.

Agir

Vous devez agir, mais en respectant certaines conditions :

- ne pas mettre sa vie en danger ;
- ne pas revenir sur la zone ni aller en direction de la menace ;
- prendre un maximum de personnes sur son chemin de fuite en les dirigeant et en les aidant ;
- motiver les personnes paralysées par la peur ou désorientées ;
- rentrer de préférence dans un bâtiment privé ;
- si les tirs continuent, éloigner tout le monde des ouvertures pour éviter les balles perdues ;
- empêcher les personnes de repartir chercher quelqu'un ;
- organiser le regroupement et renforcer les défenses qui vous protègent *(meubles, véhicules, objets divers, murs...)* ;
- recenser les personnes présentes.

> En tant que témoin dlrect de l'attaque, vous devez en priorité penser à vous protéger de la vue et des oreilles des terroristes avant d'alerter discrètement (SMS, e-mail, réseaux sociaux, papier affiché à la fenêtre pour signaler sa présence...).

▶ Témoin indirect

Vous êtes témoin indirect lorsque vous êtes en sécurité et éloigné de la menace. Votre vie n'est pas ou plus en danger et vous pouvez vous consacrer à l'alerter et à protéger les autres.

Agir

- Établir une zone d'accueil pour ceux qui auront réussi à s'enfuir et les mettre en sécurité ;
- s'il y a plusieurs agents ou témoins indirects, travailler en groupe ;
- préparer le matériel de secours et commencer les premiers soins d'urgence ;
- recueillir toute information susceptible de renseigner les forces de police *(nombre de terroristes, armement, configuration des lieux, dégâts, nombre de blessés supposés...).*

5.2.3 - ALERTER LES FORCES DE L'ORDRE

▶ Alerter les forces de l'ordre et sa hiérarchie suivant sa situation au cours de l'attaque

Dès que vous êtes en sécurité, appelez les forces de l'ordre au 17 ou les secours d'urgence au 112 ou au 18 et indiquez : **Où ? Quoi ? Qui ?**

La réception des appels "17" est assurée selon les localisations territoriales :
- par un **C.O.R.G.** *(Centre d'Opérations et de Renseignement de la Gendarmerie)*,
- par un **C.I.C.** *(Centre Information & Commandement de la Police)*.

Les opérateurs qui réceptionnent l'appel sont spécialisés dans leur domaine. Ils recueillent l'information et l'analysent. Ils décident des moyens de police ou de gendarmerie à mettre en œuvre puis assurent le suivi de la mission. Ils informent les autres services de secours *(sapeurs-pompiers, S.A.M.U. – centre 15)* qui sont reliés aux services de police par une ligne directe exclusivement réservée à cet effet.

Exemples de questions posées par le C.I.C. ou le C.O.R.G. ou les secours :

5.2.4 - FACILITER L'INTERVENTION DES FORCES DE L'ORDRE

▶ À l'intérieur / Vous êtes témoin direct, présent lors de l'attaque *(en sécurité, à distance)*

- L'assaut est imprévisible et peut se produire rapidement.
- Les forces de l'ordre sont bien entraînées et sont là pour neutraliser le tireur.
- Elles ne sont pas là pour faire évacuer ou secourir des blessés.

▶ À l'arrivée des forces de l'ordre

Getmilitaryphotos / Shutterstock.com©

- Mettez-vous immédiatement au sol, à plat ventre, les mains sur les oreilles, protégez votre tête et votre visage, fermez les yeux et ouvrez la bouche car des grenades flash, par exemple, peuvent être utilisées.
- Gardez votre calme et suivez les instructions.
- Gardez toujours vos mains visibles.
- Ne signalez pas et n'appelez pas les forces d'intervention.
- Sachez que les secours médicalisés sont commandés.
- Si les forces de l'ordre vous demandent de partir et/ou de les suivre, faites-le sans discuter et sous leurs ordres.

> **ATTENTION !** Ne soyez pas surpris :

- si les forces de l'ordre ne vous parlent pas,
- si elles vous parlent en criant et/ou de manière très sèche,
- si elles vous poussent ou vous jettent au sol,
- si elles vous ignorent, passent à côté de vous ou ne vous répondent pas.

Elles n'ont rien contre vous, elles sont là pour trouver le ou les tireur*(s)* et doivent rester concentrées sur leur mission, d'autant plus que le tireur peut être caché parmi les civils.

Lorsque vous sortez à l'extérieur

- Gardez votre calme et suivez les instructions.
- Gardez toujours vos mains visibles.
- Vous allez être pris en charge et être emmené dans une zone sécurisée pour être examiné et débriefé à chaud.
- Restez sur place tant que les forces de l'ordre ne vous disent pas de partir. Ils ont besoin de votre témoignage.
- Vous êtes un citoyen “capable de” car sensibilisé, donc n'hésitez pas à vous mettre à disposition pour l'intérêt général.

> À RETENIR

En tant que témoin direct

Vous devez faciliter l'intervention des forces de l'ordre en adoptant un comportement exemplaire *(informer les civils non sensibilisés)* et coopératif.

En tant que témoin indirect

Vous devez vous mettre à disposition des forces de l'ordre comme un citoyen sensibilisé “capable de”, pour les aider :

- à donner les premiers secours,
- à contenir les témoins et victimes,
- à prendre des informations, des coordonnées, des photos, des vidéos, des témoignages.

▶ Périmètre de sécurité établi dans l'urgence *(périmètre a priori)*

C'est un **espace délimité physiquement**, disposant :

- de moyens humains,
- de moyens matériels *(rubalises, barrières légères et amovibles…)*,
- de moyens structurels *(clôtures, blocs de béton…)*.

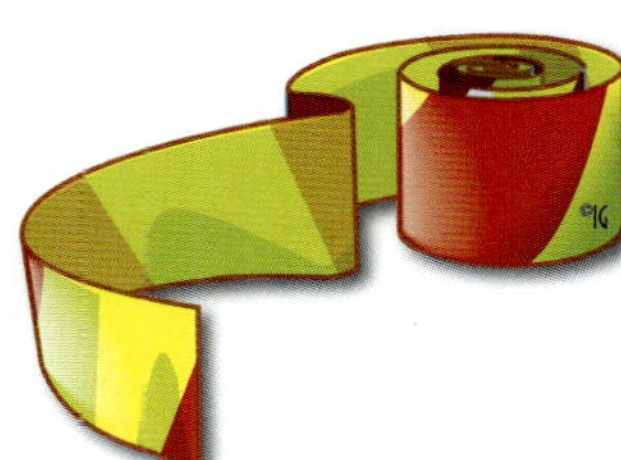

> Il permet de sauvegarder et protéger l'accès à une zone qui présente un danger immédiat (*colis suspect, bombe, attentats, fusillades, attaques…*) et/ou prolongé (*risque de sur-attentat…*). Ses distances dépendent du contexte, de la situation, des moyens humains et de l'environnement.

> JE SUIS TÉMOIN DIRECT D'UNE ATTAQUE, QUE DOIS-JE FAIRE ?

Vous venez d'évacuer ou de vous échapper de la zone de l'attentat, vous devez donc :

- alerter les services d'urgence, les forces de l'ordre et votre hiérarchie,
- mettre en place un périmètre de sécurité immédiat :
  - empêcher les personnes de retourner en arrière et les nouvelles d'y accéder,
  - sensibiliser et faire participer les concitoyens pour faire évacuer la zone,
  - secourir les blessés.

> La notion de "citoyen capable de" a toute sa légitimité lors d'un attentat.
Cela vous donne, par état de nécessité, la légitimité d'opérer sur la voie publique.

> JE SUIS TÉMOIN SPECTATEUR D'UNE ATTAQUE, QUE DOIS-JE FAIRE ?

Vous ne pouvez pas agir sans prendre de risque, vous devez donc :

- alerter les services d'urgence, les forces de l'ordre et votre hiérarchie,
- établir un périmètre de sécurité :
  - pour empêcher toute personne d'accéder à la zone dangereuse et ainsi, éviter le sur-attentat,
  - faciliter l'intervention des secours, des forces de l'ordre et garantir leurs espaces de travail,
  - accueillir les blessés et les témoins.

Attention, c'est un cas de force majeur !
> Ne quittez votre poste que si vous êtes certain d'avoir laissé suffisamment de collègues sur votre site pour assurer la sécurité de celui-ci en effectif réduit et après avoir prévenu la hiérarchie.
Le premier attentat est peut-être une diversion et votre site la cible principale.

▶ Les périmètres de sécurité

Ces périmètres seront mis en place dans le cadre du plan ORSEC NOVI *(Organisation de la Réponse de la SÉcurité Civile NOmbreuses VIctimes)* attentat élaboré par les services du Ministère de l'Intérieur *(D.G.S.C.G.C.). Ce schéma est donné à titre indicatif et ne comporte pas toutes les zones de regroupement des divers acteurs.*

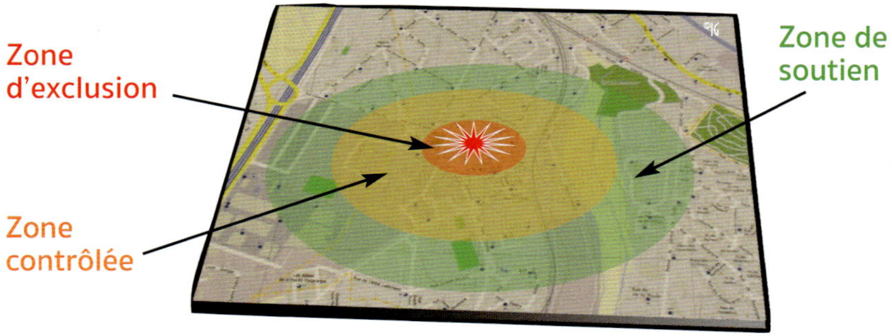

> L'A.P.S., dans le cadre de ses compétences, ne sera concerné que par la zone de soutien, en attendant d'être libéré de ses fonctions par le commandement des opérations qui se mettra en place.

> MESURES IMMÉDIATES

- Alerter les secours, les forces de l'ordre et la hiérarchie.
- Déterminer une distance de sécurité "a priori".
- Mettre en place un périmètre de sécurité immédiat avec zonage si possible.
- Mettre en place des zones d'accueil :
    - pour les blessés, victimes et secours,
    - pour les témoins.
- Confiner la population dans un premier temps. Envisager une évacuation si nécessaire.
- Rendre compte dès que les forces de l'ordre se présentent.

> MESURES PARTICULIÈRES

- Établir un périmètre de sécurité de plus de 100 mètres, déterminé en fonction de la menace *(exemple d'un véhicule rempli d'explosifs)* et évacuer la zone.
- Affiner le périmètre de sécurité en fonction des retours d'informations :
    - dans le cas d'autres attaques,
    - dans le cas du déplacement des terroristes.

> CONTRÔLE DES ACCÈS

De préférence, ne pas créer plus d'une entrée et une sortie distincte. L'environnement, le terrain, la situation et les autorités conditionneront ce choix.

Le contrôle des accès permet :

- de limiter le nombre de points d'entrée,
- de fluidifier et contrôler les allées et venues,
- aux agents, de rester concentrés sur une mission "entrée" ou "sortie".

Jose Luis Stephens/ Shutterstock.com©

Lors du filtrage systématique de toutes les entrées, il sera demandé aux personnes souhaitant accéder :

- de s'identifier	**> Identification**
- de justifier leur demande	**> Authentification**
- de l'expliquer	**> Motivation**
- de patienter	**> Autorisation**
- d'ouvrir leur(s) sac(s) et/ou véhicule	**> Inspection visuelle**
- de se laisser palper	**> Palpation**

> Ce sont des mesures de sûreté immédiate.

Chaque individu doit se faire accompagner par un autre agent de sécurité ou un agent des forces de l'ordre jusqu'à son lieu de rendez-vous ou d'intervention. En cas de refus d'une personne de coopérer, l'accès à l'intérieur du périmètre de sécurité pourra lui être refusé

S'il y a suspicion d'un comportement suspect, d'un risque potentiel ou d'une menace imminente, vous devez alerter immédiatement votre hiérarchie et les forces de l'ordre.

▶ Comportement face aux citoyens

Empêcher les personnes de rentrer de leur propre chef et/ou non autorisées par les services compétents.

Adapter ses attitudes et comportements à la situation *(attentat)*, au contexte, à l'environnement et aux personnes :

- rester vigilant et dissuasif,
- rester calme, ne pas être agressif,
- savoir renseigner et rassurer les personnes,
- utiliser son savoir-faire en matière de gestion des situations dégradées (*sang-froid*).

▶ Particularités

> QUE FAIRE SI JE ME RETROUVE NEZ À NEZ AVEC UN TERRORISTE ?

Si je ne peux pas attaquer et si je ne peux pas fuir immédiatement...

- Baisser les yeux,
- garder son calme,
- éviter de crier,
- laisser la place au terroriste,
- ne pas tenter de dialoguer,
- adopter une attitude de soumission.

auremar/Fotolia©

> Ce comportement permettra d'élaborer un plan d'action pour fuir ou combattre.

> QUE FAIRE APRÈS L'ATTAQUE QUAND JE RENTRE CHEZ MOI ?

Un premier témoignage est donné aux forces de l'ordre sur les lieux.

Ecrire à nouveau votre témoignage dès que possible sous forme de compte-rendu, avec tous les détails et horaires possibles, avec les photos prises et les vidéos :

- transcrire les faits et les souvenirs,
- si des choses me reviennent ou nécessitent une modification, retranscrire sur une nouvelle feuille,
- ne jamais modifier l'original,
- transmettre rapidement les nouvelles informations aux autorités.

loganban / 123RF©

5.3 Secourir

5.3.1 - IDENTIFIER LE RISQUE DE BLESSURE EN RAPPORT AVEC LE DANGER

Les blessures par balles

L'agent de prévention et de sécurité doit connaître les armes et surtout les projectiles utilisés pour l'aider à comprendre les lésions qu'il peut rencontrer.

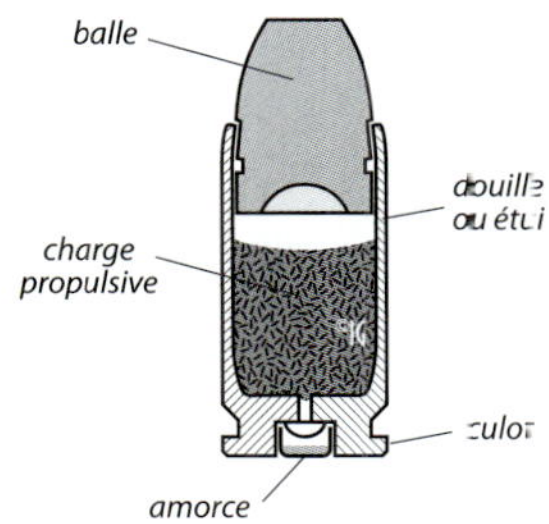

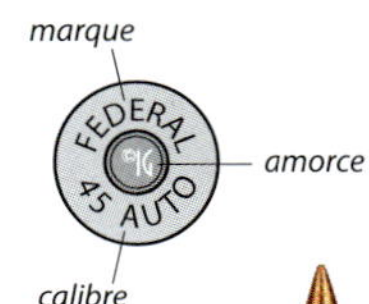

> ARMES ET PROJECTILES

Les munitions

Une munition comporte :

- > une amorce
- > un étui ou douille
- > une charge de poudre
- > un projectile : balle/plombs

Les différents types de balles

Il existe plusieurs types de balles ou cartouches avec différents calibres.

- > les balles blindées qui ne se fragmentent pas
- > les balles non blindées qui peuvent se déformer et se fragmenter
- > les cartouches contenant des plombs.
  Ils varient en nombre et en taille selon les munitions.

Volodymyr Krasyuk/Shutterstock©

Casper1774 Studio/Shutterstock©

Les types de projectiles

À chaque type d'arme correspond un projectile.

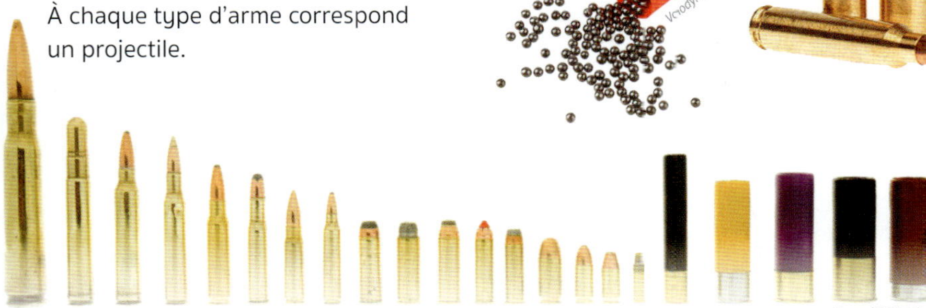
Homank76/Fotolia©

Les armes de poing pour le tir rapproché

Boonchuay1970/Shutterstock©

Pistolet automatique ou semi-automatique

GR Photo/Shutterstock©

Revolver (arme équipée d'un barillet)

Militarist/Fotolia©

Balles 9 mm

Les armes d'épaule pour le tir à grande distance

Militarist/Shutterstock©

solidmaks/Fotolia©

Fusil de chasse utilisant des cartouches chargées de plomb

Olga Miltsova/Shutterstock©

Les carabines de chasse utilisant des balles

c12/Shutterstock©

hjochen/Shutterstock©

Kaspars Grinvalds/Fotolia©

Les armes de guerre *(fusils d'assaut)*

ifh85/Fotolia©

Kalachnikov AK47

Ludovic PLELAN/Fotolia©

Famas

Scanrail/Fotolia©

Munitions de guerre

> LES BLESSURES OCCASIONNÉES PAR CES ARMES

Les blessures par balle peuvent provoquer des dégâts importants. Si la balle ressort, il peut y avoir une hémorragie au point d'entrée et de sortie. D'autres lésions comme des hémorragies internes, fractures, plaies graves, atteintes du thorax *(pneumothorax, hémothorax)* peuvent être associées.

Pour les balles, trois éléments sont à considérer :

- **l'orifice d'entrée** qui est habituellement identifié ;
- **l'orifice de sortie** qui n'est pas présent systématiquement, mais présent en cas de traumatisme perforant ;
- **le trajet** : le long duquel vont se développer 3 phénomènes responsables de lésions.

La cavitation permanente est une zone d'abrasion : la balle déchire les tissus qui sont définitivement détruits.
La cavitation temporaire est une zone de refoulement tissulaire élastique et temporaire : tissus potentiellement lésés.
L'onde sonique précède la balle et n'entraîne pas delésion.

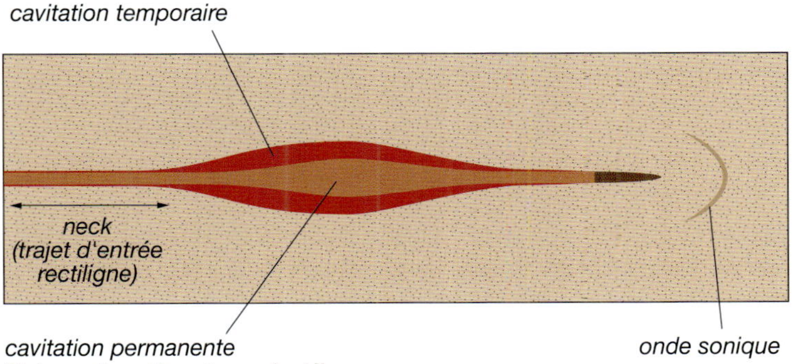

Autres effets en fonction du projectile :

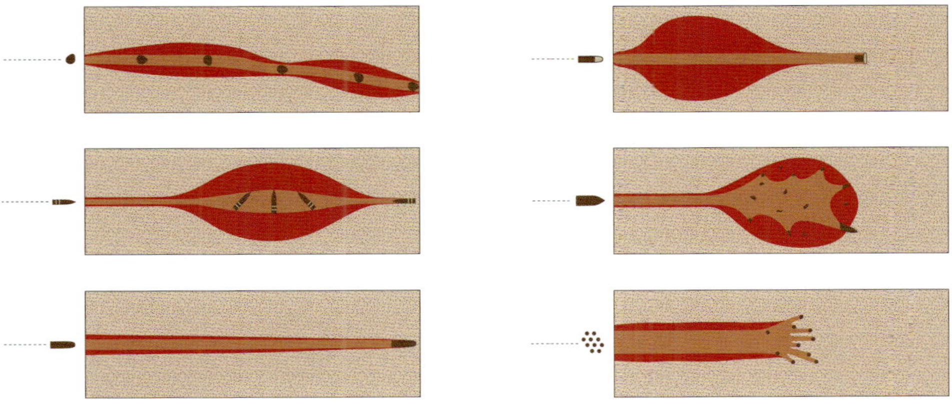

LES HÉMORRAGIES

> Définition

L'hémorragie externe est un épanchement de sang abondant et visible, qui s'écoule en dehors des vaisseaux au travers d'une plaie et ne s'arrête pas spontanément. L'hémorragie peut être interne.

> Risques et conséquences

Sous l'effet d'une hémorragie, la quantité de sang de l'organisme diminue.

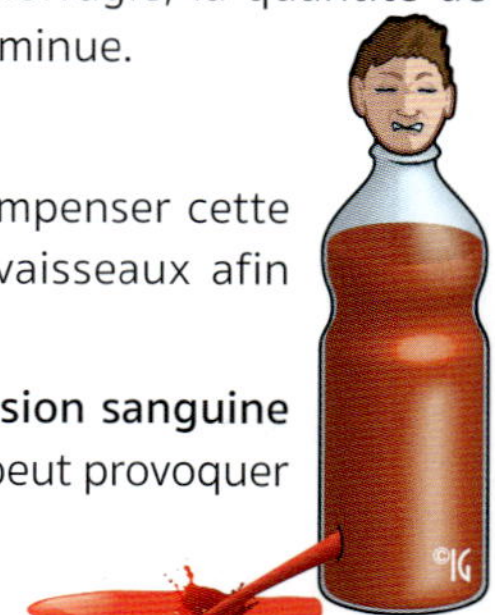

Dans un premier temps, la **fréquence cardiaque augmente** pour compenser cette perte et maintenir un débit et une pression suffisante dans les vaisseaux afin d'assurer la distribution de sang à l'organisme.

Dans un deuxième temps, si le saignement n'est pas arrêté, **la pression sanguine s'effondre**, le débit diminue et une détresse circulatoire apparaît. Elle peut provoquer un "désamorçage de la pompe" et un arrêt du cœur.

Une hémorragie externe menace immédiatement ou à très court terme la vie d'une victime.

> Signes

L'hémorragie externe est, le plus souvent, évidente et constatée dès le début du bilan d'urgence vitale mais parfois elle peut être masquée par un vêtement ou par la position de la victime. Lorsque l'hémorragie n'est pas visible, c'est une hémorragie interne car le sang s'écoule à l'intérieur du corps. Parfois, l'hémorragie s'extériorise et le sang s'écoule par les orifices naturels. Ce sont des urgences vitales qui nécessitent un traitement médical immédiat.

> Conduite à tenir

L'action de secours doit permettre :

- de se protéger et protéger la victime pour agir en sécurité ;
- d'arrêter immédiatement l'hémorragie pour limiter la perte de sang ;
- de prendre les mesures nécessaires pour limiter les conséquences.

Les techniques d'arrêt d'hémorragie sont détaillées dans les parties "Prévention et actions de secours" et "Notions de secourisme tactique".

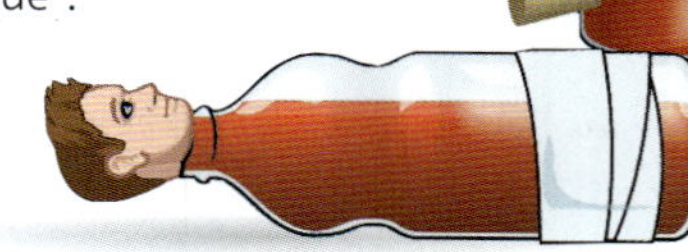

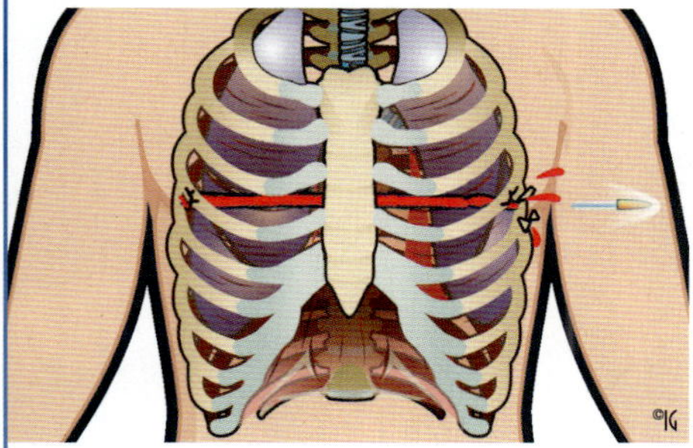

LES ATTEINTES TRAUMATIQUES DU THORAX

La pénétration d'un corps étranger dans le thorax *(projectiles d'arme à feu, arme blanche ou tout objet perforant)* risque de fracturer les côtes et le sternum mais aussi d'atteindre des organes intra-thoraciques. Le risque de détresse respiratoire est très important. La vie de la victime est menacée.

Les pneumothorax traumatiques

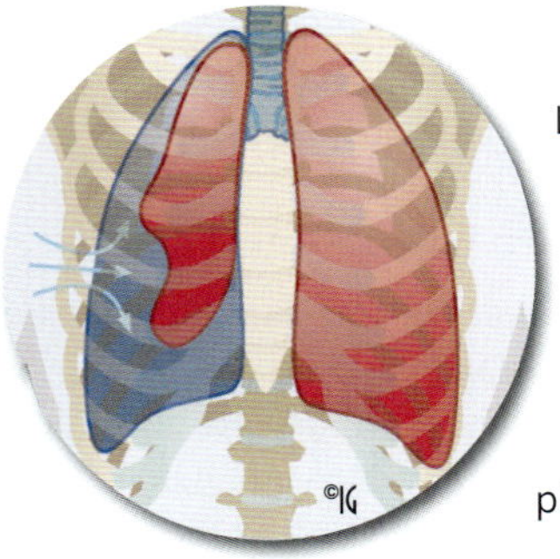

Les poumons sont entourés de membranes appelées plèvres. Le pneumothorax est la présence d'air ou de gaz dans la cavité pleurale. L'air passe du poumon vers la plèvre.

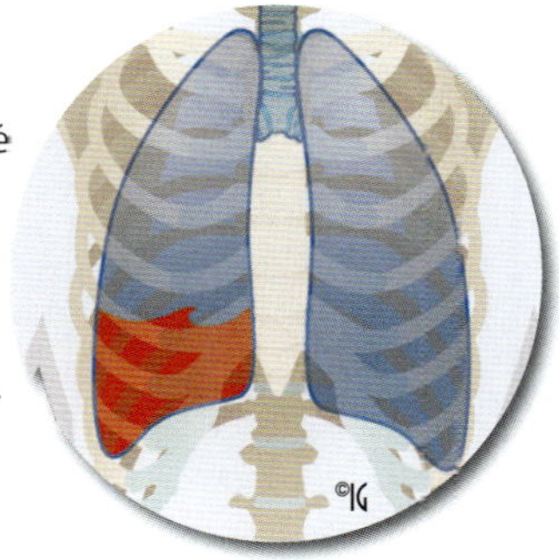

S'il y a du sang dans la cavité pleurale qui comprime le poumon
> c'est un **hémothorax**,

quand c'est du sang et de l'air
> c'est un **hémopneumothorax**.

> Conduite à tenir

L'action de secours doit permettre :

> de se protéger et protéger la victime pour agir en sécurité ;
> de prévenir toute détresse respiratoire ou circulatoire par une surveillance attentive ;
> d'installer la victime dans une position d'attente adaptée à son état.

Le relai médical doit être fait le plus rapidement possible en respectant la procédure mise en place par les services d'urgence face à ces situations.

Les techniques de mise en position d'attente sont détaillées dans les parties "Prévention et actions de secours" et "Notions de secourisme tactique".

Les blessures par explosion

> LES ENGINS EXPLOSIFS

Sous ce terme est réuni tout un ensemble d'armes : bombe artisanale, grenades, mines et obus du champ de bataille. Très utilisées dans les conflits actuels, ces armes sont responsables de la majorité des lésions pénétrantes observées. Elles sont aussi l'arme préférée du terrorisme. Ces engins sont caractérisés par la présence d'une enveloppe métallique préfragmentée ou non. Lors de la décomposition de la charge explosive, l'hyperpression ainsi brutalement libérée va rompre l'enveloppe et entraîner la projection de très nombreux éclats sur une distance variable, en fonction de la puissance et de la nature de l'engin. Tout est conçu pour obtenir un effet de projection maximale de petits fragments *(voire billes, grenailles, clous)* afin d'augmenter le pouvoir lésionnel.

Grenades

Les grenades défensives sont conçues pour avoir un pouvoir vulnérant maximal. Ces grenades sont constituées d un fil d'acier préfragmenté qui va après explosion, libérer 550 éclats dans un rayon maximal de 20 mètres. Leur "efficacité" est de 80 % à 5 m et de 20 % à 10 m. Les grenades offensives ont un pouvoir vulnérant plus limité mais génère un fort effet de souffle et un bruit assourdissant.

Mines

Il existe dans le monde plus de 300 modèles de mines. Les mines antipersonnelles en plastique sont des engins indétectables, qui agissent uniquement par effet de souffle et qui sont responsables du classique pied de mine ouvert ou fermé. Les mines à fragmentation vont projeter après explosion 300 à 500 fragments dans un rayon de 30 m. Près de la moitié de ces fragments sont potentiellement mortels. L'efficacité de ces mines est encore supérieure si la projection des fragments se fait à 1 m 50 de hauteur. C'est l'effet recherché des mines bondissantes, qui sont d'abord projetées au-dessus du niveau du sol avant d'exploser.

Bombes

Les bombes du temps de guerre ont une puissance considérable. Ainsi, une bombe conventionnelle de 250 kg larguée par avion, libère en explosant au sol plus de 16 000 éclats. À 300 mètres du point d'impact, il persistera encore 400 éclats en mouvement. Les bombes à fragmentation *(Cluster Bomb)* sont constituées de sous-munitions, elles-mêmes explosives. L'explosion du vecteur *(bombe-obus)* va entraîner un véritable épandage de bombes "filles", dont la taille ne dépasse pas celle d'une balle de golf. N'explosant souvent pas d'emblée, toutes ces bombes réalisent une véritable "pollution" potentiellement explosive.

M. Dörr & M. Frommherz/Fotolia©

markus dehlzeit/Fotolia©

Les bombes artisanales, tristement d'actualité, utilisent souvent un explosif conventionnel comme la poudre noire placée dans un contenant de type bouteille de gaz ou cocotte minute. Le pouvoir lésionnel de ces engins souvent de faible puissance, est renforcé par l'adjonction de clous ou de grenailles qui constitueront autant de projectiles secondaires. Devenus l'arme essentielle des champs de bataille, les engins explosifs actuels, du fait d'une capacité de polycriblage constamment améliorée, ont un fort pouvoir vulnérant jusqu'à 50 mètres du site de l'explosion, comparable à celui des projectiles tirés par les armes légères.

> LES BLESSURES OCCASIONNÉES PAR CES ENGINS

LE BLAST

> Définition

Le blast ou effet de souffle désigne l'effet produit par une explosion sur l'organisme.

> Risques induits par une explosion

Quel que soit le type, une explosion crée toujours sur les personnes et les biens des dégâts importants par trois formes de risques :

La surpression : c'est l'onde de choc ou blast primaire. L'air est comprimé et déplacé de manière subsonique ou supersonique. L'impact de cette onde sera dévastatrice sur les organes "creux". Cette onde de choc interne, appelée réfraction, entraîne des lésions plus ou moins graves. Les victimes exposées à cette surpression peuvent présenter des symptômes plusieurs minutes voire plusieurs heures après l'accident.

L'effet missile ou blast secondaire : les débris *(pierres, éclats de verre…)* résultant de l'explosion se transforment en missiles projetés avec une force considérable. Il peut s'agir également de fragments placés délibérément au contact de la charge explosive. Les victimes seront déchiquetées pour les plus graves, polycriblées ou polytraumatisées.

L'effet cinétique ou blast tertiaire : ce sont les traumatismes consécutifs à la projection de la victime contre les structures environnantes sous l'effet de l'onde de supression.

Le flux thermique ou blast quaternaire : une explosion va créer une boule de feu, c'est-à-dire une grande quantité de gaz qui vont s'enflammer si les conditions de température sont réunies *(il existe des explosions froides, sans boule de feu)*. Ces gaz sont à très haute température et se propagent rapidement.

Le flux thermique peut entraîner des lésions (*brûlures*) et l'inhalation de fumées d'incendie *(intoxication, brûlures internes)*.

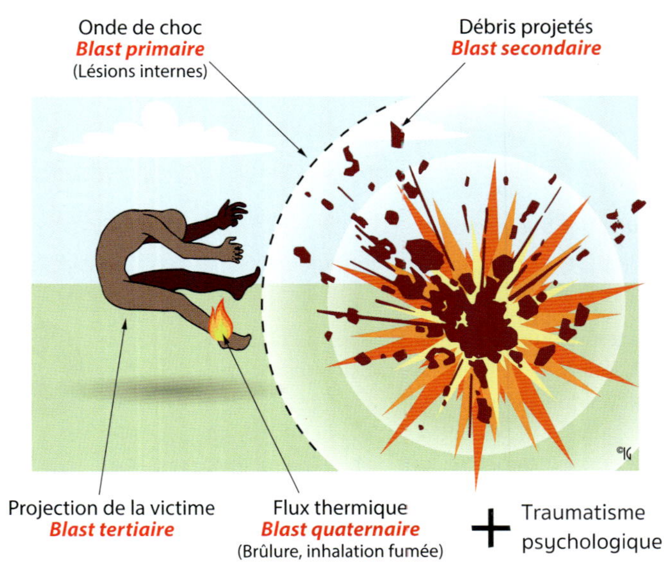

Les projectiles

Les lésions par projectiles sont souvent localisées à la tête, au cou, au buste et aux membres inférieurs et supérieurs.
Elles sont fréquentes en cas de terrorisme urbain. Leur rayon vulnérant étendu provoque des lésions multiples et parfois difficiles à diagnostiquer.

5.3.2 - NOTIONS DE SECOURISME "TACTIQUE"

L'agent de sécurité peut être amené à intervenir auprès de victimes qui ont été atteintes par des balles ou des projectiles suite à une explosion ou qui ont des blessures qui rappellent celles des champs de bataille.
Les formations de secourisme classiques *(P.S.C.1, S.S.T., etc.)* n'incluent pas dans leurs programmes les interventions en relation avec des actes de terrorisme. Avant toute chose, il est nécessaire de gérer la peur et le stress engendrés par la situation, de façon à réussir à analyser la situation.

▶ Agir face à des blessés suite à des plaies par balle*(s)* ou des blessures suite à une *(des)* explosion*(s)*

L'agent de sécurité doit avant tout s'assurer que la zone est sécurisée par les forces de l'ordre et qu'il ne risque rien. Si elle ne l'est pas, l'agent se réfugie ailleurs ou sécurise la zone sans prendre de risque.

> ALERTER LES SECOURS
Et/ou prévenir sa hiérarchie en respectant les procédures mises en place *(voir pages précédentes).*

> DONNER LES INFORMATIONS ESSENTIELLES

- **> OÙ ?** Localisation précise.
- **> QUOI ?** Nombre de victimes, nature de l'attaque, armes...
- **> QUI ?** Nombre d'assaillants et intentions.

En attendant l'arrivée des secours, l'A.P.S. peut, sans prendre de risques, repérer les victimes.

Ce repérage permet, dans l'attente de l'arrivée des moyens de renforcement, de :

- > **localiser** les victimes ;
- > déterminer les victimes **dont l'état nécessite une action de secours immédiate et rapide** et celles qui devront être **examinées, prioritairement, par un médecin.**

Triage des victimes :

Pour prendre en charge au mieux les blessés, commencer efficacement les premiers soins et préparer leur prise en charge par les secours, il faudra effectuer un triage des victimes en quatre catégories :

> **les cas sévères** - victimes si gravement atteintes qu'elles ont un très mauvais pronostic *(moribonds, blessés souffrant de lésions graves et multiples dont les soins dépassent les capacités disponibles)*;

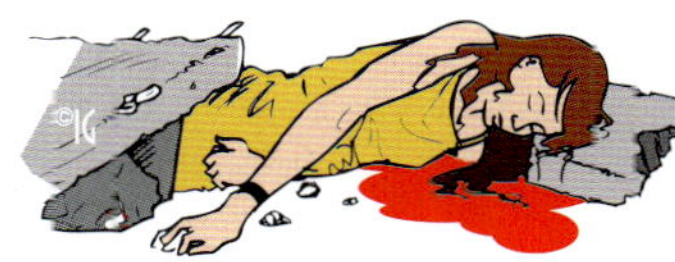

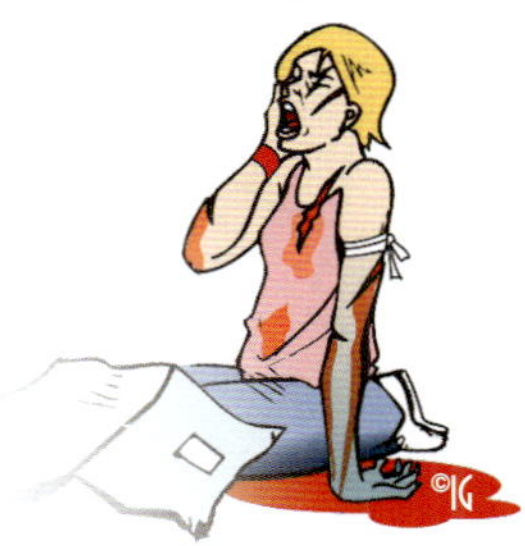

> **les cas sérieux et graves** - blessés grièvement requérant une intervention chirurgicale d'urgence, beaucoup souffrent de lésions abdominales ou thoraciques ou de plaies des vaisseaux périphériques importants;

> **les secondes priorités** - victimes ayant besoin d'une intervention chirurgicale, mais pas en urgence. En pratique, la majorité des patients relèvent de cette catégorie, qui regroupe la plupart des lésions des membres, avec fractures, et de la tête;

> **les plaies superficielles** - victimes qui n'ont pas besoin d'hospitalisation et/ou présentent des lésions superficielles.

> LES PRINCIPES DE SECOURISME DOIVENT ÊTRE RESPECTÉS

Les gestes d'urgence sur la personne blessée sont réalisés à l'abri de tout risque.

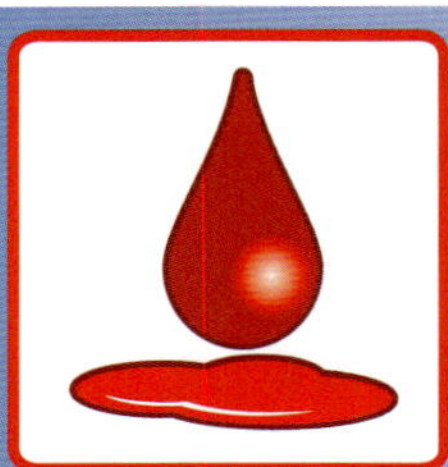

En présence d'une hémorragie faire :

une compression directe ▶

OU

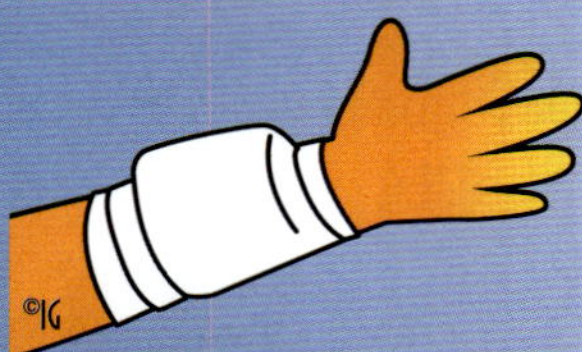

◀ *un pansement compressif improvisé ou pansement hémostatique d'urgence*

OU

un garrot avec ou sans tourniquet ▶

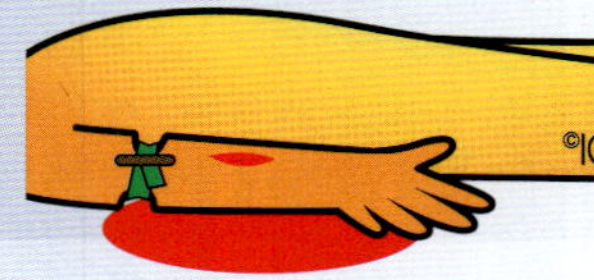

En présence d'une perte de connaissance :

mettre en P.L.S. ▶

En cas d'arrêt respiratoire :

faire, si possible, une réanimation cardio-pulmonaire et si possible utiliser un D.S.A./D.E.A. ▶

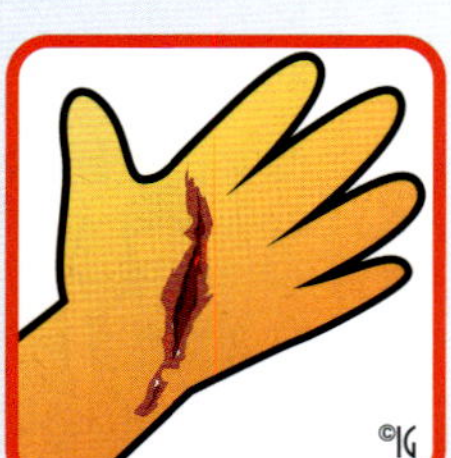

En cas de plaie grave :

mettre en position d'attente ▼

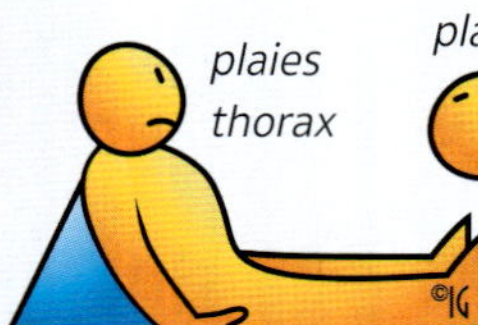

plaies thorax

plaies abdomen

plaie à l'œil

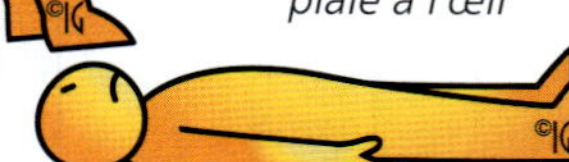

autres plaies

En règle générale, ne pas déplacer la victime sauf s'il faut la soustraire à un danger réel, vital, immédiat et non contrôlable comme devoir la mettre à l'abri pour lui donner les premiers soins.

Quelques exemples de dégagements d'urgence pour extraire les blessés et les mettre en zone de sécurité.

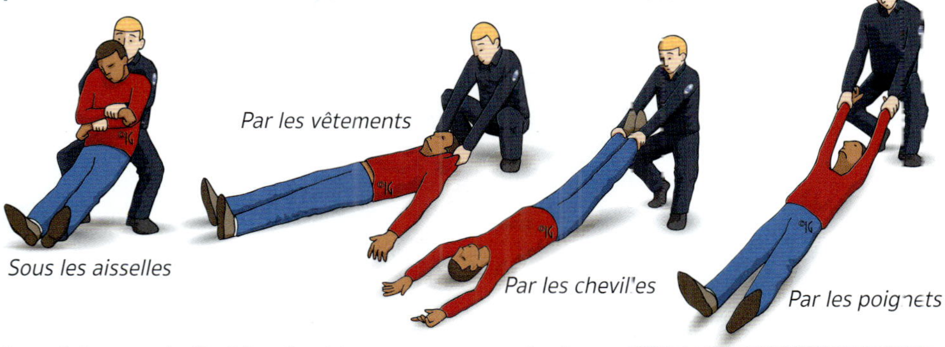

Les plaies par balle*(s)* et les blessures par explosion

Il est difficile de prédire le degré de dommage causé par une blessure par balle. Rechercher le point d'entrée et de sortie. S'il y a une hémorragie, il faut l'arrêter immédiatement en demandant à la victime d'appuyer sur la plaie ou en le faisant à sa place. Si du matériel est disponible, il faut l'utiliser.

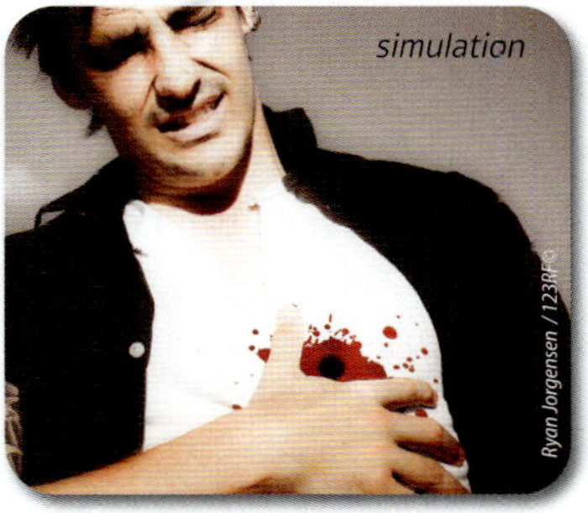

Exemple de matériel pour les arrêts d'hémorragie

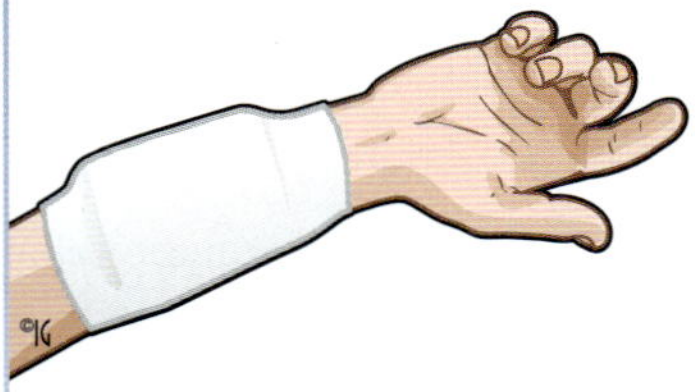

Le pansement compressif :
Le pansement compressif est indiqué pour **relayer une compression manuelle efficace**, lorsque la localisation le permet. La pose d'un pansement compressif permet de libérer le secouriste tout en maintenant une pression suffisante sur la plaie qui saigne pour arrêter l'hémorragie.

Matériel :

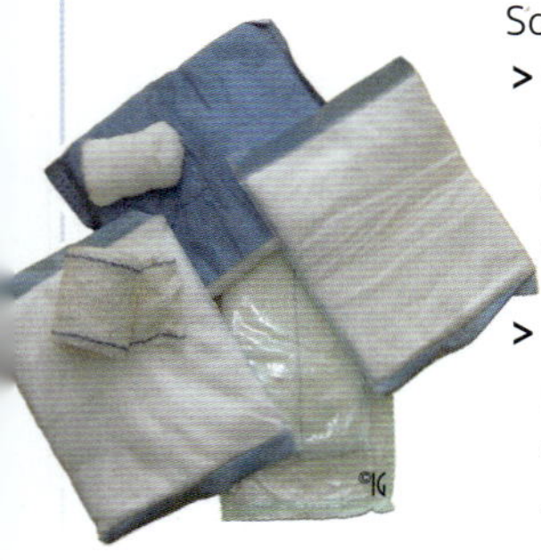

Soit :

> un **paquet de plusieurs compresses** ou un **pansement "américain"** et une **bande élastique adhésive ou auto-agrippante** ;

> un **coussin hémostatique d'urgence** : pansement individuel comprenant
- **un tampon de mousse** *(1)*,
- **une compresse stérile** *(2)*
- et **une bande élastique** *(3)* ;

> un **pansement compressif d'urgence** (*ou pansement israélien*), qui contient dans le même emballage
- **une bande élastique équipée d'un tampon de gaze** *(1)*,
- **une languette de maintien** *(applicateur de pression) (2)*
- et **un élément de fermeture** en plastique *(3)*.

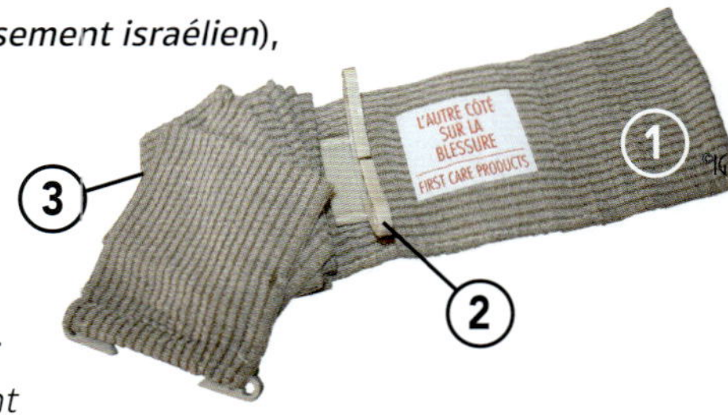

L'élasticité de la bande est un élément important si l'on veut obtenir une pression suffisante pour maintenir l'arrêt du saignement.

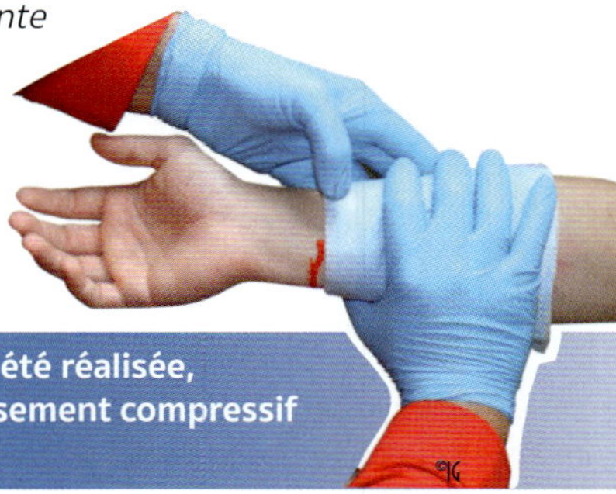

Réalisation

En règle générale

> Placer le **pansement sur la plaie.**

Si une compression manuelle a déjà été réalisée, la substitution de celle-ci par le pansement compressif doit être la plus rapide possible.

> **Réaliser un bandage serré** recouvrant complètement le pansement.

La pression doit être suffisante et éviter la reprise du saignement.

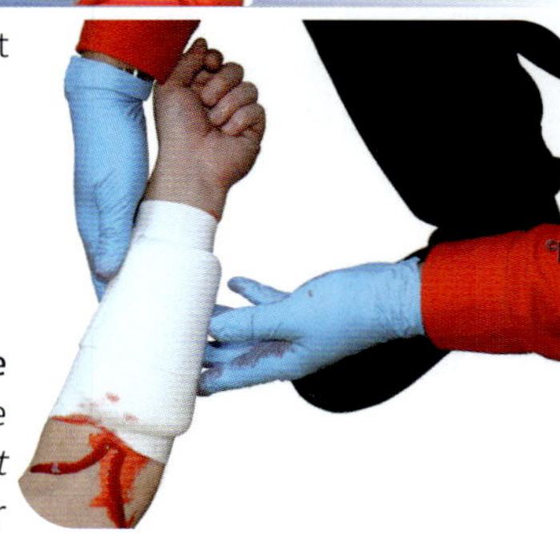

Risques et contraintes

Le pansement compressif **peut être moins efficace qu'une compression manuelle directe**. Il est constaté alors une reprise du saignement au travers du pansement *(suintement de sang)*. Il faut réaliser un **autre pansement** sur le premier afin d'**augmenter la compression**. Si ce n'est toujours pas efficace, **reprendre la compression manuelle directe** par dessus, sinon faire un garrot ou garrot tourniqué.

Éviter les maladies transmises par le sang. S'assurer que ses propres plaies n'entrent pas en contact avec celles de la victime (mettre des gants si possible).

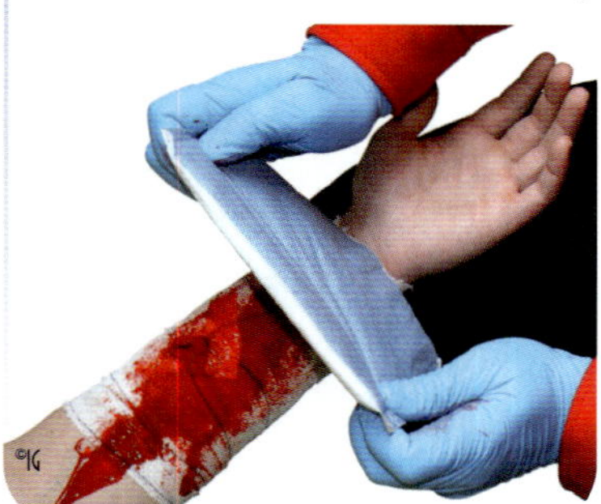

La **compression** doit être **suffisante pour arrêter l'hémorragie**. Si la victime se plaint d'une **douleur importante** à l'extrémité du membre ou si celui-ci devient **froid, engourdi ou violacé**, **demander un avis médical rapidement**.

Certaines localisations ne permettent pas de comprimer suffisamment l'endroit qui saigne *(cou, thorax, abdomen)*. Si l'on est dans l'impossibilité de réaliser ce pansement, la **compression manuelle directe sera maintenue.**

Garrot

Indications

La compression directe d'une hémorragie d'un membre **est inefficace** *(le saignement persiste malgré tout)* ou **impossible** *(nombreuses victimes, catastrophes, situations de violence collective ou de guerre, nombreuses lésions, plaie inaccessible, corps étranger)*, mettre en place un garrot **au-dessus de la plaie** pour arrêter le saignement.

Il ne peut être posé qu'aux **membres supérieurs** *(bras, avant bras)* ou **inférieurs** *(cuisse, jambe)*.

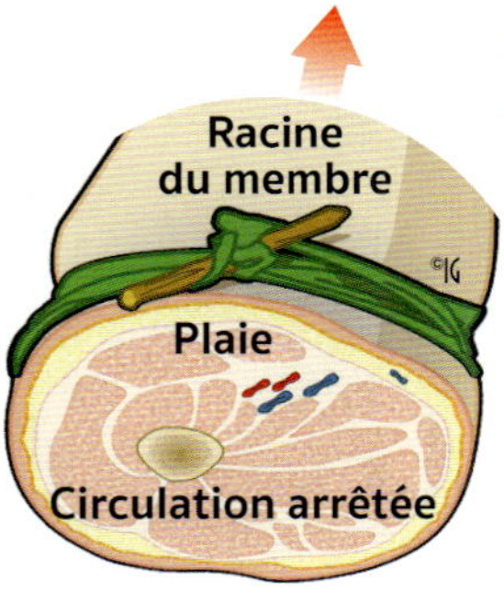

Le garrot arrête une hémorragie externe en **interrompant totalement la circulation du sang en aval de l'endroit où il est posé**.

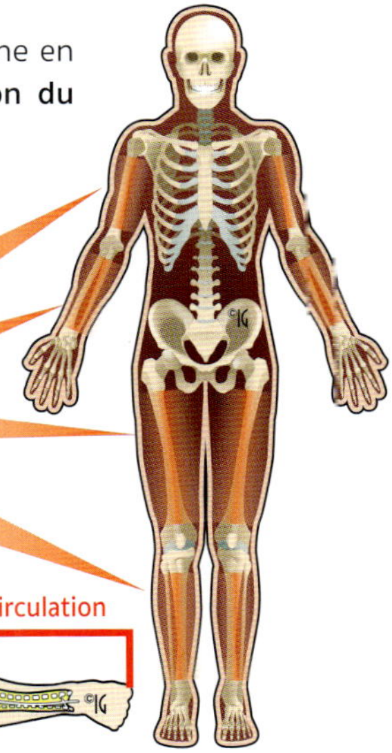

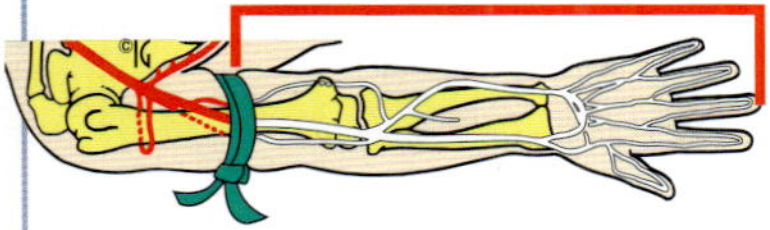

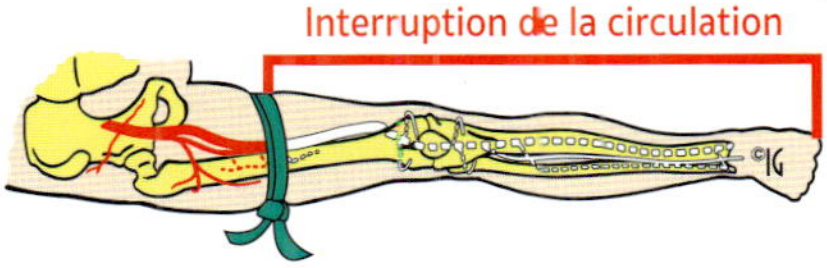

Justification

Le garrot arrête une hémorragie externe en **interrompant totalement la circulation du sang en amont de la plaie**.

Matériel

> **Garrots spécifiques.**
Plusieurs modèles commercialisés ont fait la preuve de leur efficacité.

> **Garrot improvisé** composé :
- d'un **lien de toile forte** de 3 à 5 cm de large et d'au moins 1,50 m de longueur. Ce lien peut être éventuellement improvisé avec une cravate, une écharpe, un foulard en l'absence de tout matériel ;
- d'une **barre**, pièce longue de 10 à 20 cm environ en bois solide, PVC dur ou métal rigide pour permettre le serrage.

Réalisation

> GARROT SPÉCIFIQUE

Il est nécessaire dans tous les cas de **se référer aux préconisations du fabricant**. Toutefois, ces garrots utilisent en majorité le même principe de pose :

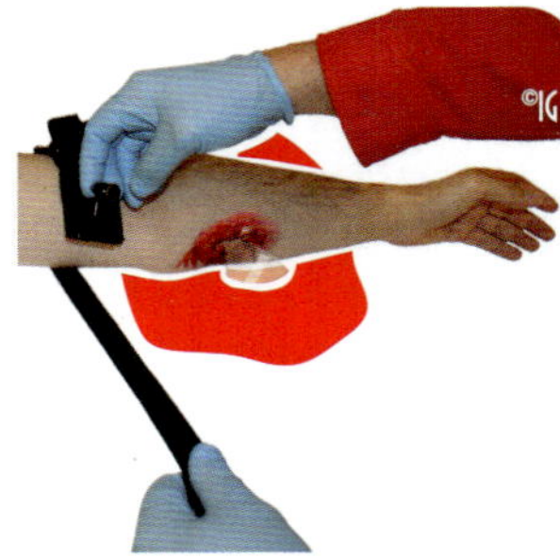

- se munir du **matériel nécessaire** ;

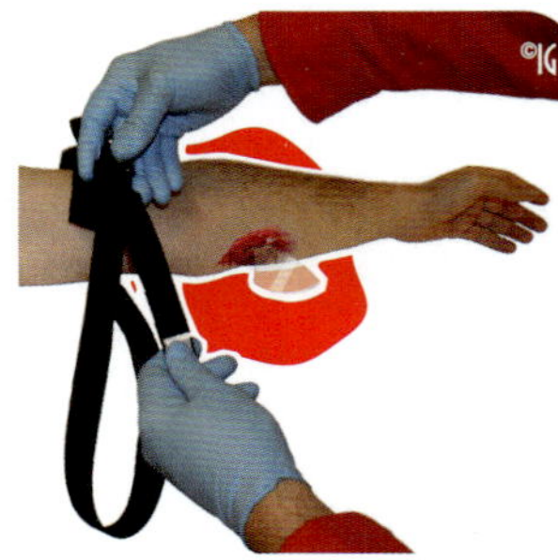

- glisser **la sangle** du garrot **autour du membre** ;
- positionner le dispositif correctement à **quelques centimètres au-dessus de la plaie et jamais sur une articulation** ;
- **fixer la sangle** en la passant dans la boucle prévue à cet effet afin que le garrot entoure le membre ;

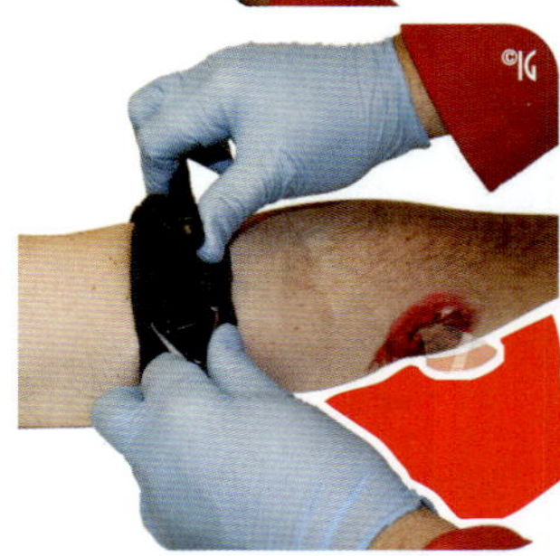

- **actionner le dispositif de serrage** jusqu'à l'obtention de l'arrêt du saignement ;

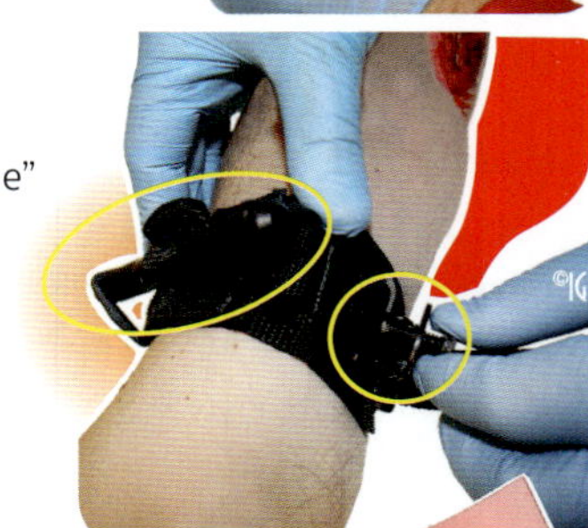

- **bloquer le dispositif de serrage** pour que le garrot ne "lâche" pas brutalement ;
- laisser le garrot **toujours visible.** Ne jamais le recouvrir ;

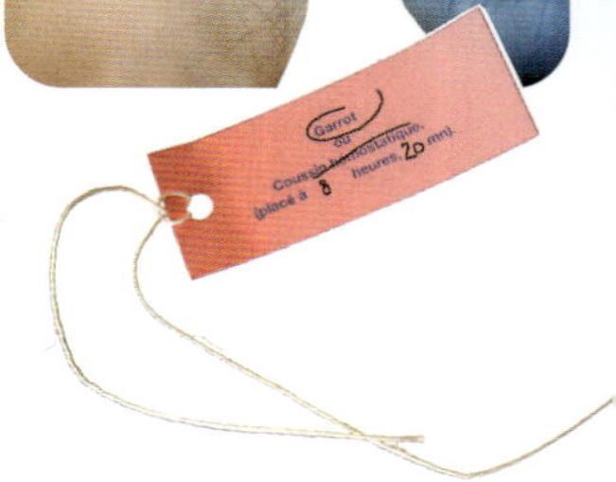

- **noter l'heure de pose du garrot** afin de pouvoir la communiquer aux personnes **assurant le relais** dans la prise en charge de la victime.

> GARROT IMPROVISÉ

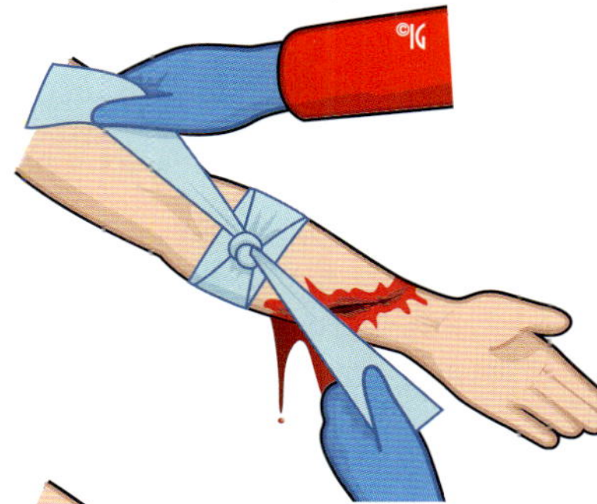

- se munir du **matériel nécessaire** ;
- faire, avec le lien large, **2 tours** autour du membre, en le positionnant correctement :
  - à **quelques centimètres au-dessus de la plaie** et **jamais sur une articulation** ;

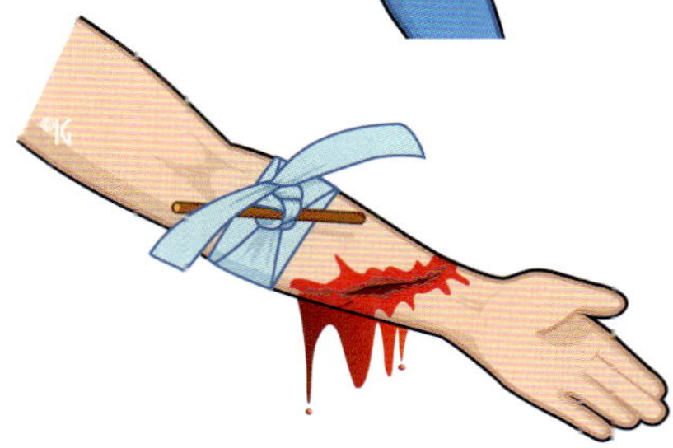

- **faire un nœud** ;
- placer **au-dessus du nœud la barre** ;
- faire **deux nouveaux nœuds, au-dessus de la barre** ;

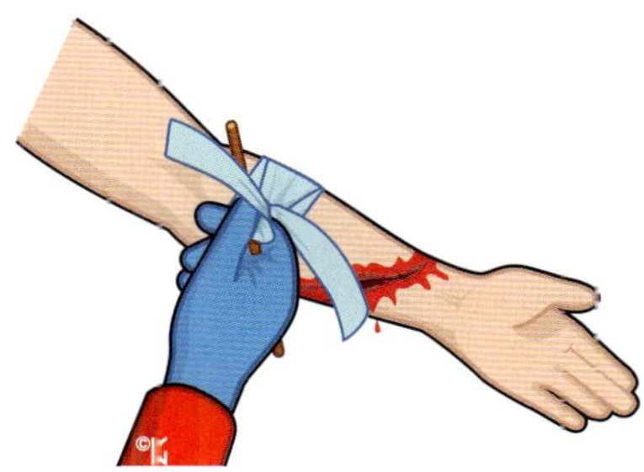

- **tourner la barre** afin de serrer le garrot **jusqu'à l'obtention de l'arrêt du saignement** et maintenir le serrage même si la douleur provoquée est intense ;
- **entourer**, avec le lien large restant, le membre, **en englobant le bâton** afin qu'il soit fixé et que le garrot ne se desserre pas ;
- réaliser un dernier **nœud de maintien**. Il est également possible d'utiliser un lien supplémentaire ;
- laisser le garrot **toujours visible**. Ne jamais le recouvrir ;
- **noter l'heure de pose du garrot** afin de pouvoir la communiquer aux personnes assurant le relais dans la prise en charge de la victime.

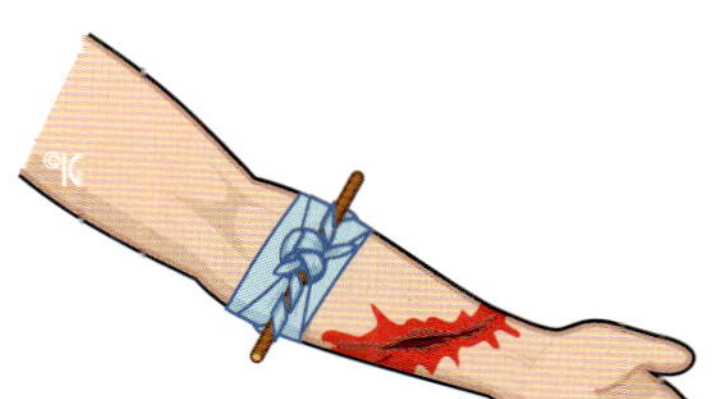

OU

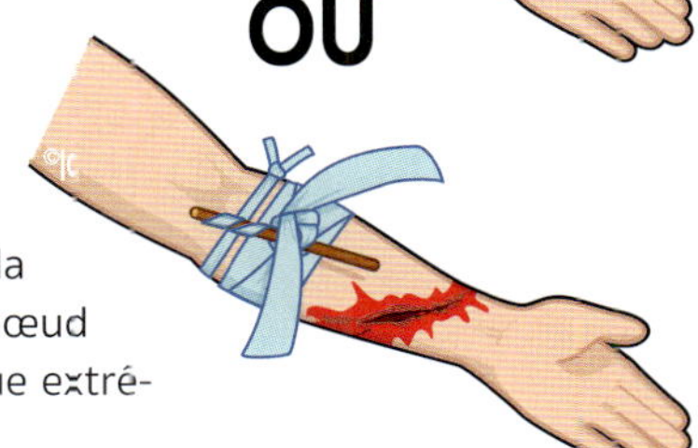

En l'absence de barre, faire le garrot uniquement avec le lien large. Réaliser une boucle en glissant le lien au niveau de l'hémorragie. Glisser une partie du lien dans la boucle afin que le garrot entoure le membre. Serrer le nœud du garrot le plus fortement possible en tirant sur chaque extrémité du lien et réaliser un double nœud de maintien.

Exemple de mise en place d'un garrot improvisé *(sans barre)*

En l'absence de barre, le garrot peut se faire uniquement avec un lien large.

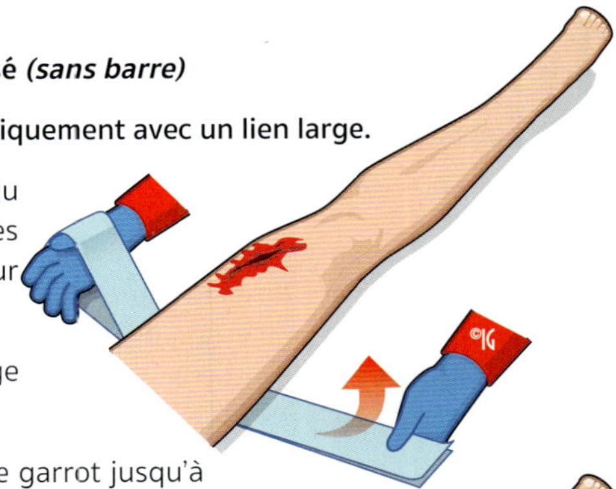

- > Glisser le lien large, plier en deux autour du membre, **la boucle vers l'intérieur** à quelques centimètres **au-dessus de la plaie**, jamais sur l'articulation.
- > Passer **une** des deux **extrémités** du lien large **dans la boucle.**
- > **Tirer** sur les deux extrémités pour **serrer** le garrot jusqu'à **l'arrêt du saignement.**
- > Maintenir la traction en **nouant** les deux extrémités avec un **double nœud**.

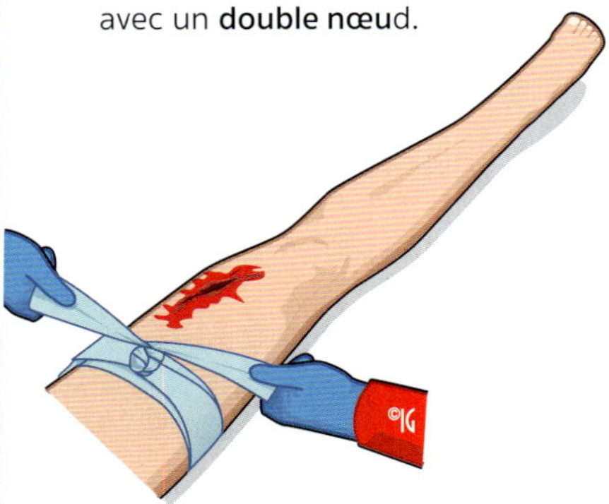

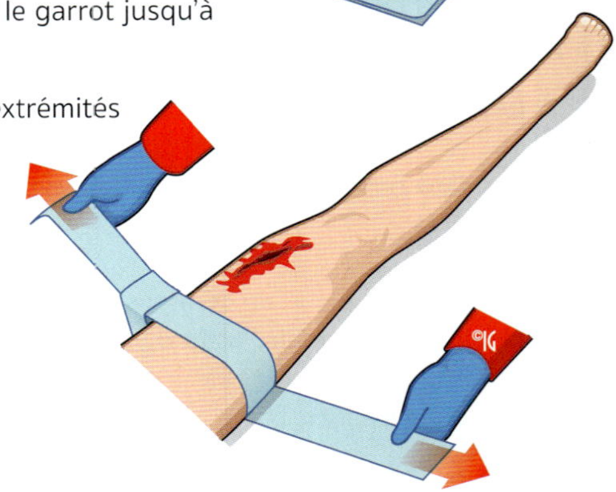

Risques et contraintes

Le garrot **supprime totalement la circulation du sang** dans le segment de membre concerné. Il doit être posé en respectant scrupuleusement les indications des pages précédentes.

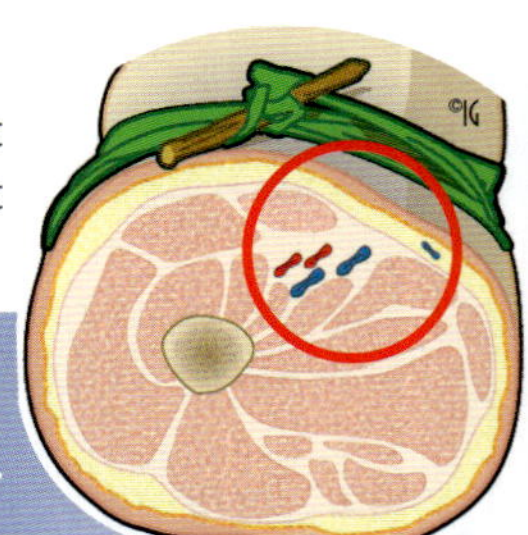

Dans certains cas, le garrot ne peut être installé : plaie du cou, plaie ou section de membre qui siège trop près de sa racine *(pli de l'aine, creux axillaire)*. Il est alors nécessaire de maintenir une compression manuelle locale qui reste la seule solution.

Une fois le garrot posé, il ne doit être desserré que sur l'ordre d'un médecin.

Le pansement hémostatique

Combat Gauze

Ce type de pansement permet de contrôler les hémorragies. En complément d'une compression manuelle, ce pansement est imbibé d'un produit hémostatique qui fait coaguler le sang et stopper l'hémorragie.

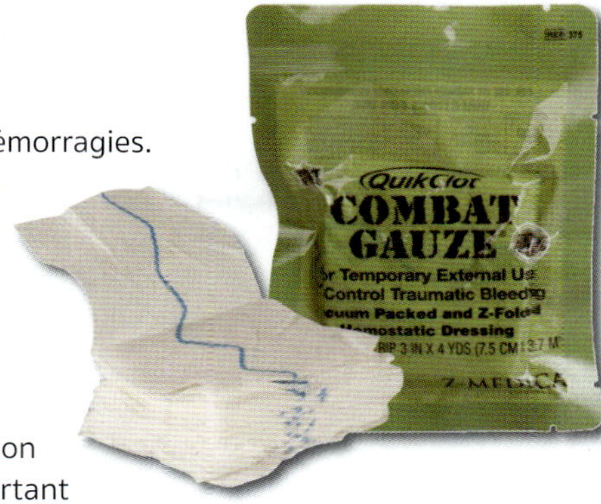

Plaie grave à la poitrine

Si une balle ou un éclat d'objet suite à une explosion a pénétré dans la poitrine, il y a un risque important de plaie ouverte. L'air entre par la plaie mais n'en ressort pas.

Signes

Si la victime n'a pas perdu connaissance et peut s'exprimer, elle peut se plaindre :

> d'une **douleur spontanée** siégeant **au niveau d'une ou plusieurs côtes**, ou provoquée par les mouvements respiratoires ou la toux ;

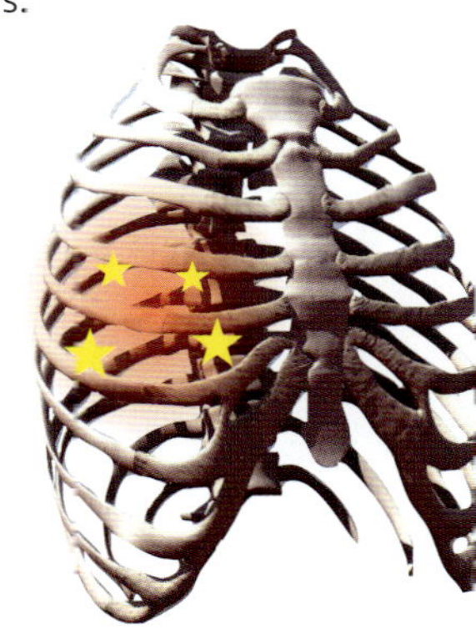

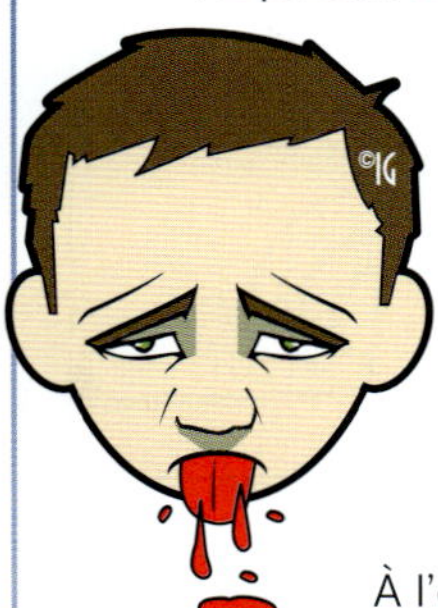

> d'une **émission de crachats de sang rouge**.

À l'examen on peut trouver :

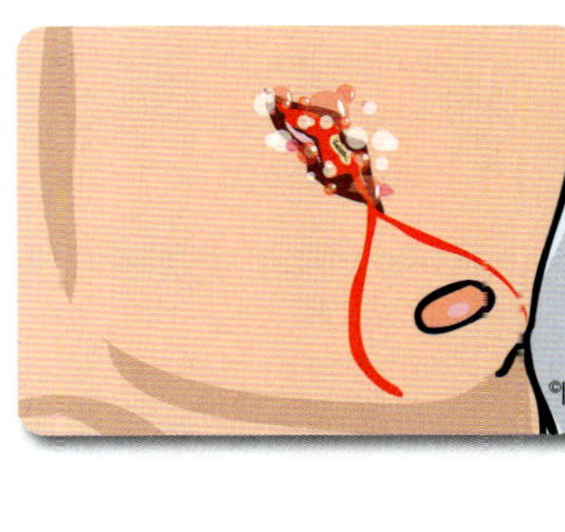

> une **plaie avec ou sans bulles sanglantes** à chaque expiration *(vérifier le dos)* ;

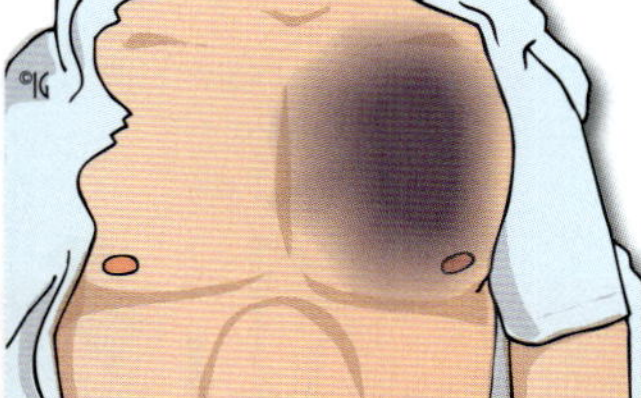

> une **contusion** ;

> une **anomalie du soulèvement de la poitrine** ;

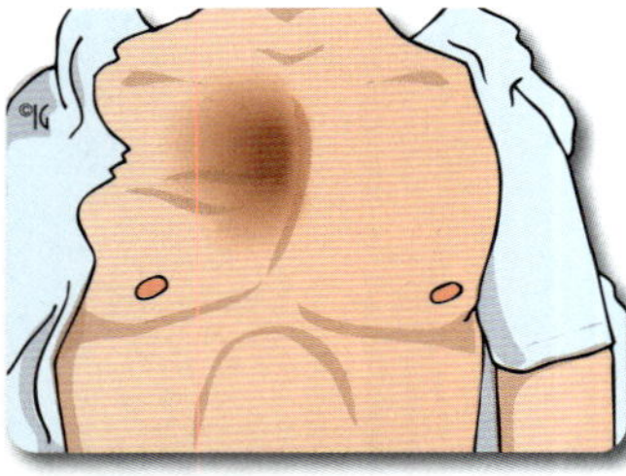

> une **déformation nette du thorax** ;

> une **toux incessante** ;

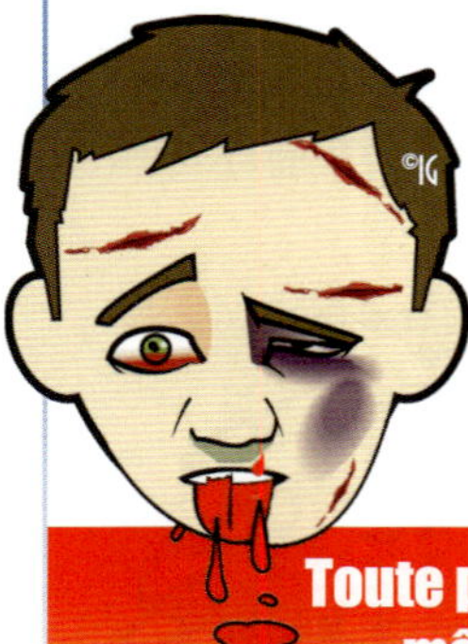

> des **crachats de sang rouge** ;

> des **lésions associées** *(polytraumatismes).*

Toute plaie thoracique est considérée comme grave, même en l'absence de détresse respiratoire.

Conduite à tenir

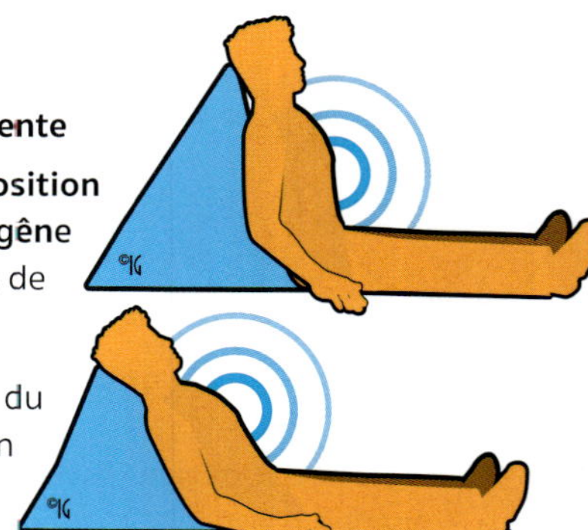

La victime ne présente pas de détresse vitale apparente

> Mettre immédiatement la victime dans une **position assise ou demi-assise** dès lors qu'il existe une **gêne respiratoire**. Cette position sera maintenue lors de son relevage et de son transport ;

> **dénuder le thorax** de la victime ; dans la mesure du possible cela doit se faire en préservant son intimité et si possible sans l'exposer au froid ;

> protéger la plaie par un **dispositif médical non occlusif** spécifique à cette utilisation s'il est à disposition. En son absence, laisser la plaie à l'air libre.

> **surveiller attentivement** la victime du fait d'un **risque d'aggravation brutale**.

Il ne faut jamais retirer un corps étranger pénétrant dans le thorax.

Surveillance de la victime

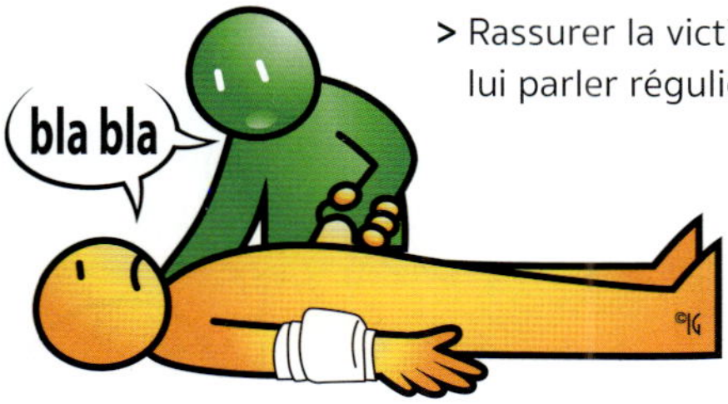

> Rassurer la victime, lui parler régulièrement et la réconforter.

> La protéger contre le froid et les intempéries.

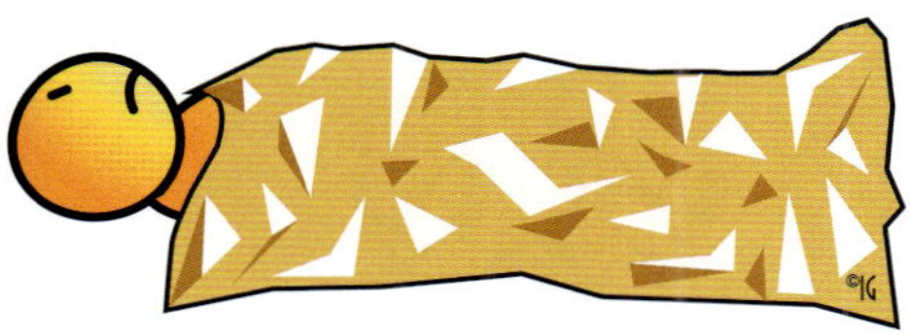

> La réchauffer en la couvrant car la lutte contre l'hypothermie est essentielle quand la victime a perdu du sang.

Surveiller la victime

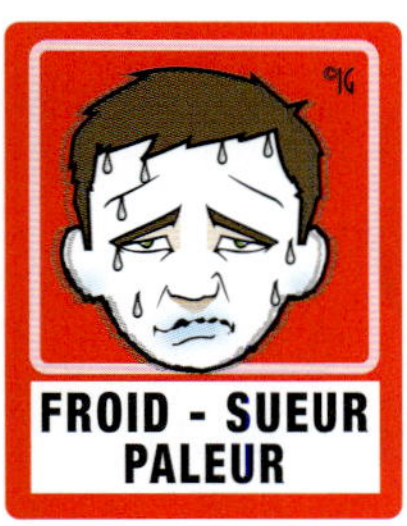

Surveiller l'apparition des signes d'aggravation.

Si la victime présente :

> une sensation de froid ;
> des sueurs abondantes ;
> une pâleur intense ;
> une perte de connaissance.

Réaliser **les gestes de secours qui s'imposent** en cas de perte de connaissance ou d'arrêt cardiaque.

Rester, si possible, auprès de la victime ou s'occuper d'un autre blessé en attendant les secours.

5.3.3 - ALERTER LES SECOURS

L'agent de prévention et de sécurité doit être capable d'effectuer un compte rendu rapide et efficace de la situation traumatique du **blessé** aux services de secours.
Les formations de 1ers secours classiques comme le Sauveteur Secouriste du Travail *(S.S.T.)* ou Prévention et Secours Civiques *(P.S.C.1)* établissent un bilan ou examen qui prend en compte essentiellement les situations d'accident ou de malaise que l'on peut rencontrer dans la vie courante. Cet examen met en avant la recherche des urgences vitales :

Face à ces détresses, l'agent de sécurité est capable de réaliser les gestes de secours comme une compression manuelle, une désobstruction, une mise en position latérale de sécurité ou une réanimation cardio-pulmonaire.
Les lésions liées aux actes terroristes provoquent aussi des situations traumatiques.

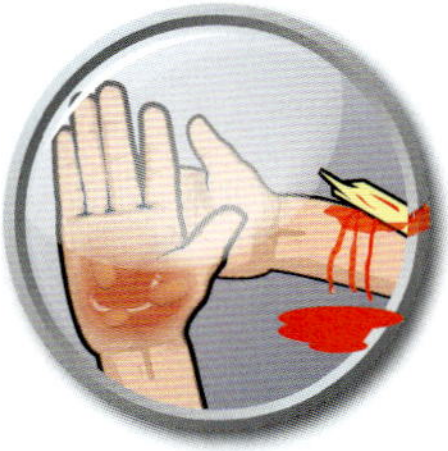

Afin de renseigner au mieux les secours, l'agent de sécurité doit être capable d'établir un bilan plus précis des lésions du blessé comme :

> blessure*(s)* par balle*(s)* ou projectile*(s)*
> membre arraché suite à une explosion
> objet planté dans le corps
> etc.

En complément de l'examen d'urgence vitale, l'agent de sécurité contrôlera si possible les points suivants :

▶ Rechercher une altération de la fonction neurologique

- **L'état de conscience**

L'évaluation de la fonction neurologique est réalisée en appréciant l'état de conscience, l'état des pupilles, la sensibilité et la motricité de la victime et en recherchant une perte de connaissance passagère.

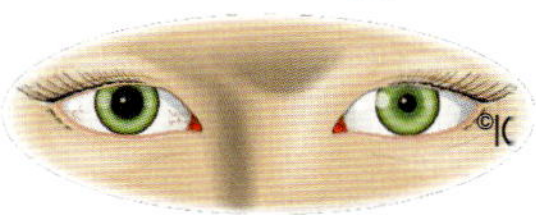

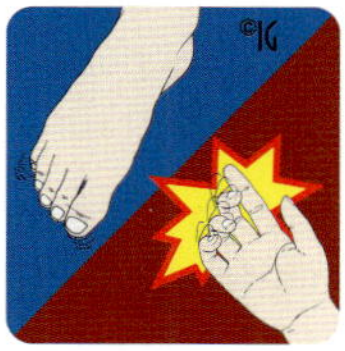

À l'état normal, une victime est consciente lorsqu'**elle répond de façon cohérente** ou **réagit quand on lui parle** ou la stimule délicatement, **se souvient de ce qui s'est passé** et **n'a pas présenté de perte de connaissance**, présente des **pupilles symétriques et réactives** à la lumière du jour, **bouge les doigts ou les orteils à la demande**.

Dans le cas contraire, la victime présente une détresse neurologique.

- **L'ouverture spontanée des yeux**

La victime ouvre t-elle spontanément les yeux ou les ouvre t-elle à la demande ?

- **La réponse verbale**

La réponse aux questions de la victime **permet de détecter une détresse neurologique.** Demander à la victime par exemple :

Si la victime **répond correctement aux questions**, on dit qu'elle est **orientée**, dans le **cas contraire**, elle est **désorientée.**

L'examen de la fonction neurologique permet aussi :

- **La réponse motrice**

  La **motricité des membres supérieurs et des membres inférieurs** d'une victime **doit être évaluée** pour rechercher une détresse neurologique.

Cette évaluation s'effectue en demandant à la victime de :

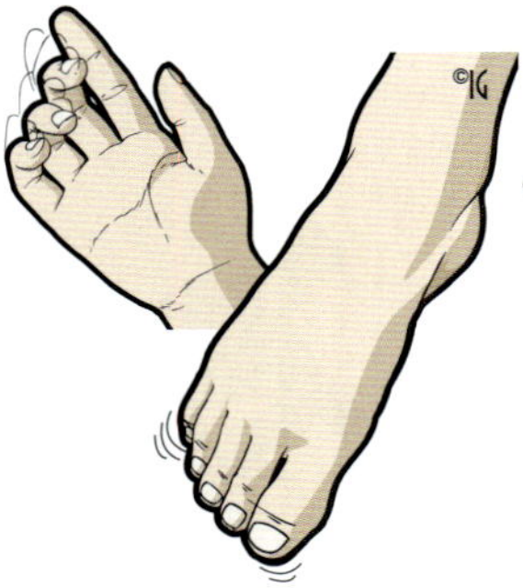

- remuer les doigts puis les orteils ou les pieds ;
- serrer les mains.

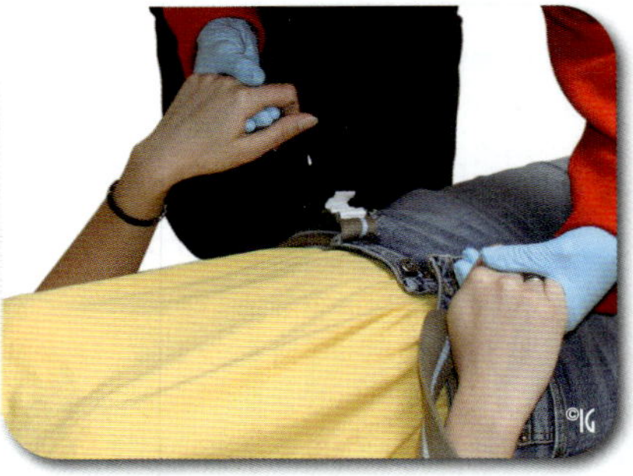

Une victime **qui ne peut bouger un ou plusieurs membres** présente **une paralysie** et une **détresse neurologique**.

- **Les pupilles**

  L'examen des pupilles permet de détecter des signes d'une **détresse neurologique** qui peut être **liée à un traumatisme crânien**, une **maladie vasculaire cérébrale** ou une **intoxication**.

  Demander à la victime d'**ouvrir les deux yeux** ou ouvrir les yeux de la victime pour **les mettre à la lumière "du jour"**.

Normalement les pupilles sont de **diamètre identique**.

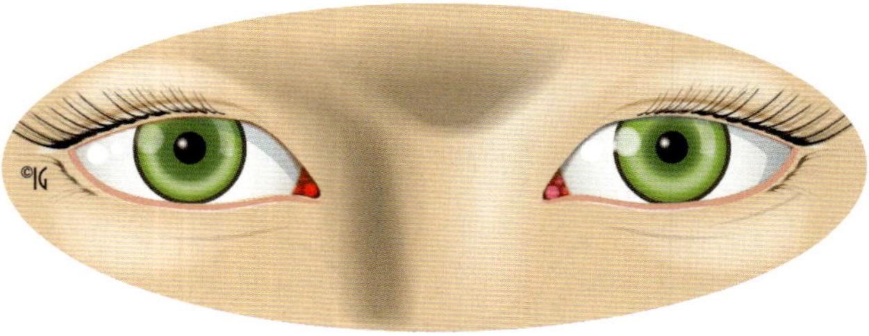

La **constatation de pupilles de diamètres différents** amène à considérer **la victime en détresse neurologique**.

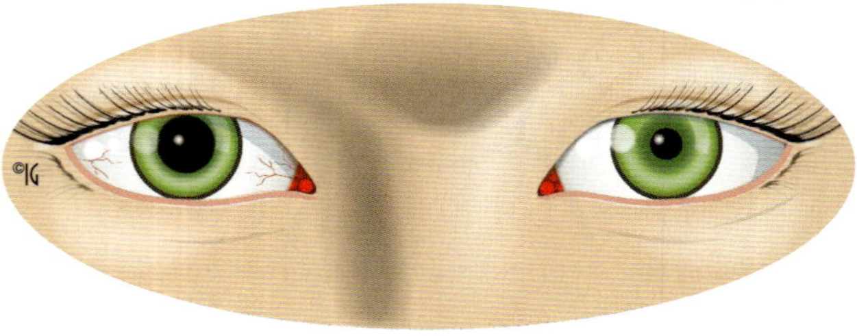

Rechercher une altération de la fonction respiratoire

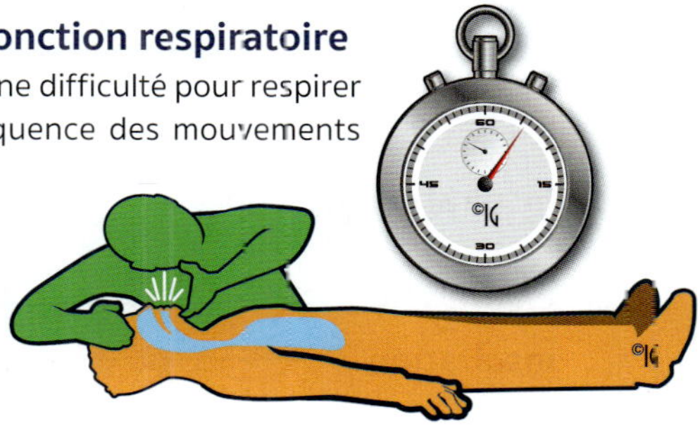

À l'état normal la victime ne présente aucune difficulté pour respirer et ne fait pas d'effort particulier. La fréquence des mouvements respiratoires est normale, **la respiration est silencieuse, régulière, sans pause** et symétrique.

Dans le cas contraire, la victime présente une détresse respiratoire.

- **Évaluer la respiration**

L'évaluation de la respiration permet de donner des éléments chiffrés et de **rechercher une détresse respiratoire débutante**.

Réalisée **sur une durée d'une minute**, cette évaluation consiste à :

> **observer** la partie supérieure de l'abdomen ainsi que le thorax de la victime.
Une respiration normale se fait sans effort et sans difficulté pour la victime.

> **placer une main** sur la partie inférieure de son sternum pour estimer :

- la **fréquence**, c'est-à-dire le nombre de mouvements respiratoires comptés sur une minute ;
- l'**amplitude**, c'est-à-dire comment l'abdomen et le thorax se soulèvent à chaque respiration ;
- la **régularité**, c'est-à-dire l'absence de pause de plus de six secondes entre les mouvements respiratoires.

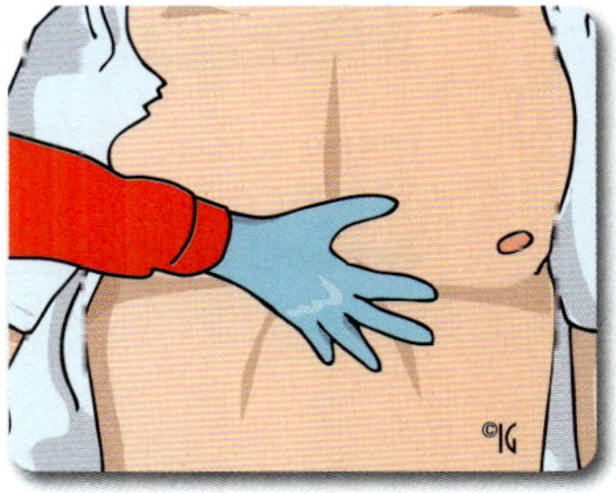

QUALITÉ DE LA RESPIRATION	
Normale	Respiration silencieuse
Superficielle	Mouvements du thorax et de l'abdomen à peine perceptibles *(difficiles à compter)*
Difficile	Effort respiratoire Contraction des muscles du haut du thorax et du cou Pincement des ailes du nez chez l'enfant et le nourrisson
Bruyante	Sifflements, ronflements, gargouillements, râles

AMPLITUDE DE LA RESPIRATION

Déterminer comment l'abdomen et le thorax se soulèvent à chaque respiration.

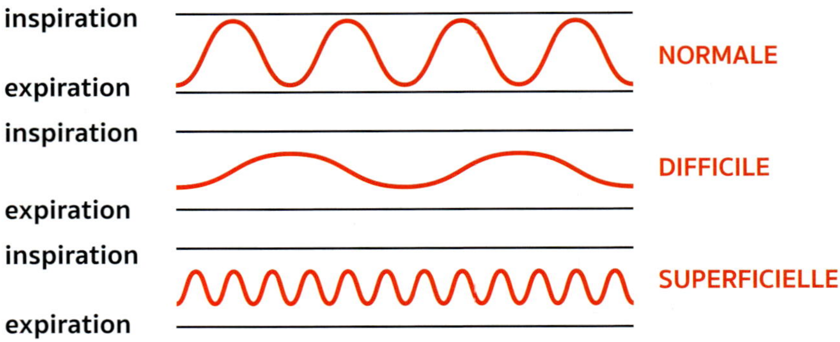

RÉGULARITÉ DE LA RESPIRATION

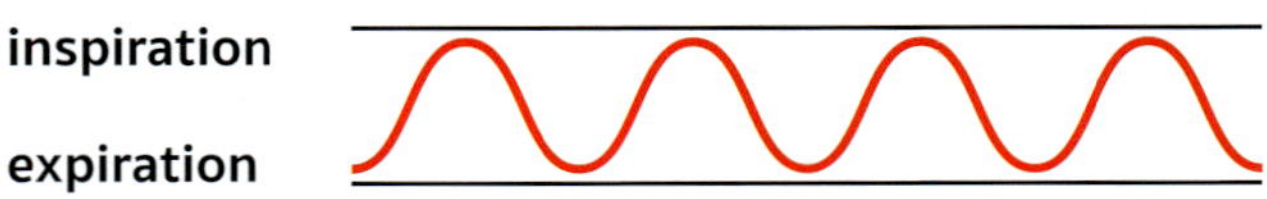

RÉGULIÈRE

L'intervalle de temps entre 2 inspirations et 2 expirations est toujours le même. Absence de pause de plus de 6 secondes entre les mouvements respiratoires.

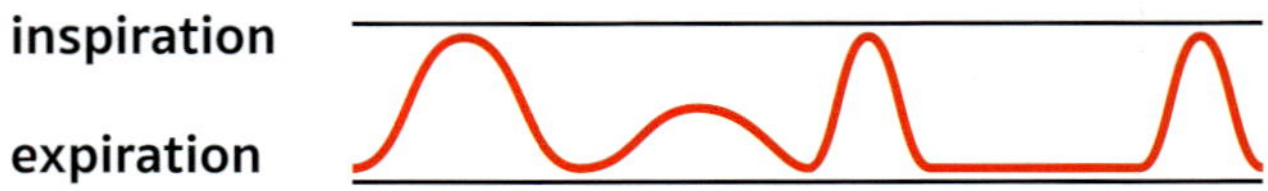

IRRÉGULIÈRE

L'intervalle de temps entre les inspirations et les expirations varie.

PAUSE RESPIRATOIRE (*GASP*)

L'intervalle de temps entre les inspirations est supérieur ou égal à 6 secondes.

> Rechercher :

> **avec la joue :** le **flux d'air expiré** par le nez et la bouche ;

> **avec l'oreille :** les **bruits normaux** *(souffle)* **ou anormaux** de la respiration *(sifflement, ronflement, gargouillement)* ;

> **avec les yeux :** le **soulèvement** du ventre ou de la poitrine.

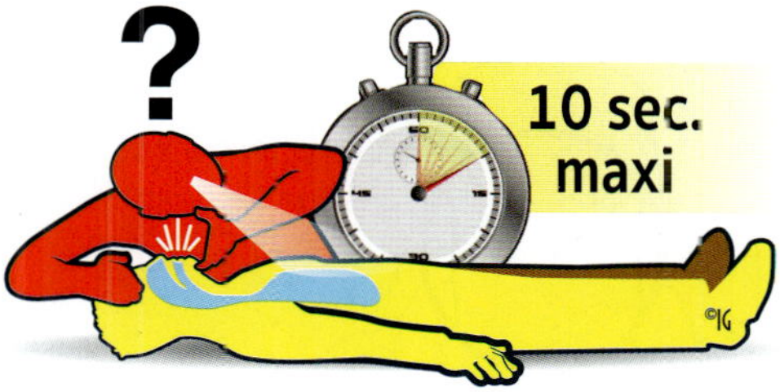

Rechercher les traumatismes

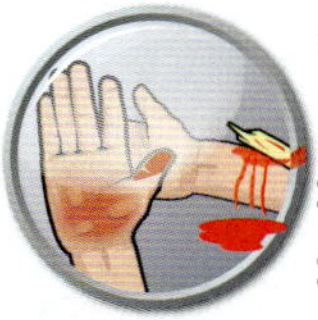

Cette recherche a pour objectif de rechercher et de localiser des lésions traumatiques comme :

> des **contusions** ;

> des **gonflements** *(hématomes, œdèmes)* ;

> des **déformations** ;

> des **plaies et leurs aspects** : écorchure, coupure, plaie punctiforme, profonde, grave, lacération ;

> des **brûlures et leurs aspects** : rougeur, présence de cloques intactes ou percées, zone blanchâtre, noirâtre ou brunâtre.

Pour chaque lésion, il faut indiquer sa nature, sa localisation exacte et son étendue.

Cette recherche est étendue en regardant **sur la totalité du corps** de la victime **lorsque le traumatisme a été violent** ou **si la victime présente un trouble de la conscience**. Pour cela, il faut examiner successivement :

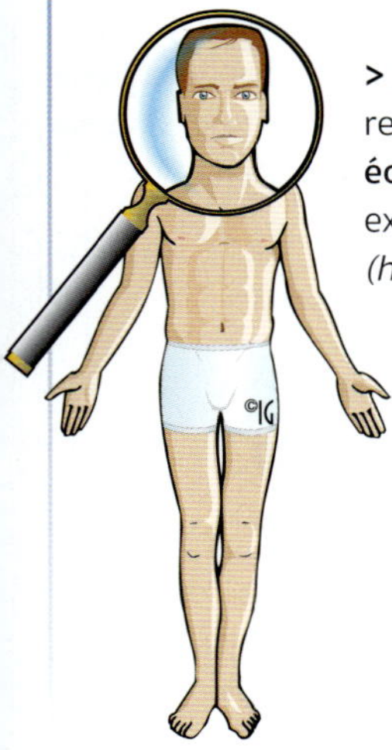

> LA TÊTE :
rechercher un **saignement**, repérer un **écoulement par le nez ou les oreilles**, examiner les **pupilles**, l'**aspect de la face** *(hématome autour des yeux)*.

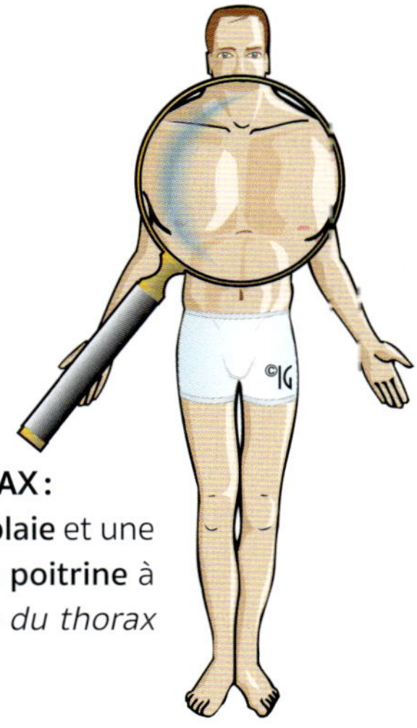

> LE THORAX :
rechercher **une contusion**, **une plaie** et une **anomalie du soulèvement de la poitrine** à la respiration *(seule une partie du thorax se soulève)*.

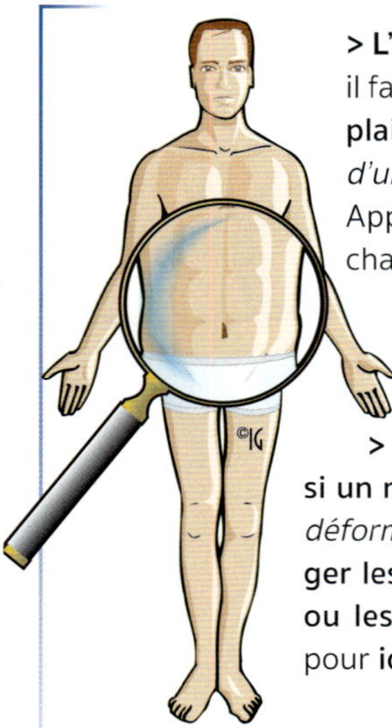

> L'ABDOMEN :
il faut alors rechercher une **contusion** ou **une plaie de l'abdomen** *(parfois accompagnée d'une sortie de l'intestin).*
Apprécier le **soulèvement de l'abdomen** à chaque inspiration.

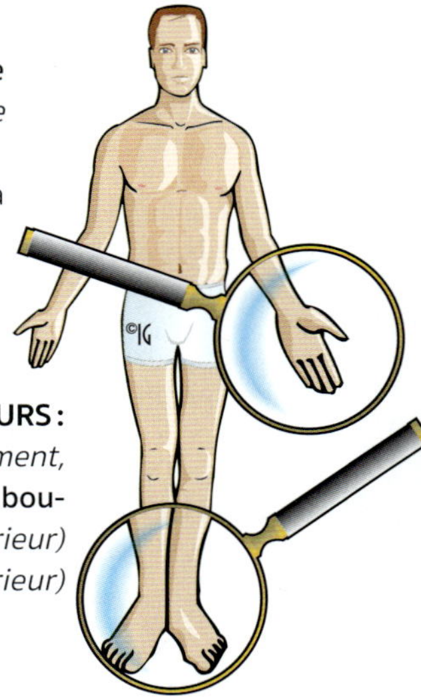

> LES MEMBRES SUPÉRIEURS ET INFÉRIEURS :
si un membre est traumatisé *(douleur, gonflement, déformation)* demander à la victime si **elle peut bouger les doigts** *(traumatisme du membre supérieur)* **ou les orteils** *(traumatisme du membre inférieur)* pour **identifier un trouble de la motricité.**

> Autres recherches
D'autres signes peuvent être recherchés. L'agent de sécurité observe et interroge la victime.

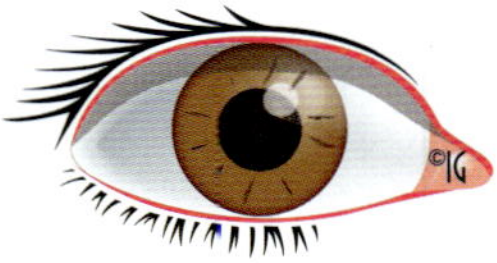

▶ Évaluation de la douleur

ÉCHELLE VERBALE SIMPLE

Réponse verbale	Cotation
Douleur NULLE	0
Douleur FAIBLE	1
Douleur MOYENNE	2
Douleur FORTE	3
Douleur INSUPPORTABLE	4

Pour faire quantifier la douleur, on utilise une échelle d'évaluation comme l'**échelle verbale simple**.

Celle-ci consiste en une échelle virtuelle **côtée de 0 à 4 ou 1 à 10** et pour laquelle correspond à chaque valeur une **réponse verbale apportée par la victime**.

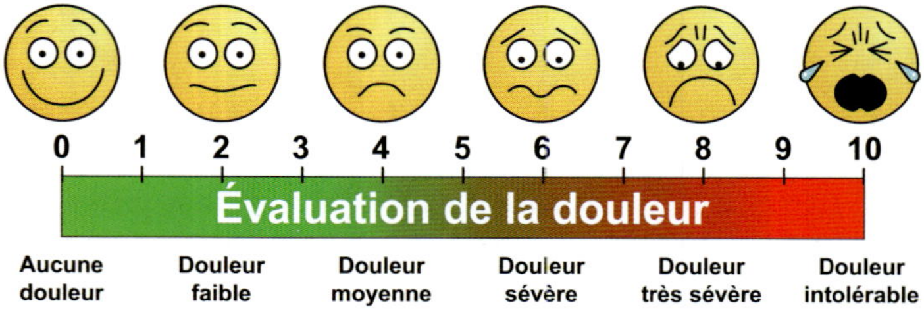

> Autres signes pouvant être recherchés

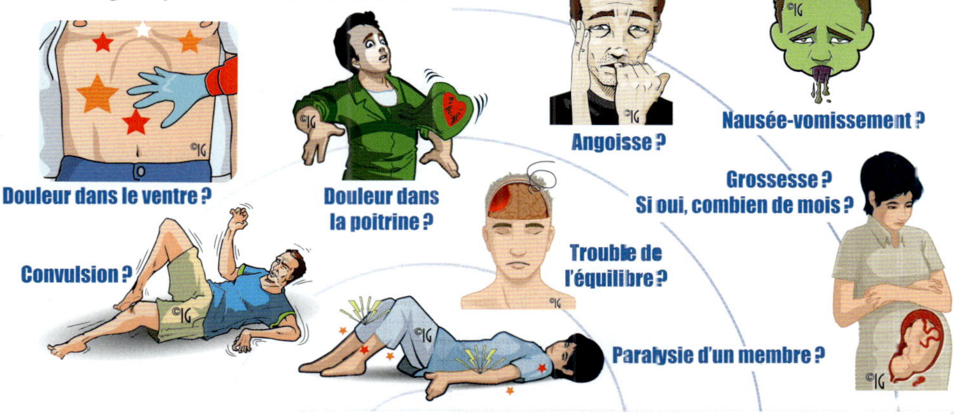

Une fiche bilan peut être remplie pour être transmise aux secours.

Pour exemple

FICHE BILAN DES PREMIERS SECOURS

Etabli par : Le : à h Lieu :

VICTIME : Nom : Prénom :

CIRCONSTANCES :
Saignement : oui - non
Etouffement : oui - non
Conscience : oui - non
Respiration : oui - non
Neurologique :
ouverture des yeux spontanée ou à la demande
réponse verbale normale ou confuse
réponse motrice normale ou difficile ou nulle
pupilles symétriques ou non
autre :

RESPIRATION :
amplitude faible ou normale
bruyante oui ou non
douloureuse oui ou non
mouvements normaux ou anormaux
présence de GASP oui ou non
autre :

TRAUMATISME :
crânien oui ou non
blessure superficielle ou profonde
fracture supposée oui ou non
plaie simple ou grave
brûlure simple ou grave
bouge les mains oui ou non
bouge les pieds oui ou non
autre :

DIVERS :
douleur générale de 1 à 10
douleur poitrine-ventre oui ou non
angoisse oui ou non
nausée-vomissement oui ou non
convulsion oui ou non
grossesse oui ou non si oui combien de mois
trouble de l'équilibre oui ou non
paralysie d'un membre oui ou non
autre :

Alerter les secours

Quand le bilan est terminé pour une victime, si besoin et si possible, faire de même pour les autres victimes. Alerter les secours dès que possible ou attendre leur arrivée. Rester calme et transmettre les informations collectées lors de l'examen.
Le relais médical doit être fait le plus rapidement possible en respectant la procédure mise en place par les services d'urgence face à ces situations.

18

15

112 N° d'appel d'urgence européen

114 pour les personnes qui ont des difficultés à entendre ou à parler

17

Pour information

MINISTÈRE
DU TRAVAIL

Liberté
Égalité
Fraternité

#MESQUESTIONSTRAVAIL #COVID-19

SÉCURITÉ :
KIT DE LUTTE CONTRE LE COVID-19

La présente fiche a été réalisée avant la parution du protocole national pour assurer la santé et la sécurité des salariés en entreprise face à l'épidémie de COVID-19. Celui-ci est le cadre de référence des actions à mettre en œuvre et s'applique prioritairement à la présente fiche.
Consultez le protocole national

Agent de sécurité : quelles précautions prendre contre le COVID-19 ?

Quels sont les risques de transmission du COVID-19 ?

Quand vous êtes touché par un postillon ou une gouttelette contaminés :

→ Sécrétions projetées lors d'éternuements ou de la toux, en cas de contact étroit : même lieu de vie, contact direct à moins d'un mètre en l'absence de mesures de protection. Rappelez-vous que vous pouvez aussi être porteur du virus et le transmettre.

Quand vous portez vos mains ou un objet contaminé au visage :

→ Un risque important de transmission est le contact des mains non lavées.

→ Sur les surfaces contaminées (objets, cartons, poignées...), le virus peut survivre quelques heures à quelques jours.

→ Quand vous mangez, buvez, fumez ou vapotez, si vous avez les mains sales ou que vous partagez les aliments, les bouteilles ou verres avec d'autres, il existe un risque important lors du contact de la main avec la bouche.

Document réalisé par le ministère du Travail avec le concours de l'Anses, du réseau Assurance maladie risques professionnels, de l'INRS, de l'Anact et des médecins du travail coordonnés par Présance - 8 mai 2020.
Les conseils de la présente fiche sont susceptibles d'être complétés ou ajustés en fonction de l'évolution des connaissances. Consultez régulièrement le site travail-emploi.gouv.fr.

Pour information

À PROPOS

Cette fiche décline les modalités de mise en œuvre du protocole national de déconfinement pour votre métier ou votre secteur d'activité. La démarche doit vous conduire :

- **À éviter les risques d'exposition au virus ;**
- **À évaluer les risques qui ne peuvent être évités ;**
- **À privilégier les mesures de protection collective** en leur donnant la priorité sur les mesures de protection individuelle.

Mesures organisationnelles

- **Le télétravail doit être la règle** chaque fois qu'il peut être mis en œuvre. Il permet d'éviter le risque en supprimant les circonstances d'exposition.

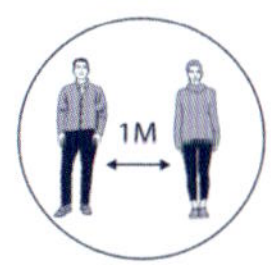

- Lorsque la présence sur les lieux de travail est nécessaire, le séquencement des activités et la mise en place d'horaires décalés facilitent **le respect des règles de distanciation physique** en limitant l'affluence et la concentration des salariés et éventuels tiers (clients, prestataires...).

- La gestion des flux doit permettre de limiter le nombre de personnes simultanément présentes dans un même espace afin de **respecter la jauge maximale d'une personne pour 4m²**.

Ce n'est que lorsque l'ensemble de ces précautions n'est pas suffisant pour garantir la protection de la santé et sécurité des personnes qu'elles doivent être **complétées par des mesures de protection individuelle**, telles que le port du masque.

Les bons réflexes

- **Se laver régulièrement les mains** à l'eau et au savon ou avec une solution hydroalcoolique (SHA) ; se sécher les mains avec du papier/tissu à usage à usage unique ;
- **Éviter de se toucher le visage** en particulier le nez et la bouche ;
- Utiliser un mouchoir jetable pour se moucher, tousser, éternuer ou cracher, et le jeter aussitôt ;
- **Tousser et éternuer dans son coude** ou dans un mouchoir en papier jetable ;
- **Respecter les mesures de distanciation physique** :
  - ne pas se serrer les mains ou embrasser pour se saluer, ni d'accolade ;
  - distance physique d'au moins 1 mètre.
- **Aérer toutes les 3 heures** pendant quinze minutes les pièces fermées ;
- **Nettoyer régulièrement les objets manipulés** et les surfaces touchées.

Personnes en situation de handicap

- En cette période de pandémie justifiant des mesures d'adaptation de postes et des modalités de travail plus exigeantes, l'insertion et le maintien en emploi de tous doivent être favorisés.
- **Assurez-vous que les consignes sanitaires soient accessibles et que les règles de distanciation physique que vous instaurez permettent aux salariés en situation de handicap d'accéder à l'emploi ou d'exercer leur métier**, en télétravail ou sur leur lieu de travail habituel.
- Pour réaliser les aménagements et les adaptations nécessaires, des aides financières et des services de l'Agefiph et du Fiphfp existent, et ont été adaptés au contexte du **Covid -19** ». Les services de maintien dans l'emploi sont également mobilisables en appui des employeurs publics et privés.
- Plus d'info sur : www.agefiph.fr/
- **Reportez-vous également à la fiche spécifique « Covid 19 – Travail des personnes en situation de handicap » disponible sur** travail-emploi.gouv.fr

Pour information

Trois phases essentielles dans toute action

1. PRÉPARER

→ D'une façon générale, les nouvelles procédures de distanciation entre personnes et les nettoyages répétés ralentissent les rythmes de travail :

- **listez toutes les tâches qui peuvent s'organiser sans contact** avec le public ou les salariés de l'entreprise d'accueil,
- **rédigez et redonnez des règles claires et précises** à tous les salariés pour tous les nettoyages durant la pandémie,
- **formez les salariés aux nouvelles procédures** décrites.

→ Réétudiez les rondes, les possibilités d'horaires décalés, de plages horaires étendues afin de réduire le turnover au même poste. Privilégiez les rondes à un agent et non à deux ou plus partout où c'est possible, en sécurité.
Dotez si possible les salariés de classeurs de consignes numériques et attribuez un outil informatique par utilisateur et par vacation, en veillant au nettoyage du matériel lors des passages de relais.

→ **Étudiez le local PC de sécurité :**

- pour limiter le nombre de salariés présents ensemble/espace disponible (distances de sécurité entre deux personnes d'au moins un mètre) ; en cas de local exiguë, une seule personne,
- pour prendre en compte le nombre de salariés se relayant dans le même local (fins et prises de poste, etc.).

→ **Constituez des équipes fixes** autant que possible pour faciliter l'appropriation des nouvelles procédures.

→ **Nettoyez le local** avant la prise de poste.

→ **Fournissez le matériel** : gel hydroalcoolique, savon et moyen de séchage des mains, poubelles pour mouchoirs papier essuie-mains.

→ **En cas d'utilisation de véhicule de service**, attribuez un véhicule par agent. En cas d'impossibilité (agents successifs), rédigez une procédure de nettoyage du véhicule et du matériel utilisé (lampe torche...).

→ Faites **nettoyer quotidiennement**, en arrivant, **les surfaces que l'on doit obligatoirement toucher** : écrans, claviers, téléphones, poignées et boutons de portes, trousseaux de clés, etc., avec des lingettes.

→ Limitez chaque jour le nombre de personnes avec qui les salariés ont des contacts et **faites respectez la distance d'au moins un mètre**.

→ Pour les tâches nécessitant un contact avec le public (tâches d'accueil, contrôle d'accès, secours et assistance aux personnes) :

- installez des barrières de séparation transparentes (plexiglas...),
- envisagez le port d'un casque à visière pour protéger des projections et empêcher de porter les mains au visage,
- faites respecter les distances entre deux personnes (au moins un mètre),
- pas de contact de main à main,
- pour les secours à la personne : tenue type « soignant » (avec masque : soit deux masques chirurgicaux : un pour le secouriste et un pour la victime, ou FFP2 pour le secouriste).

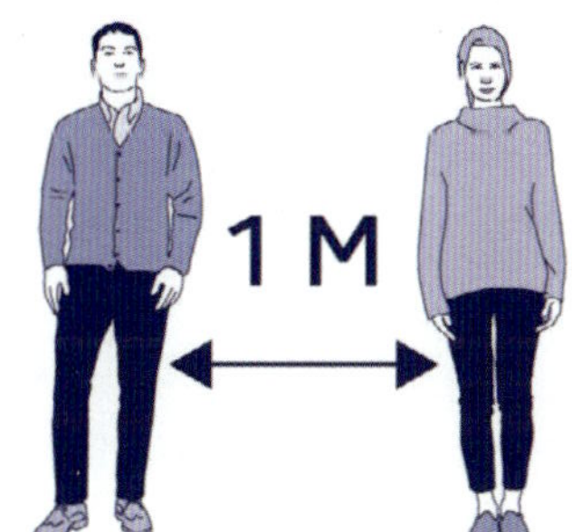

Pour information

Trois phases essentielles dans toute action

2. RÉALISER

- **Nettoyez le poste de travail** a minima au début de la prise de poste et à la fin de la prise de poste.
- **Approvisionnez** en gel hydroalcoolique et lingettes pour les rondes.
- **Faites laver les mains** selon une fréquence adaptée à l'affluence et à chaque fois qu'un risque de contamination est suspecté (réorganisez des pauses plus fréquentes pour cette raison).
- **Gérez le nettoyage des vêtements de travail.**
- **Gérez le nettoyage du casque visière** avant prise de poste.

Les nettoyages seront à faire avant la prise de poste et avant l'utilisation du petit matériel pour limiter les contaminations : téléphone, écrans claviers boutons et poignées.

- **Recueillez tout signalement de dysfonctionnement** dans la nouvelle organisation.
- **Évitez le transport d'objets** entre domicile et lieu de travail.

Installations sanitaires / salle de pause restauration :

- **Fournissez des bouteilles d'eau individuelles**.
- **Adaptez les temps de pause** (pour permettre le nettoyage des mains) et prévoyez une rotation.
- **Prenez les repas en horaires décalés** à défaut, avec respect des 1 mètre minimum de distance à table ; définissez le nombre de personnes qui peuvent déjeuner ensemble et ne laissez que le nombre de chaises suffisant ; marquage au sol de l'emplacement de la chaise ; évitez les bancs et les chaises à roulettes pour éviter les rapprochements.
- **Réalisez le nettoyage de la salle de pause** de toute surface ou équipements en contact avec les mains après chaque pause.

3. VÉRIFIER

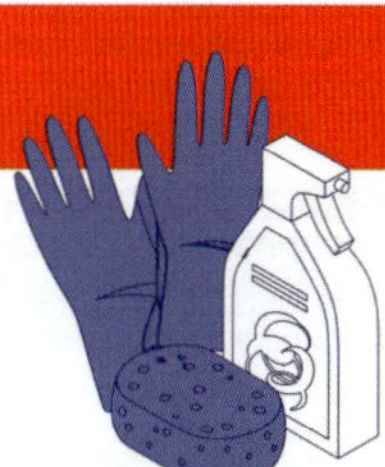

- **Adaptez l'organisation** en fonction des retours des salariés.
- **Évacuez les déchets régulièrement.**
- Assurez-vous du suivi du plan de nettoyage, de **l'approvisionnement permanent des consommables** (gel hydroalcoolique, lingettes, savons, sacs-poubelle, etc.).

Notes personnelles

Notes personnelles

Le QR Code *(Quick Réponse)* ou flash code est reconnu par des applications permettant d'accéder aux contenus des vidéos.

Pour lire les QR Codes de cet ouvrage, vous devez disposer :

- d'un téléphone mobile ou smartphone avec appareil photo intégré ou d'une tablette autofocus ;
- d'une application pour lire les QR codes *(à télécharger généralement gratuitement)*;
- d'une connexion à internet en 3 ou 4G ou en Wifi.

1 - lancer l'application de scan QR Code. *(dans certains cas)*

2 - pointer l'appareil photo vers le QR Code

3 - le lecteur va afficher la vidéo qu'il déclenchera automatiquement ou vous invitera à la lancer *(►)*

Remarque : sur certains smartphones ou tablettes, télécharger un navigateur internet (chrome, firefox...) pour lire les vidéos.

Images de couverture : Andrey Popov et Victor Moussa - Fotolia

NOTE DE L'ÉDITEUR

AVERTISSEMENT

Seul un apprentissage pratique, réalisé par des formateurs qualifiés et expérimentés, garantit l'utilisation en sécurité des techniques présentées.

La S.A.S. éditions ICONE GRAPHIC décline toute responsabilité quant à l'utilisation des techniques sans apprentissage ou avec du matériel non-adapté. Le stagiaire doit replacer les éléments présentés dans ce livre dans son contexte opérationnel.

Il convient d'y inclure l'évolution des doctrines nationales ou départementales et les contraintes spécifiques à l'intervention. De plus, ce livre ne peut se substituer aux Guides Nationaux de Référence, aux Guides Nationaux de Référence des Techniques Professionnelles, aux référentiels internes de formation et aux guides de doctrine opérationnelle en vigueur.

REMERCIEMENTS

Merci à vous, qui, par vos remarques, contribuerez à faire évoluer ce livre.

Auteur : **S.A.S. éditions ICONE GRAPHIC**
Directeur de la publication : **Bruno VANEHUIN**
Directeur du développement et de la création : **Maxime SANTRAINE**
Directeur de fabrication : **David CRETEUR**

Crédit photographique et illustrations (hors mention spéciale) :
© S.A.S. éditions ICONE GRAPHIC

Conception, réalisation :
S.A.S. éditions ICONE GRAPHIC
(R.C.S. Lille 847 501 863)
Éditeur : S.A.S. éditions ICONE GRAPHIC n° 978-2-35738
I.S.B.N. 978-2-35738-642-6
Dépôt légal 1ère édition : février 2018
4ème édition : décembre 2020

POUR NOUS CONTACTER :

PAR TÉLÉPHONE :
03 20 96 97 93

PAR FAX :
03 20 90 35 35

PAR SMARTPHONE OU INTERNET :
www.iconegraphic.com

Adresse postale : S.A.S. éditions ICONE GRAPHIC
Rue de l'Empire - 59133 PHALEMPIN - FRANCE
R.C.S. LILLE METROPOLE : 847 501 863 - SIRET : 847 501 863 00017
CODE APE NAF : 7311 Z - N° de T.V.A. INTRA-COMMUNAUTAIRE : FR92 847501863